中国断代专题文学史丛刊

清诗流派史

刘世南 著

人民文学出版社

图书在版编目(CIP)数据

清诗流派史/刘世南著.—北京：人民文学出版社，2019
（中国断代专题文学史丛刊）
ISBN 978-7-02-015650-4

Ⅰ.①清… Ⅱ.①刘… Ⅲ.①古典诗歌—文学流派研究—中国—清代 Ⅳ.①I207.22

中国版本图书馆 CIP 数据核字（2019）第 193906 号

责任编辑　葛云波
责任印制　徐　冉

出版发行　人民文学出版社
社　　址　北京市朝内大街 166 号
邮政编码　100705
网　　址　http://www.rw-cn.com

印　　刷　三河市宏盛印务有限公司
经　　销　全国新华书店等
字　　数　386 千字
开　　本　880 毫米×1230 毫米　1/32
印　　张　16.75　插页 2
印　　数　1—4000
版　　次　2004 年 3 月北京第 1 版
印　　次　2019 年 10 月第 1 次印刷

书　　号　978-7-02-015650-4
定　　价　50.00 元

如有印装质量问题，请与本社图书销售中心调换。电话：010-65233595

目 录

《清诗流派史》序 …………………………… 敏 泽 1
前言 ……………………………………………………… 1

第一章 河朔诗派 ……………………………………… 1
  一 河朔诗派的由来 ………………………………… 1
  二 河朔诗派的特色 ………………………………… 1
  三 几位代表诗人 …………………………………… 4
第二章 岭南诗派 ……………………………………… 15
  一 岭南诗派的风格特色 …………………………… 15
  二 屈大均 …………………………………………… 17
  三 陈恭尹 …………………………………………… 24
  四 释函可 …………………………………………… 34
第三章 顾炎武 ………………………………………… 44
  一 顾炎武的先进思想对其诗作的影响 …………… 45
  二 顾炎武的诗论反映在诗作上的特点 …………… 46
  三 顾炎武诗作的艺术特色 ………………………… 51
  四 顾炎武诗对清诗的影响 ………………………… 56
第四章 虞山诗派 ……………………………………… 60
  一 虞山诗派的兴起 ………………………………… 60
  二 钱谦益 …………………………………………… 60

三　冯舒与冯班 …………………………………………… 81
第五章　娄东诗派 …………………………………………… 93
　　一　娄东诗派的兴起 ……………………………………… 93
　　二　吴伟业 ………………………………………………… 94
　　三　"梅村体"传人之一——吴兆骞 …………………… 113
　　四　"梅村体"传人之二——陈维崧 …………………… 127
第六章　秀水诗派 …………………………………………… 147
　　一　秀水诗派的产生 …………………………………… 147
　　二　朱彝尊 ………………………………………………… 149
　　三　秀水诗派的变化 …………………………………… 174
第七章　神韵诗派 …………………………………………… 179
　　一　神韵诗派的兴起 …………………………………… 179
　　二　王士禛 ………………………………………………… 180
　　三　神韵派及其影响 …………………………………… 208
第八章　清初宗宋派 ………………………………………… 213
　　一　清初宗宋派的产生 ………………………………… 213
　　二　清初宗宋派诗人 …………………………………… 213
　　三　查慎行 ………………………………………………… 228
第九章　饴山诗派 …………………………………………… 251
　　一　饴山诗派的产生 …………………………………… 251
　　二　赵执信 ………………………………………………… 251
　　三　流派及其影响 ……………………………………… 261
第十章　浙派 ………………………………………………… 265
　　一　浙派的产生 ………………………………………… 265
　　二　厉鹗生平及其诗论 ………………………………… 267
　　三　厉鹗的诗 …………………………………………… 271
　　四　对浙派的评价 ……………………………………… 276

第十一章　格调诗派 ·················· 284
一　格调说产生的原因 ················ 284
二　沈德潜提倡格调说的主客观条件 ······· 285
三　沈德潜诗的分析 ················· 289
四　格调派 ······················ 294
五　对格调派的批判 ················· 295

第十二章　肌理诗派 ·················· 299
一　肌理说的"义理"和这一诗论产生的原因 ·· 299
二　从"文理"角度看肌理说的理论价值 ····· 301
三　论翁方纲的诗 ·················· 304
四　肌理派诗人及其影响 ·············· 310

第十三章　性灵诗派 ·················· 315
一　性灵派产生的原因 ················ 315
二　袁枚及其诗 ··················· 317
三　赵翼及其诗 ··················· 325
四　张问陶及其诗 ·················· 331
五　性灵派的影响及其历史评价 ·········· 335

第十四章　桐城诗派 ·················· 344
一　桐城诗派的形成 ················· 344
二　桐城诗派的诗论 ················· 345
三　刘大櫆、姚鼐和方东树、梅曾亮的诗 ····· 355
四　流派与影响 ··················· 373

第十五章　高密诗派 ·················· 381
一　高密诗派兴起的原因 ·············· 381
二　高密派的诗论 ·················· 382
三　李宪噩与李宪乔 ················· 384
四　二李的追随者 ·················· 387

五　对高密诗派的评价 ……………………………… 391

第十六章　常州诗派 …………………………………… 395
　　一　常州诗派的产生 ………………………………… 395
　　二　常州诗派的诗论 ………………………………… 398
　　三　常州诗派的杰出诗人黄景仁 …………………… 402
　　四　常州诗派及其影响 ……………………………… 414

第十七章　龚自珍 ……………………………………… 420
　　一　生平 ……………………………………………… 420
　　二　诗论 ……………………………………………… 421
　　三　龚诗的悲剧意识 ………………………………… 426
　　四　龚诗对近代诗的影响 …………………………… 429

第十八章　宋诗运动和同光体 ………………………… 438
　　一　产生的原因 ……………………………………… 438
　　二　狭义宋诗派的诗论 ……………………………… 441
　　三　两位代表诗人 …………………………………… 445
　　四　结论 ……………………………………………… 464

第十九章　汉魏诗派 …………………………………… 468
　　一　汉魏派产生的原因 ……………………………… 468
　　二　王闿运生平简介 ………………………………… 470
　　三　王闿运的诗论 …………………………………… 471
　　四　王闿运的诗作 …………………………………… 475
　　五　结论 ……………………………………………… 484

第二十章　中晚唐诗派 ………………………………… 486
　　一　产生的原因 ……………………………………… 486
　　二　樊增祥的生平和诗论 …………………………… 487
　　三　樊增祥的诗作特色 ……………………………… 491
　　四　中晚唐派的影响 ………………………………… 505

第二十一章　诗界革命派 …………………………………… 509
　一　诗界革命的历史意义 …………………………………… 509
　二　黄遵宪的诗论与诗作 …………………………………… 512

后记 ………………………………………………………………… 521
甲戌岁盛夏校对《清诗流派史》书稿,以八日时力覆校一过。
　抚今思昔,喜而赋诗,得三十三韵 ……………………… 523
新版后记 ………………………………………………………… 524

《清诗流派史》序

敏 泽

　　由于种种历史原因的影响,如果说清史研究是整个史学领域研究中的一个薄弱环节,那么,清诗研究,尤其是清诗之流派研究,则更是文学史研究领域中的一个相当薄弱的环节。

　　但清诗在中国古典诗歌作为诗歌主体发展中的最后一个历史时期,却是一个重要的、有自己时代特色、并取得了一定成就的时期。

　　清诗在清之早期和晚期,由于社会、民族矛盾之激烈和深广(早期为中华民族内部满、汉之间政权更替的矛盾,后期为反帝、反封建之矛盾),不仅曾有大量激越愤悱的优秀诗歌产生,表现着昂扬奋发的气节风范和深挚的爱国主义精神,远绍《诗》、《骚》,中继唐、宋诗的优良传统,超越元、明而有新的开拓与建树,而且具有鲜明的自己的时代特色:成为一代主要风标的诗人之诗与学人之诗的结合。清代晚期,即近代古典诗歌的发展,又直接间接地影响着我国现代文学中诗歌的发展。长期以来这方面研究之被一定程度的忽视,不能不是学术研究方面一件令人感到遗憾的事情。

　　研究清代的诗歌流派史,比起研究唐、宋以前的诗歌流派史,难度要更大,这是不言自明的。其中原因之一,即那以前的研究向来较多,而清代极少;原因之二,是研究唐、宋以前的,熟悉此前的诗歌流变及流派的发展就够了,而研究清代的,除了必须熟悉那一部诗史外,还必须熟悉金、元、明以来的诗史。至于从事此类研究,需要充分熟悉古典诗歌,并有较高的艺术鉴赏分析能力及较好的理论、美学素养等,则是共同的。

值得高兴的是:刘世南先生经过多年的艰苦努力,终于以自己坚实的《清诗流派史》填补了这一难度较大的学术空缺。

世南先生自青年时起就酷爱古典诗歌,旧诗写作有较高造诣,尤喜清诗,风雨数十载,不更此志,乐此不疲。尤其是一九七九年调到大学任教后,沉潜乎中,专攻清诗,焚膏油以继晷,恒兀兀以终年,广泛涉猎有关资料,精读各家诗集、文集,分期分人地作专门研究,细大不捐,卡片盈箱,反复涵咏,不断揣摩,既条分缕析,又融会贯通;既努力地探究各流派产生、发展的历史原因及诗学本身的原因,又精心地寻绎各流派之间的相互影响;既沿波讨源,探求其继武前贤之处,又能由表及里,较确切地撷取其思想与艺术方面的独到特点,平实地阐述其得失,考究其消长。总之,这是一部用力甚勤,资料翔实,自成体系,且时有精审之见的论著。

全书以前、中、晚三期对清诗流派之发展作了考察,依次分析各个流派及每一流派中作家之思想与艺术特色。前期包括河朔诗派、岭南诗派、顾炎武、虞山诗派、娄东诗派、秀水诗派、神韵诗派、宗宋诗派、饴山诗派;中期除向来研究较多的格调、性灵、肌理三派外,并对浙派、桐城诗派、高密诗派、常州诗派作了细致而深入的论列;晚期则包括浙派的异军——龚自珍、宋诗派与同光体、诗界革命派、汉魏诗派、中晚唐诗派。这样,就对有清一代的诗歌流派史作了全面而详细的概括和论述,使读者读完全书,对这一时代的诗歌流变能有全面而细致的了解。在这些杂然纷陈的诗歌流派中,固有人们了解研究较多的,但也有论述、研究较少甚或缺如的,如河朔诗派、饴山诗派、桐城诗派、高密诗派、常州诗派、汉魏诗派、中晚唐诗派等等。作者深入钩稽,细心辨析,在这些流派的研究中,具有更多的开拓性贡献。而且纲目之间,并不像常见的板块结构那样,罗列各派特点而成史,而是努力探究其内部规律和递变,并不乏肯綮之见,使《清诗流派史》作为文学史专著之一种,具有自己的鲜明特色。在对流派的研究中,作者注意三个紧密相联的环节:时代要求、文学风尚及诗人主体的审美追求,三者一以贯之,这无疑也是抓住了流派史研究的关键的。

在对每一流派的评骘中,也颇不乏精至独到的见解。如对河朔派的论析,不仅是我所能够见到的第一篇这样的专论,而且论述它尊明七子、反竟陵,但又不重蹈七子故辙,而是别开学杜门径;论述其诗的"清刚"之气,在内涵中很重理学与诗的统一,以及以孝为先的理学影响使该派诗人在对清统治方面,既不肯合作,又不愿反抗,等等,都是言之成理、持之有故的。在对顾炎武诗的思想和艺术特点的论述,如对顾与李贽的同异、顾诗与杜诗的同而不同,顾诗的用事及五排等等的论述中,都不乏独到的见解。王士禛的诗论是历来研究较多、人们比较熟悉的,但在本书的论述中,仍有许多新的开拓。如王士禛以王、孟为盛唐诗的本来面目,是人所共知的,但何以如此,作者从对王士禛的处境、心态的考察中,提出了一些新的解释,是站得住、并有说服力的;对王士禛所标举的"典"、"远"、"谐"、"则"的阐述,既较平实,也富新意。对陈维崧的诗,学术界向来极少论述,作者不仅对它作了全面详尽的论述,而且在论述其诗歌的思想、艺术特色上,如其七律的种种特点,七古虽非长篇叙事的娄东派,但由于其继承了梅村歌行的特色:重词藻,富文采,工对偶,反与梅村接近,而在骨力方面又胜于梅村。这种论析,颇富创意。像这样精到的或较好的见解,在这部多达三十二万多字的书中随处可见,难以胪列。

总之,我读了此书的不少章节后,感到这确是目前研究清诗流派的一部力作,应该为之庆幸的。

新时期以来,我们的古典文学研究,出现了空前繁荣的局面。文学史方面的研究著作,也陆续出版了多种,各有特色和贡献,但拓展史的研究范围,突破原有的史学模式,仍是需要为之努力奋斗的。世南先生在清诗的研究上,采取了一种新的视角,从流派的发展、兴替着眼,考察论析一代诗歌历史,不仅填补了学术空白,在为史的体例方面,也是有所突破的。

在上面,我赞扬了此书的许多独到之处和某些特点,并充分肯定了它的学术价值,但并不是说,此书的写作毫无不足之处。在作家的论述中,有的论断,也还可以进一步研究和商榷;作者努力学习现代中西文论及美学,以之运用到清诗的分析中去,多数运用得比较恰切,但也偶有运用不尽恰当之处,如论李白诗属于"向内转",杜甫诗属于"向外转"。不过这点个别性的不足,并不影响全书在学术上是一部坚实的力作。

年近古稀的世南先生是钱锺书先生介绍给我的,一九八七年因率领其研究生访学,曾来北京我寓所相访,此前此后则偶有书信往还,知他多年甘于寂寞,埋头学问。他经多年艰辛完成此书,嘱我作序。我素懒于此道,但他在学术上的勤奋创造精神,以及在学术上的贡献,却使我深为感动,因而勉为此序。

1992 年 5 月 30 日　北京

前　言

　　清诗近年来才逐渐得到学术界的重视,其实它迈越元、明而继承了唐、宋诗的优良传统(着重的是艺术养料),并在此基础上有所发展,表现出自己的时代特色——学人之诗与诗人之诗的统一。它包括着近代文学中的中国古典诗歌,直接哺育着中国现代文学。

　　清诗的前期和后期,都反映了昂扬的民族气节和深厚的爱国主义精神;中期则盛开着诗歌理论之花,横出一世的性灵说即产生于此期。

　　因此,总结清诗的经验和教训,对当代和后世的文学创作(尤其是诗歌创作与研究),是有着丰富的借鉴意义的。

　　《清诗流派史》的编写,其出发点就是总结清诗发展的规律。因为规律总是反映在各种诗派的产生与相互影响中,所以,我从流派着眼来叙述和论析清诗三个时期的发展变化情形。

　　全书以事实说明如下规律:

　　(一)每一流派对以往各流派(尤其是和它相衔接的一个或几个流派)的理论、创作的成果,都必然有所吸收和扬弃。无所取,则诗史失去了连续性;无所舍,则此一诗派失去了它的质的规定性。

　　(二)就是对于前代某一理论(如王士禛之于《沧浪诗话》)绝对宗仰,也必然渗入后者新的时代审美因素以及个人的审美情趣。

（三）诗派的生灭盛衰,主要由于补偏救弊——每一流派都是为了对前此诸流派补偏救弊而生而盛,又由于本身的僵化而为后出流派所补救而衰而灭。

（四）同一流派的作者群也在不断分化,或坚持,或变异,最后有的蜕变而成另一流派。

因而结论是:流派是时代要求、文学风尚和诗人审美追求的结晶——整个《清诗流派史》就是按照这个原则来论述的。

我不用一种流派的审美标准去批评另一流派的作品与理论,但坚持科学的实事求是的原则,区分进步与落后,同时辩证地分析、对待落后的流派,也标举出它的艺术特色、理论价值,并指出其出现是历史的逻辑必然。

第一章 河朔诗派

一 河朔诗派的由来

明末清初的诗人邓汉仪曾指出:"今天下之诗,莫盛于河朔,而兕盟以布衣为之冠。"①申涵光自己也说:"今天下诗颇推畿辅,……照耀河朔。"②王士禛正式提出"河朔诗派"这一名称:"中兕盟涵光称诗广平,开河朔诗派。其友鸡泽殷岳伯岩、永年张盖覆舆、曲周刘逢源津逮、邯郸赵湛秋水,皆逸民也。"③后来杨际昌也说:"永年申和孟涵光,节愍公佳允子,与逸民殷岳、张盖、刘逢源友,开河朔诗派。"④徐嘉则以诗赞叹:"独有涵光乐隐居,奎章阁下谢公车。早教河朔开诗派,晚究苏门性命书。"⑤

二 河朔诗派的特色

河朔诗派有什么特色呢?

原来明诗自前后七子主盟后,末流失于肤熟。公安起而矫之,又成俚僻。于是竟陵派出,以性灵矫七子之肤熟,以学古矫公安之俚僻,结果却如钱谦益所指责的:"以俚率为清真,以僻涩为幽峭。"⑥河朔诗派就是在这种情况下出现的。它的特色就是杨锺羲所指出的:"当时北地诗人,皆不涉锺、谭一派。"⑦明乎此,就知道这一派的人为什么推尊何、李而鄙薄锺、谭了。试看申涵光评论李梦阳："空同才力横绝,气压万夫,设前无杜陵,不几有诗来一人乎?"⑧又评论何、李："近代何、李两大家,越宋、元而上,与开元为伍。"⑨又说："至何、李诸公专宗盛唐,遂已超宋而上。"⑩又评论李攀龙："诗至济南而调始纯。空同才大,不屑检绳尺,涩语梗词,庞然并进。济南极意锻炼之,使一叶(协)宫商,诵之娓娓,声中金石。故自唐以来,语音节者,以济南为至。"⑪他的诗也谈到："我行天下久,粗能辨好恶。大复与空同,文章各矩矱。其馀多琐细,真诗久寂寞。"⑫而对竟陵派则说："竟陵久为海内所诟詈,无足言者。"但也指出:竟陵的出现,是由于矫七子之失,所谓"性情之灵,障于浮藻,激而为竟陵,势使然耳"⑬。

正由于看到七子和竟陵都各有其弊,所以河朔诗派不是回到七子的老路,而是强调直接向杜甫学习。但申涵光之学杜,尽管"音节顿挫,沉郁激昂,一以少陵为师",而"其所以师少陵者,悲愉咷啸,无一不曲肖,而非世俗掇拾字句以求形似者所可比也"⑭。用他自己的话说,就是："诗以道性情。性情之事,无所附会。盛唐诸家,各不相袭也。服古既深,直行胸臆,无不与古合。寸寸而效之,矜庄过甚,笔无馀闲。古以格帝天神鬼,使啼笑不能动一人,则无为贵诗矣。"⑮

在这种创作思想指导下,这一派的诗风便呈现这么一种总体特色:清刚。申涵光曾这样描述过：

"盖燕赵山川雄广,士生其间,多伉爽明大义,无幽滞纤秾之习,故其音闳以肆,沉郁而悲凉,气使然也。"⑯又说："读其诗,嶙峋突兀,天外遥青,不为径草盆花,耳目近玩,盖得太行之气为多。"又说："古之以诗传者,其人多清刚而磊落,以石为体,而才致闲发,遇物斐然。"⑰又说："古之诗人,大多禀清刚之德,有光明磊落之概。"⑱又说："泓子之诗,清明广大,无幽滞纤秾之习,至性所出,可涕可歌。"⑲又说:"其近体多隽语旷致,磊砢自得;歌行长篇,纵横顿挫,风雨骤而鬼神泣也。……乃其诗莽莽然如万夫敌,又何壮欤!黄河之水天上来,差足似之。"⑳又说:"复不耐声偶,为古诗,醇厖渊穆,莽莽然可敌万人。"㉑又说:"吾读文衣诗,喜其真,不无故为笑啼,横臆而出,肝胆外露,摧坚洞隙,一息千里。我燕赵人多沉毅英爽,无夸毗之习。"㉒通过这些描述,可以看出这一诗派主张"风格即人",而"人"又是地理环境的产物。

但仅仅这样理解,那还是肤浅的,这一诗派还把诗的创作提高到哲学的层次,那就是要求理学与诗的统一:

"古人之诗,必有其原,则道焉耳。道者,立人之本,万事所从出,而诗其著焉。……二百篇皆道也。"㉓又说:"三百篇皆理学也,敷情陈事,而理寓焉。理之未达,无为贵诗矣。"㉔

如果说,这些话还比较抽象,那么,下面这段话就把他们这一观点表露得十分清楚了:

> 予谓世俗所谓理学与诗,皆非也。褒衣缓步,白发死章句,此士而腐者,汉高所以解冠而溺之耳。而士之以风雅自负者,率佻荡越闲,以绮语饰其陋,本之则亡,诗又可知。三百篇多忠臣孝子之章,至性所激,发而成声,不烦雕绘,而恻然动物,是真理学,即真诗也。即如静修先生绍濂洛之统,高风亮节,为元醇儒。今读其集,古健真削,无愧唐音,不可以证其合乎?……合程、朱、李、杜为一身,匪异人任矣。㉕

"合程、朱、李、杜为一身",这和桐城派的方苞所谓"学行继程、朱之后,文章在韩、欧之间"㉖,把程、朱、韩、欧集于一身是一致的,不过一在诗,一在文而已。申涵光晚年曾从理学大儒孙奇逢问性命之学,方苞则在孙奇逢去世三十七年后,为他撰写《孙徵君年谱序》《孙徵君传》,可能受到申涵光的影响。但二者之间具有原则性的区别:桐城派提出程、朱,是奉行清廷御用哲学,为清王朝的思想统治服务;而以申涵光为代表的河朔诗派提出程、朱,是突出醇儒的高风亮节。其所谓"忠臣孝子",具体到申涵光身上,就是继承父志,忠于明室。这一诗派的诗作正是"至性所激,发而成声,不烦雕绘,而恻然动物"的。

申涵光之所以不曾成为腐儒和浪子诗人,是因为他深刻地受到时代的教育。尽管他切齿痛恨李自成的部队,但也了解民变的由来。他痛心地指出:"鹅鹜馀稻粱,道有殣不足于糠核。令长民者而处士其心也,何至聚平民为盗,致有今日哉!"㉗

三 几位代表诗人

这一派的人,本来都是志在济世。

先看申涵光。明末少年民族英雄夏完淳这样评论他:"君家漳水边,意气冠河朔。英爽殊不伦,酒酣高歌作。易水白日寒,千秋事萧索。慷慨希古人,璠玙隐藜藿。弃家入江干,裘马盛挥霍。天纪阁不章,栖栖靡有托。行行东南征,舒此伯(霸)王略。出门成侯王,闭户死沟壑。睹兹乘风便,始信无家乐。"㉘

顾炎武这样期望他:"十载相逢汾一曲,新诗历落鸣寒玉。悬瓮山前百道泉,台骀祠下千章木。登车冲雨马频嘶,似惜连钱锦障泥。并州城外无行客,且共刘琨听夜鸡。"㉙

夏完淳望他到东南来"舒此伯王略",顾炎武比之于誓复中原的祖逖,就凭这两点,也可以看出他"非仅仅一泉石膏肓之士也已"。㉚

根据他的才干和品格,也可以看出他的隐居决非本性。据其二弟申涵盼说他"又好谋能断,亲友有疑难事,咸就裁之,为剖析筹画,事卒得当。至于天下治乱,生人祸福,往往于事前逆料,莫不亿中。……朋友有急难,挺身救之,不避利害。……又捷于应变,不畏强御"[31]。

再看殷岳。申涵光说:"然吾始与宗山遇,见其须髯如戟,真气动人,言天下事侃侃,常思一得当,垂附丹青。"[32]在他退隐之前,其父殷大白任关南道宪副,为督师杨嗣昌所陷害。他与其兄殷渊,"发指眦裂,相沥血,志在必复仇。退而养死士,将乘间为荆、聂计,会嗣昌诛乃已"。李自成部队攻进北京后,他们兄弟俩曾起兵攻李军,结果殷渊被杀,殷岳由申涵光"遣精甲"救免。入清后,他曾出任睢宁令,"为治清刚有父风"。不久就因申涵光招隐,弃官归。即使退隐后,他与人"抵掌谈旧事,或俯首欲泣,或按剑欲怒,或浮白击节欲狂"[33]。他的好友杨思圣患重病,希望请傅山来治。"时六月霖雨,(岳)疾驰水石中五昼夜,挟之(指傅山)并至。盖其重交游,趋人之急多类此"[34]。顾炎武和他交谊很深:"忆昔订从日,偏承藻鉴殊;堂中延太守,门外挥王符。"[35]顾炎武以王符自比,而把殷岳比为皇甫规,感谢他的"藻鉴殊"。殷岳不是学者,两人如此契合,显然由于意气相投。严格地说,真要谈到"隐逸",殷岳远远不如其侄殷之纪。后者"甲申以还,遂晦迹逃名,决意超然于物外"。清室初定中原,催他出仕。可是"凡七奉部檄催就选,公坚卧不起。自是杜门谢客,足迹不出里巷,自匾其室曰确堂。确乎其不可拔也!""时伯岩弃官归,居比户,唯旦暮一相过从,以道义相敦勉而已"。显然是对这位叔叔的一度仕清表示不满。无怪申涵盼在"赞语"中说:"公有逾垣避世之风,……世之轻于出处者,望确堂而色怍矣!"[36]

再看张盖。这个人在明亡以前,被人目为狂生。"家固窭,竭资力为服饰,綦履佩玉,飘长带,如贵介,甚都。时入狭邪,流连竟日夜。城头水次,则洞箫出诸袖中,乌乌自得"[37]。晚明的社会风气在他身上体现得非常突出。但他决不是浪子,而是伤心人的玩世不恭。他其实是"少敦气节"[38]的。因此,明亡后,他的遗民气节表现得最强烈,在"广平三君"中,申涵光、殷岳都比不上他。王士禛就比之以"楚狂",称之为"慢世"。[39]

再看刘逢源。他有一首五古《咏怀》:"少年不自量,意气何峥嵘。思一吐奇怀,历抵汉公卿。中岁事乖违,烽烟暗两京。遂戢飞扬志,殊深林壑情。"[40]这就非常明确地表白了自己的抱负和退隐的原因。

再看赵湛。朱彝尊曾赠以一诗:"离堂卜夜且成欢,酒尽休歌行路难。四十逢时犹未晚,看君骑马入长安。"[41]可见他也是怀抱利器,极望逢时的。当然,由于他是申涵光的好友,所以尽管"苦被八口累"[42]不能不外出游食乞援,而终于没有像朱彝尊那样违背初心,出仕新朝。申涵光在《送赵秋水入都》一诗末尾说:"吾弟(指自己两个弟弟)滞京师,异方成招寻。冠盖多风波,相将返故林。"所以赵湛终于没有仕清。

最后看看路泽浓。他是申涵光的妹婿,又是顾炎武的好朋友。顾氏曾说:"险阻备尝,与时屈伸,吾不如路安卿。"[43]他随父路振飞奉隆武诏入闽。隆武帝赐泽浓名太平,授职方郎,遣使征兵湖南。[44]隆武政权覆亡后,又随父投永历政权。"振飞至,即日拜相,官其子太平为卿"[45]。《明史》称振飞卒于途,归庄《路文贞公行状》称其卒于广东之顺德。永历政权覆亡后,泽浓一家流寓苏州,再不北还。顾炎武诗所谓"自从一上南枝宿,更不回身向北飞"[46]。顾氏此诗题中的"路舍人"虽指其兄泽溥,但泽浓是一直"与其两兄居洞庭两山之间"[47]的。

通过以上河朔诗派这些诗人的情况,可以断定他们的隐居完全由于和新朝不合作。最能证明这一点的,是他们很多现实性强的诗作,因为触犯清廷忌讳,多已不传。邓汉仪曾说:"路子苏生(即泽浓的长兄泽溥)语予,则曰:'凫盟笥中诗甚多,高迈绝伦,类不肯令世人见。'"[48]申涵光也说张盖:"其甲申以后诸作,语之深者,又难显布。"[49]

但就根据现存诸诗,也可以看出这一派诗人的清刚风格。如申涵光的:

> 人生感意气,杀身为知音。(《送赵秋水入都》)
> 性僻耻雷同,百折心未死。(《淹留》)
> 壮士不为金,感君重士心。(《咏古》)
> 君子守贞素,不为时命倾。(《秋兴》)
> 独居竞高节,令名冰雪俱。(《拟古》)
> 小儿持刀乌孟哭,孔雀止被牛牴触。我今不说君应知,岂是我辈伸眉时? (《慰友》)

最能反映他的性格和理想的是《吁嗟行》:"吁嗟我生三十有四年,山枫野栎空拳挛。倔强时遭豪吏骂,酒酣击筑何人怜?我见时人强笑语,倾心输意相缠绵。险如太行深溟渤,鞠躬酒肉生戈铤。吁嗟我生胡能然?我有诗书三万卷,先人手泽留丹铅。筋力未衰两弟少,埋愁息照云山边。西岩茅屋近滏口,上栽松竹下平田。有时坐明月,半醉挥朱弦。桥头望落日,蜡屐凌苍烟。有时高卧临风渚,白鹭飞来枕席前。我生得此亦已足,胡为终日随喧阗?待我十年人事毕,负薪桎地终南巅,不尔浮家范蠡船。吁嗟我生胡能然?"

他写作了大量格律诗,同样反映出清刚的风格。如《张处士覆舆土室自封,久不可见,怅然有怀》:"范粲藏名苦,袁闳著节奇。残年供涕泪,空谷有威仪。门外今何代,斯人总未知。风尘催老鬓,负尔碧山期。"又如《怀太原傅青主》:"曾约溪村访钓

7

竿,数年设榻待君欢。乱离苦忆良朋少,衰病应愁远道难。晋国山川容白发,中原天地此黄冠。幸将卷帙传高迹,日向晴窗展画看。"

张盖诗作气概的雄伟,充分表现在《漫作》中:"玉盘渍墨可二斗,高丽茧纸冰蚕纹。醉来挥洒兴不尽,却上青天写白云。"另外如《山居秋夜同友人坐月》:"客宿楞伽宫,秋深白露中。云归千涧满,月出万山空。兵甲何时息?琴尊此夜同。张华有宝剑,醉拔舞雌雄。"也表现出他的豪情。

刘逢源所作诗也是气势阔大,如《九日登赤壁》有"群儿戏弄兵,蚁斗何足道!想公(指苏轼)吊古心,还为后人吊"。苏轼称瑜、亮为"风流人物",孙、曹、刘为一世"豪杰",刘逢源却呼之为"群儿",嗤其为"蚁斗",俨如阮籍作广武之叹。从《秋日漫兴》更可见他即使隐居,也如老马伏枥,壮心不已。其诗云:"稍喜世缘贫日少,何妨邱壑寄馀生。渔樵堪作闲中计,鸡黍聊寻世外盟。两岸蓼花晴放棹,一龛蕉雨夜谈兵。床头龙剑时时吼,五岳胸中似未平。"

赵湛诗"清圆朗润"⑤⑩,但王士禛所欣赏的登太行诗:"太行九千仞,石磴盘云间。雪压雁门塞,冰齐熊耳山。"不但对仗工稳("雁门"对"熊耳"),而且写出了太行山的巍峨,无怪王氏叹其"超诣",称为"奇作"。⑤①

值得注意的是,这派诗人只有张盖"归筑土室自封,屏绝人迹,穴而进饮食,岁时一出拜母,虽妻子亦不相见。家人窃听之,时闻吟咏声、读五经声、叹息声、泣声",确实表现了崇高的遗民气节。特别是清朝的地方官"求一识面而不可得,时继粟以饷之。其子受粟而不敢以告,告则必不受也"⑤②。更是其馀的人所难做到的。殷岳、赵湛经常向仕清的亲友乞食;即使申涵光曾作诗拒绝仕清旧友的招聘,因而博得张盖赠诗:"草泽英豪尽上书,奎章阁外即公车。我甘渔父因衰老,独有涵光是隐居。"[53]其实和顾炎武、屈大均,以至傅山比起来,申涵光还是有很大的距离的。

河朔诗派这些诗人的不足之处是:

第一,他们和农民军势不两立,刻骨痛恨,而对清朝却只消极地不合作,从不采取任何抗争手段。即以张盖而论,也只如申涵光所说:"四方多战伐,羡尔未全闻。"[54]申涵光自己的态度是:"我自锄茅依绝巘,莫将悲喜问乾坤。"[55]"何处乱离客勿道,但能饮酒宁辞沽?"[56]"卧嫌人语烦,移床就古寺。君来看水云,莫说城中事。"[57]"战伐只今何地?是非不近渔竿。"[58]其馀的人也差不多。

其次,接受新朝的统治,只要能过上太平日子就好。如"海上戈初罢,方隅亦渐宁。……不眠思往事,离乱恐重经。"[59]郑成功、张煌言水师从南京的败退,西南的农民军与南明政权的失败,在申涵光心目中竟是很可告慰的事。因为他过去吃过农民军的苦头,所以现在只希望不要重经离乱。既然清朝能致太平,自然不必坚决反对。基于这种认识,所以他现在只希望有个好年成:"何时沾岁稔,石屋卧高春?"[60]他希望清朝早日使天下太平:"安得普天无战伐,早抛戎服著烟蓑?"[61]因而他会说:"烽烟极远西成稔,饮食应同父老欢。"[62]

第三,因此,他居然劝农民努力支援清军:"为报遗黎应努力,军需方急水衡钱。"[63]还埋怨天灾影响战争的进行:"烽烟正赖征输力,灾情谁知造物心!"[64]

第四,也就因此,不责怪汉族士大夫的变节事清:"故人随出处,不诵北山文。"[65]"旧好君休问,人情我渐知。"[66]甚至还劝人出仕:"莫但怀松桂,高堂想玉珂。"[67]这就无怪乎他两个胞弟都出仕清朝了。

9

第五,也就因此,常以仕清故人相访为荣:"僻巷填车马,何人忆隐沦?……醉来歌复饮,仍似布衣身。"[68]"怪君新及第,遗札问垂纶。……异时谋把臂,烟海幸比邻。"[69]"翰墨劳星使,云霄忆故人。泛爱真元老,无才愧隐沦。"[70]"门喧父老怪,客贵仆人忙。"[71]"云霄书札到沧浪,……一时麟凤趋天仗,十载禽鱼恋草堂。……"[72]"共讶使君亲钓客,许将箬笠卧霜衙。"[73]"久无书札到春明,使节惊传父老迎。正倚孤筇看雪树,何来五马叩柴荆?"[74]"掉头东去卧江滨,忽讶高车问野人。"[75]

尤其使人失望的是《辞辟举书》,说什么"光于本朝(指清朝),实受再造。先人幽忠,隔在异代(指明朝),自分湮没久矣!荷朝廷日月至明,听言不厌再四,务详颠末,传诸信史,秩宗典礼,备极宠隆。夫人德及所生,即在亲交炙鸡絮酒之仪,尚尔感激,况恩同覆载者乎?故尝终夜腐心,不知所报。"试以与顾炎武相比较。康熙十年,熊赐履议修《明史》,欲荐顾助其撰述,顾答以"果有此举,不为介推之逃,则为屈原之死矣!"[76]十七年,叶方霭充《明史》总裁,欲招顾入史局,顾以死拒之。十八年,又以诗明志:"……嗟我性难驯,穷老弥刚棱。孤迹似鸿冥,心尚防弋矰。或有金马客,问余可共登。为言顾彦先,惟办刀与绳。"[77]这才是硁硁大节、鬼泣神惊的时代最强音,任何时代的人都应该继承这种硬骨头精神。申涵光在亭林先生面前是应有愧色的。

其所以致此,完全由于理学思想的影响。河朔诗派的诗人都崇尚理学,标榜忠孝,而以孝为本为先。申涵光是出名的孝子,理学名臣魏象枢就因为"余知其为孝子也,遂定交"[78]。当清室定鼎之初,涵光"痛父殉国,绝意功名,将欲从鹿豕游,不复视息人间世",可是由于其母言:"祖母年高,二弟幼弱,皆汝父未了事,安可隐也?"于是涵光"卒以儒冠老"[79]。其所以在《辞辟举书》中那样卑词自污,实出于保全室家之心。

殷岳也喜理学。魏象枢说:"日来与殷伯岩坐十懒斋中,促膝清话,进我于道者颇多,独恨相见之晚。"⑧

赵湛也强调"孝弟":"温清理亦常,闵曾号佳嗣。百行此其源,立身首孝弟。"㉛

理学就是这样腐蚀他们的思想,使他们完全不自觉地变成傅山所斥骂的"奴儒"。傅山曾指出:"自宋入元,百年间无一个出头地人。号为贤者,不过依傍程朱皮毛,蒙袂佁口,居为道学先生,以自位置。至于华夷君臣之辨,一切置之不论,尚便便言圣人《春秋》之义,真令人齿冷!独罗教授开理举义死节,而合门三百灶耻仕胡元,此才是真道学,圣贤之学。"㉜他讲的是宋和元,其实是指明和清。申涵光等人本是奇男子,可是一站进理学圈子后,就越来越脱离社会现实,一味从事内心的修省,置一切社会动乱于不顾,更不用说提出解决社会矛盾的办法。只要看一看,申涵光对以汉人而仕元的理学家刘因(静修)赞颂备至,傅山却在坚拒清廷征聘时,面对大学士以下官员声称:"使后世或妄以刘因辈贤我,且死不瞑目矣!"㉝就可以知道理学与反理学在民族气节上的差距有多么大。

注 释

① ㊽ 《聪山集序》

② ⑰ 《聪山集·逸休居诗引》

③ 《渔洋诗话》卷下

④ 《国朝诗话》卷一

⑤ 《论诗绝句五十七首》之十四,见《味静斋诗存》卷四

⑥ 《列朝诗集小传》丁中

⑦ 《雪桥诗话》续集卷一

⑧⑮　《聪山集·屿舫诗序》

⑨㉓　《聪山集·青箱堂诗序》

⑩　《聪山集·青箱堂近诗序》

⑪　《聪山集·蕉林集诗序》

⑫⑬　《聪山诗选》卷一《与张逸人覆舆》

⑭　张玉书语,引自《晚晴簃诗汇》卷十四

⑯　《聪山集·畿辅先贤诗序》

⑱　《聪山集·青箱堂诗引》

⑲　《聪山集·卧云庵诗引》

⑳　《聪山集·王幼舆诗引》

㉑㉜　《聪山集·殷宗山诗序》

㉒　《聪山集·乔文衣诗引》

㉔　《聪山集·王清有诗引》

㉕　《聪山集·马旻徕诗引》

㉖　《望溪年谱》

㉗　《聪山集·徐处士墓志铭》

㉘　《夏完淳集》卷二《赠广武申大孚孟》

㉙　《顾亭林诗集汇注》卷四《雨中送申公子涵光》

㉚　魏裔介《申凫盟诗旧序》,见《聪山集》

㉛㉙　《忠裕堂集·先伯氏凫盟处士行述》

㉝　《忠裕堂集·殷伯岩仲泓合传》

㉞　朱彝尊《曝书亭集》卷七四《殷先生墓志铭》

㉟　《顾亭林诗集汇注》卷五《挽殷公子岳》

㊱　《忠裕堂集·殷伯芽传》

㊲　《聪山集》卷二《张覆舆诗引》

㊳　《清史列传·杨思圣传》附

㊴　《精华录》卷五下《至日怀申凫盟兼寄张覆舆》

㊵ 引自《晚晴簃诗汇》卷十四

㊶ 《曝书亭集》卷六《送赵三湛还永年》

㊷ 《晓登关山望六合有怀黄逊庵明府》

㊸ 《广师篇》

㊹ 计六奇《明季南略》

㊺ 钱澄之《永历纪事》

㊻ 《顾亭林诗集汇注》卷五《路舍人客居太湖东山三十年,寄此代束》

㊼ 《粤游见闻录》

㊾ 《张覆舆诗序》

㊿ 《晚晴簃诗汇》卷十四

㊑ 《秦蜀驿程后记》

㊒ 《忠裕堂集·张命士传》

㊓ 郑方坤《聪山诗钞小传》

㊔ 《聪山诗选》卷三《郡中怪张覆舆自西山来》

㊕ 《长安杂兴》之四

㊖ 《无事》

㊗ 《客至》

㊘ 《避暑西岩》之九

㊙ 《春旱》

㊚ 《初夏》

㊛ 《怀庸庵从军荆南》

㊜ 《暑过》

㊝ 《齐河道中》

㊞ 《七夕望雨》

㊟ 《七月》

㊠ 《方尔止来》

13

(67) 《送郑子勉入都》

(68) 《傅编修掌雷过访草堂》

(69) 《王贻上书来》

(70) 《读熊锺陵先生见怀诗敬答》

(71) 《余明府中台枉顾,得令侄东望广中消息》

(72) 《答王祭酒敬哉先生》

(73) 《九日至清源,傅兵宪掌雷招隐》

(74) 《孔观察心一枉顾衡门》

(75) 《徐编修原一自江南赴都,便道过访》

(76) 《蒋山佣残稿·记与孝感熊先生语》

(77) 《寄次耕,时被荐在燕中》

(78) 《寒松堂集》卷九《书申凫盟遗笔后》

(80) 《寒松堂集》卷七《答申凫盟书》

(81) 《省心吟》

(82) 《傅山手稿一束》,见《中国哲学》第十辑

(83) 全祖望《鲒埼亭文集·阳曲傅先生事略》

第二章 岭南诗派

一 岭南诗派的风格特色

岭南诗派的名称,由来已久。即以明末清初而论,它除了反映一种地方色彩,如屈大均在《江行》中所描写的"犬吠红毛估,人惊白底船",陈恭尹在《九日登镇海楼》中所描写的"五岭北来峰在地,九州南尽水浮天",更主要的却因为它风格遒上,和当时的江左三大家完全不同。江左三大家是钱谦益、吴伟业和龚鼎孳,他们的诗有一个共同的特色:采藻新丽。所谓"采藻新丽",就是"才情焕发,声律绵丽"。① 乾隆时诗人洪亮吉曾评论这两种诗派说:"尚得古贤雄直气,岭南犹似胜江南。"② 这种评论,和乾隆时立《贰臣传》的政治空气自然分不开,但是,它也完全符合文学史的客观事实。要了解这"古贤雄直气"的具体内容,请看屈大均的解释:"吾粤诗始曲江,以正始元音先开风气。千馀年以来,作者彬彬,家三唐而户汉魏,皆谨守曲江规矩,无敢以新声野体而伤大雅,与天下之为袁、徐,为锺、谭,为宋、元者俱变。故推诗风之正者,吾粤为先。"③ 曲江指张九龄,他是唐玄宗时一位贤相,也是当时一位杰出的诗人。他在诗歌创作上,一方面继承汉魏的传统,一方面采用《离骚》的手法,形成他的唐音。这正是屈大均等岭南诗人所称颂的"曲江规矩"。这种"千馀年以来""家三唐而户汉魏"的诗风,就是"古贤雄直气"。与此相反的,就是明后期的公安(屈大均还增加了一个徐渭)、竟陵以及宗宋派。

但是这样理解,"雄直气"的内涵还没有全部反映出来。以明代说,"粤东诗派皆宗区海目"④。屈大均也认为"明三百年岭南诗以海目为最"⑤。海目,是万历时诗人区大相的别号。区氏为诗"力袪浮靡,还之风雅"。"浮靡",指七子复古之风。区诗虽"纯乎唐音"⑥,而"取材必新,说理能妙"⑦,不是七子那样生硬地仿古。所以,屈大均称赞他的《南行》诸诗"直驾北地(李梦阳)、信阳(何景明)而上,于鳞(李攀龙)、元美(王世贞)不足道也"⑧。至于屈大均自己最享盛名的五律,则正如陈田所说:"隽妙圆转,一气相生,有明珠走盘之妙,与区海目后先合辙。"⑨可见"雄直气"的内涵,还应包括反对生硬摹仿唐诗,尽管屈大均对七子基本肯定。

为什么岭南诗派的人反对公安和竟陵两派?因为它们使"三汉、六朝、四唐之风荡然","淫哇之教,浸入心术,论诗之害,未有烈于斯时者"。"至岭南屈翁山大均,五言直接太白,而陈元孝恭尹辅之"⑩,才挽回了这种颓风。

为什么反对宋诗?正因为雄直,所以反对宋人的艰涩。屈向邦曾指出:"洪北江诗:'尚得昔贤雄直气,岭南犹似胜江南',盖指屈翁山、陈元孝诸人之诗也。……自近世趋向宋人艰涩一路,而雄直之诗,渺不可复睹矣。"⑪陈恭尹则在理论上尊唐抑宋:"感人以理者浅,感人以情者深;感人以言者有尽,感人以声者无穷。"⑫杨际昌即称岭南诗"音节最擅长"⑬。其实唐宋诗这种表现形式上的差异,主要是政治形势的不同。南宋人洪迈说过:"唐人歌诗,其于先世及当时事,直辞咏寄,略无避隐,至宫禁嬖昵,非外间所应知者,皆反复极言,而上之人亦不以为罪。……今之人不敢尔也。"⑭可见岭南诗派中人之所以能雄直,也由于明末清初文网不密,所以屈大均等人能学唐人的直陈其事,径抒其情,而不必如宋人的隐晦曲深。

另外,岭南诗人所以迥异于江左三家,用王士禛的话来说,便是"正以僻在岭海,不为中原江左风气熏染,故尚存古风耳"⑮。岭南地区在明末清初时,正是南明政权和清廷作斗争的纵深地带,不像北中国和江南地区已被清廷强力统治,因而在诗歌创作上不是一味追求"采藻新丽",虽然和江左三家同样"追琢唐音",却是"体尚苍凉,情多感慨"。⑯以屈大均、陈恭尹和释函可(韩宗𮪍)为例,他们都是"原本忠孝,根据汉魏乐府,包罗六朝三唐之胜,而自写其性情际遇",故"直驾宋明诸作者上"⑰。这所谓"明诸作者",便包括了钱、吴、龚这三个贰臣。

二 屈大均

屈大均(1630—1696),初名绍隆,字翁山,又字介子。广东番禺茭塘人。幼从陈邦彦受学。顺治七年(1650),清兵陷广州。次年,投身抗清斗争中。失败后,在番禺海云寺削发为僧,法名今种,字一灵。仍力图恢复。三十二岁还俗,北游关中、山西各地,联络同志,与顾炎武、李因笃等交往。康熙十二年(1673),三藩事起,大均参加吴三桂反清军事行动,监军于广西桂林。不久,失望而归,隐居读书,著《广东新语》。诗名远播江南。著《翁山诗外》《道援堂集》《翁山诗略》三种。

朱彝尊曾这样评介屈大均的生平志业和诗歌创作的关系:"自二十年来,烦冤沉菀,至逃于佛、老之门,复自悔而归于儒。辞乡土,跻塞上,……自荆楚、吴、越、燕、齐、秦、晋之乡,遗墟废垒,靡不挈涕过之。……十年之间,凡所与诗歌酒宴者,今已零落殆尽,至窜于国殇山鬼之林,散弃原野。翁山吊以幽渺凄戾之音,仿佛乎九歌之旨。世徒叹其文字之工,而不知其志之可悯也。"[18]

朱彝尊是同意屈大均的自比屈原的,后来的人也都把他和屈原并称。例如姚莹说:"最是屈家吟不得,分明哀怨楚湘累。"[19]王兰修说:"罗浮道士,超妙似太白,沉郁似少陵,《离骚》哀怨,灵均之遗则也。"[20]龚自珍说:"灵均出高阳,万古两苗裔。郁郁文词宗,芳馨闻上帝。"[21]邓方说:"骄雅而还屈大均,手搴兰芷吊夫君。"[22]

屈大均确实继承并发扬了屈原那种"虽九死其犹未悔"的精神。特别是他企图代替释函可遣戍沈阳这件事,说明这位血性男子多么富有自我牺牲的精神。这是一种极其强烈的爱国热情的表现,真可以惊天地,泣鬼神!中国历来少有敢于抚哭叛徒尸体的吊客,而屈大均比这种吊客的难度还要大得多。

释函可,字祖心,号剩人,俗名韩宗騋,明礼部尚书韩日缵之子。"既丧父母,一意学佛"[23],二十九岁在庐山为僧,后入罗浮山华首台道独门下。"甲申之变,悲恸形颜色。传江南立新主"[24],即于乙酉年(顺治二年,1645)以印刷藏经为名赴南京。适值南明弘光政权覆亡,他亲见清兵渡江,南京臣民或被杀,或自尽,于是写作私史《再变纪》,记下清兵烧杀掳掠的惨状和江南抗清殉难者的事迹,"过情伤时,人多危之,师为之自若"[25]。"方欲归岭南,为城逻所执,械送军中,刑讯极苛。后械送京师,系刑部狱。寄诗南中友人云:'举世皆羝牧,苏卿何用归?'"[26]顺治五年四月发遣沈阳,与流寓者结"冰天吟社",序云:"悲深猿鹤,痛溢人天,尽东西南北之冰魂,洒古往今来之热血。"顺治十六年十一月卒于戍所,年四十九。其《生日四首》之三云:"四十未为老,颠危自古稀。虚生成底事,到死不知非!"这种铮铮铁骨,真是中华民族的脊梁。同时的遗民诗人邢昉曾这样颂扬释函可这一英勇斗争:"……大师南海秀,复立风尘外。辛苦事掇拾,微辞缀丛荟。毛锥逐行脚,蝇头装布袋。前日城门过,祸机发逅邂。命危频伏锧,鞫苦屡加枷。良以笔削劳,几落游魂队。……"并鼓励他坚持到底:"诸方尚云扰,颍洞势未杀。虽然怵网罗,慎勿罢纪载。伊昔郑亿翁,著书至元代。出土十载前,金石何曾坏?"㉗

就在僧函可流放沈阳时,屈大均挺身而出,决定以身代赎。另一遗民诗人顾与治有《送一灵师之辽阳,兼简剩和尚》诗云:"岭路双绹下,关门一杖孤。吟随芳草去,饭藉落花趺。辇道怀章奏,天山入画图。江船宜看渡,予病未能扶。"诗后自注:"灵公粤人,从雪公来金陵,欲北上具疏请自戍,而放剩和尚入关。"㉘一灵、灵公,皆指屈大均。钱谦益在《罗浮种上人诗序》中也提到:"上人为华首和尚之孙,腰包重趼,出罗浮万里,访剩和尚于千山,不得达。归而历神都,望陵庙,感激逼塞,啜泣为诗。"钱谦益不禁感叹:"呜呼!铜人之泣汉也,石马之汗唐也,楚弓鲁玉,于世外之人何与,浃月之间,得两山翁焉,何禅者之多人也!"㉙种上人即屈大均。

屈大均反清复明的决心极其坚定,一直到死都不改节。其敌视清廷之志备见于《翁山文外》、《翁山诗外》。他去世前一年有《乙亥生日病中作》一诗,还说"松为前朝根半固,桂生南国味全辛"。更可贵的是,即使清廷已经巩固了它的统治,他仍绝不悲观,仍然深信反清复明的理想必能实现。如《雨夜作》:"风雨无朝暮,鸣鸡不可知。天沉长夜里,人苦极寒时。泪欲浮孤枕,情终系一丝。平生无白日,衰暮益含悲。"㉚这首五律既用比兴,又用赋,句句写哀,而"但令长白首,不敢哭穷途。雪重松频折,霜深草未苏。巢边黄叶尽,寒绝一啼乌。"在战友大多被杀害,清廷政治迫害日益严重的情况下,他仍然表示:只要活着,决不绝望。

正因为思想感情上充满"雄直"之气,所以屈大均最擅长的五律,形式上该用骈偶的颔联和颈联,也往往以散行出之,就是延君寿所说的:"能以古体行于律中。"[31]他认为"作者(指屈大均)五律与莲洋一派,多用散行"。吴雯五律学李白,如其《寄向书友》:"曾闻向始平,能注南华经。之子真苗裔,江山发性灵。寒蛟终谢饵,老鹤不梳翎。载酒莺花节,长吟入洞庭。"[32]王士禛即评:"太白。"如此之例,不胜枚举。以时间先后论,吴雯应该受到屈大均的影响。

屈大均这种"以古体行于律中"的五律很多。徐肇元选编的《屈翁山诗集》,五律共517首,而这种散行的有66首,约占13%。有的在颔联,如"夕阳一返照,明灭金芙蓉"(《望五老峰》),"不知吹瀑水,飘落几重溪"(《开先寺楼作》);有的在颈联,如"范蠡湖边客,相将荡画桡"(《自白下至槜李,与诸子约游山阴》),"人道水帘里,玉姜时弄琴"(《太华作》);有的中间四句完全散行,如"空翠洞庭阴,松风吹满林。白云不可见,日与数峰深。闻在毛公洞,时时拂素琴。秋来摘朱橘,霜露湿衣襟"(《怀同岑》),"与君沮溺心,农事怀江阴。昨梦水田鹭,飞过青竹林。朝来作图画,春色东皋深。安得耦耕去,还为桑者吟"(《题戴务旃水田图》)。

屈大均是崇拜李白的。由于气质相同,诗风相近,不但当时人比他为李白,他也以李白自称。他曾经说:"但得佳人称太白,不辞沉醉月明中。"(《席上赠叶仙》)自注:"叶仙三称予太白先生,予喜,为尽三爵。"但他的推崇太白,首先是从建功立业的角度出发,其次才是那种飞腾的想象、纵横的才气。杜甫历来被尊为"诗圣",李白则被称为"诗仙",屈大均却把"诗圣"桂冠奉给李白:"千载人称诗圣好,风流长在少陵前。"自注:"朱紫阳尝谓太白圣于诗,祠上有亭当翠螺山顶,予因题曰诗圣亭。"

(《采石题太白祠》)屈大均从李白诗所理解的"圣",由《太白祠》一诗可以概见。诗云:"翰林馀俎豆,宫锦至今香。光复真由汝,功名亦可王。山川增气势,风雅有辉光。一片郎官水,风流未忍忘。"颔联二句,是写李白,也是自写。这正是他的政治怀抱。他把李白和屈原这两位浪漫主义大诗人挂起钩来,也全从政治着眼:"乐府篇篇是楚辞,湘累之后汝为师。乌楼岂写亡吴怨,猿啸唯传幸蜀悲。烟水苍茫投赋地,霜林寂历礼魂时。重华一别无消息,终古鱼龙恨在兹。"(《采石题太白祠》)全诗不但绾合了屈、李,也把自己绾合上去了。所谓"重华",既指屈原陈词的对象,又指李白心目中的唐玄宗,更指已被清军俘杀的弘光帝。屈大均说李白是"湘累之后汝为师",他自己正是"风雅只今谁丽则,不才多祖楚骚辞"③。祖骚亦即宗李。

当然,由于重视诗作的政治意义,屈大均也不会真正贬低杜甫。他赞美杜甫:"一代悲歌成国史,二南风化在骚人。"又说:"稷契平生空自许,谁知词客有经纶。"(《杜曲谒杜子美先生祠》)因而他竟然说:"谁复光芒真万丈,谪仙犹让浣花翁。"㉞其所以如此,正如乾隆时人梁善长所说:"一灵自谓五律可比太白,而气体亦多似杜。"㉟

总而言之,屈大均的诗,哀怨似《离骚》,超逸似太白,沉郁似少陵,转益多师,加以他本身所经历的火热的斗争生活,因而自成其"翁山体"。朱庭珍曾对屈诗作了总评:"屈翁山五律,忽而高浑沉着,忽而清苍雅淡,气既流荡,笔复老成,不拘一格,时出变化,盖得少陵、右丞、襄阳、嘉州四家之妙,真神技也。七律佳作,在盛、中唐之间,不失高调雅音。七绝学都官、庶子,亦颇可玩。惟五、七古则委靡不振,平冗拖沓,吾无取焉。"㊱

就在他生前,已有很多人向他学习。他有一首诗说:"笃谷同心复同调,平湖皋旭亦渊通。三吴竞学翁山派,领袖风流得两公。"自注:"周笃谷、郭皋旭,嘉兴人,最赏予诗,以一时吴越相师法者为翁山一派云。"(《屡得友朋书札,感赋》之四)另外,"诗僧显鹏,永嘉人,……隐于杭之东郊栖禅院,……形貌奇古,与人语,未尝言诗,而其诗昭彰跌宕,具体翁山,……奇气岔出,亦有托而逃焉者也。其《读屈翁山集》云:'东风吹雨满柴关,日暮空林独往还。李白已亡工部死,眼前留得一翁山。'可以见其师资之所在矣。"[37]嘉道时代的厉志说:"予初游郡中,得遇徐敬夫先生,谓予近体如屈翁山。"[38]由此可见屈诗在江南一带的影响。

清廷的文网随着政权的巩固而日益严密,逐步由中原而江南而岭南,终于乾隆三十九年十一月发生了"屈大均诗文案",严令毁禁"屈大均悖逆诗文"[39]。这些诗文难怪清廷恨之入骨,试看下面几段文字:"家贫,(吾父)每得金,必以购书,谓大均曰:'吾以书为田,将以遗汝。吾家可无田,不可无书。汝能多读书,是则厥父播,厥子耘耔,而有秋可期矣。'比隆武二年丙戌十有二月,广州陷,公携吾母夫人黄及大均两弟两妹返沙亭,则曰:'自今以后,汝其以田为书,日事耦耕,无所庸其弦诵也。吾为荷篠丈人,汝为丈人之二子。昔之时不仕无义,今之时,龙荒之有,神夏之亡,有甚于春秋之世者,仕则无义,洁其身所以存大伦也。小子勉之!'比永明王即真梧州,乃喜曰:'复有君矣,汝其出而献策,或邀一命以为荣可也。'"[40]这种民族气节是何等崇高,敌我观念是何等分明!

又如:"举世之所谓公卿大夫者,皆不可以王之风,王之正月,为夫子所大书特书者与之言。嗟夫!诗者,事父事君之具也。不知王之所以为王,则何以事其君父?将忠于其所不当忠,孝于其所不当孝。忠与孝至是而不得其正,徒为名教之罪人而已矣!"[41]吴伟业曾以父母之命为理由掩饰其变节行为,读到屈大均这样壁立千仞、掷地有声的文字,能不愧死?

又如:"吾以轩名其所居,盖不忘有事于天地四方也。布之以蓼以卧。……越王勾践则置胆于旁,以蓼为枕簟。传曰:'越王卧薪。'薪者何?蓼也。……予取之以充寝处。其华之暖不如芦,而吾不以芦而以蓼,盖惟恐以暖而忘其辛也。苦其心以胆,辛其身以蓼,昔之人凡以为雪耻复仇计耳。……予本辛人,以蓼为药石,匪惟卧之,又饮食之。即使无耻可雪,无仇可复,犹必与斯蓼相朝夕,况乎有所甚不能忘者于中也哉!"㊷这是要像越王勾践那样卧薪尝胆,生聚教训,然后沼吴。试问清廷能容忍这样的文字长留天地间么?

至于反清的诗,那更触目即是。最突出的如"天未生薇蕨,人空老薜萝"(《答蓝公漪》之二)说根本不该像伯夷、叔齐那样隐逸,免得浪费大好年华,应该立即起来干,把敌人驱逐出去。否则"徒然书甲子,讵足当《春秋》?"(《贫居作》之一)即使像陶渊明那样不甘臣事刘宋,也是达不到孔子尊王攘夷的目的。因而他号召同人拿起武器来战斗:"此去非游猎,烟尘满朔天。"(《罗生以角弓赠行》)

"屈大均诗文案"的结局是惨酷的,"昔崔鼎来题翁山集有句云:'空著遗书累子孙',则当时法网之严酷可知矣","然诗文为精魂毅魄,沉郁箧底,终腾作日月之光"㊸。不怕清廷怎样禁毁,地下火永远无法扑灭。就在乾隆年间,仍然有人喜爱屈诗。"周天度,字让谷,钱塘人,乾隆壬申进士,历官许州知州,有《十诵斋集》。让谷论诗主少陵,于近人喜翁山,诗亦朴厚,无浮光凡艳"㊹。嘉、道以后,随着国势陵夷,统治机器日益失灵,公然评论屈诗的日见其多。除前引诸人外,如谢章铤亦称"三家最胜屈翁山"㊺。清末民初的夏敬观称:"此纸书从骚圣堂,扁中有句挟风霜。五兵何自来相救,凛凛戈矛出肺肠。"㊻金天羽更

23

极其倾倒:"翁山奇服,别具仙骨。"㊼又说:"天翻于三百年诗人,服膺亭林、翁山,谓其歌有思,其哭有怀,其拨乱反正之心,则犹《春秋》《骚》《雅》之遗意也。"㊽

当然,就在翁山同时,也有人不满意他的诗:"顺德何绛(字)不偕,隐迹北田,与元孝及陶窳、梁槤、兄衡称'北田五子'。论诗甚严,常以卤莽目翁山。"但这种品评并不准确,因为何绛本人的诗虽然"清超拔俗,有蝉蜕轩举之风,然赋形渺小,抟翼不高,清寒清薄,亦所不免"㊾。何、屈相较,有如贾岛之于李白,不免以雄直为卤莽了。

三　陈恭尹

陈恭尹(1631—1700),字元孝,一字半峰,号独漉子。广东顺德县龙山乡人。顺治三年,清兵陷广州。次年,其父陈邦彦起兵抗清,家属被清兵拘捕,恭尹时年十七,只身逃出。不久,邦彦兵败,全家遇害,仅恭尹幸免,隐居西樵山中。此后十年,仍积极从事反清活动,奔走福建、浙江、江苏一带,企图与郑成功、张煌言等抗清力量联系,没有结果。顺治十五年,再次出游,准备西走云、贵,投奔永历政权。因兵戈阻绝,改由湖北、江苏转入河南。次年,南明覆亡,恢复无望,于顺治十七年还乡,以遗民终老,卒年七十一岁。有《独漉堂集》。

陈恭尹早年的诗,对明末朝政的失误是痛心的,如"九月悲风始"(《感怀》之六)一诗,先写守边将士的艰苦斗争,再写朝廷近臣的腐朽生活,最后指出:"十年为汉将,甲胄行虮虱。一语不相能,投身对刀笔。"这显然是以李广下吏自杀事影射袁崇焕被诬陷而冤死。

而对南明弘光君臣的昏淫尤为痛恨,如《西湖》一律最后说:"休恨议和奸相国,大江犹得百年分。"这当然不是对秦桧尚有怨词,而是极言马士英误国之罪。

因而诗中经常流露出深沉的亡国之痛,如《张穆之画鹰马歌》先写张穆之早年有志立功边地,终不获骋,乃以满腔豪情寄于笔墨:"老来伏枥有馀悲,纸上鹰扬犹负气。"最后转到自己身上:"我有填胸万古愁,百神不语群仙醉。请君放笔作双鸾,夜半骑之问天帝。"这是新的《天问》,正反映出作者极为沉痛的亡国恨。至于"莫令亡国月,得照渡江人"(《次凤阳逢中秋》),在明祖龙兴之故乡,度万家团圆之佳节,自己国亡家破,异地飘零,此情此景,其何以堪?所以随时随地都压抑不住对故国的哀悼。他登上黄鹤楼,会低吟出:"莫怨鹤飞终不返,世间无处托仙翎。"(《岁暮登黄鹤楼》)在和那班故人聚首时,他不禁哀叹:"半生岁月看流水,百战山河见落晖。欲洒新亭数行泪,南朝风景已全非。"(《秋日西郊宴集同岑、梵则、张穆之、家中洲、王说作、高望公、庞祖如、梁药亭、梁颙若、屈泰士、屈翁山,时翁山归自塞上》)而对于清王朝统治下的中国,他感到生活其中,简直如水益深,如火益热:"俯首为今人,举体无一宜:有目厌兵革,有耳闻号啼,有腹饱糠核,有足履祸枢,赤舌有如火,更以焚其躯。"(《感怀》之三)不但世俗生活,就是深山寺观,也再无一片干净土了:"山尊对语梅花下,福地而今路亦难。"(《宿冲虚观》)

由于亡国生活无法忍受,陈恭尹早年是立志恢复的。顺治十年,他在《虎丘题壁》中说:"市中亦有吹篪客,乞食吴门秋又深。"以伍员自喻,表示了他复国难报家仇的决心。顺治十五年秋,他和另一遗民何绛北上,企图由湘南转入云、贵,投奔永历政权,从事反清复明工作。在《留别诸同人》诗中,他充满复国决心与信心:"……人楚客无燕匕首,送行人有白衣冠。……后会不须期故国,中原天地本来宽。"《拟古》之三洋溢着一股英气:"射虎射石头,始知箭锋利;居世逢乱离,始辨英雄士。我生良不辰,京洛风尘起。生死白刃间,壮志未云已。猛士不带剑,威武岂得申?丈夫不报国,终为愚贱人!中夜召仆夫,将适赵与秦。方建金石名,安念血肉身。抗手谢侪侣,明日西问津。"在这段时间里,他"尝绘九边图,并身所经历,悉疏其险要,置诸行箧",以从事反清斗争。⑩而在永历政权覆亡的次年(顺治十七年)春,他还没有对抗清事业表示绝望:"寸心平自若,应任险中行。"(《归舟》)仍然不消极退避,而是继续斗争:"……长揖谢羽人:'蓄志不慕多。兹生有馀责,区区计其他?'回车复吾路,路有张鸟罗。凤鸟易高飞,罗雀如之何?"(《杂诗》之三)这说得很明白:自己所以不愿遁世,为的是救出清廷统治下的汉族人民。同样的情怀表现在《木棉花歌》中:"……岁岁年年五岭间,北人无路望朱颜。愿为飞絮衣天下,不道边风朔雪寒。"他坚信:如磐夜气一定会被明天的朝阳所驱散,便预言道:"远风疏劲叶,春色聚寒根。"(《冬草得言字》)"后来花在眼,昨夜雪添池。"(《春山》)这和雪莱的"冬天来了,春天还会远吗?"简直一个意思。因而他歌颂春草:"力弱犹穿土,光遥不隔天。"(《春草》)这是对斗争力量的自信。也就因此,他颂游侠而责隐士。其《游侠词》之一:"……直走长城北,风云满路中。"俨然是一支抗清的队伍。之二:"相见一杯酒,天涯即弟兄。出门赠百万,上马不通名。"很可能写顾炎武所组织的会党。之三:"十年居委巷,上有白头亲。此别逢知己,微躯亦借人。"按儒家的教条:"父母在,不许友以死。"所以聂政拒绝严仲子的要求,说:"老母在,政身未敢以许人也。"而这里所写,既是"上有白头亲",而又"微躯亦借人",就不应是朋友私谊,必然出于国家大计,因为这也符合儒家教条:"战陈无勇,非孝也。"他歌颂参加过弘光朝抗清斗争的王世桢:"客有问君君大笑:丈夫无国更何家?"(《哭王础尘》)与此相反,对逃避斗争的隐士,他则予以指责。在《感怀》之十五中他写道:"人饮浊河水,不食古井泉。古井非不清,浊河诚有源。大人略细故,琐琐安足论。鹦鹉立樊笼,焉用能人言?苍鹰无羽仪,一日翔九天。"以"浊河水"、"大人"、"苍鹰"比喻抗清复明的斗士,以"鹦鹉"比变节者,以"古井"比隐士,其褒贬之意非常明显。

因此,他颂扬和勉励保持晚节者,例如对于不甘臣清因而出家的澹归大师,他用比兴手法大加赞美:"绝巘全高寄,孤根压众芳。……南枝长不老,微笑傍空王。"(《题丹霞雪干图为澹归大师寿》)他勉励一位慕名来访的新交:"如君意气复何道,所愿故心终不移。"(《赠余鸿客》)他关心好友的安危并互相勉励:"路密关心短,情深出语希。后期能不负,家在荔枝矶。"(《赠别赖子弦、任切刚归宁都》)"古道今芜绝,吾乡尚有人。……风义好相亲。"(《送李苍水,兼寄相如》)对于军事斗争失败了的好友,他劝对方用创作诗文来进行另一形式的斗争,同时以此自保晚节:"神州萧条寰宇黑,英雄失路归何门?文章亦是千秋事,兴则为云降为雨。"(《送屈翁山之金陵》)他本身坚决保持晚节:"白首甘为陇亩民。……道在沉冥宁作我。"(《次韵答徐紫凝》之一)"少事门开晚,多吟卧起迟。百年行已矣,辛苦立名为!"(《晚秋杂兴》)"幸以不材老,能忘时序心。"(《寒树得阴字》)

康熙十七年,因三藩事件的牵累,"恭尹以名重,为时所指目,下于理者二百日"[51]。他自称"四年之间,虚名为累,日周旋刀锋箭镞中,自有生以来未有危于斯者"[52]。"及得脱,自念身历沧桑,恐终不为世所容,乃筑室羊城之南,以诗文自娱。贵人有折节下交者,无不礼接。于是冠盖往来,人人得其欢心。议者或疑其前后易辙"[53]。其实他仍然坚决保持了民族气节,正如他在《藤》诗中所说:“遇物时能曲,垂天自不斜。……柔是长生道,清宜处士家。……”可是由于他这样“稍稍与俗委蛇,而议者随之。梁器圃,故交也,而有仆仆城市之责备;朱竹垞,通人也,而有降志辱身之微词,其他更复何论?”(54)梁器圃,名琏,广东顺德人,明诸生,与陈恭尹同为北田五子之一,“遭国变,乃闭关北田,结茅池西,曰寒塘,悬板以限来者。……陈恭尹所与,多不择人,琏辄骂之曰:‘向与公言何事,而仆仆走城市为也?’”(55)朱竹垞,名彝尊,明亡后,曾参加抗清复明斗争,后变节事清。其《静志居诗话》曾说:“元孝降志辱身,终当进之逸民之列。”后人对这种议论很为不满,有人指出:“忧患馀生,绘听剑图自况,间与当代士夫文字往还,而玩世之意寓于湛冥之中,哀郢之思寄于歌哭之外,固未尝有所降辱也。杭堇浦题先生遗像诗:‘南村晋处士,汐社宋遗民。湖海归来客,乾坤定后身。’又云:‘劫已归龙汉,家犹祭鬼雄。等身遗著在,泉下告而翁。’可谓千秋定论,欷歔欲绝矣!”(56)也有人指出:“试读先生晚岁诗文,置其牵率应酬者勿道,其感时怀旧诸作,孤愤幽忧,触手发露,视壮岁之瘏口哓音,固无以异。然后叹彼之为责备为微词者,容出于爱惜之厚意,要之不窥其心而逐其迹,不可谓之非过也。”(57)又说:“彭躬庵《独漉集序》言:先生晚年磨砻主角,其触手发露处,随即遮扫,不露爪迹。盖知先生之深矣。”(58)

但在陈恭尹本身,即使在狱中,也高唱:“东海仍秦帝,南冠号楚囚。”(《狱中杂记》之一)而且恨自己没有像父亲那样牺牲在抗清复明的战争中:“已比先人老,千秋愧不如。”(同题之十一)而在自己坚持晚节的同时,他斥责那些变节者:“乘时燕雁知来去。”(《春感十二首次王础尘》之一)“世间人面有牛哀”,“颇疑孤竹移贪水”(同题之二)。“颇怪世间男子少,烦君多为著须眉”(《送善丹青者吴碧山》),“朝台空有汉家名,浩叹今人不如古"(《赠余鸿客》)。他还通过咏物来讽刺那班政治投机份子:"钻隙入来知态巧,步虚遥上极身轻","最是贵人车马路,一回过去一层生"(《尘》)。

另外,揭露时弊、反映现实的诗作不少,如反映战祸的:"郭外沃田抛弃尽,不忧无处觅春泥。"(《望燕》)"兵气昏南纪","征敛村村急,桃花何处津?"(《人日新晴即事》)

揭露清朝"迁界"之虐的[59]:"居人去何之? 散作他乡鬼!""相逢尽一哭,万事今如此!""人民古所贵,弃之若泥滓。大风断松根,小风落松子。松根尚不惜,松子亦何有?"(《感怀》之八)这是直斥清廷的残暴。还有用反话讥刺的:"高台为沼陆为尘,一半扬州是海滨。……松楸永隔兴衰地,陌路多逢太息人。共道君恩怜物命,不教鱼鳖近居民。"(《太息》)

揭露剥削压迫的,如《耕田歌》:"……近水畏兵,兵刘何名?上官不问熟不熟,昨日取钱今日谷,西邻典衣东卖犊。黄犊用力且勿苦,屠家明日悬汝股!"《缲丝歌》:"……小虫之小丝有限,中心抽尽君未暖。"《村居即事》之一:"伏狸山中虽有虎,农夫争避带刀人。"之二:"死生由吏不由天,鸩毒随身始出门。"之三:"三尺龙泉方寸印,不知谁较杀人多?"《龙船行》写官吏借赛龙船名义坑害百姓:"……官点龙船如点兵,……家家合米作行粮,百里科钱犒中路。……太平乐事非为扰,最是小民难户晓。往年官禁船尚多,今日官催船却少。……锦标夺归插里社,纵有能名无得者。虽云夺鸭不足夸,明日卖钱还借家。"《行路难》之二:"……小民止可求粗足,朝饭糟糠夕饘粥。轻裘肥马不易夸,有司视尔如仇家。"更写出了贪吏对百姓掠夺的极端残酷。

写贫富对立的也很突出,如《所见》之一,前六句写贵族子弟:"禁里曾通籍,人前不下床。未离阿保手,已绾大夫章。一饭中人产,千金匹马装。"末二句却写:"白头蓬室者,只自爱糟

29

糠。"之二,也是前六句写那班纨袴子:"绣袷紫头巾,骁腾马上身。臂鹰飞啄鸟,手弹远追人。共窃军符夜,相邀野草春。"然后绾合到百姓身上:"不知营一醉,乡曲几家贫!"这类写法显然受到杜甫的影响。

但是,无庸讳言,和屈大均相比,陈恭尹是不够坚强的。例如《行路难》之一:"杀人岂必干与戈,尺地寸天皆踢蹄。重城高枕自谓安,中夜思之眠岂得?何能变化为蟭螟,飞入睫中人不识!"这写出了他出狱以后生怕再罹罗网的忧惧心情。《为严藕渔宫允题绿端砚》只写砚的名贵,不像屈大均借此力劝严绳孙、朱彝尊辞官归隐。《别朱竹垞三十六年矣,癸酉二月复会于广州,三日别去,送之以诗》,但写友谊之笃,屈大均则借以讽刺朱的变节事清。至于《闲居》的"莫作将来计,人生未可知",其皇皇不可终日之状如见。《宿鸟》的"幸无弹射患,安梦得于今",反衬自己的时虞罗网。这种种忧谗畏讥的心态正反映出陈恭尹的苟安思想。这就难怪他晚年竟违心地写了《铙歌》十八首,其中如"海不扬波万国通",以"海不扬波"颂扬中国有圣人而致重译来朝(见《韩诗外传》五),"盛时不贵珍奇物,夷舶无多到粤中",竟对康熙中叶的闭关政策唱赞歌。

当然,不论处境如何险恶,他还是彻底做到了"外圆内方"的。尽管朱彝尊、王士禛在文字交上和他都是好友,梁佩兰更和他与屈大均各为岭南三大家之一,但他和朱、王、梁三人有一个本质上的不同,就是他"冷",毫不热中于一己的富贵功名。他的忘年交赵执信说得好:"老大两布衣,晏然当世士。各出一诗卷,邈矣古男子。岭南冬亦春,坐讶清寒起。乃是冰与雪,披拂怀袖里。我行穷万里,所遇无可喜。今夕忽欣然,风灯落连蕊。"(《饴山集》卷八《与陈元孝、王蒲衣两处士夜坐论诗》)王蒲衣,名隼,遗民诗人王邦畿之子,"终日理书卷,生事窘不顾"⑩。赵执信把他和陈恭尹并称为"冰与雪",正是从他们的遗民节操上理解的。另外,赵执信还在《赠别广州诸子十二韵》中说:"南海多君子,我来嗟已迟。遂令屈高士(翁山已前逝),不得作相知。犹喜逢陈寔,苍然野鹤姿。忘年结深契,细律出雄辞。"㉑陈寔,东汉末人,曾以党人事被囚,又曾独吊中常侍张让之父丧,后复诛党人,让感寔,多所全宥。赵执信以陈寔比陈恭尹,不仅取其姓同,更取其同被囚系,又同自污。

赵执信还透露了陈恭尹对王士禛的不满:"阮翁昔奉使过岭,著《皇华纪闻》,极称元孝,而元孝顾大有不满之言。虽文人自古相轻,然阮翁之受侮可谓不少也欤!"㉒

陈恭尹和王士禛论诗都是宗唐的,陈所以对王"大有不满",就因为士只重王、孟家数。所以陈恭尹寄诗向王索《南海集》,首句即称之为"酷似高人王右丞"。而陈论诗,特别指出:"笔墨无生气,光芒愧昔人。"重在"生气"即雄直之气,而不仅仅是悠然意远的神韵。他又指出:"谁能师日月,可以喻清新。大海波澜在,骊珠自不贫。"(《别后寄方蒙章、陶苦子,兼柬何不偕、梁药亭、吴山带、黄葵村,定邮诗之约》)诗歌创作要如日月之光景常新,更要掣鲸碧海,而不只是翡翠兰苕。而王士禛对陈诗所欣赏的只是"积雪回孤棹,寒湘共此心";"离忧在湘水,古色满衡阳";"乡山小别吟兼梦,水驿多情浪与风";"桄榔过雨垂空地,玳瑁乘潮上古城"之类。还有"映花溪路闭,漱水石根虚";"积雨汉江绿,归心杨柳初";"三径草生残雨后,数家门掩落花中",被王氏称为"唐贤佳句"。㉓这自然要引起陈恭尹的很大不满了。

值得注意的是,陈恭尹论诗也和屈大均有所不同。屈大均深恶宋诗,陈恭尹则强调"性情",无分唐宋:"只写性情流纸上,莫将唐宋滞胸中。"并且又一次指出:"终古常新惟日月,金乌先

31

自海东红。"(《次韵答徐紫凝》)仍然强调诗人自己的性情(包括本人的生活经历和文化素养)在创作中的决定性作用。

在创作上,陈恭尹的五律和屈大均一样也有散行。如《喜陶苦子还自鹿步》的颔联:"自有碧天月,随君归草堂",《送离患上人住静惠州,兼怀叶评山》的颔联:"道人无去住,临别莫怆然",《送李苍水,兼寄相如》的颔联:"老于朋友内,觉汝弟兄真",《冬草得言字》的颔联:"岂不怨迟暮,曾承天地恩",《春山》的颔联:"未改高寒色,青青又一时",它们的特点都是一气流行,上下两句意思直接相承。这也是陈诗"雄直"的因素之一。

无论咏物还是写景,都寄托着亡国之痛,兴复之思。如"……遨游兹已屡,岁月真如掷。川原无古今,世事空畴昔。徘徊倚层巅,北风感行客。"(《游七星岩》)"将无治世气自北,却恐侵人鬓先白。……"(《广州客舍夜雪歌》)"乌猿一声一白发。"(《猿声歌》)又如《南海神祠古木棉花歌》以"祝融帝子"、"绛节"明写木棉花,暗喻朱明,末句"为君岁岁呈丹心"写自己对故国的永恒忠心。《夜潮》:"自知消长理,岂敢恨蹉跎?"写出自己的希望复兴。《送雁》:"……六翮欲冲辽海雪,一行先别岭南花。但令处处无飞嫩,莫恨年年不到家。"既以自喻,亦以喻屈大均等志士。尾联"荇叶芦芽春渐长,无穷烟水在天涯",则写出了复兴在望。总之,始终不见衰颓之意。更值得重视的是《初月》:"银河谁下钓?天道自张弓。色借桑榆日,凉生玉笛风。山光开半面,人影在墙东。不俟居弦望,清辉万国同。"句句写新月,而"天道张弓"用《老子》,暗寓"高者抑之,下者举之;有馀者损之,不足者补之"(七十七章),说明必能反清复明之理。"色借桑榆日",不但用了古书旧说,如皇甫谧《年历》:"月,群阴之宗,光内日影以霄曜,名曰夜光。"《物理论》:"京房说:月与星至阴也,有形无光,日照之乃光。"《旧历说》:"日犹火也,月犹水也,火则施光,水则含影。"更主要的是"月"加"日"为"明"。至于末二句更是说,即使南明政权眼前微弱,而举国归心,终必复兴。

而清代诗论家往往受王士禛的影响,只欣赏其流连光景之作,特别注意其"韵致"。如杨际昌说:"渔洋山人极赏陈元孝(诸联已见前)等句,厥旨甚微。予窃取其意。元孝句如'落日客寻江上寺,出林僧放月中船','隔岸山光横枕上,远天帆影落墙头';绝句如《题画》:'深山深处有人争,拟寄闲身画里行。日掩柴门无个事,碧溪寒叶一声声。'《赠真际上人》云:'道在宁知白发生,禅房阒寂好经行。月明满地无人会,消受菩提叶叶声。'似与(渔洋所引)前数句相近。"⑥又如黄培芳说:"陈独漉坐雨诗云:'萧瑟北林声,云如万马行。坐中高阁雨,天外数峰晴。向浦帆光湿,依人燕羽轻。罗浮开一半,凄恻未归情。'此五律最高之境,法律极细者。翁覃谿先生曾向张南山称说,可见前辈鉴赏,别具心眼如此。"⑥翁方纲也是推崇王士禛神韵说并且大而化之的,自然也只从这一角度去欣赏。我们不是说不应该欣赏陈恭尹这类诗作,但不同意把它们看成他的代表作,以偏概全。因为那样一来,就失去其遗民诗人的真面目了。

比较全面评价的当然也有,如赵执信早就指出:"南海陈恭尹元孝,明末忠臣邦彦之子,不仕。其诗沉健有格,惟宗唐贤,古体间入《选》理,一时习尚(指公安、竟陵),无所染焉。初,岭南有四大家者,余识其三:元孝与梁佩兰、王隼也。三子(包括赵未识面的屈大均)之视元孝,犹宋牧仲之并阮翁耳!"⑥我们知道,宋荦乞得王士禛"谁识当时两年少,王扬州与宋黄州"一绝,藉以齐名,时人并不承认,以为宋远逊于王。赵执信用此今典,认为屈、梁、王都不能与陈并称。这未免阿私所好,屈大均是应该与之齐名的。然而后来有些人却完全同意赵的结论,如陆崟、朱庭珍等,都认为"岭南以元孝为冠"。朱庭珍尤其欣赏陈恭尹的《王将军挽歌》,说它"神骨尤古健绝伦,足为《孔雀东南飞》及《北征》《西郊》嗣音,较王元美《袁江流》,有过之无不及也"[67]。《王将军挽歌》是一首五言长篇叙事诗,写一位南方义士王曰兴,他追随永历帝,领兵镇守鼍江(在广东肇庆府阳江县,当时永历帝监国肇庆),狠狠地打击了来犯的敌人:"相持及三月,敌骑皆奔亡,来时三万人,半还仍重伤。"后来永历帝入滇,他也奔赴昆明。在清兵长期围困中,"战士饭草土,抱骨环登陴"。即使艰危至此,战士们却"所忧负将军,吾侪死犹归"。王将军不愿士卒同归于尽,便用诈降计使敌人缓攻,从而放走九个幼小儿子,保全宗支,自己则和老母、妻、妾共十八人自焚。"鸡鸣部曲入,白骨空巘岘。举哀建素旐,合敛归巨棺。敌人亦流涕,况在同肺肝!"在清统治下写作并刊印这样的诗,正表现了陈恭尹的遗民诗人骨气。而从写作手法看,一些句式确实近于《木兰诗》和《北征》;自焚前的铺叙,更可看出《孔雀东南飞》的影响。

对同一陈诗,王士禛、杨际昌、黄培芳所欣赏的,和赵执信、陆崟、朱庭珍截然不同,这里有时代风气之异。如清前期所谓康乾盛世,诗风偏于闲适恬淡;而清后期则忧患丛生,诗风也就偏于悲歌慷慨。也有诗评家本身审美情趣的不同。如王士禛与赵执信虽为同时人,王高官厚禄,文采风流,远离社会现实;赵仕途坎坷,潦倒终身,比较接触底层。这种不同的经历自然影响到各自的审美情趣。

四 释函可

僧函可生平事迹已简述于屈大均部分。

他的诗,生前曾自编为《金塔铃》诗集。逝世后,其门人今羞、今何等在此诗集基础上,补充了狱案前及与狱案有关的诗,编为《千山诗集》。

正如他在《读杜诗》中所说的:"予血化作诗",确实,在中国漫长的诗史上,还很少见到这样用血写成的诗!它最大的特色是真切,字字句句,非过来人不能道。其门人今何跋《千山诗集》最末几句说:"使天下后世读是编者,知诗恶可以无罪,而罪又恶可以无诗也?"这个"恶"字应读成"叛逆"、"抗争"。函可遭到清代第一次文字狱的迫害,满腔义愤,喷薄而出,化为诗篇,是控诉,也是抗争,因而字字是血,句句是泪。读它们,你会感到阮大铖《咏怀堂集》的艺术性固然只能引起恶心,就是那班寄情风月、托兴江山的闲适之作也是渺小的。试看《初释别同难诸子》的"终岁愁连苦,生离且莫哀。问人颜尚在,见影意犹猜",如果了解了"当其遭诬在理,万楚齐下,绝而复苏者数,口齿嚼然,无一语。血淋没趾,屹立如山,观者皆惊"㊻,你再逐字逐句咀嚼,就能体会到释函可的硬骨头精神和统治者淫威在受难者心理上所造成的压力。《宿山海关》尾联:"敢望能生入,回头仔细看。"这和上一诗的"生离且莫哀",都反映了诗人当时的心理:统治者一定会杀害自己,因而在出山海关时,不禁频频回顾。《生日四首》之三的颈、尾两联:"弟妹徒相忆,家乡那得归。从来无片纸,辜负雁南飞。"《沈阳杂诗》之一:"几载望乡信,意来却畏真。举家数百口,一弟独为人(指其二弟家骐,但不久,家骐亦尽节)。地下反相聚,天涯孰与邻?晚风连蟋蟀,木佛共含辛。"《辛卯寓普济,作八歌》之四写其弟耳叔(即宗骐):"黄沙杳杳望兄回,日暮走向荒城哭。哭声到天兮天不闻,摧胸肝兮难久全,休望收吾骨兮葬江边!"这些对家庭亲人的怀念,或从本身抒发,或从对方想象,无不震撼读者的心灵。特别是《八歌》

末章:"……我忧不独在乡国,我罪当诛复何说!笔尖有鬼石流血,天地无情难永诀。呜呼!木佛木佛能不哀?狞飙苦雨四面来,土床一尺魂徘徊。"这就把读者提升到一个更高的境界,不仅认识到诗人的悲愤深度,更震惊于这种悲愤的个性化。由此起步再来读《闻耳叔弟尽节》:"大旗吹折海风寒,未了孤心骨已残。遗训在兹宁有憾?浮沤于汝久无干。原鸰血尽生逾苦,池草根锄梦亦干。见说覆巢馀卵在,呱呱何处夜漫漫!"烈士的复国心愿虽未实现,而求仁得仁,视死如归;只是生者更难为怀,既哀亡弟,又痛遗孤。《寒夜作》写岭南人而在辽东过流放生活:"日光堕地风烈烈,满眼黄沙吹作雪。三更雪尽寒更切,泥床如水衾如铁。骨战唇摇肤寸裂,魂魄茫茫收不得。谁能直劈天门开,放出日光一点来?"不仅南方人无从体会,就是正常生活的北方人也很难理解严寒竟会使身受者"魂魄茫茫收不得"。最后两句是愤怒的升华,"直劈"二字,怒吼如闻。联系到《至日》:"去年此日身栖雪,今日依然雪裹身。岁岁尽传阳已复,何曾一线及流民!"不但寒夜,就是春天,不,年年月月,生活在暴力统治下的囚徒,永远是寒彻骨的。人总是人,难怪他质问《皇天》:"皇天何苦我犹存?碎却袈裟拭泪痕。白鹤归来还有观,梅花斫尽不成村。人间早识空中电,塞上难招岭外魂。孤雁乍鸣心欲绝,西堂钟鼓又黄昏。"这真是宛转欲绝,欲哭无从了!

最可贵的是,尽管处境极人世之艰危,诗人却棱棱一骨,永远乐观。如《初发》尾联:"幸余穿布衲,犹可耐风沙。"《初至沈阳》颈、尾两联:"幸有千家在,何妨一钵孤?但令舒杖屦,到此亦良图。"《生日四首》的"……白日存吾分,寒风任尔吹。到边仍说法,有客尚投诗。且自欢兹会,明冬不可知。"之四的颈、尾两联:"只有心方寸,还馀诗几篇。时时吾笑我,不改旧时颠。"《八歌》之一末三句:"安得手扶白日兮,上照四塞之荒烟,下照万丈之黄泉!"之二末四句:"藤兮藤兮讵终穷?恐随风雨兮化作龙,何日将予兮直上千峰与万峰!"《同阿字诸子夜坐》:"流光如矢命如尘,冰作生涯鬼作邻。岁底又添门外雪,灯前几个岭南人。大家共话俱含泪,各自伤心不为贫。去去且将拳作枕,梦中同迓故园春。"《阿字行后作》末四句:"日星挂眉睫,灏气荡心胸。禁声莫高吟,恐或惊蛰龙。"

坚持民族气节,痛斥失节之徒,是《千山诗集》另一内容。同时的遗民诗人杜濬《赠剩公》中说他"开口大笑中悲哀。借问山僧之笑何其哀?世人不作佛且哀。世人不作人,则是胡为乎来哉?"把失节之徒看成两脚狗,这就是函可高扬的爱国激情的结论。所以他愤怒地指出:"地上反奄奄,地下多生气。"(《秋思新泪》)而在《石人》中他说:"见说衣冠古","尔貌可为人",那就是说薙发胡服而仕清的汉族士大夫都不配称为"人"。他曾慨叹:"明月但照雪,不照世人心。雪深惟一色,人心种种深。"(《对月》)又以比兴手法揭露那班小人的嘴脸:"顾视深草间,异种(指菌类)纷相错。恐是蛇虺居,根性乃独恶。摈弃稍不严,美口成毒药。气化岂有殊?君子慎所托。"与此相反,是对于节士的歌颂和自我的肯定。如《即事》之二:"与其辱以生,毋宁饥以死。"《还山忆旧》之二:"枕中百十篇,暗室生霹雳。梦里常把持,只恐蛟龙攫。"《偶成》:"今年更比去年穷,梦到梅花香亦空。抖擞破衾残雪在,无人知道旧家风。"《丙戌元旦顾家楼》:"多难还馀善病身,栖栖终不怨风尘。挈瓢带雪逢遗老,著屐寻诗有故人。夜雨暂将山色改,年光又逐泪痕新。遥知乡国东风早,花信凭吹薄海春。"《李公赎陈氏为尼》:"学士行歌绩妇吟,惊回春梦起乡情。解将腰带文犀重,添得空门水月清。云鬓已随秋雾散,舞衣应逐雨花轻。翻怜冢畔青青草,不及红莲碛上生。"以远嫁单于的王昭君对比,赞美犯妇陈氏的祝发,含意多么深长!其实这也是对节士为僧的赞美。《闻钱君至尚阳堡死》:"相逢不禁泪淋浪,忽讶音来我自伤。一片心肝还日月,五更风雪裹文章。……莫为中原难侧足,故将残骨掷龙荒?"第三句以"日月"切"明",意极显豁。《赠赤公》:"几年辽海自依依,华表惊添一鹤飞。瓶钵已非形更瘦,须眉犹在事多违。长边无地容行脚,尽日徼天幸掩扉。秪袷未裁磨衲破,梦中还著老莱衣。"

有些诗作洋溢着强烈的爱国主义激情,这一点,函可的知交都是特别强调的。顾梦游《和祖心师雨中见访》之一:"乾坤逢此日,野老独吞声。不道西方学,能同故国情。……连夕伤心话,寒灯剔未明。"就反映出皈依佛法的函可,一颗心不但不寂灭,反而为国家民族的兴亡而燃烧着。试看他的《初发》颔联:"计日边城近,伤心故国赊。"《宿山海关》颔联:"大海依然险,危峦空自攒。"原来用以防清兵入侵的雄关,形势依然,作用却完全丧失了!寥寥十字,遗恨无穷。《生日四首》之二的颔、颈两联:"便是今日死,已是旧朝人! 乞食真惭粟,看书若有神。"以食周粟为耻,有生之日,仍是明人。《石人》:"见说衣冠古,投诗寄问频。我心曾匪石,尔貌可为人。……最怜同伴者,一半是顽民。"石人是明代衣冠,虽为石刻,却可算人,那么,薙发胡服的自然是异族犬羊了。这一认识,顽民(即明遗民)们都是一致的。"我心匪石,不可转也!"《八歌》之七:"辛苦前朝老衲衣,十年与尔不相离。骨残心碎无完肌,至今襟袖血迹遗。谁云新者可代故? 何忍抛撒冬夏披。衲兮衲兮汝勿悲,虽然破烂兮胜牙绯,生御风沙死裹尸!"这件老衲衣就是函可! 读着这样的血泪文字,我们会想起文天祥、史可法,他们真是民族的脊梁和灵魂!《寄阿谁》(自注:精绘事):"谁与天涯作比邻? 题诗先问白头人。燕支久已无颜色,好写青山置我身。"《偶感》:"迁客易为感,况兼秋有声。天风吹木叶,一半落边城。是处皆肠断,无时免泪零。不知何事切,未必尽乡情!"正如《八歌》之八所说:"我忧不独在乡国",他的"肠断"、"泪零",当然不只是怀乡,而更主要的是恋念故国。

济世忧民之心,具体地反映在《连雨》一诗中:"顽云重雾裹城郭,旧民新民惨不乐。田中有黍谁能获?山中有木谁能斯?盘翻灶冷守空橐,檐溜虽多不堪嚼。老僧一钵久庋阁,出门半步泥没脚。紫蛇有光蜗有角,抱书昼卧肠萧索。庭边杏树惊摇落,燕巢已破子漂泊。眼前大地何时廓?辽海浪高势磅礴。愿浮我尸填大壑,毋使蛟龙终日恶。"这是写实,也是象征。末二句更表现出诗人舍身救世的精神。这是因为他虽已为僧,却未出世,正如《春雨》说的:"我心岂由物?遇物屡悲欣。"一直到死,他还在恋念岭南家乡,其实也是对关内故国的思慕。他的《泪》诗说:"我有两行泪,十年不得干。洒天天户闭,洒地地骨寒。不如洒东海,随潮到海门。"他要把满腔爱国热情所凝成的泪水,洒入辽河,流进东海(渤海),跟着潮水回到广东故乡去。

函可真是铮铮铁汉,受尽非刑,历尽折磨,到了流放地,居然结起冰天诗社来,和流人们唱酬,"遂使冰海澜,澎湃闻龙吼"[69]。他还传授诗学,如辽东人焦冥,抗节不仕,就"受剩公上人之友助而规橅近体"[70]。在函可的影响下,焦冥所作诗"雄浑激宕,有振衣千仞俯视尘壒之想"[71]。函可还将平生经历讲给友好们听,藉以激励他们。所以社友释涵狂赞颂他:"义胆久拚沙暴骨,禅心不学絮沾泥。难期苏子看羝乳,长伴支公听马嘶。"[72]另一流放诗人吴兆骞也歌颂他"志原甘鼎镬",特别赞美他骨头硬:"岂是然(燃)身誓,应嗤绕指柔。"[73]蛰居南京的遗民诗人龚贤(半千)曾为他担忧:"聊将诗自慰,讵和罪相干。"[74]他却悍然不顾,毅然表白:"……余今岁望七十尚二十有三(时年四十七岁),然备历刑苦,须白齿落,耳聋目瞆,一切不能经意。重阳后于金塔,尽遣诸子,每自伫立。明月在天,寒风习习,风吹铃鸣,塔又何曾经意耶?因语二三知我:及时努力,毋俟一切不能经意。更有百倍切于文字者,不得不早自经意也!"敌人的摧残,并没有从精神上打垮他,他仍然在用诗歌这一武器,继续进行战斗,毫不考虑因此可能导致更大的迫害。尤其使人感动的是他号召同志们直接地勇敢地投身反清复明的实际斗争中去,认为那比文字宣传工作更加重要百倍。

当然,他同样重视诗歌的战斗价值。和其他岭南诗人一样,他也受到明七子的影响,但他更主要的是从"神似"方面去学习杜甫。他强调诗歌的现实主义精神,因而他高度评价自己主持的冰天诗社。这些观点都反映在如下一首七古中:"风雅茫茫失所宗,不得不推北地李(指前七子领袖李梦阳)。李公豪雄步少陵,匪特形似亦神似。先生(指同时流放辽东的左懋泰)才陵北地高,先生遇非少陵比。阿弟(指左懋第)捐躯阿兄流,西山之歌续二士(指伯夷、叔齐)。不教秦关二百强,不羡蜀江千丈绮。从来厄极文乃工,所以论文先论世。丰干饶舌罪如山,滔滔谁易今皆是。三百年来事莫知,天教斯道存东鄙。不然今古亦荒凉,大雪纷纷吾与尔。"[75]

我们真为有这样的历史人物感到自豪!他的知交释函昰曾题其遗像说:"神龙破浪无寻处,留得威狞纸上寒。"[76]是的,他是神龙,他的伟大人格对敌人来说,永远是威狞的!这就无怪在他逝世一百一十六年后的乾隆四十年,清统治者终于禁毁了《千山诗集》,删除了《盛京通志》所载他的事迹,而且拆毁了他埋骨的塔和立的碑,企图从人们心里永远消除他的庄严形象。但是,这当然是愚蠢的妄想!龚自珍说得好:"奇士不可杀,杀之成天神;奇文不可读,读之伤天民。"[77]奇士奇文,是杀不死烧不尽的,因为他们和它们永远活在不愿跪着活的人们的心底。

屈大均是这样,释函可也是这样。

还是让我们读读屈大均对释函可的诗作的评论罢:"……充戍沈阳,痛定而哦,或歌或哭,为诗数十百篇,命曰《剩诗》。其痛伤人伦之变,感慨家国之亡,至性绝人,有士大夫之所不能及者,读其诗而君父之爱油然以生焉。盖其人虽居世外,而自丧乱以来,每以澉忍苟全,不死于家国以见诸公于地下为憾。而其弟骐、骙、骊以抗节,叔父日钦、从兄如琰、从子子见、子亢以战败,寡姐以城陷,妹以救母,骙妇以不食,骊妇以饮刃,皆死。即仆从婢媵,亦多有视死如归者。一家忠义,皆有以慰夫师(指函可)之心。嗟夫!圣人不作,大道失而求诸禅;忠臣孝子无多,大义失而求诸僧;《春秋》已亡,褒贬失而求诸诗。以禅为道,道之不幸也;以僧为忠臣孝子,士大夫之不幸也;以诗为《春秋》,史之不幸也!《剩诗》有曰:'人鬼不容发,安能复迟迟?努力事前路,勿为儿女悲!'……呜呼!亦可以见其志也矣。"⑬

这是极深刻的总结,也可以用来作岭南诗派的结论。

注　释

① 陆蓥《问花楼诗话》卷三
② 《更生斋诗》卷二《道中无事,偶作论诗截句二十首》
③ 《翁山文外》卷二《广东文选自序》附凡例之六
④ 《香祖笔记》
⑤⑧ 《广东新语》
⑥⑮ 《香石诗话》
⑦ 《粤东诗海》
⑨ 《明诗纪事》
⑩ 鲁九皋《诗学源流考》
⑪ 《粤东诗话》卷一
⑫ 刘声木《苌楚斋续笔》卷九引

⑬⑯㉔ 《国朝诗话》

⑭ 《容斋续笔》卷二"唐诗无讳避"条

⑮ 《池北偶谈》

⑰ 王源《居业堂文集》卷十四《屈翁山诗集序》

⑱ 《曝书亭集》卷三十六《九歌草堂诗集序》

⑲ 《论诗绝句六十首》之五十六

⑳ 《国朝诗品》

㉑㉗ 《夜读番禺集书其尾》

㉒ 《冬日阅国初诸家诗,因题绝句八首》之八

㉓ 《晚晴簃诗话》

㉔㉕ 僧函昰《千山剩人可和尚塔铭》

㉖ 《高淳县志》引

㉗ 《石臼后集》卷一《读祖心〈再变纪〉漫述五十韵》

㉘ 《顾与治诗》

㉙ 《牧斋有学集文钞补遗》

㉚ 《屈翁山诗集》卷四

㉛ 《老生常谈》

㉜ 《莲洋集》卷一

㉝㉞ 《西蜀费锡璜数枉书来,自称私淑弟子,赋以答之》

㉟ 《广东诗粹》

㊱㊿ 《筱园诗话》

㊲ 《雪桥诗话》续集卷一

㊳ 《白华山人诗说》卷一

㊴ 归静先编《清代文谳纪略》第四章"屈大均诗文案"

㊵ 《翁山文外》卷七《先考澹足公处士四松阡表》

㊶ 《翁山文外》卷二《诗义序》

㊷ 《翁山文外》卷一《卧蓼轩记》

㊸ 潘飞声《翁山文外》跋

㊹ 《晚晴簃诗汇》卷八十一

42

㊺ 《赌棋山庄集·诗八·岭南杂诗》之二

㊻ 《忍古楼诗续》卷二《为梁衡斋题所藏屈翁山诗帖》

㊼ 《天放楼文言》卷十《答樊山老人论诗书》

㊽ 《天放楼文言》卷十《与郑苏戡先生论诗书》

㊾ 《雪桥诗话》三集卷二

㊿(51)(53) 冯奉初《明世袭锦衣佥事怀远将军陈元孝先生传》

(52) 《江村集·小序》

(54)(57) 吴道镕《澹庵文存》卷一《陈独漉先生年谱序》

(55) 张其淦《明代千遗民诗咏》卷三

(56) 汪兆镛《微尚斋杂文》卷六《重修陈独漉先生墓碑铭》

(58) 《澹庵文存》卷一《跋陈独漉自书镇海楼手卷》

(59) 顺治十六年(1659)至康熙二十一年(1682),清廷为了阻遏郑成功、张煌言以水师从海上进攻,实行"迁界"政策,即从山东到广东的沿海居民,一律内迁数十里,并烧毁渔船,禁止下海。

(60) 《清史稿·文苑一》

(61) 《饴山集》卷八

(62)(66) 《饴山诗集》卷十六《怀旧诗》第十首小传

(63) 见《池北偶谈》及《居易录》

(68) 郝浴《奉天辽阳千山剩人可禅师塔碑铭》

(69) 李呈祥《东村集》卷四《与湄村、贻上两公商刻〈徂东集〉、〈金塔铃〉》

(70) 《盛京通志》卷四五姜希辙《焦冥集序》

(71) 《盛京通志》卷四五高士奇《知白斋诗序》

(72) 《寿揜攞大师》,附《千山诗集》后

(73) 《秋笳后集》卷七《奉赠函公五十韵》

(74) 《草香堂集·忆剩上人》五首之二

(75) 《千山诗集》卷五《过北里读〈徂东集〉》

(76) 《瞎堂诗集》

(78) 《广东新语》卷十二《诗语·僧祖心诗》

第三章 顾 炎 武

明末清初这一"天崩地解"的时期,产生了一位最杰出的遗民诗人顾炎武(1613—1682)。有人说:"有明二百七十餘年间,诗人突起突落,有如胜、广,却成就此一大家。即清诗号称跨越明代,然求如亭林之笃实光辉者,亦难与并。"[1]又有人说:"明遗民诗,吾深畏一人焉,曰顾亭林。……亭林之诗坚实,非以诗为诗者,而其诗境直黄河、太华之高阔也,……谁与抗手?"[2]他们都认为顾诗是明、清诗之最,特点是"笃实光辉"、"坚实"、"高阔"。而其所以能如此,则是因为他"非以诗为诗者"。

顾炎武作为一位诗人,他的杰出处,就在于"不为文人"(这种"文人"包括做世俗应酬文字的诗人),而强调诗歌的现实性与战斗性。他本来"少为词章有名","少年时,不过从诸文士之后,为雕虫篆刻之技"[3],"未登弱冠之年,即与斯文之会"[4]。但是,后来他自编诗集时,把那些少作全部删除了。现在我们看到的顾诗,使他和同时的大诗人都截然不同:"牧斋、梅村之沉厚,渔洋、竹垞之博雅,宋、元以来亦所谓卓然大家者也,然皆诗人之诗也。若继体风骚,扶持名教,言当时不容已之言,作后世不可少之作,当以顾亭林先生为第一。"[5]

顾炎武既然立志"不为文人",自然不会在诗坛上开宗立派,更不肯附和到哪一个诗派去。但是,他的理论和创作却对清诗的发展产生了巨大的影响,因而本书特为他列一专章。

一　顾炎武的先进思想对其诗作的影响

顾炎武是人所共知的启蒙思想家,他具有当时先进的思想,这种思想对他的诗创作起了决定性的指导作用。主要的一点就是宣传"亡国"与"亡天下"的区别。

他在《日知录》中说过一段著名的话:"有亡国,有亡天下。亡国与亡天下奚辨?曰:易姓改号,谓之亡国;仁义充塞,而至于率兽食人,人将相食,谓之亡天下。……是故知保天下,然后知保其国。保国者,其君其臣,肉食者谋之;保天下者,匹夫之贱与有责焉耳矣。"[6]后来梁启超把这意思概括为"国家兴亡,匹夫有责",在历史上起了很大的作用。后人以为这一思想是顾炎武首创的,其实当时这已是一种社会意识。明末广东梅州布衣卢仲六,"其终也,召其子弟而训之曰:'天下将乱矣!……数十年后,朝廷不蹈东汉之辙,则为南宋之续耳。如其蹈东汉之辙也,是易姓也,不食其禄者无责焉也已。如其为南宋之续也,是亡国也,凡我草莽小民皆与有辱焉者也。汝曹力能救国则救国,不然,其守乃田园庐舍,毋事乃仇,贻乃祖宗羞!'……先生卒后二十年而明社屋。"[7]但是这两段话尽管内容相同,顾说却在卢说基础上有了提高:卢说主要是消极地不合作,顾说则强调积极地斗争;卢氏只是秘密地训诫子孙,顾氏则著书立说,明昭大号于天下后世,而且本身就这样身体力行了一生。

正是为了强调民族复仇,所以他还坚决反对理学中的心学一派,指责他们"置四海之困穷不言,而终日讲危微精一之说"[8]。顾炎武和河朔诗派诸人不同正在此点。所以申涵光等人的民族气节远逊于顾炎武。

当时汉族大地主阶级从阶级利益一致性出发,和清统治者欣然合作。贰臣洪承畴之流还恬不知耻地宣称:"弑吾君者(指李自成)吾仇也,诛吾仇者(指清统治者)吾君也。"钱谦益也说:"牺牲玉帛待于境上,以待强者而庇民焉,古之人行之矣。"⑨顾炎武针对这些谬论,借古讽今地说:"文中子以《元经》之帝魏,谓'天地有奉,生民有庇,即吾君也',何其语之偷而悖乎!"⑩

综上几点,可见顾炎武的思想已经超越"忠于一姓"的观念,而认识到平民对国家的责任,甚至能超越阶级利益而坚持崇高的民族气节。只有明白了这点,我们才能深透地读懂他的诗。否则我们对他的"五谒孝陵,四谒欑宫",会以为是"忠于一姓",而不了解他其实是把皇帝作为政权的象征,作为国家和民族的象征。懂得这一点,对他的诗集以《大行皇帝哀诗》冠首,就体会到那是故国的哀歌,也是汉族的哀歌。

二 顾炎武的诗论反映在诗作上的特点

明人的风气是空疏不学,清谈误国。顾炎武在《日知录》里指出:"昔之清谈谈老、庄,今之清谈谈孔、孟。"⑪认为明朝灭亡就是"今之清谈"即心学造成的。由此他提出一条文学创作原则:"文须有益于天下。"具体地说就是:"明道也,纪政事也,察民隐也,乐道人之善也。"⑫很明显,他强调文学的社会功能。处在那一斗争激烈的时代,他对文学提出这种要求是自然而合理的。所谓"明道",就是用诗文宣传儒家治国平天下之道。"纪政事"是记叙重大的政治事件,表示自己的观感。"察民隐"是反映人民的痛苦和愿望,揭露社会的黑暗面。"乐道人之善"是歌颂节士、志士,当然也鞭挞叛徒和奸佞。现存顾诗四百二十四首,完全可以按此分类,他是忠实地实践了自己所揭橥的创作原则的。

和当时许多遗民诗人一样,他也深受杜甫影响,而且也是从明七子入手学杜的。这一点前人颇多论及。有的说:"(宁人)诗初自七子入,进而益上,心摹手追,惟在少陵。"[13]有的说:"宁人诗甚高老,但不脱七子面目气习。"[14]有的具体指出:"亭林之诗,导源历下(指后七子中的李攀龙),沿西崑、玉溪、杜陵以窥柴桑。"还说:"亭林诗从声色入。"[15]有的认为:"宁人七律讲气格。《济南》诗云:'绝代诗题传子美,近朝文士数于鳞',可以知其旨矣。"[16]他们的意思是,顾炎武是由后七子的李攀龙(于鳞)入手,进而向杜甫学习的。理由就是顾诗注重声色,讲求气格,俨如李攀龙学杜之作那样高华伟丽。其实这种看法未免皮相。李攀龙诸体诗由于"亮节较多,微情差少",所以被人讥为赝古。[17]而顾诗全是抒写真情之作。他作诗特别强调"真":"《黍离》之大夫,始而摇摇,中而如噎,既而如醉,无可奈何,而付之苍天者,真也。汨罗之宗臣,言之重,辞之复,心烦意乱,而其词不能以次者,真也。栗里之征士,淡然若忘于世,而感愤之怀,有时不能自止,而微见其情者,真也。"[18]又说:"诗主性情,不主奇巧。"[19]"性情"就是"真"。因此,他反对摹仿:"近人文章之病,全在摹仿。即使逼肖古人,已非极诣,况遗其神理而得其皮毛者乎?"[20]还说:"今且千数百年矣,而犹取古人之陈言,一一而摹仿之,以是为诗,可乎?"[21]甚至直率地批评友人:"君诗之病,在于有杜。……有此蹊径于胸中,便终身不脱依傍二字,断不能登峰造极。"[22]试问,他这样反对形式主义地学习杜甫,这样强调性情的真,怎会摹仿李攀龙去学杜甫的皮毛呢?

那么,上述诸家的看法都错了吗?我说也错也不错。说不错,是因为顾炎武早年开始写诗时,正当公安、竟陵受到贬斥,陈子龙为首的云间派重新步趋七子向盛唐学习。而七律方面,李攀龙所作"俊洁响亮",极受王世贞推重,"海内为诗者争事剽窃,纷纷刻鹜",㉓顾炎武自亦不免受其影响。后来明亡于清,时代风雷使他不期而然地沉潜在杜诗中深受熏陶;加之他写诗重视内容,并不追求形式的奇巧,所以他的诗不免给人一种印象,认为它很有七子尤其是李攀龙的声色、气格,而其沉郁顿挫以及排比铺陈(五言排律)酷似杜甫。说错,是因为他的学杜重在"神理",而非"皮毛"。所谓"神理",实即"情"与"景"的关系,亦即"我"与"物"的关系,指的是作品的内容。㉔杜甫遭逢天宝离乱后,能抓住现实题材写诗,"即事名篇",故人称为"诗史"。顾炎武正是从这一角度去学习杜诗,而不是从形式上去"心摹手追"。这样学杜,决不会成为赝古,因为他拟议而能变化。他所遇的"物"、"景",决非杜甫所遇的,因而他"感物而动",触"景"而生的"情",也只是他自己所特有的。他和杜甫相同的是,都是有为而发,不是无病而呻。这样,即使他由于沉潜杜诗,从而在风格上甚至谋篇琢句上流露出杜诗的影响,也不会掩盖他的本色。所以,"其诗沉郁淡雅,副贰史乘"㉕,也有"诗史"之称。

至于他和李攀龙的区别,最明显的是:李诗"句摭字捃,行数墨寻,兴会索然,神明不属"㉖,而顾诗则"以性情时事为诗,故质实而有馀味"㉗。另外,李攀龙"经义寡稽",因而其诗往往"援据失当"㉘,而顾炎武是经学家,"读书多而心思细"㉙,尤熟于史,因而"用典使事最精确切当"㉚。

晚明文艺思潮对他的诗论和诗作也有一定的影响。他曾痛斥李贽"惑乱人心",是小人之尤。㉛现当代学人多认为这是他的历史局限。我以为这要从彼时彼地进行具体考察,才能定其是非。

据我看,两人在文学观方面是同中有异的。所谓同,是指:(1)创作上主张"真";(2)形式上主张独创,反对摹拟因袭;(3)

都主张文学应随时代而发展变化。所谓异,主要是对"真"字的理解不同。李贽从反对理学束缚个性出发,强调童心,认为"以从外入者闻见道理为之心",就是童心受到障蔽。㉜而顾炎武强调的"真",则是《黍离》大夫、屈原和陶渊明的爱国主义精神。严格地说,李贽的童心说,实在近似庄周的自然人性,强调人的本能欲望。其实人是社会性的,为了协调人际关系,使得趋于和谐,必然产生政治哲学、伦理学说,这些"道理"必然"从外入"而成为人们的思想意识,怎能想象世上有一张白纸似的童心呢?对童心的解释,巴乌斯托夫斯基的话倒较近情理。他说:"对生活,对我们周围一切的诗意的理解,是童年时代给予我们最伟大的馈赠。"㉝但处在"天崩地解"时期的顾炎武,面对着严酷的民族矛盾和阶级矛盾,填塞心胸的只有痛苦、愤怒,哪里还能对生活作诗意(和平、宁静、纯洁、欢愉……)的理解呢?

至于斥责李贽"惑乱人心",是小人之尤,是因为他反对礼教。这一点,连最崇拜他的袁中郎,也认为他"遗弃伦物,偭背绳墨,纵放习气,亦是膏肓之病"㉞。所谓"伦物"、"绳墨",就是礼教。顾炎武把清统治者的入主中原,看成是"仁义充塞","率兽食人",亦即对礼教的毁灭。推原祸始,于是力攻王守仁的心学,认为这种"今之清谈",招致新的五胡乱华——明亡于清的惨祸,对王学旁支的李贽加以痛斥,也就势所必至了。

顾炎武杰出之处,是并不泼脏水连澡盆中的婴儿也倒掉。他批判地吸收了李贽、袁中郎文艺思想中有益的部分,加以改作,成为自己的进步文艺观,而且在诗创作中加以实践。

我们知道,清代出现了前所未有的学人之诗,它正由顾炎武发其端。袁中郎曾这样评论李白与杜甫:"青莲能虚,工部能实。青莲惟一于虚,故目前每有遗景;工部惟一于实,故其诗能人而不能天,能大能化而不能神。"㉟用今天的话说,李白是"向内转"的,他着重个性的抒发,理想的追求,表现了文学的主体性。杜甫则恰恰相反,他着重揭露现实的黑暗,反映民生的疾苦,而没有脱离现实的纯主观抒情的诗。袁中郎自然是欣赏李白的。但在他去世三年后才出生的顾炎武,苦难重重的生活却使他走上杜甫的创作道路。后人(如潘德舆)正是从这点强调指出顾诗的特色也是一个"实"字。但顾诗的"实"和杜诗的"实"还有所不同。顾诗的"实"不仅表现在它的现实性上,还表现在学人之诗这一点上。杜甫固然"读书破万卷",然而他毕竟是诗人而不是学者。顾炎武则是经学家、史学家而兼诗人。他不但开一代学风,也开一代诗风。他的诗之所以"坚实",完全由于学问的淹贯,而这种淹贯古今的学问正是和社会现实密切相关的。

他曾经谈过"作诗之旨":"舜曰:'诗言志',此诗之本也。《王制》:'命太师陈诗以观民风',此诗之用也。荀子论《小雅》曰:'疾今之政,以思往者,其言有文焉,其声有哀焉',此诗之情也。"㊱他所谓"诗之本"是指诗歌之所以产生,"诗之用"是指诗歌的作用,这两点是从汉儒以来就反复说明的。顾炎武特别提出"诗之情"。这"情",既指感情,又指真实。这是密切结合清朝统治的现实,来说明"作诗之旨":必须写诗来表现对当前异族统治者的极大憎恨,同时反映对故国的深切眷念。诗的语言是有文采的(质木无文不足以感人),诗的声调是充满痛苦和愤怒的。一个"哀"字,是这种民族压迫和阶级压迫下的真情实感。除了叛徒和逃避现实的懦夫,每一个汉人,如果能作诗,就应该这样去作。《亭林诗集》一开卷,就是《大行皇帝哀诗》,一锤定音,这是时代的主旋律。但如果认为他主张"诗之情"只是抒写巨大的悲哀,那是不全面的。不是悲哀,而是悲愤。不仅思往者,更应思来者,希望有夏少康、汉光武那样的来者(这在他的诗作中是屡见不一见的)。所以,他的诗论是对荀子诗论的运用与发展。

他的诗论还有一个特点,就是认为:诗,不是空言,而是和孔子作《春秋》那样,是"载之行事"。所以,他比杜甫更自觉地撰写"诗史",把这看成一种政治活动。比他老一辈的遗民诗人林古度赞美顾诗是:"笔墨类容貌,端然忠义姿。"㊲正因为他按照"忠义"原则写"诗史",所以柳亚子曾说:"不为叹老嗟卑语,不作流连光景词"㊳,充分显示出民族志士的襟怀和学人之诗的特色。

三 顾炎武诗作的艺术特色

作为学人之诗,顾诗具有如下特色:

(1) 熟于正史,用典精切

顾炎武是经学家,但他平生最致力的是史学,这是和他经世致用思想分不开的。他精熟正史,所以在作诗时,故事固然多用正史,就是词语也多采用正史的。这就形成一种特色,而为时人及后人津津乐道。朱彝尊曾这样称美顾诗:"诗无长语,事必精当,词必古雅。"㊴所谓"诗无长语",就是没有多余的话,不是辞浮于意。所用故实必定精切,词句也必定古雅。所以然者,就因为这些故实和用语都不是唐、宋诗中常见的,更不是一般类书所罗列的,完全因为他烂熟于胸,才能这样俯拾即是,应用自如。然而他又不是像后来的浙派(以厉鹗为代表)和江西派(以陈三立为代表)那样避熟避俗,故意找些冷僻典故来矜奇炫博,而是用得恰到好处,令人寻味无穷。

据我粗略地统计,属于这类用事的约有四十多处,用语约有三十多处。用典精切的例子,主要从这类使事中反映。这里略举数例。如《李定自延平归,赍至御札》:"十行书字识天颜",用《后汉书·循吏传》:"光武一札十行,细书成文。"不但因光武和唐王聿键(立于福州,年号隆武)都是皇帝,可以相比;而且光武是汉代中兴令主,以比唐王,更寓兴复之意。《陈生芳绩两尊人先后即世,皆以三月十九日,追痛之作词旨哀恻,依韵奉和》:"祭祢不从王氏腊",用《后汉书·陈宠传》:"宠曾祖父咸,成(帝)哀(帝)间为尚书。及(王)莽篡位,父子相与归乡里,闭门不出入,犹用汉家祖腊。人问其故,咸曰:'我先人岂知王氏腊乎?'"陈芳绩和陈宠都姓陈,此其一;气节相同,此其二;以新莽比清,馀分闰位,不承认其为正统,此其三;希望朱明后裔有如光武中兴者,此其四。《汾州祭吴炎、潘柽章二节士》:"千秋仁义在吴潘",用《宋书·孝义传》王韶之赠潘综、吴逵诗:"仁义伊在?惟吴惟潘。……投死如归,淑问若兰!"潘综、吴逵皆吴兴乌程人,吴炎、潘柽章皆吴江人,此其一;潘综、吴逵以孝义著,吴炎、潘柽章以节义(民族气节)著,事虽不同,仁义则一,此其二;恰巧都是吴、潘同姓,此其三。

用典精确还反映在所用子书上,如《三月十九日有事于攒宫,时闻缅国之报》:"识定凡君自未亡",用《庄子·田子方》:"楚王与凡君坐,少焉,楚王左右曰'凡亡'者三。凡君曰:'凡之亡也,不足以丧吾存。夫凡之亡不足以丧吾存,则楚之存不足以存存。由是观之,则凡未始亡,而楚未始存也。'"这寓言本来充满主观唯心色彩,庄周学派用以说明外物不足以撄心的道理,顾炎武却把这典用活了,说明尽管流亡缅甸的永历帝已被吴三桂所杀,明统已绝,但只要遗民不忘明朝,锐志复兴,一定可以驱除清统治者。

(2) 神似杜诗,各体皆善

顾诗脱胎于杜诗的约有三十一处,如《夫子庙》:"斯文垂

《彖》《系》",化用杜甫《宿凿社浦》:"斯文忧患馀,圣哲垂《彖》《系》。"《赠孙徵君奇逢》:"未改幽栖志,聊存不辱身",仿杜甫《寄李十二白》:"未负幽栖志,兼全宠辱身。"这是由于平时读杜极熟,下笔时不觉受其影响。杜甫本人就常这样运用六朝诗人何逊、阴铿、鲍照、庾信等人的诗句,宋人如黄庭坚、陈师道等更常如此脱胎换骨。但对顾炎武来说,这并不是学杜的正当途径,因为这只是形似而不是神似。

我以为从诗歌艺术性来分析,顾受杜的影响,主要是积蓄感情和表达感情的问题。顾诗何以和杜诗一样表现出一种浑厚沉郁的风格?这是因为他和杜甫一样怀抱着一种深沉的悲愤情绪。终身从事艰险的斗争(这是杜所不及的),使他对生活的体验越来越深入,也就使他本来执著的性格变得越来越坚韧。对祖国和民族的命运越关切,对人民的同情越深厚,对敌人和变节者的行径越憎恶,内心蕴结的痛苦和愤怒也就越强烈。这就形成一种远比他人深厚的感情。加上他学问渊博,识力卓越,诗艺娴熟,因而写出来的诗,必然洋溢着浑厚苍凉的感情,强劲地震撼着读者的心灵。正由于体验特别深刻,感情特别曲折,表达时必然也是千回百折,而不是一泻千里,一览无馀,这就形成了沉郁的风格。试以他的五言排律《旅中》为例:

久客仍流转,愁人独远征。釜遭行路夺,席与舍儿争。混迹同佣贩,甘心变姓名。寒依车下草,饥糁铋中羹。浦雁先秋到,关鸡候旦鸣。躐穿山更险,船破浪犹横。疾病年来有,衣装日渐轻。荣枯心易感,得丧理难平。默坐悲先代,劳歌念一生。买臣将五十,何处谒承明?

诗作于明永历十年(清顺治十三年)。自弘光元年,亦即隆武元年(顺治二年)顾炎武参加故乡昆山保卫战失败后,曾受隆武帝遥授兵部职方司主事之命。次年将赴闽受职,以母丧未行。永历元年(顺治四年),吴胜兆反正事败,顾氏几乎得祸。秋至海上欲投郑成功,不得达。永历二年冬抵京口,家又一次被劫。永历四年,仇家倾陷,伪为商贾以避。永历五年至淮安,与万寿祺密谋抗清。永历六年参加吴中惊隐诗社遗民们的活动。永历九年,叛仆陆恩向清政府控告顾氏私通南明,致兴大狱。狱事解后出走。永历十年,仇家遭刺客追他,击伤头部,乃变姓名南游。作此诗时,正当南明政权派人来秘密联系,顾氏只身赴闽投郑成功,又赴滇投永历,都受阻不能达。诗题《旅中》,就是写赴闽与赴滇的旅况。第一、二句虚写,概述自己十二年来总的"流转"情形。"釜遭行路夺"六句实写,描写"流转"的艰苦情状。"浦雁先秋到"四句实写,描叙"独征"的艰危情状。"疾病年来有"二句总结上文而与一、二句呼应:正因长期流转,所以疾病相侵;如今独自远征,只能轻装前进。以上十四句虚实相生,情事交融,反映出这位爱国志士的感情格外真挚。"荣枯心易感"六句转入议论。"荣枯"、"得丧"都指成功与失败。反清复明事业的成败,在自己心情上最易引起激动:为什么我方常常失败,真是天道难明。正因"得丧理难平",所以为先朝而悲哀,写下《旅中》这首诗。这是劳者(为国宣劳)之歌。这里诗人毅然明志:我将终身把这"劳歌"写下去!也就是说,要为复兴事业战斗一辈子。最后用朱买臣的典故作结:买臣自言五十当富贵,后来果然受到汉武帝的重用。我今已四十四,却还受阻不能到达战斗的前线。但是,正如买臣终于富贵一样,我在不久的将来,一定也能实现复明的目的。这六句议论,说理十分深透,洋溢着胜利的信心。仔细吟味全诗,我们会感到诗人的爱国激情表现得浑厚苍凉,而诗的风格则是沉郁的。

全部顾诗中,古体诗只占十分之三强,格律诗要占十分之六弱。而264首格律诗中,五律就占了45首。和杜甫比较起来,杜诗共1458首,其中格律诗有1054首,五排就占了127首。顾诗五排占其格律诗的17%,杜诗五排占其格律诗的14%。形成这一现象,当然有众多因素,但决定性因素我以为和两位诗人的个性分不开。顾炎武和杜甫一样,都是"嫉恶怀刚肠"的。杜甫"褊躁"㊵,顾炎武"孤僻负气"㊶,性极狷介。杜、顾之诗多用格律,就因格律谨严,符合他们的个性要求。与此相反的是李白,正因他个性狂放,所以不喜格律拘束,古风特多,格律诗绝少。在格律诗中,五排占这么大的比重,也是值得深思的。五排写起来必须反复锤炼,不能一挥而就,所以李白没有一首,而杜甫却首创此体。胡应麟曾指出:"排律近体,前人未备,(少陵)伐山道源,为百世师。"㊷顾氏接受杜的影响,即因性与之近。可以看出,顾氏四十五首五排,有一个共同特色,即题材重大,反映作者一种极其庄严肃穆的悲愤而又充满希望的感情。如开卷是《大行皇帝哀诗》,收编是临终绝笔《酬李子德二十四韵》,以五排起,以五排结,象征全部顾诗都是精严的。何以只有五排而没有七排(杜甫也只有八首七排)?即因五排比七排更凝炼而少回旋。只有五排,自始至终,环环紧扣,句句相对,有如绷紧的弓弦,充满张力,表现出诗律的极端谨严。这种形式最符合他的个性,也最适应这类重大题材的内在要求。清中期的女诗人汪端特别欣赏顾炎武的五排,说是"五言排律惟亭林擅胜,馀皆绝少名篇"㊸。可惜只标出"擅胜",未详析其所以然。

当然,个性狷介的人,也不是只有谨严的一面,有时他也需要自由挥洒,更何况有些题材也要求尽情抒发(如《羌胡引》之类),所以他也有古风之作。但即使在古风中,也还是体现其主导一面,即仍偏于谨严,所以五古多至129首,而七古只有31首。

汪端曾评论顾炎武各种体裁的诗:

　　五言古,……若顾亭林磊落英多,……则又独辟门径,前无古人矣。

　　五言律,……亭林气格沉雄,自是大家。

　　七言律,……亭林开辟浑涵,龙骧虎步,并为绝调。㊹

评价都非常高,这是符合实际的。顾诗各体皆善,三百年来,人无间言。只有近人陈衍(石遗)贬抑他:"诗歌少兴趣,学杜得皮相。"当代清诗专家钱仲联即斥为"吾不知其何说也!"㊺另外也有人称其"古质",言外之意似嫌其略欠文采。论者即加以反驳:"以质实为病,则浅者尚词采,高者讲风神,皆诗道之外心,有识者之所笑也!"还进一步解释:"诗境全贵'质实'二字。盖诗本是文采上事,若不以质实为贵,则文济以文,文胜则靡矣。"从而指责:"竹垞、归愚选明诗皆及亭林,皆未尝尊为诗家高境,盖二公学诗见地为文采所囿也。"㊻这种驳论有正确的一面,但否认文采,就偏颇了。诗是应该有文采的,顾氏本人就指出过(见前)。事实上,顾诗使事精当,遣词古雅,音节顿挫,气韵沉雄,正是文采的表现。应该说,顾诗是既坚实而又富有文采的。

四　顾炎武诗对清诗的影响

清诗所以能超轶元、明而比肩唐、宋,就是因为它既有唐诗的情韵,又有宋诗的骨力。尤有进者,言情而较唐诗为丰腴,说理而较宋诗为深透。其所以能这样,就因为清代诗人强调"真"与"深",从而成其"新"。而这诗风正是顾炎武开创的。前人早已指出顾诗"奄有唐、宋诸大家之长"㊼。其实应该说是"奄有唐、宋诸大家之长而又过之"。人们总是薄今厚古,作诗必不如唐,填词必不如宋。其实越是后人越能取精用宏,站在巨人的肩膀上,自然是后来居上嘛!当然,这里有个前提,就是必须有个正确的创作观点和方法,否则会成为元之纤弱,明之摹拟了。顾炎武是有条件超越前人的。所谓超越,就体现在"真"与"深"上。歌德曾经说过:"(文学)是由感情和思想所产生的自然,是由人力所完成的自然。"[48]顾诗包含的"感情"是最真挚的,"字字皆实,此修辞立诚之旨也"[49]。而由于践履笃实,学识卓越,所以"思想"最深刻。即使处在巨大的艰危环境中,仍然充满乐观,不像宋末元初的遗民诗人,只躲进小我圈子里,消极悲观,聊以吟咏自适。汪端称颂顾诗"渊深朴茂,直合靖节、浣花为一手,岂谷音、月泉诸人所能伯仲哉?"[50]正是从这一角度着眼。顾诗不仅感情最真挚,思想最深刻,而且把这两者用诗的形式表现出来时又是十分自然,毫不给人以矫揉造作之感。这除了由于他人格伟大,也由于这些诗是"由人力所完成的自然"。无论古体诗还是格律诗,他都是反复琢磨的。尤其是他的格律诗,受的限制越多,表达的内容越丰富,充分反映出作者强大的创造力。[51]

顾诗正是以其"真"与"深",对整个清代诗风起了"导夫先路"的作用。在他以后的诗人,无论宗唐宗宋,抑或亦唐亦宋,都能拟议而出以变化,即学古而不仿古。更重要的是,都能面对现实(很少有游心于虚的),积学为富(没有游谈无根的),突出"我"字,写真性情,不为无病之呻,不为空疏之学。

其所以如此,是因为清初和清末都是阶级矛盾和民族矛盾层见叠出的时期,时代迫使人们必须面对现实,经世致用。就是清中期,所谓乾、嘉盛世,这两类矛盾也是此伏彼起,因而黄仲则会敏感地吟出"忧患潜从物外知"[52]的句子。总之,在整个清朝二百四十二年间,不论时代风云怎样多变,诗人心情怎样复杂,沿着"真"与"深"以求"新",却是清代诗人们共同的创作道路。而这条路是顾炎武最早开辟的。

注　释

① 徐颂洛语,见王蘧常《顾亭林集汇注·前言》
② ㉗ ㊻ ㊾ 《养一斋诗话》卷三
③ 《亭林馀集·与陆桴亭札》
④ 《亭林文集》卷三《答原一、公肃两甥书》
⑤ 徐嘉《顾诗笺注》路岯序
⑥ 《日知录》卷十三《正始》
⑦ 《南社丛选·文选》卷三李才《明处士玉玹卢先生墓表》
⑧ 《亭林文集·与友人论学书》
⑨ 《牧斋遗事》附《赵水部杂记》
⑩ 《顾亭林诗集汇注》第三九六页
⑪ 《日知录》卷七《夫子之言性与天道》
⑫ 《日知录》卷十九《文须有益于天下》
⑬ 《晚晴簃诗汇》卷十一
⑭ ㉚ 《筱园诗话》卷二
⑮ 《艺舟双楫·读亭林遗书》
⑯ 《明诗纪事》辛签卷十三
⑰ 谢无量《中国大文学史》卷九
⑱ 《日知录》卷十九《文辞欺人》
⑲ 《日知录》卷二一《古人用韵无过十字》
⑳ 《日知录》卷十九《文人摹仿之病》
㉑ 《日知录》卷十九《诗体代降》
㉒ 《亭林文集》卷四《与人书十七》
㉓ 王世懋《艺圃撷馀》
㉔ 参看蒋祖怡《文心雕龙论丛·论〈文心雕龙〉中的神、理》
㉕ 《顾诗笺注》李详序

㉖㉘　《列朝诗集小传》丁集上

㉙　《筱园诗话》卷三

㉛　《日知录》卷十八《李贽》

㉜　《焚书·童心说》

㉝　《金蔷薇》中的《一束假花》

㉞　袁小修《中郎先生行状》

㉟　《袁中郎尺牍·答梅客生开府》

㊱　《日知录》卷二一《作诗之旨》

㊲　《同志赠言·林古度〈春答宁人先生赠诗次韵〉》

㊳　《论诗三截句》之一

㊴　朱彝尊《明诗综》卷七八

㊵　新旧《唐书》本传

㊶　李光地《顾宁人小传》

㊷　《诗薮》内编卷五"近体中七言"

㊸㊹　《明三十家诗·凡例》

㊺　《梦苕庵诗话》第二八九页

㊼　张修府顾诗跋

㊽　《〈希腊神庙的门楼〉的发刊词》

㊿　《明三十家诗选》

㉛　参看夏晓虹《杜甫律诗语序研究》,见《文学遗产》一九八七年第二期

㉜　《两当轩集》卷九《癸巳除夕偶成》

第四章 虞山诗派

一 虞山诗派的兴起

叶燮曾经指出:"明之季,凡称诗者咸尊盛唐,及国初而一变:诎唐而尊宋。"①对这一现象,纪昀说得更详细:"……久而至于后七子,剿袭摹拟,渐成窠臼。其间横逸而出者,公安变以纤巧,竟陵变以冷峭,云间变以繁缛,如涂涂附,无以相胜也,国初变而学北宋。"②这是清初的诗风:为了矫正明七子摹拟唐诗和公安、竟陵、云间走歧途之失而学习宋诗。

钱谦益在学习宋诗运动中是起了关键作用的。在他的倡导下形成了虞山诗派。此派主要作者,除谦益外,还有冯舒、冯班两兄弟。他们反对明七子,实际也是与吴伟业为首的娄东诗派相对立,所谓"每称宋、元人以矫王、李之失",也是针对云间以至娄东诗派的。谦益特别推崇宋诗,曾说:"诗人如有悟解处,即看宋人亦好。"③对清初宗宋派和后来的浙派都起了积极的影响。而二冯则诗近晚唐,以唐诗为西施、骥衮,而以宋诗为里门之姬、款段之驷;反对当时宗宋的人"专以里言俗语为能事"④。

二 钱谦益

(一) 生平

钱谦益(1582—1664),字受之,号牧斋,晚号蒙叟,亦自称东涧老人。江苏常熟人。明万历三十八年进士,官至礼部右侍郎。弘光帝即位南都,晋阶宫保,兼礼部尚书。清兵南下,南明亡,谦益率先投降,且为清军传檄四方以劝降。清廷授以内秘书院学士,兼礼部侍郎。任职约五月,即以老病乞归。归后暗与瞿式耜、郑成功等联系,从事抗清复明活动。卒年八十三岁。著有《初学集》、《有学集》、《投笔集》。

谦益迎降,丧失了民族气节,这在当时,已为遗民所不齿。邢昉直斥他:"白头宗伯老,作事弥狡狯。捧献出英皇,笺记称再拜。"[5]顾炎武不点名地斥责他:"今有颠沛之馀,投身异姓,至摈斥不容,而后发为忠愤之论,与夫名污伪籍,而自托乃心,比干康乐、右丞之辈,吾见其愈下矣!"[6]谦益也自恨失节,在《程嘉燧传》中说:"孟阳卒于新安,……逾年而有甲申二月之事,铭旌大书曰明处士某,岂不幸哉!"[7]在《列朝诗集序》中更明显地说:"恨余之不前死,从孟阳于九京,猥以残魂馀气应野史亭之遗忱也!"[8]

他为什么要失节呢?前人议论,主要认为他苟求富贵,贪生怕死。表面看来,说得都对。他自己就承认:"我本爱官人"[9];也承认自己"有眼如针孔,有胆如芥子,……方当守要(腰)领,何暇共鞭弭"[10];甚至概括自己一生:"荣进败名,艰危苟免。"[11]可见前人的评价并没有冤枉他。

但是,他降清后,只做了约五个月的官,就坚决不干了。后来一直从事秘密的反清复明工作,即使历经艰险,他也坚持到底。这又该如何解释呢?他的门生瞿式耜,在明永历四年(即清顺治七年)桂林失守后,被清军囚系期间,写了《浩气吟》。其中有一首七律,题为《自入囚中,频梦牧师,周旋缱绻,倍于平时,诗以志感》,其诗云:"君言胡运不灵长,伫看中原我武扬。颇羡南荒留日月,宁知西土变冠裳!天心莫问何时转,臣节坚持

61

讵改常？自分此生无见日,到头期不负门墙。"⑫这首诗说明了谦益的反清复明是真诚的,才能使得这位民族英雄在牺牲前夕表示"不负门墙"。《投笔集》记录了钱谦益和郑成功等民族英雄的战斗情谊:年近八旬的谦益只身赴白茆港秘密会见郑成功水师;柳如是秘密资助抗清部队。上述这些事实,证明谦益并非苟求富贵,贪生怕死。再看他写给民族志士阎尔梅的两封信。其一云:"……风烛之年,死期已至。虽欲寻好死,不能得矣。辜负德音,不胜痛惜!惟待台丈补浩功成,片语扢拭,令腐肉朽骨少知庆忭,则所窃望也。"其二云:"……此中都无可语,仆早知之。芒砀云气,下邳流水,曷不往吊古悲歌,而刺促此地乎?"⑬其期望兴复之情跃跃纸上。章太炎说他"不尽诡伪",不同意顾炎武说的"特以文墨自刻饰,非其本怀",⑭是符合历史事实的。

　　我以为谦益迎降的动机,很可以从万历四十七年四月所作《重辑桑海遗录序》一文窥其端倪。在此文中,谦益以文天祥、陆秀夫自比,指责"大臣犹用机械锆轧人,言官犹用毕胾抹杀人",致使"一二劳臣志士有项不得信(伸),有唾不得吐,骈首缩舌,与社稷俱烬"。这表面上说文、陆,实际是说自己。但他认为文、陆的壮烈牺牲,是"精忠入地,杀身无补"。这一思想可能支配了他后来的行动,使他决定打入敌人内部,然后有所作为,如赵高自腐以亡秦。只有这样理解,才能解释他失节后并未苟求富贵而是坚决反清复明的原因。懂得这点,也就明白他何以不但不删改《初学集》中痛斥"奴"、"虏"的字句,而且在入清后所作《有学集》中,一直以明朝为"本朝",诋毁清廷的诗文触目皆是。

　　人们或许会怀疑:既然如此,谦益晚年何以又骂自己是"荣进败名,艰危苟免"呢？我以为这是他的保护色。他的苦心孤诣,在瞿式耜、郑成功等先后失败后,处在清统治者强大的压力下,是不愿也无法求得人们的理解的,于是干脆自污,以便保全残生。

那么,许多流传的他和柳如是的故事又该如何解释呢？我以为许多谩骂嘲笑他的遗闻轶事,少数是有民族感情而不了解他的士大夫的传说,多数则是清高宗几次降旨痛斥谦益并禁毁其著作后,一些逢迎上意的士大夫编造(捕风捉影,加以夸大)的,所以不免自相矛盾。例如同一个柳如是,《牧斋遗事》和《河东君传》都说"乙酉五月之变",她劝谦益"取义全大节",自己先奋身投水中。而《柳姬小传》则说:"至北兵南下,民(指谦益为'鲜民',讥其生不如死)于金陵归款,姬得蹀躞其间,聆鼜篝之雄风,沐貔貅之壮烈,其于意气多所发抒云。"你该信哪种说法呢？

清高宗所以深恶痛绝钱谦益,是因为《有学集》猛烈攻击清王朝的统治。以散文论,如卷四十九《书广宋遗民录后》居然说:"撰序者李叔则氏,谓宋之存亡为中国之存亡,深得文中子《元经》陈亡具五国之义,余为之泣下沾襟。"所谓"陈亡具五国"见于王通的《中说·述史篇第七》:"叔恬曰:'敢问《元经》书陈亡而具五国,何也？'子曰:'江东,中国之旧也,衣冠礼乐之所就也。永嘉之后,江东贵焉,而卒不贵,无人也。齐、梁、陈于是乎不与其为国也。及其亡也,君子犹怀之,故书曰:晋、宋、齐、梁、陈亡。具五以归其国,且言其国亡也。呜呼！弃先王之礼乐以至是乎。'叔恬曰:'晋、宋亡国久矣,今具之,何谓也？'子曰:'衣冠文物之旧,君子不欲其先亡。宋尝有树晋之功,有复中国之志,亦不欲其先亡也,故具齐、梁、陈以归其国也。其未亡,则君子夺其国焉,曰:中国之礼乐安在？其已亡,则君子与其国焉,曰:犹我中国之遗人也。'叔恬曰:'敢问其志。'文中子泫然而兴

63

曰:'铜川府君之志也,通不敢废。书五国并时而亡,盖伤先王之道尽坠,故君子大其言,极其败,于是乎扫地而求更新也。期逝不至,而多为恤,汝知之乎?此《元经》所以书也。'"谦益借王通这段话以严华夷(亦即汉满)之辨,认为宋亡于元,不是汉族内部新旧王朝兴亡的问题,而是中国亡于夷狄的问题。这和顾炎武所说"亡国"与"亡天下"实际是一个意思。谦益以宋喻明,以元喻清,"扫地而求更新",然而"期逝不至,而多为恤",于是只好"泣下沾襟"了。后人只记到顾炎武的话(由梁启超概括为"国家兴亡,匹夫有责"),却不曾注意钱谦益也有类似思想。正如人们赞美椎击始皇的张良、揭竿亡秦的胜、广,有谁称叹腐身亡秦的赵高呢?谦益不仅写上述一文,另外如《有学集》补遗卷下《汉武帝论》上、下,《一匡辨》上、下,《书黄正义扇》《书罗近溪记张宾事》、《赠王平格序》,其文字的尖锐,就是一般遗民文集也很少有。近人汪东就曾根据谦益的《汉武帝论》,认为"非惟易姓之痛,而有深得乎民族消长之由者"[15]。

再谈诗。例如《有学集》卷四《胥山草堂诗为徐次桓作》,有"书生口欲吞玄菟。蝇头自写犁庭策,牛背偏悬长白图";又有"自笑身亡克汗喜",都是说徐次桓生前志在征服建州(满族所居地区)。还说徐氏死后,其子继承父志,"每循伍员耕时野,自种要离墓畔田",时刻作复仇的准备。诗人最后希望徐氏子"家祭无忘剑渭思",这是肯定会有"王师北定中原日"。又如卷九《桂殇四十五首》之三,有"骑竹朝天习汉仪"句,还说:"临穴正如哀奄息,伤心岂独为家儿",显然是借悼念七岁孙儿的夭折,哀悼瞿式耜守桂林的牺牲。卷十《淮阴舟中忆龚圣予遗事,书赠张伯玉》,借宋亡于元的史实,希望闯、献馀部能如宋江等的平辽。同卷《续得本期二事》,其一《威宁海》,歌颂景泰、天顺间的威宁伯王越,为了抗击蒙古瓦刺的入侵,重赏"侦虏事"的小校。诗人长歌此事,正是惋惜明末无此将材防御建州入侵,以至明朝覆灭。同卷《锡山云间徐叟八十劝酒歌》,末二句云:"大家挣扎双眉眼,看取蓬莱水浅时",这是说自己和徐叟都是八十老人,但一定还可看到沧海"复还为陵陆"即明朝的复兴。卷十一《题画四君子图》之兰:"怀哉罟井翁,画兰不画地",以宋遗民郑所南在元朝统治下画兰不画地的故事,表现自己深沉的亡国恨。卷十二《茸城吊许霞城》末二句:"苦忆放翁家祭语,暗弹老泪向春风",深恐不能生见九州同。卷十三《迎神曲十二首》写"吴人喧传"瞿式耜奉玉帝命来做苏州城隍,谦益自称聋骏道人,闻讯"惊喜呜咽"。其二有"玉帝亲颁赤伏符"句,用光武中兴暗喻明朝必定恢复。其三云:"驱使八公闲草木,也应谈笑扫苻秦",指出异族不能入主中国。

这些诗文在谦益生前即已遭到指责,不过当时清廷统治尚未巩固,不敢大兴文字狱,所以,"或有以字句过求先生(指谦益)者,世祖尝曰:'明臣而不思明者,即非忠臣。'大哉王言,圣朝不以文字锢人久矣。"(邹式金《有学集序》)因而刊刻于康熙十三年的《有学集》可以公开流传。但是,"迄三藩平后,威斧互施,文字狱遂如雷霆勃发矣"[16]。到乾隆时代,清高宗就破口大骂《初学集》和《有学集》"荒诞悖谬",是"狂吠之语",并且特题《初学集》云:"平生谈节义,两姓事君王。进退都无据,文章那有光。真堪覆酒瓮,屡见咏香囊。末路逃禅去,原为孟八郎。"[17]香囊,见《晋书·刘寔传》,高宗用它嘲笑《初学集》中闲情之作。孟八郎,见《后汉书·宦者列传·张让传》,但"八郎"本作"伯郎"。高宗用此典嘲笑谦益早年欲中状元而与宫监勾结。[18]可怪的是,这位十全老人何以只题《初学集》而不题《有学集》? 何以不提他与瞿式耜、郑成功联络的事? 是否觉得《有学集》、《投笔集》以及秘密反清复明活动,对清廷统治的威胁太大,索性不提，免得产生副作用？跟着高宗起哄的，如"八十翁评《初学集》"，指责谦益"登第三十年，未闻片语单词，上陈国恤，仰裨黼座。……国家奚赖有若人，东林安用此翘楚？"[19]然而与谦益同时的程先贞，在《阅钱牧斋〈初学集〉却寄》之一中却说："珍重虞山广舌存，著书百卷道弥尊。感时独抱忧千种，叹世长流泪两痕。……当年饶有真谋略，所惜无人听《响言》。"[20]翻开《初学集》，第二十三卷是响言上十五首并序，第二十四卷是响言下十五首，全是针对时事，以史为鉴。可见指斥者睁着眼睛说瞎话。

全祖望《浩气吟跋》说："稼轩（瞿式耜别号）先生晚节如此，可谓伟人也已。……然自丙戌（顺治三年）以后，牧斋生平扫地矣，而先生《浩气吟》中犹惓惓焉，至形之梦寐，其交情一至此乎？牧斋颜甲千重，犹敢为《浩气吟》作序，可一笑也。"[21]如果全氏通读了瞿氏的诗文集，看到了《报中兴机会疏》中所引谦益手书之言，以及瞿式耜的评论，何至于把"不负门墙"一诗看成仅仅是师生"交情"呢？又何至于笑谦益作序是"颜甲千重"呢？

全氏还在《题〈哀江南赋〉后》说："甚矣庾信之无耻也！失身宇文，而犹指鹑首赐秦为天醉，信则已先天而醉矣，何以怨天？后世有裂冠毁冕之馀，蒙面而谈，不难于斥新朝、颂故国以自文者，皆本之天醉之说者也。……若颜氏《观我生赋》，实胜于信，盖深有愧恨之意，而非谬为支言以欺世者。予尝谓近人如东涧（谦益别号），信之徒也；梅村则颜氏之徒也。同一失节，而其中区以别矣。"[22]以有无"愧恨之意"来区别钱谦益和吴伟业的品格高下，这完全是跟着清高宗的指挥棒转。其所以如此，除了政治因素外，还因为瞿、钱二家诗文尽成禁书，全氏大概没有全部阅读，否则谦益对失节的悔恨，处处情见乎辞，而且还有实际行动为证，怎么能说斥新朝、颂故国只是"自文"而非"愧恨"？难道只有像吴伟业那样不斥新朝不颂故国，相反，颂新朝，斥故国，同时骂自己"更一钱不值何消说",才算"深有愧恨之意"么?看了全氏对钱、吴的评价,再联想到清高宗题《初学集》是这样深恶痛绝,而题《梅村集》(见《吴诗集览》卷首)却是那样叹赏备至,那么,牧斋、梅村,孰优孰劣,简直无待蓍龟了。汪东曾引蒋士铨《题文信国遗像》诗云:"乱亡无补心可怜,天以臣节烦公肩。不然狗彘草间活,藉口顺运谋身全。"[23]而斥谓"若人者,又谦益之罪人耶!"[24]这所谓"若人者",是包括了吴伟业在内的。

总之,谦益的失节是客观事实,这一点他自己也不否认,否则他何必在写给瞿式耜的信中说"惟忍死盼望銮舆拜见孝陵之后,槃水加剑,席稿自裁"呢?不管动机如何,影响是极坏的,比起顾炎武、屈大均等志士的铮铮铁骨来,他是只有自疚的。但是,如果允许他补过,那比起吴伟业来,还是此善于彼的。

(二) 诗论

谦益的诗歌理论,概言之,有两点:

(1) 诗言真性情

他认为:"诗文之缪,……其受病,则皆不离乎伪也。"因此,他提出:有真性情,然后有真诗文。[25]这观点自然正确,但"诗言志"、"诗缘情",已是谈艺常言,不自谦益始。谦益此论可贵之处,在于结合自己一生阅历,深刻地指出:"必有深情畜积于内,奇遇薄射于外,轮囷结轖,朦胧萌拆,如所谓惊澜奔湍,郁蔽而不得流;长鲸苍虬,偃蹇而不得伸;浑金璞玉,泥沙掩匿而不得用;明星皓月,云阴蒙蔽而不得出:于是乎不能不发之为诗,而其诗亦不得不工。其不然者,不乐而笑,不哀而哭,文饰雕绘,词虽工,而行之不远,美先尽也。"[26]可见他所谓"真诗"是"深情"和"奇遇"的产物。缺少其中任何一个,不管怎样"文饰雕绘",也不能有"真诗"。这个观点是贯彻他一生的。如晚年所作《爱琴馆评选诗慰序》说:"夫诗者,言其志之所之也。志之所之,盈于情,奋于气,而击发于境风识浪奔昏交凑之时世。"㉗又在《周元亮〈赖古堂合刻〉序》中说:"古之为诗者有本焉。国风之好色,小雅之怨悱,离骚之疾痛叫呼,结轖于君臣夫妇朋友之间,而发作于身世偪侧、时命连蹇之会,梦而噩,病而吟,春歌而溺笑,皆是物也。故曰有本。"㉘还在《题燕市酒人篇》中说:"诗言志,志足而情生焉,情萌而气动焉。如土膏之发,如候虫之鸣,欢欣噍杀,纡缓促数,穷于时,迫于境,旁薄曲折而不知其使然者,古今之真诗也。"㉙在《书瞿有仲诗卷》中,他仍然说:"所谓有诗者,惟其志意逼塞,才力偾盈,如风之怒于土囊,如水之壅于息壤,傍魄结轖,不能自喻,然后发作而为诗。凡天地之内,恢诡谲怪,身世之间,交互纬繣,千容万状,皆用以资为诗,夫然后谓之有诗。"㉚

他这样论诗,一方面由于平生阅历,另一方面则由于矫正七子与竟陵之失。七子与竟陵都是他斥为"伪体"的。要"亲风雅",就必须"别裁"这些"伪体"。

他这样菲薄"文饰雕绘",并非只重视思想内容,而无视艺术形式。为了要"亲风雅",写出真诗来,一方面要"别裁伪体",另一方面就要"转益多师",所以他论诗时又提出第二点:

(2) 博学识变

博学,首先是"六经三史诸子别集之书,填塞腹笥,久之而有得焉。作为诗文,文从字顺,宏肆贯穿,如雨之膏也,如风之光也,如川之壅而决也"㉛。但是仅仅这样,还不一定能写出"真诗"。明代文人号称空疏不学,然而杨慎的博学是出名的,是否他的诗就好呢?谦益指出:"前代以诗鸣蜀者,无如杨用修。用修之取材博矣,用心苦矣,然而佣耳剽目,终身焉为古人之隶人而不知也。"学问固然重要,而更重要的还是"深情"与"奇遇"的结合。在"深情"与"奇遇"的基础上,学问才能起点化作用。所以他说:"古之善为诗者,搜奇抉怪,刻肾擢腑,铿锵足以发金石,幽眇足以感鬼神。尝试诵读而歌咏之,平心而思其所怀来,皆发抒其中之所有,而遘会其境之所不能无,求其一字一句出于安排而成于补缀者无有也。"[32]

在博学方面,他强调"读古人之诗",而不要"求师于近代"。这是针对七子与竟陵。他要求学诗者"好学深思,精求古人之血脉,以追溯国风、小雅之指要"[33]。质言之,既不可像七子那样优孟衣冠,毫无自己的真性情;也不能像锺、谭那样以幽情孤绪为性情之真,而应该如元人张子长所说:"其致未尝不厚,而其辞未尝不盛。"如何做到"其味弥厚","其气弥盛"呢?他以李辅臣甲申诗为例,说他"以书生少年,当天崩地坼之时,自以受国恩,抱物耻,不胜枕戈跃马之思。其志气固已愤盈喷薄不可遏抑矣,发而为诗,其厚且盛,如子长之云宜也"[34]。可见谦益痛斥锺、谭为蝇声,为蚓窍,为鬼趣,为兵象,甚至斥为亡国之妖,就是因为明末内忧外患相逼而来,锺、谭竟倡导天下之人远离现实,这样写出来的诗,即使是真性情,也是不足取的。

所以,他要求作诗者"学殖以深其根,养气以充其志,发皇乎忠孝恻怛之心,陶冶乎温柔敦厚之教。其征兆在性情,在学问,而其根柢则在乎天地运世、阴阳剥复之几微"[35]。

由于他拈出"厚"、"盛"二字,因此,凡是历代的诗作符合这二字的,他都加以肯定,而不同意以盛唐为惟一标准。《题徐季白诗卷后》说:"嗟夫!天地之降才,与吾人之灵心妙智,生生不穷,新新相续。有三百篇,则必有楚骚;有汉魏建安,则必有六朝;有景隆丌元,则必有中晚及宋元。而世皆遵守严羽卿、刘辰翁、高廷礼之瞽说,限隔时代,支离格律,如痴蝇穴纸,不见世界,斯则良可怜悯者。"他这一观点主要来自挚友程嘉燧(字孟阳,号松圆）。程氏论诗，固然也"以唐人为宗，熟精李、杜二家"，但"七言今体约而之随州（刘长卿），七言古诗放而之眉山（苏轼），而且尽览《中州》（金代诗总集，元好问编）、遗山（元好问）、道园（虞集）及国朝青丘（高启）、海叟（袁凯）、西涯（李东阳）之诗"。㊱也因程嘉燧而受启发于李东阳："（西涯）诗则原本少陵、随州、香山以追宋之眉山，元之道园，兼综而互出之。"㊲他特别指出：博学多师是学古而非仿古。程嘉燧固然"深悟剽贼比拟之缪"㊳，李东阳也早已指出："岂必模某家，效某代，然后谓之诗哉！"㊴所以，"西涯之诗，有少陵，有随州，有香山，有眉山、道园，要其自为西涯者宛然在也"。而不像前七子的领袖李梦阳"临摹老杜，为槎牙兀傲之词"，㊵"试取《空同》之集，汰去其吞剥寻扯、咈牙龃齿者，而空同之面目，犹有存焉者乎？"㊶

难能可贵的是，他这些论断，都不是来自耳食，而是深入虎穴才得到的虎子。他那样坚决反对七子，但是他"年十七时"，"《空同》、《弇山》二集，澜翻背诵，暗中摸索，能了知某纸"。㊷又自称"少壮失学，熟烂《空同》、《弇山》之书"㊸；"弱冠时，熟烂《空同》、《弇山》诸集，至能暗数行墨"㊹。正由于这缘故，所以他也吸取了他们诗论中有益的成份。例如李梦阳说："情者，动乎遇者也。幽岩寂滨，深野旷林，百卉既痱，乃有缟焉之英，媚枯缀疏，横斜欹崎清浅之区，则何遇之不动矣？……故遇者物也，动者情也。情动则会，心会则契，神契则音，所谓随遇而发者也。……故天下无不根之萌，君子无不根之情，忧乐潜之中，而后感触应之外。故遇者因乎情，诗者形乎遇。"㊺他还说："真者，音之发而情之原也。"这对谦益的诗论强调"真情"、"奇遇"，都有明显的关系。他那样深恶痛绝竟陵派，而凌树屏《偶作》云："辛苦为诗两竟陵，纵然别派也澄清。阿谁烂把《诗归》读，入室操戈汝太能！"自注："钱牧斋少时颇亦取径《诗归》。"㊻《诗归》指锺、谭共编的《古诗归》和《唐诗归》。由此可见,他的结论不是人云亦云的。正因为他提出了这些真知灼见,所以,才在晚明诗坛上产生巨大的影响,扫除掉七子和竟陵的阴霾。

另外,他虽倡导宋诗,却对黄庭坚深致不满:"予尝妄谓自宋以来,学杜诗者莫不善于黄鲁直。……鲁直之学杜也,不知杜之真脉络,所谓'前辈飞腾'、'馀波绮丽'者,而拟议其横空排奡,奇句硬语,以为得杜衣钵,此所谓旁门小径也。"并指出:"弘(治)、正(德)之学杜者,生吞活剥,以寻扯为家当,此鲁直之隔日疟也,其黠者又反唇于西江矣。"[47]这段话是针对前七子李梦阳诸人的。谦益虽称博学多师,主要当然也是学杜。但他却不同意黄庭坚和李梦阳他们那样学法,而主张"学杜有所以学杜者矣,所谓'别裁伪体'、'转益多师'者是也"。特别强调:即使学杜,也应该"无不学无不舍焉"[48]。就是说,学杜又要跳出杜,学是为了不学。应该说,谦益这种主张是正确的,只有这样,才能学到杜诗的本质。

桐城诗派是推尊黄庭坚的,因此,方东树批评谦益:"钱牧翁讥山谷为不善学杜,以为未能得杜真气脉,其言似也。但杜之真气脉,钱亦未能读耳。观于空同之生吞活剥,方知山谷真为善学,钱不足以知之。……平心而论,山谷之学杜、韩,所得甚深,非空同、牧翁之樵取声音笑貌者所及知也。"[49]认为谦益学杜也和李梦阳一样只是"樵取声音笑貌",从乾、嘉迄今,学术界谁也没有接受这个说法。

谦益的诗论,扫荡了七子的仿古风气和竟陵派的脱离现实的倾向,为清初诗坛"除榛莽,塞径窦,然后诗家始知趋于正道,还之大雅"。这一历史功绩是不容抹煞的。同时,他的博学多师的论点,也开导了以后清人学宋诗的门径。

(三) 诗作

钱谦益的诗,从内容说,可以分为前后两期,分别编在写于明末的《初学集》和写于清初的《有学集》(包括《投笔集》)中。从艺术特色来说,却有一个共同点,那就是"缘情绮靡,轩豁风雅;不沿浮声,不堕鬼窟"[50]。前两句是从正面说:诗应该抒发真性情,表现在形式上应该富于文采,但它不是齐梁那样柔靡,而是像李商隐学杜那样骨力坚劲,继承《诗经》中风雅的现实主义传统。后两句从反面说:诗不应该像前后七子那样只从声律上去摹仿盛唐(尤其是杜诗)的空腔,也不应该像锺、谭那样只写幽情孤绪。

他把"缘情绮靡"放在首位,所以全部钱诗中抒情多而叙事少。这也是受了李东阳的影响。《怀麓堂诗话》曾说:"诗有三义,赋止居一,而比兴居其二。所谓比与兴者,皆托物寓情而为之者也。……此诗之所以贵情思而轻事实也。"他在诗创作上主要是学杜,却没有写过"三吏"、"三别"式的叙事诗。原因在于他所处的时代。明末是阉宦政权,侦事人动入人罪;加上朝廷上的门户之争,相互罗织罪名。清初在异族政权统治下,自己又从事反清复明斗争。这些现实迫使谦益在写诗时无法采用赋体直陈其事,只能出以比兴手法,"纡曲其指,诞谩其辞,婉娈托寄,隐谜连比"[51]。所以,严格地说,钱诗的"缘情绮靡"是玉谿体的新变种。他实在是新形势下的义山学杜。这种学习,既是形式,更是内容。有一则小故事很能说明这问题:汪琬和谦益论诗多不合。有一次,和常熟人严白云论诗,汪问严:"公在虞山(指谦益)门下久,亦知何语为谛论?"严转述谦益的话说:"诗文一道,故事中须再加故事,意思中须再加意思。"汪琬不觉爽然自失。[52]谦益这两句话,其实是说通过"獭祭"式的用典,使诗意格外深婉而已。但钱诗决不晦涩,也不朦胧。尽管他"于声句之外,颇寓比物托兴之旨,廋辞谚语,往往有之",却"一一为足下(指钱曾)拈出","发皇心曲,以俟百世"。[53]清末的谢章铤说谦益:"读书万卷得精神,酝酿英华不患贫。肯学后来搜隐僻,一生狐穴作诗人。"[54]完全正确,他完全不像后来的浙派及樊增祥等专搜僻典以自炫。这是由于他写诗是为了"轩翥风雅",自然不需要晦涩、朦胧。

他的诗论,是他的诗创作的经验总结,又是他后此诗创作的指导。他的诗论强调:"真诗"是"奇遇"和"深情"的产物。他的全部诗作完全印证了这一点。在明末,面对内忧外患,他本来都提出了自以为行之有效的对策,渴望见之事功。不料从万历经天启到崇祯,所如皆不合。尤其是崇祯,他本来寄以很大希望,结果却失望得更大。这种失望,就是"奇遇",所谓"身世偪侧时命连蹇之会",和他忧国忧民的"深情"撞击,自会产生出"真诗"来。特别可贵的是,这种"真",不但指诗的感情真挚,而且反映出诗人的认识正确。这种正确认识正是真挚感情的坚实基础。

以内忧说,他对闯、献义军公然表示同情。他认为农民起义的原因是:"割剥缘肌尽,诛求到骨齐",所以"相将持棓梃,只似把锄犁"。明明"潢池皆赤子",官军却"还与僇鲸鲵",结果是"堑沟填老弱,竿槊贯婴儿。血并流为谷,尸分踏作溪。残膏腥灶井,枯鹹挂棠梨。处处悬人腊,家家占鬼妻"。诗人痛心地指出:"穴颈同蒿艾,刳肠见草稊",就是说,被屠杀的都是吃草根树皮的饥民!然而官军竟还炫耀自己的武功,却不想"京观即黔黎"。[55]正因为他对官逼民反的道理有清醒的认识,所以为民请命之作屡见不一。他叹息:"民劳思小康,财尽歌《大东》。"[56]对"天启甲子六月,河决彭城,居民漂溺者数万",更不胜感慨。[57]崇祯十年,他被朝命囚系,渡淮而北,"赤地千里,身虽罪人,不忘吁嗟闵雨之思"[58]。过宿迁时,慨叹"野集烟稀知馨尽,春田兆坼见龟焦"[59]。登泰山时,他听说"金钱佐军储,羡馀润私室",自己这"茕茕虮虱臣,独为苍生泣"[60]。江苏巡抚张国维调任进京,他赠诗劝张"少陈南服疮痍状"[61]。

从他对劳动人民的同情,特别是"割剥缘肌尽"两句,可以看出他对杜诗实质的继承。我们不要以为这种清醒认识是容易获得的。曾骂谦益之文"其秽在骨"的方苞公然宣称:自战国至元、明,"薄人纪,悖礼义,安之若固然。人之道既无以自别于禽兽,而为天所绝,故不复以人道待之,草薙禽狝,而莫之悯痛也。……而大乱之兴,必在政法与礼俗尽失之后。盖人之道几无以自立,非芟夷荡涤,不可以更新"[62]。这就是说,农民起义是违反封建政法与礼俗的禽兽行为,统治者的大屠杀不过是"草薙禽狝",不但不必"悯痛",而且应该欢呼,因为这种"芟夷荡涤","更新"了世道,换来了太平。把这两种认识一加对比,我们可以领悟到一条真理:以杜甫为代表的诗歌传统,确实具有鲜明的人民性。缺少这种人民性,所谓学杜,只是皮毛而已。

以外患说,他对建州(满清贵族)的入侵,始终洋溢着爱国主义的义愤与激情。这种真挚的感情,同样植根于他的正确认识:坚决主张抗战,反对和议。因此,对于力主抗清的孙承宗,他称叹:"心因忧国浑如醉,鬓为论兵半有霜。"[63]特别歌颂他的反对和议:"闻道边庭饶魏绛,早悬金石赏和戎。"自注:"时武陵(指杨嗣昌)及辽抚方议讲款奴,公酒间拍案叹息。"[64]最能反映他这一正确认识和强烈的爱憎感情的,是《雪中杨伯祥馆丈廷麟过访山堂,即事赠别》。这首七古是一篇诗史,它歌颂了卢象升的壮烈牺牲、杨廷麟的英勇刚直,也揭露了崇祯帝和杨嗣昌等的卑怯无耻。[65]其他如"杀尽羯奴如杀草"的老僧[66]、坚决抗清而赍志以殁的茅止生[67],他都高度赞美。

对于同样主张抗清却靠幻想谋取胜利的人,他予以正确引导。如友人王司马"欲购解飞人杀虏",他就举《汉书·王莽传》为答。[68]《王莽传》载:"匈奴寇边甚",莽"博募有奇技术可以攻匈奴者","或言能飞,一日千里,可窥匈奴。莽辄试之,取大鸟翮为两翼,头与身皆著毛,通引环纽,飞数百步,堕"。谦益举此,说明要解除边患,重在政治清明,将帅得人,士卒用命,决不能靠幻想。因而他特别重视将才。友人夏生在拂水山庄为他建造了一座高台,他激赏其将才,希望他能带兵去抗击入侵之敌:"君不见东方羯奴蹰畿辅,去年血溅芦沟桥,今年尘暗平滦土。朝廷将吏尽贾竖,天子拊髀思文武。夏生夏生吾惜汝,投石驭众气如虎,何不置之遵(遵化)永(永平)间,付以长绳缚骄虏?"[69]

至于他自己,简直随事兴感。由于清河失守,人参没有来源,于是"忧心自煎熬,服食转憔悴"[70]。身陷刑部狱,看见洮河石砚,便想起"白山小奴游魂久,传烽渐近登津口"[71]。想起"逆虏吞并高丽,夺我属国,中朝置之不问",他即使身陷囹圄,仍然无限忧愤。[72]虽然在野,仍为外患而不能眠:"野老心终恨虏骄,扶藜咄咄步中宵。"[73]尽管身遭废弃,仍然一心忧国:"谁使犬羊蟠汉地?忍同戎羯戴唐天!"[74]最痛苦的是杀敌无门。就在他五十九岁和柳如是结合时,还写出这样的诗篇:"东虏游魂三十年,老夫双鬓更皤然。追思觥酒论兵日,恰是凉风细雨前。埋没英雄芳草地,耗磨岁序夕阳天。洞房清夜秋灯里,共检庄周《说剑》篇。"[75]这正反映了无路请缨的痛苦。另外,由此诗也可看出钱、柳都有强烈的爱国思想,入清后,他们共同从事反清复明的秘密活动,并非偶然。他认为自己主持军务,必能平定辽左。这是否书生的大言无实呢?不,他确实有其谋略。仅就诗中所说,可以看出两点。一为伐交:"自古论兵贵伐交,出奇左掖捣奴巢。"[76]二为楼船策:"东征傥用楼船策,先与东风醉一卮。"[77]

这"楼船策"具体见于《初学集》卷二十《元日杂题长句八首》之四:"东略舟师岛屿纡,中朝可许握兵符?楼船捣穴真奇事,击楫中流亦壮夫。弓渡绿江驱濊貊,鞭投黑水驾天吴。剧怜韦相无才思,省壁愁看厓海图。"自注:"沈中翰上疏,请余开府登莱,以肄水师。疏甫入而奴至,事亦中格。"尽管自己不得朝廷任用,而一听到前线捷报,仍然不禁狂喜:"老熊当道踞津门,一旅师如万骑屯。矢贯貛貐成死狗,槛收牛鹿比孤豚。悬头少吐中华气,劈面全褫羯房魂。岁酒盈觞清不饮,为君狂喜重开尊。"自注:"吴中流闻大冯君镇天津,殪酋子,擒一牛鹿,喜而志之。"[78]牛鹿,即牛录章京,满清兵制中统率三百人之长。

后期诗编在《有学集》和《投笔集》中,内容可以概括为四个方面:悼念亡明,力图恢复,两遭囚系,指斥新朝。

整个这段时间,更如其诗论所说的:"深情蓄积于内,奇遇薄射于外。"降清而不被信任,未受重用,干脆称疾驰归;瞿式耜、郑成功,都以师生关系,潜与交通;又参与黄毓祺的反清密谋以致下狱;还策反清朝的金华总兵(管辖金、衢、严、处四府军事)。所有这一切,使他的遭遇和激情互为因果:遭遇越奇,激情越重;激情越重,遭遇越奇。他就是这样"击发于境风识浪奔昏交凑之时世"而写出他后期的全部诗作。他有过多次胜利的喜悦,但也感受到无限失败的哀痛。哀痛的顶点曾促使他走向空门,归心禅悦。然而他始终没有失望,因而他强烈反对宋遗民诗。晚年他还表示:"独不喜观西台、瞽井诸公之诗,如幽独,若鬼语,无生人之气,使人意尽不欢。"他严正地指出:"今日为诗文者,尚当激昂蹈厉,与天宝、元和相上下。"[79]为什么提出天宝、元和?原来他早年说过:"天宝有戎羯之祸,而少陵之诗出;元和有淮蔡之乱,而昌黎之诗出。说者谓宣孝、章武中兴之盛,杜、韩之诗,实为鼓吹。"[80]谦益认为宋终亡于元,明则决不会亡于清,因而他反对像谢翱、郑思肖那样写诗,而号召大家像杜甫、韩愈那样写出"天地之元气","挽回运数"。他以刘秀、刘备为喻,正是寄望于南明政权能完成光复旧物的历史任务。

这样的创作思想,使他在写诗时,"不沿浮声,不堕鬼窟"。他的诗洋溢着真情实感,当然不像明七子那样只从格调上摹仿盛唐;他的诗所表现的情感都是有关天下大计的,当然不是竟陵派那样用诗抒发个人的幽情孤绪。他的诗以学杜为主,但又不仅仅范围在杜诗内。即如他最擅长的七律,既有少陵的沉郁苍凉,又有义山的典丽蕴藉。如《有学集》卷五《路易公安卿置酒包山官舍,即席有作,二首》之一:"绿酒红灯簇纸屏,临觞三叹话晨星。刊章一老馀头白,抗疏千秋托汗青。龙起苍梧怀羽翼,鹤归华表贮仪型。撑肠块垒须申写,放箸扪胸拉汝听。"题中"易公"应为"长公",形近致讹。路泽溥,字安卿,是路振飞的长子。唐王即位福州后,振飞任吏部尚书,兼兵部尚书,文渊阁大学士。明亡后,泽溥移家太湖东山(即题中"包山")。此诗首句写"置酒"。次句写怀旧:故人寥落,已若晨星。三、四句写崇祯八年,振飞巡按苏、松,常熟人张汉儒告讦乡官钱谦益、瞿式耜贪状,振飞上奏,言钱、瞿无罪。帝怒,谪振飞为河南按察司检校。"刊章一老",谦益自指,因瞿早已牺牲。"馀头白",言己虽独存,今亦已老。然振飞之"抗疏"则可千秋不朽,永为信史。第五句写唐王即位后招致振飞。第六句言振飞虽殁,仪型永在。最后两句回应一、二句,而包括反清复明的筹划,以求完成其先人(振飞)未竟之志。此诗所体现的感慨,格外深沉。谦益对路振飞的怀念,不仅出于私恩,而且由于国难,特别是要完成振飞未竟之志,所以"撑肠块垒"四字极有份量,决非泛写。这种地方最可以看出"沉郁"和"蕴藉"。

至于学义山的"隐谜连比",则《有学集》中如《观棋六绝句》、《后观棋六绝句》(卷一);《京口观棋六绝句》(卷四);《武林观棋六绝句》(卷五);《后观棋六绝句》(卷十二)皆是。谦益在寄瞿式耜手书中,曾说:"人之当局,如弈棋然。楸枰小技,可以喻大。在今日有全着,有要着,有急着。善弈者视势之所急而善救之。今之急着,即要着也。今之要着,即全着也。"[81]诗中他自称"渭津老子解论兵"[82],说是"四句乘除老僧在,看他门外水西流"[83],听从他的建议,就可挽回颓势。对这一点,他非常自信:"传语八公闲草木,谢公无事但围棋",一定可像谢安那样使"小儿辈""破贼"。[84]所有观棋诗,都用下棋的典故,而又联系战事,特别是华夷之事与恢复之事,把诗写得若即若离,如"纱帽褒衣揖汉官","也如司隶旧衣冠",[85]"金山战罢鼓桴停,传酒争夸金凤瓶"[86]。

谦益学韩,主要在胸次高朗;学卢仝,重在一"奇"字,而尤重其穷居能忧天下。谦益是从这种精神实质上学两人的雄放纍兀的。如卷十二《寒夜记梦,题昆铜土音诗稿》:"烂熳一束纸,墨淡字半刓。摩挲不辨文与字,胥脂肺肾互郁盘。无乃是苌弘之血、弘演之肝?行间悉窣手牵掣,口哦不断百怪攒。阴火吹风扑灯烛,鬼车载鬼嚎檐端。须臾神鬼怒交斗,朱旗闪烁朱轮殿。相柳食山腥未慭,刑天争神舞不闲。天吴罔两助声势,海水蠢立地轴掀。孤灯明灭胸撞击,抚枕忽漫升天关。天门诀荡帝肃穆,寥阳侍晨仍旧班。有夫披发叫无辜,撼闉摇动仓琅镮。帝心殊悯恻,慰劳涕泪潸。趣令浴堂具汤沐,被以霞帔加星冠。湔被颈上血,浇沃径寸丹。日宫天子命收取,化为日中阳乌赤色鸾。绰约彼三姬,参差泪汍澜。花愁雨泣不忍睹,冰心玉节谁犯干?蕊珠宫中传册命,云衣雾縠非绮纨。命从湘君夫人享秩祀,锡以湘竹之节声珊珊。俄闻六丁召神官,四王八部齐登坛。日矛前驱,天驷后奔。电光射目睫,霹雳穿耳根。迷离眩晕揩睡眼,雷车犹掉云旗翻。掀帘惝恍已亭午,白日正照红栏杆。"这是他读了瞿式耜的诗文集《虞山集》以后写的。所谓"昆铜",喻指瞿为西南的擎天柱。"土音",关合虞山(桂林和常熟都有虞山,见卷四《哭稼轩留守相公一百十韵》"故垅虞山似"句下自注)。他以"西台"指谢翱,以"昝井"指郑思肖,与此正同。从内容看,此诗显然是写对《浩气吟》的读后感。《浩气吟》是瞿式耜在桂林失守被清兵俘囚后,和同囚的张同敞在狱中唱和之作。这部分诗表现了双忠的劲节,其中《自入囚中,频梦牧师,周旋缱绻,倍于平时,诗以志感》一诗,尤其和他"胸撞击",因而他运用了韩、卢的雄放鼻兀风格,放纵自己奇幻的浪漫主义的想象力,创作出这么一首七古,来抒发内心的悲愤感情。

在宋人方面,他主要学苏轼和陆游的踔厉顿挫、沉郁苍老,而又风神散朗,意度萧闲,时或鲜妍清切。如《有客》:"有客雄谭抵夕曛,又看银烛刻三分。君才如海真难敌,我病如喑了不闻。有口未缄只可饮,此身已隐更何云?山堂近有三章约:邸报除书骂鬼文。"⑰

他还学元好问的顿挫钩锁,缠绵恻怆,极其哀怨。如《送林枋孝廉归闽葬亲,绝句四首》之一:"寝苦挥戈十六年,麻衣如雪向闽天。松楸禾黍千行泪,并洒西风哭杜鹃。"⑱"寝苦",写丧亲,"挥戈",写救国。"麻衣如雪"、"松楸"承"寝苦";"向闽天"、"禾黍"承"挥戈"。"千行泪"、"并洒"总承上两层意思,而"西风哭杜鹃"又总中分含"丧亲"和"救国"两层意思。这就是"顿挫钩锁"。这种严密的结构和感情上的"缠绵恻怆"是交相为用的。

总之,钱诗以学杜为主,而出入于中晚及宋元,以求诗作的浑融流丽。"浑融流丽",这正是钱诗的独创风格。徐缄答复谦益论文书说得好:"真能为大家者莫如先生,然先生之文不类大家。此无他,真者内有馀故不求类,赝者内不足故求类也。"[89]品评谦益之诗亦当作如是观。他强调"真情",并不需要只从字面上、音节上去模仿古人。

还应注意的是,他的诗中,宋调颇多,以《初学集》为例,如:"谁人解唱公无渡,对此真令我欲愁。"[90]"万事未曾惟有死,此生自断岂由天?"[91]"无多酎我终须醉,时一中之颇近真。"[92]"纷纷岂止容卿辈,碌碌何须笑乃公。"[93]"吾道非欤何至此?臣今老矣不如人。"[94]"将子能来如暮雪,与君俱到有春风。"[95]"谢客且为无事饮,过江聊作有情痴。"[96]以上都是颔联和颈联。也有首联为宋调者,如:"江东渭北相望处,一雁南来见汝情。"[97]至于句式全似放翁者,如"心如乳燕初辞社,身似飞蓬乍转科。"[98]"心如抱杵频舂碓,身似投骁未入壶。"[99]另外还喜作如下句式:"憔悴移时枯树赋,凄凉绕屋北风图。"[100]"初日芙蓉谢康乐,月中杨柳孟襄阳。"[101]都是苏、陆句式。由此可以看出谦益学宋,是学苏轼和陆游,而不是黄庭坚、陈师道,更不是"尚理而病于意兴"[102]的《击壤集》之类。特别值得注意的是,他学苏的豪迈秀逸,而去其生硬空泛。"东坡长于行气,短于炼韵,故七律每走而不守。"[103]谦益学其"行气"之豪迈,加意炼韵,融合陆游七律的清新圆润,加之以沉郁深婉,形成自己的"情真而体婉,力厚而思雄,音雅而节和,味隆而色丽"[104]的特色。

后代论者都极推重谦益的七律,即使王兰修指责他"古诗多不入格,近体亦少完篇",也不能不承认"惟律句典丽悲凉,一空作者,自足成家"[105]。今人钱仲联更认为"有清一代诗人,工七律者,殆无过牧斋"[106]。

(四) 影响

清人郑则厚曾说:"虞山学问渊博,浩无涯涘。其诗博大闳肆,鲸铿春丽,一以少陵为宗,而出入于昌黎、香山、眉山、剑南以博其趣,于北地、信阳、王、李、锺、谭诸作者,尤排击不遗馀力。萍浮草靡之徒,始稍稍旋其面目。本朝诗人辈出,要无能出其范围。"[107]

为什么有清一代诗人都"无能出其范围"?我们从宏观角度看,唐诗主言情,宋诗主说理,元、明反宋宗唐,却失之于纤弱与模仿。清人惩元、明之失,而取唐、宋之长,形成自己的诗风。其特点是:坚持"诗缘情"的原则,即使说理,亦带情韵以行。而在这点上,谦益恰好起了承先启后的作用。和顾炎武相比较,顾偏于学人之诗,钱则总学人之诗与诗人之诗而为一。清代二百六十八年中,诗人辈出,流派纷繁,即使宗唐派,也不仅表现为诗人之诗,而是同时表现出深厚的学力,即使宗宋派,也不仅表现为学人之诗,而是同时表现出悠长的情韵。这一诗风实在由谦益开其端。所以说,"诗人辈出,要无能出其范围"。

至于他的抗清之作如《投笔集》,那更是给辛亥革命的爆发,事先起了强大的宣传鼓动作用。柳亚子说得好:"及去秋武昌发难,沪上亦义军特起。余为寓公斯土,方闭户吟虞山《秋兴》诸诗,以当铙吹。"[108]

三　冯舒与冯班

谦益一生里居时多,又习染明末结社集会风气,加之性喜奖掖后进,因而常熟一带青年文人以他为中心,在诗法方面受其影响者颇多。据说他"晚岁里居,每集邑中少俊于半野堂,授简赋诗,次其甲乙"[109]。这种方式自然更易扩大其诗法的影响,为虞山派造就更多的后起之秀。如瞿元宪就是"为诗宗法东涧"[110]的。

但由于谦益"于古人诗极推元裕之,于今人诗极推程孟阳"[111],因而就在当时,就在虞山派中,也引起了不同的反响。沈德潜曾指出:乾隆年间,反对谦益的人,说他"澌灭唐风"[112]。其实就在清初,晚年的谦益也已看到这种态势,并已深致不满:"今称诗之病有二,曰好奇,曰好艳。"所谓"好艳",就是指二冯(冯舒和冯班),尤其是冯班这一派而言。他指责这一派诗人"猎《玉台》、香奁以为艳"。又说他们学义山,却并不知义山之艳如"古之美人,肌肉皆香"。他嘲笑说:"刘季和有香癖,熏身遍体。张坦斥之曰:'俗!'今之学义山者,其不为季和之熏身者鲜矣,而况不能如季和者乎?"[113]但是,谦益并不能挽回这种风尚。虞山派诗人,谦益以下,分为两支:一支是钱陆灿,一支是冯班。钱陆灿"生平多客金陵、毗陵间,且时文古文兼工,不专以诗名也,故邑中学诗者,宗定远为多"[114]。

现在介绍二冯。

冯舒,字己苍,号默庵,常熟人。"平生抗直,遇事敢为,不避权势,小人嫉之如仇"。崇祯十年,钱谦益、瞿式耜被"奸民张汉儒诬讦,舒委曲营救。汉儒党陈履谦审舒名于捕檄中,遂并逮舒下锦衣狱,移刑部。讼系经冬,诵读不辍。会汉儒等败,舒乃得释归里"[115]。"年四十,谢去诸生,与弟班并自为冯氏一家之学,吴中称二冯。尤专力于诗,宾筵客座,持论辄断断不休。凡当世所推尚若前后七子,悉受掊击。嘉定程嘉燧,时目为诗老(谦益尊为松圆诗老),而舒涂抹其集几尽"[116]。"邑中漕粮诸弊,惟舒洞悉其详,思舒民困。顺治初,屡上书争之邑令。时邑令瞿四达性贪酷,憾甚"[117]。"会己苍集邑中亡友数十人诗为《怀旧集》,自序书太岁丁亥,不列本朝国号年号。又压卷载顾云鸿《昭君怨》诗,有'胡儿尽向琵琶醉,不识弦中是汉音'之句;卷末载徐风《自题小像》诗,有'作得衣裳谁是主,空将歌舞受人怜'之句:语涉讥谤。瞿用此下己苍于狱,未几死,盖嘱狱吏杀之也"[118]。死时约为顺治五年,卒年五十有七。[119] 著有《默庵遗稿》。

冯班,字定远,号钝吟居士。舒弟。少为诸生,不遇,遂弃去,发愤读书,专攻诗学。"其诗沉酣六代,出入温、李、小杜之间。其论诗,谓王(世贞)、李(攀龙)死拟盛唐,戒不读唐以后书,诗道由是大坏。爱穷流溯源,自三百篇以下,一一考其根柢,明其变化。又尝与兄舒评点《才调集》,以国初风氧矫太仓(王世贞)、历城(李攀龙)之习,竞尚宋诗,遂藉以排斥江西,尊崇崑体。又著《严氏纠谬》,辨《沧浪诗话》之非"[120]。"其为人落拓自喜,意所不可,掉臂去之。胸有所得,曼声长吟,经行市中,履陷于淖,衣裂其幅,如无见一人者。当其被酒无聊,郁郁愤懑,辄就座中恸哭,人亦不知其何以。班行第二,时称为二痴,班亦即以自号"[121]。康熙十年卒,年六十八。著有《冯氏小集》、《钝吟诗文稿》、《钝吟杂录》。"赵执信于近代文家少许可者,见班所著,独折服,至具衣冠拜之。尝谒其墓,写'私淑门人'刺焚冢前。其为名流所倾仰类此"[122]。

二冯和谦益最大的分歧,是宗法晚唐而鄙薄宋人;其同处则是一致反对明七子的仿古之风。王士禛曾说:"冯班著《钝吟杂录》,訾謷王、李,不过拾某宗伯(指钱谦益)牙后慧耳!"[123]另外,一致反对江西诗派。"方虚谷《律髓》一书,颇推江西派,冯己苍极驳之,于黄(庭坚)、陈(师道)之作,涂抹几尽。其说谓西江之体,大略如农夫之指掌,驴夫之脚跟,本臭硬可憎也,而曰强健"[124]。

在二冯中,也是同中有异。其同处是"皆以晚唐为宗,由温、李以上溯齐、梁,故《才调集》外,又有《玉台新咏》评本,盖其渊源在二书也"[125]。其异处则"冯己苍批《才调集》,颇斤斤于起承转合之法"⁽¹²⁶⁾，"而班之论诗，则欲化去起承转合定法"⁽¹²⁷⁾。另外，二冯近体皆宗晚唐，古风则已苍才气视定远差纵逸。⁽¹²⁸⁾冯班近体，邓之诚盛称其"字字锤炼，无一浅率语，置之中晚人集中，几无可辨。功候深纯，一时无二，盖矫七子、锺、谭之穷，而不堕宋之直率者也"⁽¹²⁹⁾。这一点，其实和谦益诗法相同。其所以如此，就因为冯班诗法是受自谦益的。

但后人对二冯的诗论和创作，也有表示异议的。如同时钱陆灿就很不满意二冯以《玉台新咏》和《才调集》教人作诗，他序王露湑诗说："徐陵、韦縠守一先生之言，虞山之诗季世矣！"又序钱玉友诗说："学于宗伯（指谦益）之门者，以妖冶为温柔，以堆砌为敦厚"，都是指冯班这一派的。⁽¹³⁰⁾王应奎也说："《才调集》一书，系韦縠所选。韦官于蜀，而蜀僻在一隅，典籍未备，此必就蜀中所有之诗为之诠次者。自冯己苍兄弟加以批点，后人取而刻之，而此书盛行于世。后学作诗，以为始基，汩没灵台，蔽锢识藏，近俗近腐，大率由此。"⁽¹³¹⁾朱炎说："从二冯所批《才调集》入手者，多学晚唐纤丽一派，或失之浮。"⁽¹³²⁾王应奎对二冯完全否定《沧浪诗话》也不赞成，他说："严沧浪诗话一书，有冯氏为之纠缪而疵病尽见，即起沧浪于九原，恐亦无以自解也。然拈'妙悟'二字，实为千古独辟之论，冯氏并此而诋之，过矣！……诗不到此（指妙悟），虽博极群书，终非自得之境，其能有句皆活乎？其能无机不灵乎？"⁽¹³³⁾何焯也不同意冯舒斤斤于起承转合，认为"若著四字在胸中，便看不得大历以前诗"⁽¹³⁴⁾。杭世骏更指责："固哉冯叟之言诗也！承转开合，提唱不已，乃村夫子长技，缘情绮靡，宁或在斯？"他还不满二冯右西昆而黜西江，认为"夫西昆沿于晚唐，西江盛于南宋。今将禁晋魏之不为齐梁，禁齐梁之不为开元、大历，此必不得之数。风会流转，人声因之。合三千年之人为一朝之诗，有是乎？二冯可谓能持诗之正，未可谓遂尽其变者也。"并指出冯班的诗:"《钝吟小集》诸刻,庶几冬郎语乎,李、杜之光焰,韩、孟之崛奇,概乎未有闻焉。"[135]

杭世骏指责二冯不能尽诗之变,这正是二冯和谦益的最大不同。谦益曾说:"古人诗,暮年必大进。""欲求进,必自能变始,不变则不能进。"[136]谦益所谓"变",既指学古而能变其面貌,也指兼取众长而不暖姝于一家或一代。所以王应奎说:"某宗伯(指谦益)诗法受之于程孟阳,而授之于冯定远。两家(指程、冯)才气颇小,笔亦未甚爽健,纤佻之处,亦间有之,未能如宗伯之雄厚博大也。"[137]这里的关键就在于谦益能博取唐、宋、元诸家之长,而冯班仅以晚唐为主,尽管他也曾说:"钱宗伯教人作诗,惟要识变。余得此论,自是读古人诗,更无所疑。读破万卷,则知变矣。"[138]但是,他却只在昆休圈子里转。

但是二冯这样持论也不是偶然的,这正是诗歌发展规律的体现。晚唐诗主要是由中唐诗的功利主义倾向,转向诗人的内心世界,追求纤美幽婉的情韵。其所以如此,则由于诗人对社会现实已经绝望,只能转向自己狭小的感情生活里,仔细咀嚼人生的苦味。因此,晚唐诗的总体特色是悲剧美。南宋后期出现"四灵",他们学晚唐的贾岛、姚合,反对江西派的艰涩生硬,而"以清虚便利之调行之"[139],原因也是感到当时社会政治的黑暗,感情备受压抑,却又无力反抗,于是缩回内心,用清寒幽深的小诗来安抚深受创伤的灵魂。不过他们或为布衣,或为下吏,穷苦终身,所以耽爱贾、姚。二冯以至虞山派诗人,则主要学晚唐的温、李,主要是李商隐,"时复溯源六代,胎息齐梁"[140],其原因也正是明末社会政治的黑暗,使这群诗人感到前途渺茫;满族统治者入关后,这群诗人对汉族政权的沦丧,更感到无力挽回,于是只有向内转,力求以含蓄的笔调写自己的哀伤。尤其在冯舒横死后,冯班更不得不学李商隐的"纡曲其指,诞谩其辞"[141]。

吴乔曾指出："唐人诗妙处,在于不著议论,而含蓄无穷,近日惟常熟冯定远诗有之。其诗云:'禾黍离离天阙高,空城寂寞见回潮。当时最忆姚斯道,曾对青山咏六朝。'金陵、北平事尽在其中。又有云:'隔岸吹唇日沸天,羽书惟道欲投鞭。八公山色还苍翠,虚对围棋忆谢玄。'马、阮、四镇事尽在其中。又有云:'席卷中原更向吴,小朝廷又作降俘。不为宰相真闲事,留得丹青夜宴图。'以韩熙载寓刺时相也。又有云:'王气消沉三百年,难将人事尽凭天。石头形势分明在,不遇英雄自枉然。'以孙仲谋寓亡国之戚也。所谓不著议论声色而含蓄无穷者也。"⑭

一般说,二冯原是血性男子,尤其是冯舒,"古风才气视定远差纵逸",如其《过尧山》,前极写人言山峰突兀,魑魅强梁之可畏,后却写亲身经历,险阻无多,忧危冰释。从而得出结论:"始信人言不足凭,直道自应无险厄。丈夫但保坦荡心,地阔天空未忧窄。"这反映了他的开朗性格和广阔胸怀。明亡入清后,他敢于写出故国之思:"眼暗怕看新换历,镜清惭负旧时巾。"(《丙戌除夜,是夕立春》)丙戌是顺治三年。"梦里山川存故国,劫馀门巷失比邻。"(《丙戌岁朝》)甚至在《雪夜归村中即事》中直斥"北兵"是"杀人不啻屠牺牲",又说:"吾闻北人耐寒冷,旃裘惯与冰霜争。天公意或骄此虏,故借深雪添狰狞。"这样写诗,简直和《有学集》、《投笔集》一样大胆。特别可贵的是《吴侬叹》,非常形象地写出官吏对农民的残酷压榨,最后指出:"民以食为天,君足民所与。民穷至于斯,托国将何所?莫恃弓矢威,须忧天意去。天意亦昭昭,斯民忍终苦?"这指出了官逼民反的真理。他也曾企图避世:"高摘白云供笑傲,倒骑青牸恣颠狂。"但那其实是对满族统治者的不合作。像这种人,他终于为民请命而牺牲,也就不足怪了。冯班起初也作过《猛虎行》,直斥"天胡恩此物而俾之食肉,不见泰山之下妇人哭?"也充满亡国之痛,如《感事》:"谁致倒戈攻铁瓮,更闻降孽掠芜城。"《江南曲》借六朝的兴亡喻弘光政权的覆灭。《临桂伯墓下》云:"马鬣悠悠宿草新,贤人闻道作明神。昭君恨气苌弘血,带露和烟又一春。"张维屏盛赞其"苍凉之意,出以绮丽之词,是谓才人之笔"[143]。其实此诗后二句是说瞿式耜的壮烈牺牲,必将唤起更多的民族志士去进行抗清复明的斗争,不仅仅是苍凉之意而已。赵执信称其诗"原本《诗》、《骚》,务裨风教"[144];王应奎亦称其"为诗律细旨深,务裨风教"[145],这些"风教"都指民族大义而言。

在冯班的影响下,常熟一带涌现了许多诗人,形成名传遐迩的虞山诗派。

但是这一派也和晚唐与四灵一样存在着缺点:取径狭,才力小。钱良择曾说:"吾虞从事斯道者,奉定远为金科玉律,此固诗家正法眼、学者指南车也。然舍而弗由,则入魔境;守而不化,又成毒药。"[146]王应奎指出:"轻俊之徒,巧而近纤,此又学冯而失之。"[147]今人钱仲联还谈到这一派的变化:"虞山诗派,自牧斋、二冯以来,宗法西崑,摘要熏香。末流之弊,太尚涂泽,文胜于质。近时如张丈璎隐、徐少逵、黄摩西、孙希孟诸家,皆学玉谿,无恙与予亦未能免此。"[148]

注 释

① 《已畦文集》卷九《三径草序》
② 谢章铤《赌棋山庄笔记·稗贩杂录一·纪张论文语》
③④ 冯武《二冯先生评阅〈才调集〉凡例》
⑤ 《读祖心〈再变纪〉漫述五十韵》
⑥ 《日知录》卷十九《文辞欺人》
⑦ 王士禛选《新安二布衣诗》卷首
⑧ 《有学集》卷十四

⑨　《初学集》卷七《饮酒七首》之五
⑩　《有学集》卷十二《赠归元恭八十二韵,戏效元恭体》
⑪　《有学集》卷三九《与族弟君鸿论求免庆寿诗文书》
⑫　《瞿式耜集》卷二
⑬　《白耷山人年谱》附《寅宾录"钱牧斋帖"》
⑭　《太炎文录·訄书·别录甲》
⑮㉔　《窗鸡话滕》,见《汪旭初先生遗集》三
⑯　张继良《兰思读词偶识》
⑰　《清史列传·贰臣传乙·钱谦益传》
⑱　虞山丁氏钞藏《牧斋遗事》
⑲　《牧斋遗事》附
⑳　《海右陈人集》卷下
㉑　《鲒埼亭集》外编卷三一
㉒　《鲒埼亭集》卷三三
㉓　《忠雅堂诗集》卷十八
㉕　《初学集》卷三一《刘咸仲雪庵初稿序》
㉖　《初学集》卷三十二《虞山诗约序》
㉗　《有学集》卷十五
㉘　《有学集》卷十七
㉙㉚　《有学集》卷四十七
㉛　《初学集》卷三二《黄孝翼蟫窠集序》
㉜　《初学集》卷三三《瑞芝山房初集序》
㉝　《有学集》卷十七《季沧苇诗序》
㉞　《有学集》卷十八《李辅臣甲申诗序》
㉟　《有学集》卷十八《胡致果诗序》
㊱㊳　《列朝诗集小传·松圆诗老程嘉燧》
㊲㊶　《初学集》卷八三《书李文正公手书东祀录略卷后》
㊴　《镜川先生诗集序》
㊵　《初学集》卷八三《题怀麓堂诗钞》

㊷ 《有学集》卷三九《答山阴徐伯调书》

㊸(53) 《有学集》卷三九《复遵王书》

㊹ 《有学集》卷四九《读宋玉叔文集题辞》

㊺ 《空同集》卷五一《梅月先生诗序》

㊻ 计发《鱼计轩诗话》

㊼ 《初学集》卷一〇六《读杜小笺》上

㊽ 《初学集》卷三二《曾房仲诗序》

㊾ 《昭昧詹言》卷八第四条

㊿ 《有学集》卷三八《答徐巨源书》

(51)(141) 《有学集》卷十五《注李义山诗集序》

(52) 《柳南续笔》卷一

(54) 《赌棋山庄集·诗八·书杜诗笺注后》之二

(55) 《初学集》卷二《王师》

(56) 《初学集》卷一《发在平过高唐州》

(57) 卷二《河决彭城,方议改筑,赋诗一章》

(58) 卷十一《桑林诗集·前言》

(59) 卷十一《宿迁》

(60) 卷十一《四月十一日登岱,五十韵》

(61) 卷十六《张玉笥中丞枉别山堂,赋长句送之》

(62) 《望溪先生文集》卷三《原人》下

(63) 《初学集》卷十四《戊寅九月初三日奉谒少师高阳公于里第……》之二

(64) 同上之三

(65) 卷十六

(66) 卷十五《羽林老僧》

(67) 卷十七《茅止生挽词十首》

(68) 卷十二《赠路安孙道人诗》

(69) 卷九《戏为拂水筑台歌赠嘉定夏生华甫》

(70) 卷三《次韵答徐大于王谢饷参之作》

㉛ 卷十二《洮河石砚歌……》

㉜ 卷十二《狱中杂诗三十首》之十一自注

㉝ 卷九《野老》

㉞ 卷十五《岁暮杂怀八首》之八

㉟ 卷二十《秋夕燕誉堂话旧事有感》

㊱ 卷二《送刘编修鸿训颁诏朝鲜十首》之十

㊲ 卷二十《送程九屏领兵入卫二首。时有郎官欲上书,请余开府东海任捣剿之事,故次首及之》之二

㊳ 卷二十《元日杂题长句八首》之五

㊴ 《有学集》卷三八《答彭达生书》

㊵ 《初学集》卷三十《徐司寇画溪诗集序》

㊶ 《瞿式耜集》卷一《报中兴机会疏》

㊷ 卷一《观棋绝句六首》之四

㊸ 同上之六

㊹ 卷一《后观棋绝句六首》之六

㊺ 卷四《京口观棋六绝句》之四

㊻ 同上之六

㊼ 《初学集》卷十六

㊽ 《有学集》卷十一

㊾ 毛奇龄《西河合集·二友铭》

㊿ 《初学集》卷三《天启乙丑五月奉诏削籍南归……》之九

㉛ 《初学集》卷三《赠星士》

㉜ 卷四《顾炳秀才遗书索饮……》

㉝ 卷六《戊辰七月应诏赴阙,车中言怀十首》之三

㉞ 卷六《十一月初六月召对文华殿……》之六

㉟ 卷十五《立春日喜萧季公却回……》

㊱ 卷十五《岁暮杂怀八首》之二

㊲ 卷十五《九日寄华州郭胤伯》

㊳ 卷六《戊辰七月应诏赴阙……》之八

(99)(100) 卷十二《次韵刘敬仲〈寒夜〉六首》之一

(101) 卷二十《答嘉善夏雪子枉寄,兼订再过二首》之一

(102) 《沧浪诗话 · 诗评》

(103) 施补华《岘佣说诗》

(104) 金俊明《牧斋诗钞》题辞,见王士禛《感旧集》

(105) 《国朝诗品》

(106)(148) 《梦苕庵诗话》

(107) 《晚晴簃诗汇》卷十九引

(108) 《南社丛选 · 文选》卷九柳亚子《潘节士力田先生遗诗序》

(109)(145) 《海虞诗苑》

(110) 《虞山文人小传》

(111) 《柳南随笔》卷四

(112) 《清诗别裁集》卷一

(113) 《有学集》卷四八《题冯子永日草》

(114)(130) 《柳南随笔》卷五

(115)(117) 《清史列传 · 文苑传》附弟冯班传后

(116)(121) 《常昭合志》卷二十

(118)(137)(147) 《柳南随笔》卷一

(119)(129) 《清诗纪事初编》卷一

(120) 《清史列传 · 文苑传》本传

(122) 《清史稿》本传

(123) 《古夫于亭杂录》

(124) 《柳南随笔》卷三

(125)(127) 《四库全书总目》卷一八一《冯定远集》条下

(126)(134) 《柳南续笔》卷一

(128) 《晚晴簃诗话》

(131) 《柳南续笔》卷二

(132) 陆以湉《冷庐杂识》卷三《朱笠亭先生论诗》

(133)(146) 《柳南续笔》卷三

⑬⑤ 《榕城诗话》卷上
⑬⑥ 《有学集》卷三九《与方尔止》
⑬⑧ 《钝吟杂录》
⑬⑨ 全祖望《宋诗纪事序》
⑭⓪ 《晚晴簃诗话》
⑭② 《围炉诗话》卷二
⑭③ 《国朝诗人徵略》卷三
⑭④ 《饴山文集》卷二《钝吟集序》

第五章　娄东诗派

一　娄东诗派的兴起

当钱谦益给仿古的七子遗风以毁灭性打击并提倡宋诗时，立即激起了毛奇龄的坚决抗议："诗拟唐人，意在矫前人（指钱谦益）推重宋元之枉。"①这时，与毛同属浙江籍的"西泠十子"（陆圻、丁澎、柴绍炳、毛先舒、孙治、张丹、吴百朋、沈谦、虞黄昊），也在陈子龙所立登楼社的影响下，继续走明七子的老路。而在后七子领袖王世贞的故乡江苏太仓（古称娄东），也出现了紧守七子衣钵的"娄东十子"（周肇、王揆、许旭、黄与坚、王撰、王昊、王摅、王曜升、顾湄、王忭），与"西泠十子"遥相应和。

吴伟业是"娄东十子"的前辈，他和云间派主将陈子龙本为挚友，诗歌见解基本相同，不过后来持论逐渐转向钱谦益，创作也不墨守盛唐，而是出入白（居易）、陆（游），特别是从中唐的元、白长庆体入手，发展为长篇歌行的梅村体（亦称娄东体）。这种歌行，内容上主要描摹明清之际各阶层的人物情态、颇具影响的政治历史事件；形式上严格律，重铺叙，词句清丽，音节和婉。这种长诗表现出既委婉含蓄，又沉著痛快的艺术特色。"娄东十子"中有的人即深受其影响。但真正继承梅村体而有所成就的，是吴兆骞和陈维崧。其后则是杨芳灿、黄晟、陈文述、赵晋涵、奎林、章静宜。近代如樊增祥、王甲荣、薛绍徽、王闿运、王国维、张怀奇、饶智元、张鹏一、吴之英、周锺岳、孙景贤、金兆蕃、丁传靖、杨圻、曾广钧,亦皆受其影响,所作歌行,无不哀感顽艳。

娄东派的尊崇唐音,实为清代论诗宗唐的滥觞。

二　吴伟业

(一) 生平

吴伟业(1609—1671),字骏公,号梅村,江苏太仓人。明崇祯四年一甲二名进士,历官至南京国子监司业。南都福王立,召拜少詹事。以马士英与阮大铖当权,赴官两月即辞归。入清,杜门不出。顺治十年(1653),江南总督马国柱疏荐,有诏敦促赴京,授秘书院侍讲,转国子监祭酒。十四年,以继母丧南归,从此家居十四年,卒年六十三。有《梅村集》。

伟业尝自述其志行:"余好覼人物,持臧否,不能与时俯仰",但"坦怀期物,不立町畦,遇有急难,先人后己"[②]。这正是晚明南方士大夫聚众结社、标榜清议的共同性格。但入清后,"忧时感命,坎壈无聊生",终于和钱谦益一样"好佛",以此自忏自遣。而"口不识杯铛"[③],不能以酒浇愁,只有把一腔矛盾的思想感情,托之于吟咏。所以他遗命以僧服敛,题"诗人吴梅村之墓"。

伟业平生最为人诟病的是失节仕清。这一点,他自己也是极为矛盾、极为痛苦的。特别是想到自己的老师张溥、挚友陈子龙,他们的节义,使自己惶愧得无以自容。因而他对入清而不失节的黄观只充满艳羡之情:"西铭(指张溥)之有观只,中郎(指蔡邕)之于仲宣(指王粲)也;大樽(指陈子龙)之有观只,庐陵(指欧阳修)之于子瞻(指苏轼)也。两贤既没,友道沦亡,赖遗逸之尚存,庶微言之不坠。……余也少壮登朝,羁栖末路,犬马之齿,未填沟壑,获与观只称齐年。而困厄忧愁,头须尽白,其视观只逍遥乎网罗之外,蝉蜕乎尘壒之表,不啻醯鸡腐鼠仰睹黄鹄之翱翔寥廓也。"④特别是陈子龙,矢志抗清,临难不屈,成为凛然大节的民族英雄,更使伟业自恨其艰难一死。他曾这样回忆:"往者余偕志衍(伟业少时同学,亦姓吴,名继善,志衍其字,太仓人,崇祯进士,知成都县,工诗文,后为张献忠所杀)举于乡,同年中,云间彭燕又(名宾,江苏华亭人,崇祯三年举人,入清,官汝宁府推官,与夏允彝、陈子龙友善,而文章各成一格)、陈卧子(陈子龙,字卧子,号大樽,江苏华亭人,崇祯进士,官至兵科给事中。后事福王于南京,南都失,又受鲁王职,结太湖义兵欲起事抗清,事泄被执,投水死)以能诗名。卧子长余一岁,而燕又、志衍俱未二十。每置酒相与为欢,志衍偕燕又好少年蒲博之戏,浮白呼卢,歌呼绝叫。而卧子独据胡床,蓺巨烛,刻韵赋诗,中夜不肯休。两公者目笑之曰:'何自苦!'卧子慨然曰:'公等以岁月为可恃哉?吾每读终军、贾谊二传,辄绕床夜走,抚髀太息。吾辈年方隆盛,不于此时有所纪述,岂能待乔松之寿,垂金石之名哉?曹孟德不云乎:壮盛智慧,殊不吾来。公等奈何易视之也?'其后十馀岁,志衍不幸没于成都;卧子则以事殉节,其遗文卓荦,流布海内,不负所志。余与燕又偷活草间,又六、七年于此矣。……盖余年过四十,而发变齿落,志虽盛,而其气亦已衰矣。追念卧子畴昔之言,未尝不为之流涕也!"⑤

关于伟业的仕清原因,历来有两种说法。

一种是被逼说。伟业本人的诗、词、文多次反映了这一点。如《矾清湖》:"天意不我从,世网将人驱。亲朋尽追送,涕泣登征车。……一官受逼迫,万事堪欷歔。"《遣闷》云:"故人往日燔妻子,我因亲在何敢死?憔悴而今至于此,欲往从之愧青史。"《贺新郎·病中有感》:"故人慷慨多奇节,为当年沉吟不断,草间偷活。"他的门人顾湄也说:"本朝世祖章皇帝素闻其名,会荐剡交上,有司敦逼,先生控词再四,二亲流涕办严,摄使就道。"⑥郑方坤也说:"及入本朝,逼于征召,复有北山之移。"⑦李慈铭更指出:"其出也,以蒙复社党魁之名,杭人陆銮劾其有异志,故不得不应诏。"⑧陆銮事见杜登春《社事始末》:陆銮,杭人,借江上(指顺治十六年郑成功率师陷镇江攻南京事)以倾梅村而击两社(慎交社与复声社),上书告密,首及梅村,云系复社馀党,兴举社事,大会虎丘,将为社稷忧。发外审查,当事力雪之,置陆銮于法,士心始安。⑨按:陆銮告密在顺治十七年,而伟业应清廷征召在顺治十年,李慈铭所言不足为据。据王撰自订年谱云:"(顺治)十年上巳,吴中两社(慎交与同声)并兴,……大会于虎丘,奉梅村先生为宗主。……是秋九月,梅翁应召入都,实非本愿,而士论多窃议之,未能谅其心也。"⑩所谓"士论",据说伟业准备应召时,"三吴士大夫皆集虎丘会饯。忽有少年投一函,启之,得绝句云:'千人石上坐千人,一半清朝一半明。寄语娄中吴学士,两朝天子一朝臣。'举座为之默然。"⑪可见即使是被逼,也有很多人反对他应召。

另一种是求官说。生年略后于伟业的阮葵生,在其《茶馀客话》中说:"陈海昌之遴荐吴梅村祭酒至京,盖将虚左以待。比至,海昌已败,尽室迁谪塞外。梅村作《拙政园山茶歌》,感慨惋惜,盖有不能明言之情。"清末民初的刘声木说得更清楚:"吴梅村祭酒伟业,才华绮丽,冠绝千古。及其出仕国朝后,人怜其才,每多恕词,盖不知当时情形也。祭酒因海宁陈相国之遴所荐起,时在顺治十五年(应为十年)。当时相国独操政柄,援引至卿相极易。未荐之先,必有往来书札,虽不传于世,意其必以卿相相待,故祭酒欣然应诏,早已道路相传,公卿饯送。迨至祭酒已报行期,而相国得罪遣戍,欲中止则势有不能,故集中咏拙政园山茶以志感慨,园即相国产也。及其到京,政府诸公以其为江南老名士,时方延揽人才,欲不用,恐失众望,因其前明本官祭酒(应为司业),仍以祭酒官之,非祭酒所及料也。祭酒若早知其如此,必不肯出。世但知其为老母,而不知亦为妻少子幼(伟业于顺治十五年始生一子名暻,十年应召时尚无子,此云子幼,误),故偷生忍死,甘事二姓。人生一有系念,必不能以节烈称。祭酒所系念有四:官也,母也,妻也,子也,宜其不克以身殉义,得享令名。"⑫近人邓之诚明确指出:"顺治十年,陈名夏、陈之遴同为大学士柄政,与冯铨、刘正宗争权。名夏(与伟业为社盟旧人,而之遴与伟业儿女姻亲)思借伟业文采以结主知,因嘱江南总督马国柱具疏力荐伟业,敦促就道。阻其行者甚众,经年不能决,终于就道。比入都,补官宏文院侍讲,转国子监祭酒,仅委以修书,所谓虚相位以待者,竟无其事。"⑬清初的王曾祥有一段话很值得注意:"胜国之际,乾坤何等时乎？ 梅村甲申以前,无一忧危之辞见于毫牍。其出也,以陈海昌之援。既而陈以权败,遂置不任用。呜呼！天下之恶一也,陈父子(指陈祖苞与其子之遴)负贰于昔,而窃柄于今,他日沈阳之窜,不待智者而可决矣,又足附乎哉？或犹以病中一词(即"故人慷慨多奇节"之词)为原心之论。夫梅村惟不用也,斯沮丧无聊作此愧恨语耳;梅村而用,则阳和回斡(原注:梅村颂海宁语),梅村且有以自负矣。抑请发陵寝者为谁(此指陈之遴向清廷上条陈,请发掘明列祖陵墓,使朱明子孙不能复兴),独无一言相正乎？ 于旧君故国乎何有！"⑭这种评论,正如当代名记者黄裳所说:"是严酷的,但也不能不说是深刻的。"⑮乾隆时人荆如棠亦同此看法,他曾函靳荣藩(《吴诗集览》撰者)云:"梅村当胜国时,身负重名,位居清显。当改玉改步之际,纵不能与黄蕴生、陈卧子诸公致命遂志,若隐身岩谷,绝口不道世事,亦无不可。乃委蛇好爵,永贻口实,虽病中口占有'一钱不值'之语,悔之晚矣!"[16]所谓"委蛇好爵",即指陈之遴虚相位以待一事。王曾祥说伟业"于旧君故国乎何有",清初人都有这种看法。如魏惟度《梅村诗引》说:"先生诗篇流在天壤,近有摘而疵瑕之者,曰:'……某篇不为明人讳过,……'"[17]另如"王伯重作令江西,刻史可法幕客虞山周鹤朧所著《霜猿集》四卷,并题其后云:'如听哀猿啼晓霜,竟凝血泪渍成行。遗闻尽自宫中出,直笔无须井底藏。细写忧勤多史阙,极言灾害信天亡。长歌不解吴詹事,偏把明皇比烈皇!'自注:'梅村在明为少詹兼侍读,其诗动称天宝,可谓拟不于伦。牧翁咏南都云:'岂有庭花歌后阁,也无杯酒劝长星。'梅村则云:'尚言虚内主,广欲选良家。'是故国旧君之思,钱过于吴也。"[18]

这里和吴伟业形成鲜明对比的是阎尔梅。陈之遴伙同陈名夏,为了和冯铨等争权,形成"南北各亲其亲,各友其友"的局面[19],他们也曾拉阎尔梅出仕清朝,却被严辞拒绝。[20]阎氏不但峻拒二陈的拉拢,还函吴伟业,责其不该仕清。据鲁一同编《白耷山人年谱》癸巳十年(即顺治十年)下注:"孙氏心仿云:'按是年吴梅村应诏出,补祭酒。山人移书责之,见《蹈东集》。'"这样一对比,更可以看出吴伟业的骨头确实太软。

同样是贰臣,清高宗何以贬钱而褒吴?他特地"御制题吴梅村集",称之为"西崑幽思杜陵愁",自称"往复披寻未肯休",而题钱氏《初学集》,则斥之为"真堪覆酒瓮"。我看,原因不外三点:

第一点:钱的《初学集》、《有学集》和《投笔集》始终直斥清廷,而且钱氏本人一直参加反清复明的斗争。吴伟业的诗文集刻于清代,既无一语触犯新朝,对自己的失节也只一味自怨自艾。

第二点:钱讳明之恶,吴则显扬明之过。

第三点:吴诗另一注释者程穆衡说:"明末诗人,钱、吴并称,然钱有迥不及吴处。吴之独绝者,征词传事,篇无虚咏,诗史之目,殆曰庶几。夫安史煽凶,明、肃播越,非少陵一老,则唐代纪事称缺陷矣。况大盗移国(指李自成部队攻占北京),天王死社(指崇祯帝自缢于煤山),勇将收京(指吴三桂引清兵入关战败李自成部队,攻占北京),真人拨正(指清世祖称帝),以是为诗,题孰大焉?咏此不能,何用公(指伟业)为?……知此而《梅村集》之所系大矣,谓少陵后一人也,谁曰不宜?"㉑吴诗确以"诗史"面目起了美化清统治者的作用,难怪伟业的曾孙吴枋会在"御制题吴梅村集"后"恭记"如下的话:"伏念先臣遭逢圣世,毕生矻矻,唯以文章上报国恩,下垂来叶。"

可笑的是,清高宗虽然这样贬钱褒吴,但是,出于"教忠"的目的,最后还是把吴伟业摆在《贰臣传·乙》,和钱谦益同列。据乾隆四十三年二月上谕:"钱谦益素行不端,及明祚既移,率先归命,乃敢于诗文阴行诋谤,是谓进退无据,非复人类。若与洪承畴等同列《贰臣传》,不示差等,又何以昭彰瘅?钱谦益应列入乙编,俾斧钺凛然,合于《春秋》之义焉。"㉒可见在清统治者心目中,吴伟业同样"非复人类",连遗臭万年的大汉奸洪承畴也比不上,"更一钱不值何消说",吴伟业总算有自知之明,早就给自己一生作了鉴定了。

一个骨头软的诗人,是不可能写出真正的诗史的。吴诗刊刻于清初,其前明之作多所删改,所谓"慎之又慎"㉓。即反映明清之交的,如《避乱》第六首:"晓起哗兵至,戈船泊市桥。草草十数人,登岸沽村醪。结束虽非常,零落无弓刀。使气挝市翁,怒色殊无聊。不知何将军,到此贪逍遥?官军(指清兵)昔催租,下令严秋毫。尽道征夫苦,不惜耕人劳。江东今丧败,千

99

里空萧条。此地村人居,不足容旌旄。君见大敌勇,莫但惊吾曹。"靳、程笺注都不言本事,惟吴翌凤注谓"兵至"指陈墓之变,而于《矶清湖》序"陈墓之变"注中,引徐秉义《明末忠烈纪略》云:"大兵(指清兵)之苏州,乡兵四起,诸生陆世钥聚众百馀屯陈湖中。有十将官者,亦屯千人于左近。已而所部有被获下狱者,陈湖之师伏力士劫之,焚城楼,城中士兵多应之。"赵翼也指出:"按:此系顺治二年,太湖中明将黄蜚、吴之葵、鲁游击、吴江县吴日生、好汉周阿添、谭韦等纠合洞庭两山,同起乡兵,俱以白布缠腰为号,后入城围巡抚吐国宝,为国宝所败,散去。此事见《海角遗编》。(原注:福山人所著,不著姓名)"㉔吴翌凤和赵翼所说是一回事。顺治二年,江南抗清义师正在风起云涌,伟业此时正杜门不出,而在此诗中盛赞"官军"(即清兵)秋毫无犯,对义师则抱反对态度。《矶清湖》亦云:"世事有反覆,变乱兴须臾。草草十数人,盟歃起里闾。兔园一老生,自诡读穰苴。渔翁争坐席,有力为专诸。舴艋饰馀皇,蓑笠装犀渠。大笑掷钓竿,赤手搏于菟。欲夺夫差宫,坐拥专城居。"写的是同一件事,充满了嘲弄的口吻。这两首诗如果不是刊刻诗集时改作,而是原诗本来如此,那吴在仕清以前早就背弃了明室了。

过去人们盛称《圆圆曲》为诗史,伟业亦以此自负;说者尤艳称其不受吴三桂重赂而删改"痛哭六军俱缟素,冲冠一怒为红颜"二句。其实《圆圆曲》抹掉吴三桂出卖明室的汉奸罪行,以及清人乘乱夺取明朝天下的史实,只在"英雄儿女"的艳情上做文章,根本够不上"诗史"。证之以他阿谀另一大汉奸洪承畴的事,更可见他不会有直笔。据全祖望说:"洪承畴为秦督,其杀'贼'(指李自成等部队)多失实。盖既仕本朝,梅村辈谀之也。此惟梨洲先生尝言之,然予求其征而不得。今读陆太仆年谱,言其(指洪承畴)尾'贼'而不敢击'贼'。是谱出于甲申之前,可以见梨洲之言不诬。据太仆之子惠迪言:洪督待太仆甚不相能,太仆死事,其得恤者,由于巡按练国事之力,则洪督几掩其忠矣,是不可因梅村辈雷同之口而附和之也。"[25]洪承畴和吴三桂都是大汉奸,吴伟业对洪镇压农民部队的"战绩"可以虚夸,不求著为信史,对吴三桂叛国罪行自然也不会坚持实录精神。拒馈云云,不过是吴三桂叛清失败后,某些文人附会而成的。这种传说显示了人们对吴三桂的谴责,却不能据此断定吴伟业品格高尚。

(二) 诗学渊源

(1) 继承云间诗派而又有所发展

同治年间的朱彭年曾称:"妙年词赋黄门亚,复社云间孰继声?"[26]"黄门"指陈子龙,"复社云间"指复社与几社。复社为伟业之师张溥所创,而伟业被称为"十哲"之一。几社为陈子龙等所创。朱彭年这两句诗正指出陈(子龙)吴(伟业)并称,如王士禛所说:"(卧子)殆冠古之才,一时瑜亮,独有梅村耳!"[27]而伟业实在是继承复社与几社的文学传统的。云间诗派最大特点是走明七子的老路,伟业对这点特别称赏:"弇州先生(指王世贞)专主盛唐,力还大雅,其诗学之雄乎!云间诸子继弇州而作者也。……风雅一道,舍开元大历,其将谁归?"[28]他推尊云间诗派在当时诗坛上的宗主地位:"云间者,湖山之奥区,骚人雅士所奉为坛坫者也。"[29]"于是天下言诗者,辄首云间"[30]。他非常惋惜云间诗派的影响在日益消失:"云间固才薮,而诗特工。在先朝(指明朝)由经术取士,士之致身者,废风雅于弗讲,独云间坛坫声名擅海内,至今日零落尽矣!"[31]他分析了消失影响的原因:"云间之以诗闻天下也,三四君子(指陈子龙、宋徵舆、李雯等)实以力还大雅为己任。遭逢世故,投渊蹈海,碎首流肠。其英风

101

毅魄,流炳天壤,可以弗憾。独其文章之在当世者,犹冀后死之知己,整齐而收辑之,如燕又者是也。而燕又自为之诗,乃亦避忌散佚而不尽出,则夫仁人谊士感时悼俗之章,其零落于兵火者,不知凡几矣,可胜叹耶!"[32]从这一分析,可见云间诗派的没落,完全是明清易代的结果。伟业之所以要继承云间,一方面是继续"以力还大雅为己任",即力辟公安、竟陵,沿着明七子——陈子龙的道路,恢复唐音;另一方面是继承"仁人谊士感时悼俗之章",即陈子龙等揭露阉党祸国、东北边患以及反映民生疾苦的诗歌的现实主义精神。应该指出,伟业是注视现实与民生的,他曾指出战火所加给人民的沉重负担,和由此造成的巨大痛苦:"今自黄达郧二千里,方事之殷,民之转运而死者,不知纪极,呻吟痛苦之声,至今未改也。"[33]因而我们可以推知,伟业在诗歌创作道路上,自觉地走"诗史"的道路(由于他的骨头软而不能完成这一历史任务),不但在五、七言格律诗中,对明末清初的黑暗现状多所反映,而且继承并发展元、白的长庆体而创为"梅村体"("娄东体")以纪述明清之际的史事,从而抒发自己的无限感怆,实在是和自觉地继承云间传统分不开的。

但这里需要特别指出的,伟业所继承于云间的,从诗歌体裁说,实在只限于五、七言格律诗。他称赞陈子龙"诗特高华雄浑,睥睨一世",是就七律而言。陈子龙所自负的也是这一诗体:"'禁苑起山名万岁,复宫新戏号千秋',此余中联得意语也。'祠官流涕松风路,回首长陵出塞年',又'李氏功名犹带砺,断霞落日海云黄',此余结法可诵者也。"[34]王士祺说:"一时瑜亮,独有梅村",也是指"(卧子七律)诸联,沉雄瑰丽,近代作者未见其比,殆冠古之才",只有伟业可相伯仲。赵翼说伟业"不落宋以后腔调"[35],徐世昌说他"作诗原本唐人,不涉宋以后一字"[36],都是就格律诗而言。李慈铭更明显指出:伟业"五律七律沿袭云间。"[37]因此,在五、七言格律诗方面,他的创造性并不显著。

但是,作为一代诗人,即使在近体诗方面,伟业也是有发展的。这表现为以下两点。

(2) 杜、韩为主,辅以白、苏、陆

钱谦益曾指出伟业的诗学渊源:"若其攒簇化工,陶冶今古,阳施阴设,移步换形,或歌或哭,欲死欲生,或半夜而啼,或当餐而叹,则非精求于杜、韩二家,吸取其神髓,而佽助之以眉山、剑南,断断乎不能窥其篱落,识其阡陌也。"[38]靳荣藩也说:"梅村当本朝定鼎之初,亲见中原之兵火,南渡之荒淫,其诗如高山大河,如惊风骤雨,而间之以平原沃衍,故于少陵为近,时出入于退之、香山。"[39]所以邓之诚说:"伟业渐涉宋人藩篱。"[40]从"不落宋以后腔调"到"渐涉宋人藩篱",正说明吴诗的发展。至于杨际昌说"太仓具体元、白"[41],那纯粹是就七言歌行而言。

(3) 李颀的影响

在歌行方面,陈子龙对伟业说:"卿诗绝似李颀。"并诵其《洛阳行》,"谓为合作"[42]。李颀擅长五古及七言歌行,其独辟蹊径处,在于铺叙夸饰,表现出事物的特征;描绘人物,尤能写态传神,其笔下出现了一群各具特色的人物形象,显得"缠绵情韵,自然深至"[43]。伟业确实吸取了李颀歌行的这些长处,再和长庆体的"思深语近,韵律调新,属对无差,而风情宛然"[44]相融汇,所作歌行便"使读之者性情摇荡,如身生其时,亲见其事"[45]了。

另外,李颀的七律,今虽只存七首,然音节响亮,气势雄壮,为明七子所师法,伟业七律亦深受其影响。

(三) 诗论

伟业论诗,是有针对性的。他认为:"夫诗人之为道,不徒以其才也,有性情焉,有学识焉。其浅深正变之故,不于斯三者考之,不足以言诗之大也。"㊻在他之前,公安逞才气,主性情,却空疏不学;竟陵亦主性情,而趋于隐僻;七子之失在仿古而失性情之真。伟业针对三者之失,提出自己的看法:以性情为本,充之以学识,发之以才气。这种认识是比较全面的,深刻的,对整个清诗的发展起了正确的导航作用。

和前人一样,他论诗也强调诗歌的社会功能:"今燕又之诗,虽出于亡失之馀,而其言皆发乎性情,系乎风俗,使后人读其诗,论其世,深有得于比兴之旨,虽以之百世可也。"㊼这种看法虽非伟业所独创,却是他深造自得之言,他的"梅村体"歌行正是按照这一原则来创作的。

实际上他是把上述两点认识加以综合的:"君子之于诗也,知其人,论其世,固已参之性情,考其为学,而后论诗之道乃全。"㊽伟业本人进行创作时,是清醒地遵循这一原则的,我们在论析其作品时,也完全可以运用这把钥匙。

因此,他对虞山派的昌言攻击七子是不满的,认为它连七子的精华也抛弃了:"挽近诗家好推一二人以为职志,靡天下以从之,而不深究源流之得失。有识(指钱谦益)慨然,思拯其弊,乃訾謷排击,尽以加往昔之作者(指七子);而竖儒小生,一言偶合,得躐而跻于其上,则又何以称焉?即以琅琊王公(指王世贞)之集观之,其盛年用意之作,瓌词雄响,既芟抹之殆尽,而晚岁颓然自放之言,顾表而出之,以为有合于道。诎申颠倒,取快异闻,斯可以谓之笃论乎?"㊾王世贞由于主张文必西汉,诗必盛唐,仿古太甚,引起反对派的攻击,晚年颇自悔,自己承认所作《艺苑卮言》未足据为定论。病危时,尚讽玩《东坡集》不已。这正是王世贞认识进步之处,伟业反斥为"晚岁颓然自放之言",批评谦益不该加以肯定,这正说明伟业当时的认识还有较大的局限性。由于这种认识的局限,他甚至直率地指出:"(牧斋)既手辑其全集(指《初学集》),又出馀力以博综二百馀年之作(指《列朝诗集》),其推扬幽隐为太过,而矫时救俗以至排诋三四巨公(指七子中之李梦阳、何景明、李攀龙、王世贞),即其中未必自许为定论也。"[50]仍然是反对谦益的攻击七子。

后来他还这样指出:"当今作者,固不乏人,而独于论诗一道,攻讦门户,排诋异同,坏人心而乱风俗。……彼其于李、杜之高深雄浑者,未尝望其崖略,而剽举一二近似以号于人曰:我盛唐,我王(世贞)李(攀龙),则何以服竟陵诸子之心哉?竟陵之所主者,不过高(适)岑(参)数家耳,立论最偏,取材甚狭。其自为之诗,既不足追其所见;后之人复踵事增陋,取偂僿木强者附而著之竟陵。……非有寻丈之垒,五尺之矛,足以致人之师而相遇于境上。苟有劲敌,必过而去之,不足乎攻也。吾只患今之学盛唐者粗疏卤莽,不能标古人之赤帜,特排突竟陵以为名高。以彼虚侨之气,浮游之响,不二十年,嗒然其消歇,必反为竟陵之所乘。如此,则纷纠杂揉,后生小子,耳目荧乱,不复考古人之源流,正始元声,将坠于地。噫嘻!不大可虑哉?虽然,此二说者,今之大人先生(指钱谦益)有尽举而废之者矣。其废之者是也,其所以救之者则又非也。……今夫鸿儒伟人,名章巨什,为世所流传者,其价非特千金之璧也。苟有瑕颣,与众见之足矣;折而毁之,抵而弃之,必欲使之磨灭。而游夫之口号,画客之题词,香奁白社之遗句,反以僻陋故存。且从而为之说曰:'此天真烂漫,非犹夫剽窃摹拟者之所为。'夫剽窃摹拟者固非矣,而此天真烂漫者,插齿牙,摇唇吻,斗捷为工,取快目前焉尔。原其心,未尝以之夸当时而垂后世。乃后之人过从而推高之,相如之词赋、子云之笔札,以覆酒瓿,而淳于髡、郭舍人诙谐啁笑之辞,欲驾而出乎其上,有是理哉?然则为诗之道何如?曰:亦取其中焉而已。《闷宫》之章,《清庙》之作,被之管弦,施诸韶箾者,固不得与《兔罝》之野人、《采蘩》之妇女同日而语。孔子删诗,辄并举而存之。夫诗者,本乎性情,因乎事物,政教流俗之迁改,山川云物之变幻,交乎吾之前,而吾自出其胸怀,与之吞吐,其出没变化,固不可一端而求也,又何取乎訾人专己,喋喋而咕咕哉?"[51]这一段话首先指出七子的末流和竟陵派互相攻击,将使唐音从诗坛上消失。再指出谦益的虞山派既反七子,又反竟陵,而提倡宋诗。他承认七子的仿古风气是应该反对,但不能因此连盛唐元音都反掉,更不能认为宋诗胜于唐诗。最后,他再一次提出自己的观点:诗固缘情而出,情必感事而发,不但要求情景交融,而且应能考镜政教得失。

虽然从上述言论中只能看到他一味推尊盛唐元音而菲薄宋诗,但从诗道取其中,孔子并举贵族与野人、妇女之诗而存之这几句话,可见他也并不否定宋诗(尽管他把唐诗比为《闷宫》、《清庙》,而把宋诗比为《兔罝》、《采蘩》)。这正是他的诗论将有发展的契机,也是他后来能和谦益的观点渐趋一致的所在。在"性情"、"学识"、"知人论世"、"考镜得失"这些根本问题上,钱、吴两家其实充满着共同语言,以杜为主,转益多师,两家也是采取同一步调的。清初这两大家由于择术甚精,取途甚正,为清诗的创作与理论开拓了广阔的道路。

(四) 吴诗特色

对吴伟业来说,诗歌,既是他对当代巨大事变的纪录,寄寓着他无尽的感伤和评骘,也是他的思想苦闷的升华。这苦闷,是种种矛盾的集合体:他有政治抱负,希望见之于事功,然而前明阶段陷于党争,不可能有所作为;清人开国十年后,他终于甘愿失节出仕,正是原有的政治抱负的逻辑体现。而且这种思想和行为并非伟业所独具,而是当时一部分名士的共识。和陈子龙同为几社核心人物的李雯,出仕清朝后,友人责他不应改节,他说:创立几社,本为考取功名。明朝既不能得,则出仕新朝是应该的。[52]伟业也是同此心理。然而徒然失节,未遂初衷,真是名实俱丧,所以悔恨靡已。然而他又是一个懦弱的文人,不敢得罪新朝,为了全生(实则苟活),只好尽量美化新的统治。但是,他的传统文化影响又使他不甘与草木同腐,总希望在文史方面做点贡献,做到三不朽中的"立言",所谓"岂甘不死愧良友,欲使奇字留人间"[53]。就是在这样重重矛盾的网络中,他立志要像杜甫那样写作"诗史"。可是怯懦使他无法实录,他只能婉转缠绵、愁肠百结地为前明的繁华旧梦唱挽歌,而丝毫不敢抵触新朝,甚至还要诋毁前明的失德,以见新朝确是天命所归。而这样做,又只能加深他的负罪感,所以晚年会由于在旧簏中发现明朝崇祯皇帝的"御翰"而突然病死。他遗命以僧服敛,是企图空诸所有,连自己的罪孽也空掉。

只有懂得这位诗人这种特殊心态,才能理解他的诗何以具有如下特色:

(1) 熟精诸史

这个特点是洪亮吉和赵翼同时指出的,见于《北江诗话》卷一和《瓯北诗话》卷九。《晚晴簃诗话》重复赵翼的话:"梅村熟于两汉书、三国志、晋书、南、北史。"吴诗具此特点,和当时的学风分不开,明末清初的著名诗人一般都是经史专家;同时,也是七子馀风:不读唐以后书。但伟业由于意在写作"诗史",因而更着重运用史实;同时,这样用典,更便于以古喻今,记难言之事,抒难显之情。

(2) 古胜于律

这和他蓄意创作"梅村体"诗史有关。赵翼首先指出这点,并称他"尤善歌行"。王士禛分析说:"明末及国初歌行,约有三派:虞山源于杜陵,时与苏近;大樽源于东川,参以大复;娄江源于元、白,工丽时或过之。"㊾所谓工丽过于元、白,即纪昀所谓"叙述类乎香山,而风华为胜"。今人对此有具体分析:白居易《长恨歌》、《琵琶行》创叙事体七言歌行的长庆体后,自宋迄明少有佳构。《圆圆曲》后,此体始大行于世,且有所发展。梅村好用词藻与大量用典,比清畅的长庆体更博丽繁富。长庆体以直叙为主的结构,至梅村则以叙事的跌宕起伏取胜。或倒叙,或追叙,或插叙,或侧写,或暗写,运用多种表现手法,使结构曲折多姿。且偶句、排句比比皆是,并大量运用上下蝉联的顶针手法,比长庆体格律更为精工整饬。㊺袁枚论"梅村体"云:"生逢天宝乱离年,妙咏香山长庆篇。就使吴儿心木石,也应一读一缠绵。"㊻指出他有意以七言歌行作成诗史,特能以情感人。因此,李慈铭称:"梅村长歌,古今独绝。"确实,伟业在清诗史上的地位,主要是"梅村体"所造就的。

但是,从诗史的高度看,"梅村体"不但对杜甫望尘莫及,就是和白居易也难以比肩。这有主观因素和客观条件的差异。主观因素,除如前所述外,还由于他不能像杜甫那样接近人民,更缺乏杜甫那种忧国忧民、以天下为己任的激情,也缺少白居易那种讽谏的勇气。客观形势,唐代文网疏阔,而清人以少数民族入主中原,忌讳极多,伟业自称"日虞收者在门",在这种精神状态下,如何能效董狐的书法不隐呢?

(3) 哀感顽艳

文廷式曾说:"梅村诗当以《清凉山赞佛》四首为压卷,凄沁心脾,哀感顽艳,古人哀蝉落叶之遗音也,非白香山《长恨歌》所及。"㊼吴诗善于言情,正如龚自珍说的"生就灯前儿女诗"㊽。白居易坚持诗教说,写《长恨歌》先有一个"惩尤物,窒乱阶"的思想,因而对李隆基和杨玉环的爱情,总是带着旁观的描述态度。吴伟业则不然,在《清凉山赞佛》诗中,他就是福临和董鄂妃,也可以说,他是把自己的丰富、复杂、矛盾的深情,融注在这一奇特的故事中,福临和董鄂妃成为他这种深情的载体。他摹写这一对青年男女的爱情悲剧,实际是低吟自己的人生哀曲。邓方说他"一曲圆圆绝代情"[59]。确实,他就是陈圆圆。试吟"此际岂知非薄命,此时只有泪沾衣",你不可以想像他的失节出仕时的心情吗?

五言古诗也是一片深情。《毛子晋斋中读吴鲍庵手钞宋谢翱〈西台恸哭记〉》:"……看君书一编,俾我愁千斛。禹迹荒烟霞,越台走麋鹿。……嗟乎诚义士,已矣不忍读。"写的是谢翱在宋亡后哭文天祥,实际是伟业在哭陈子龙等烈士,也在自哭不能成为皋羽式的义士。所以靳注引顾瞻泰言:"慷慨悲歌,梅村无穷难言之隐,已尽此数十言中,读者可以悲其志矣!"

其他各体,凡有佳作,亦皆以情胜。吴骞说:"梅村五律《课女》一首,写老年襟抱,一语是喜,一语是悲,间入八句中。其实喜中亦有悲,悲中亦有喜,令人缠绵悱恻,不能自已,觉左家娇女逊此情致。"[60]吴乔说:"(梅村)《北上》云:'身是淮王旧鸡犬,不随仙去落人间。'哀感发于至情,唐人句也。"[61]

(4) 镂金错彩

前人在叹赏吴诗之馀,也指出过其不足之处,如嘉、道时女诗人汪端"尝取唐、宋、元、明及国朝人诗,阅一过辄弃去,留青邱、梅村两家。已又去吴,曰:'梅村浓而无骨,不若青邱淡而有品。'"[62]高启和吴伟业都是学唐高手,而高少变化,吴有发展。汪端作此评骘,并非从两家的政治品格考虑,而是就诗论诗。伟业本人早已承认:"吾于此道,虽为世士所宗,然镂金错彩,未到古人自然高妙之极地,疑其不足以传。"[63]"镂金错彩"即"浓",

109

"古人自然高妙之极地"即"骨"。所谓"古人",是指建安七子以迄李、杜诸人。"骨",即刘勰之"风骨",锺嵘之"风力"。优秀的诗篇,应该是"干之以风力,润之以丹采"[64]。"若丰藻克赡,风骨不飞,则振采失鲜,负声无力"[65]。汪端所谓"浓而无骨",实在就是《文心雕龙·风骨》篇这四句的意思。怎样才能有"风骨"呢?刘勰说:"结言端直,则文骨成焉;意气骏爽,则文风清焉。"如前所述,伟业的客观条件和主观因素,都使他不可能"结言端直"、"意气骏爽",如何能使所作诗歌具有强劲的风力呢?赵翼说伟业诗"本从香奁体入手",似乎"浓而无骨"由于入手不正。其实一个诗人对于学习对象的选择,是和他的素质分不开的。伟业的个性(当然是后天环境形成的)决定了他对香奁体的喜爱,而这种柔靡之作通过他以后的种种经历,更使他耽嗜阴柔之美,以致形成赵翼所谓"有意处则情文兼至,姿态横生;无意处虽镂金错彩,终觉腻滞可厌"[66]。朱庭珍所谓"虽情文兼至,姿态横生,未免肉多于骨,词胜于意,少沉郁顿挫、鱼龙变化之巨观"[67]。"其诗虽缠绵悱恻,可歌可泣,然不过《琵琶》、《长恨》一格,多加藻采耳。数见不鲜,惜其仅此一枝笔,未能变化;又惜其琱金镂玉,纵尽态极妍,殊少古意,亦欠自然"[68]。

赵翼也把伟业和高启进行了对比:"若论其气稍衰飒,不如青邱之健举;语多疵累,不如青邱之清隽,而感怆时事,俯仰身世,缠绵凄惋,情馀于文,则较青邱觉意味深厚也。"[69]

(五) 吴氏影响及末流之失

伟业和谦益一样,都保留了明末集会结社的遗风,广事交游,招聚徒侣,自执诗坛牛耳。当时追随他的人就很多,如他的省闱同年邹子介,就遣次子邹于度及其孙邹黎眉先后从之游。[70]黎眉名显吉,"少学诗于吴骏公","恽正叔尝谓及门曰:'我身后，汝等宜师黎眉.'"[71]刘友光"早岁师吴梅村，而诗不效其体，……凄切婉秀，善于言情"[72]。所谓"不效其体"，是指不作"梅村体"歌行；而"凄切婉秀，善于言情"，正是吴诗的风格。沈受弘"弱冠以诗受知于吴伟业，比伟业没，乃于枢前执贽称弟子"[73]。王摅"诗有才笔，师事钱、吴，七言歌行，一唱三叹，有极似梅村者"[74]。"云间王农山广心诗，秀气成采。长篇如《大梁行送林平子》，韵致仿佛梅村"[75]。江都吴茞次绮"歌行如《青山下望黄将军墓道》，淋漓顿挫，亹亹逼梅村"[76]。

乾隆时，注释吴诗的靳荣藩"其所自作，亦与之相近，但不逮其华赡耳"[77]。奎林"素嗜梅村诗，背诵如流水，故其所作诗，辞藻宏富，音节高亮，犹有娄东馀响"[78]。戴文灯"诗才绮丽，粲舌馨牙，几与梅村相颉颃，但少魄力风骨"[79]。吴诗本少魄力风骨，戴则更出其下。章静宜"歌行清丽激楚，颇近《梅村集》门径"[80]。法式善曾列举乾、嘉时一批学"梅村体"歌行的人："纪事之诗，委曲详尽，究以长庆一体为宜，不得议其格之卑也。然元、白合作亦少，至梅村而始臻极盛，则此体自当以娄东为大宗。近日学此体者虽不乏人，若独擅胜场者，则蓉裳（杨芳灿）、香泾（黄晟）、云伯（陈文述）外，以苏州赵艮甫秀才晋涵为佳。"[81]陈文述"诗少学梅村，游京师，与杨蓉裳尤多唱和，时有杨陈之目"[82]。孔昭虔诗"风骨高骞，辞藻丰缛。……作《卿怜曲》，同时陈云伯文述亦赋斯篇，皆效梅村体，异曲同工"[83]。卿怜，和珅妾，和珅败后，她被官发卖。嘉庆时人颇多赋《卿怜曲》者，除上述孔、陈外，还有李遂。[84]赋者"皆仿梅村为之"。另如张祥河，嘉庆时人，"诗亦守娄东宗派"[85]。

道光时人徐汉苍"诗整赡流利，陆祁孙谓在梅村、汉槎（吴兆骞）、其年（陈维崧）之间"[86]。高锡恩"诗典丽自喜，多近梅村"[87]。徐崇文之父"有读吴祭酒集七言古诗，即效梅村，颇称具体"[88]。

111

光绪时人李宗言"于近代出入陈元孝、吴梅村、宋荔裳诸家"[89]。李希圣"辛丑以还,感事成诗,……属辞哀艳,寄怀绵邈",论者以为"蒙叟(钱谦益)、鹿樵(吴伟业)只以多胜,时涉浅易,逊此幽窈"[90]。王嘉诜"其诗宗樊南(李商隐),近代亦出入梅村、竹垞间"[91]。李稷勋为王闿运弟子,"不尽守师说,七古喜学梅村"[92]。

清末民初的樊增祥"前后《彩云曲》,哀感顽艳,……论者谓樊山二曲,犹是梅村"[93]。王闿运崇尚《选》体,曾笑梅村诗集为《天雨花》弹词,但是"所作《圆明园宫词》,大半摹拟梅村,不能脱彼窠臼也"[94]。周锺岳有《后圆圆曲》,"缠绵悱恻,居然梅村矣"[95]。杨圻"集中七古长歌,哀感顽艳,确可以嗣响梅村"[96]。王国维辛亥革命后作《颐和园词》,致函日本学者铃山豹轩云:"前作《颐和园词》一首,虽不敢上希白傅,庶几追步梅村。盖白傅能不使事,梅村则专以使事为工。"[97]

当然,不喜"梅村体"的也有,如道光时人陈克家,其"诗思力骨韵俱超俗,有赠人句云:'师法不推吴祭酒,骚坛可压沈尚书',可见微尚"[98]。所谓"俗",就是伟业同时人钱陆灿指出《萧史青门曲》"自家兄妹话酸辛"句,说是"可付盲女弹词也"[99]。王闿运所谓《天雨花》弹词,也是这个意思。但是,这种不避俗,甚至化俗为雅,正是"梅村体"的长处。他的长篇叙事诗本来是提供更广大的读者群去欣赏、玩味的。

至于末流之失,如"无病而呻,令人齿冷,甚至以委巷见闻,形容宫掖,谰言自喜,雅道荡然"[100]。大概是指王闿运所作《圆明园词》。据说王诗出后,姚大荣曾批评说:"其巨谬则在不考事实,就所见闻,一断以心,而为莫须有之案证。""于此役本末,尚在云雾之中,而又传述脱节,信笔舞文。""于事实不屑屑讨论,……置巴酋(指英驻华使馆参赞巴夏礼)修怨之师不讲,只归狱于园居过侈以垂炯戒,岂非言之成理而隔膜太甚?譬诸村妪出入侯门,虽复醉卧泉石,指陈亭馆,颂德陈箴,均违事实,无当刍荛之采也。……传曰:'俗语不实,流为丹青',其湘绮之谓欤!"[101]

另外一点是"学梅村而失之靡曼",主张"七言古佳处,多寓跌宕于平淡中"[102]。这倒指出了关键所在,因为梅村歌行声情哀婉,辞采典丽,本来就容易流于靡曼。但这是否一种失误呢?

三 "梅村体"传人之一——吴兆骞

(一) 生平

吴兆骞(1631—1684),字汉槎,江苏吴江人。少有隽才,又能苦读,"最耽书,一目数行,然短于视,每鼻端有墨,则是日读书必数寸矣"[102]。师事吴伟业(《秋笳后集》卷七有《茧虎追和梅村夫子》等七律三首),伟业把他和华亭彭师度、宜兴陈维崧合称为"江左三凤凰"。父名晋锡,以进士为永州推官;清人入关后,曾为南明将领以抗清。故明亡后,兆骞多家国之痛。如《秋感八首》,自注:"甲申九月在湘中作。"其三云:"天高朔气妖星动,地入边筱御宿空。"直斥清人。《赠祁奕喜》云:"胥台麋鹿非吾土,江左衣冠异昔游。"奕喜为祁班孙之字,明亡,聚众谋恢复,此诗即其时所赠。《遗事》云:"夜雨挑灯到草堂,偶谈遗事一沾裳。南溟日月蓬莱外,东海楼船牛女旁。甲帐惟闻椎晋鄙,沧洲何处哭田王?鼎湖龙去无消息,目断神仙水一方。"悼念故明,中情若揭。《送宇三归楚》七古有"满目山川恨若何?洛中遗事泣铜驼。陆机自草辨亡论,刘章漫作耕田歌"之句,既咎弘光君臣荒宴,更揭非种当锄之义,其反清之意尤显。至于托名豫章女子刘素素颋虎丘壁二十绝句,小序中公然指出:"北兵肆掠,遂陷穹庐",揭发清兵劫掠江南妇女北行的暴行,更触时忌。

兆骞兄弟六人,长兄兆宽,次兄兆夏,皆有才望。顺治六年,

113

结慎交社(文艺团体)于吴江,四方名士参加的很多。兆骞与两兄主持社务,为争操选政(选刻社友所作八股文),和另一文艺团体同声社的章在兹、王发两人发生矛盾。顺治十四年,兆骞应江南乡试,中举人。科场案起,勒令各中式举人一律殿前复试。兆骞愤而交白卷,遂致遣戍宁古塔。而真实原因则是章在兹和王发挟嫌告他有异谋。故兆骞之子振臣跋《秋笳集》,谓"为仇家所中";而李孟符《春冰室野乘》卷下亦谓《秋笳集》"于故国惓惓不忘,沧桑之感,触绪纷来,始悟其得祸之由,不随力田、赤溟辈湛身赤族者,盖亦幸耳!"力田,潘柽章字;赤溟,吴炎字。两人共撰《明史》,书未成,遭乌程庄氏史狱,遂及于难。李氏引以为比,可见兆骞及振臣的硬骨头精神(《秋笳集》刊刻行世在雍正四年,某些触忌之处,仍然一字未改)。

兆骞居塞上凡二十三年,侘傺无聊之情,尽发之于诗。康熙四年,与其他流人结"七子诗会","分题角韵,月凡三集"[103]。流放期间,目睹帝俄入侵及黑龙江流域广大军民英勇抗击的情形,每以诗记之,极富爱国主义激情。后因其挚友顾贞观乞援于纳兰性德(著名词人,权相明珠太傅之子),始由徐乾学等友人醵金赎归。归三年而卒,年五十四。著有《秋笳集》。

(二) 诗论

兆骞以旷代才人而获无端奇祸,谪徙塞外二十馀年,其内心的愤懑哀苦是可想而知的。所以他对诗歌创作别有深刻理解。他认为:"古今文章之事,或曰穷而后工,仆谓不然。古人之文自工,非以穷也。彼所谓穷,特假借为辞,如孟襄阳之不遇,杜少陵之播迁已尔;又其甚者,如子厚柳州,子瞻儋耳已尔;至若蔡中郎髠钳朔塞,李供奉长流夜郎,此又古文人困厄之尤者,然以仆视之何如哉?九州之外,而欲引九州之内之人以自比附,愈疏阔矣！同在覆载之中，而邈焉如隔泉夜，未知古人处此，当复云何？以此知文莫工于古人，而穷莫甚于仆。惟其工，故不穷而能言穷；惟其穷，故当工而不能工也。万里冰天，极目惨沮，无舆图记载以发其怀，无花鸟亭榭以寄其兴，直以幽忧悁郁，无可告语，退托笔墨，以自陈写。然迁谪日久，失其天性，虽积有篇什，亦已潦倒溃乱，不知其所云矣。"[104]这段话指出了两点：一，文之工非以穷；二，穷则文不能工。这番血泪交迸的话，说出了人生和创作的真谛。鲁迅说过：陶渊明所以能做诗，是因为他还有酒喝（饭更不在话下），如果他真是饿昏了，那是无此雅兴的。吴兆骞处境奇穷，放逐后的诗篇，只是长歌当哭，根本不可能考虑内容的提炼，技巧的提高。特别是和遭祸前相比，那时，他是少年名士，"英朗隽健，忠孝激发，凡感时恨别、吊古怀贤、流连物色之制，莫不寄趣哀凉，遗音婉丽，情盛而声叶"[105]；而遭祸后，那种残酷的沉重打击，漫长的流徙岁月，真所谓"迁谪日久，失其天性"，哪里还有闲情逸致去推敲文字呢？可以说，吴兆骞即使在诗歌创作上也是极其不幸的。

遭祸前，他的诗歌创作受了时代风气的影响，主要是模仿六朝、初唐，而且是走明七子的老路。所以，前人评骘他的诗作，都是众口一辞，如沈德潜云："吴诗乃'王杨卢骆当时体'，当时无人可抗行，故为梅村首肯。"[106]袁枚说："能本七子而自出精神。"[107]至于朱庭珍说："高者近高、岑及初唐四子，次亦七子派中不空滑者。"[108]则是包括他遭难后全部诗作而言的。也就是说，他的全部诗作只达到这个水平，而没有进一步提高，尽化模拟的痕迹，形成自己独特的风格。沈德潜就指出："倘以老杜之沉郁顿挫出之，必有更高一格者。"[109]邓之诚也说："惜学业无成，格律亦未更进，固一时之秀，而非盖代所宗。"[110]朱庭珍干脆只承认他："亦一小作家也。"[111]

从这里,我们可以得到一个新的启发:愤怒固然出诗人,但这首先得有个允许你愤怒的环境。如果处身于极端专制的高压之下,你连愤怒也不可能,哪里还会有真正的创作。秦朝没有文学(除了李斯的歌功颂德之作),而其他最黑暗的专制野蛮时代也没有真正的文艺(只有瞒和骗的文艺),不仅是客观条件不允许作家说真话,某些作家甚至主观上也丧失了创作的灵感。吴兆骞这则诗论就说出了作家主观条件的问题,所以,它是深刻的,是前无古人的。他的灵魂深处的躁动和苦闷,实在类似司马迁。但司马迁能利用私家修史的地下活动,创造出伟大的"谤书"——《史记》,吴兆骞遭难后的二十三年,却始终生活在专制魔掌之下,连内心世界也毫无自由。他只能在"失其天性"的情况下,被扭曲地写出自己的某些痛苦。这就是纪昀等人所谓"自知罪重遣轻,心甘窜谪,但有悲苦之音,而绝无怨怼君上之意"[112]。

(三) 诗作特色

吴兆骞诗多所散失,据其子吴振臣说:"先君垂髫之岁,即好吟咏,加以身际艰难,著作颇富。奈屡丁颠沛,存者无几。"所谓"屡丁颠沛",一指流放塞外时,"值有老羌之警,遗失过半"。一指兆骞殁后,振臣"扶柩南还,复覆舟于天津,而沉溺者又过半"[113]。估计一定有不少特别抵触时忌之作,振臣藉口这两次颠沛,有意销毁。根据现有诗作,分类统计:七绝37首,五绝10首,七律210首,五律113首,五排20首,七古67首,五古47首(包括拟古杂体诗30首)。由以上数字可以看出,他写得最多的是七律、五律和五排。前人评议所谓逼肖盛唐者,即指此数种。而所谓学六朝的主要指五古,不但拟古杂体诗酷似,即其馀几首如《秋笳前集》中的《赠友》、《夜燕吴阊》,都神似六朝人作,至于《湘水曲效齐梁体》更不用说了。这种学六朝的五古,《秋笳集》和《秋笳后集》都没有,可见只是前期的仿作。

如所周知,五律成熟于初唐,七律成熟于盛唐。它们一致要求属对工切,韵律精严。同时炼字琢句谋篇以至运用成语和典故,都极费匠心(杜甫所谓"颇学阴何苦用心")。所以,律诗不比古体,不能任才使气,率尔成篇。即使诗人内在情意骞腾狂烈,也必须作冷处理,即冷静思考,仔细推敲。兆骞少负狂名,天才骏发,又从幼受吴伟业的影响,注重对律诗的练习,所以十三岁时所有感时之作,都是七律,而且"悲凉雄丽,便欲追步盛唐"[114]。到遭难后,满腔愤懑,以其狂纵才性,本应运用五、七古体尽量加以发泄。然而由于少数民族贵族统治的高压,特别是身为谪徙的刑徒,跼蹐六合,虎视鹰瞵,加罪有辞,动辄得咎。在如此境遇中,他当然不能像李白那样狂呼大叫,一任翻沸的情思肆意喷吐,只能敛才就范,把全部幽情暗恨寓寄于惝恍迷离之境。这就不可能出之以平铺直叙的古体,而只能安排在律诗的紧密结构之中。

但是,他的律诗,无论五律或七律,都并非一味模拟初、盛唐人。一般说,"初、盛唐之诗,真情多而巧思寡,神足气完而色泽不屑屑也"[115]。而兆骞的律诗除了"真情多"(侯元泓所谓"情盛"),也"神完气足"(徐世昌所谓"出塞后,诗境沉雄,得朔方苍莽之气")[116],同时很注意"巧思"和"色泽"。如《晓登东岭寄杨友声次姚琢之韵》:"双峰霜净削觚棱,倚马高寒试一登。晓色迥添雕岭雪,春风不坼菟河冰。名污久拟沦屠钓,身废空怜有爱憎。乡国茫茫徒极目,图南谁道是鲲鹏?"前半写景,后半抒情,这也是唐人律诗的结构(或篇法)。先看写景的前四句。首句写未登时东岭给自己的印象:双峰色白而陡峭。次句写登山,用"试"字,正见东岭太高寒,没有必能登上峰顶的信心。三、四句分写岭上所见。先写远眺雕岭，点出"晓"字扣题，晓色即曙光，表示天亮，由于远处雕岭的雪光映射过来，显得天色更明亮了。再写俯瞰，菟河仍然冰封，即使现已入春，气温依然极低。这两句是写景，却已含情，暗喻自己仍在冰雪封锁中，因而自然地转到明显的抒情上：自己无辜陷狱，名在爰书，被人斥为囚徒，辱何如之！即使有朝一日能由流放地释放回家，也不愿再厕迹士林，以玷辱斯文，宁肯与屠夫渔父为侣了。正如司马迁一样，身已废矣（精神上的宫刑），为士类所共弃，然而还有杨友声、姚琢之这样少数知交，仍然同情我，爱怜我，尽管他们无力援救我。这样，第七句便由对"乡国"知交的怀念，回到眼前现实中来，站在东岭之上，尽管极目远望，也无法看到相隔万里的江南故乡。第八句写自己多么希望能像北溟之鲲，化而为鹏，展开若垂天之云的大翅，抟扶摇而上九万里，迅速地飞返南方去。然而自己清醒地意识到，这只是自己纯粹的幻想！把异族政权残酷的镇压，故乡知交无尽的怀念，自恨不能奋飞而归故乡的深沉痛苦，都这么巧妙地微婉地反映出来，词句充满色泽，毫不抽象枯燥，这是在初、盛唐的基础上，继承了优良传统，而又克服了不足之处的。其所以能"巧思"，是因难见巧。他的严酷处境，使他更激发出对自由的想望，却又更难显豁、直率地表露出来。现实与理想的矛盾，迫使诗人运用"巧思"以抒发"真情"。

　　值得我们注意的是他的七言歌行。唐人七古有其共同特色，即为了充分表达诗人内心沸腾的情思，诗的语言不假雕饰，一气呵成，几乎不用典故，使诗意明显，毫不晦涩，语气音节都富于口语倾向。即使吴伟业所直接继承的长庆体，其代表作《长恨歌》，也只用"小玉"、"双成"两个常用典故。而伟业出于塑造惝恍迷离之境的需要，在长庆体的叙事框架上，不仅装饰上初唐四杰的华丽词藻，而且独创地多处用典，使其七言歌行的词句富于联想力、表现力,更能调动读者的思考力,从而提高其理解水平,与作者相喻于言外之意、景外之象。兆骞师法"梅村体",其着力处也正在这几方面。简言之,(1)风华出于四杰,叙事法夫长庆;(2)对偶不仅工丽,富于色泽,而且使用频率极高;(3)音节铿锵,力避板滞、沉闷的音韵;(4)典故使用频繁。但伟业歌行易流于靡曼,而兆骞所作则气勃辞工。如果说兆骞歌行有出蓝之处,就在这里。

兆骞学"梅村体"的几篇七言歌行,都是遭难后所作,如《白头宫女行》作于西曹(刑部狱),《榆关老翁行》作于流放途中,《浚稽曲》作于流放地宁古塔。

《白头宫女行》立意同《琵琶行》,所谓"悲红粉之飘零,感羁人之沦落"(小序),但更主要的是对亡明的悼念。仝篇通过白头宫女的自述,先写崇祯初年宫中的太平乐事,再写闯王进京,明王朝"海竭山崩";再写此宫女逃出深宫,出家为尼,而自叹"仙家龙种尚飘零,贱妾蛾眉亦何有!"叙事部分到此结束,而这两句其实已暗贯下文。这"贱妾"同时也暗喻兆骞本人。正因为明朝覆灭了,自己才这样落难啊!这就自然生发出篇末八句的抒情:"我来故国几沾翰,摩挲铜狄北风酸。昭阳旧侍悲通德,长乐姬人识佩兰。从古存亡堪太息,凄凉无处寻遗迹。麦秀偏伤故客情,柘枝还下宫人泣!""故国"(指北京这前明旧都)、"铜狄"、"存亡"、"遗迹"、"麦秀",尽是悼念亡明的词语和典故。从文艺创作心理去探索,兆骞这篇长歌虽然毫不涉及清人一字,而其仇视清王朝的潜意识不是昭然若揭吗?这样直率的内心独白,《梅村集》里是找不到的(即使有,刊刻前也已经芟夷净尽了)。

如果说,白头宫女的自述,兆骞仅得之传闻(同狱难友陈直方转告的),那么,《榆关老翁行》就是他亲身的见闻了。这首长歌的格调,和《白头宫女行》不同。《白头宫女行》的形式(四句一转韵;每一韵的三、四句必为对偶;全诗用韵平仄相间),类似骆宾王的《艳情代郭氏答卢照邻》;而《榆关老翁行》的形式恰好相反(每一韵句数不定;用韵基本上平仄相间,但有两处是仄韵相承,一由上声韵转为入声韵,一为去声韵转为入声韵;除了第九韵的三、四两句,通篇没有对偶句)。这种形式类似高适、岑参某些歌行。何以要采用这种较为自由的形式?这和内容极有关系。诗意是说,诗人流放,途经榆关,在酒楼下遇一江苏同乡老人。以下全是老人的陈诉。他先说自己少时学武,后来多次来边州经商,由于常往青楼买笑,以致落魄,只好从军。正逢清兵入寇,他所投的明军固守松山。以下描写松山守卫战的惨烈:"老边墙直长城隈,梯冲百道如山来。宁前(地名)列屯昼城闭,旌旗黯惨纷黄埃。雄边健儿十三万,鼓声欲死弓难开。碛西降丁最翘健,日暮分营夜催战。吁嗟万骑无人回,射尽平州(今辽宁省辽阳市一带)铁丝箭。曙光曈曈海生绿,战血无声注空谷。严霜如刀箭如猬,欲上戎鞍泪交续。坚城就堕将军降,几部残兵向南哭。"我们知道,松山之战是导致明、清政权易手的一次关键性战役。皇太极围攻松山取胜,同时攻下锦州,招降了洪承畴和祖大寿,从此清人直驱中原,终于取代明朝而入主中夏。兆骞在《白头宫女行》中只字不提清人,在这首长歌中,却充满激情地描绘了这次关键性战役。"坚城就堕将军降",这将军不是指叛降清人的松山城守副将夏承德,因为松山城是由于他私通清方,请其派兵"乘夜竖梯登城"[117]才失守的。这句的"将军"是指辽蓟总督洪承畴,他为了偷生苟活,不惜背明降清。而他所率领的八总兵师十三万人,除了"死五万有奇"[118],降的只有"残卒三千有奇"[119],其馀的"几部残兵向南哭",宁愿逃散,决不从降。两句这样对比,反映出诗人十分鲜明的爱憎。这位"榆关老翁",当年的残兵,他就是"相随散卒临榆城"而不肯降清的,到榆关后,立即"横刀更隶龙骧营",打算继续抗清。但是明朝很快就覆亡了,他不愿为清政权当兵,便弃甲归田了。这样突出一个下层小人物的民族气节,正是更深一层地诛伐所有的贰臣。诗人的勇气还表现在对清人暴力统治的指责:"故国他乡尽荆棘,穷黎何处还聊生!"故国,指故乡,即江南;他乡,指他栖身的北方。这就是说,整个中国都因战乱而荆棘丛生,穷苦人民简直无法生活了。最后,写"榆关老翁"既自抒思乡之情,又深悲诗人的穷边远戍,而以"天涯相见且相悲"结束全诗。由全诗安排,可以看出重点在描写松山保卫战。这首七言歌行一共七十句,而描写松山保卫战用了十六句,转了三次韵:先用平声十灰韵写六句,显示出明方战士心情的沉重;再用去声十四愿韵写四句,立即转入声一屋韵再写六句,写出了感情的激化。其次是写两人"相悲",这是全诗的另一重点,反映出诗人对前途的悲感。因为"榆关老翁"的"羁戍塞垣","梦断吴关",仅仅不能还乡而已,总还是自由人;而自己则"莽莽边沙路何极",而且是囚徒。这样对比,自己的命运就更可悲了。而这种悲惨命运的构成,和明朝的灭亡是分不开的,这就把两个重点从内部作了有机的统一。说是内部,就是说这种写法能引起读者深思,而不是外露的。因此,诗人写这一重点时,先用去声七遇韵写四句,写老翁自抒乡思;再转入声锡、职韵写六句,写老翁悲诗人之谪戍。这样转韵,也是有意深化感情的激楚程度。由此可见吴兆骞真是"为情而造文",而不是仅仅追求词藻和音节。杨锺羲评此诗"票姚跌荡,锋发韵流"[129],似乎过于抽象了。

《浚稽行》的写作,距离《白头宫女行》和《榆关老翁行》大约二十年。在这么长久的时间内,由于清政权的日益巩固,社会生活的日益安定,加上老羌(俄罗斯)对东北边境频繁入侵,当地各族人民在清军政长官领导下的奋勇抗敌,不断取得胜利。面对这种现状,吴兆骞个人尽管受到清政权特别重大的打击,也和大多数汉族士人一样,慢慢地转变了对清政权的敌视情绪,最后表现为完全拥护它了。这种转变,从其晚期诗赋中可以看出。如五律《长白山》尾联:"登封如可作,应待翠华游。"《长白山赋》既于序中称颂"我国家肇基震域,诞抚乾图,景历万年,鸿规四表",又于赋中称颂"启潜跃于圣祖(指清始祖布库里雍顺,所谓长白山天女吞朱果而生的),臻景铄于皇图,藏瑶牒兮可俟,涌金精兮讵诬?"最后说:"瑞我清兮亿载,永作固兮不渝!"两年后,他在《寄顾梁汾舍人三十韵》中"漫说逢杨意"句下自注:"前岁侍中对公以予长白山诗、赋进呈。"他希望康熙帝能因此而赏识自己,就像汉武帝赏识司马相如一样。正是在这种思想感情支配下,他写出了《浚稽行》。《浚稽行》这首长篇叙事诗的故事情节,张维屏有个简介:"公主下嫁北部蕃王。王爱琵琶小伎,公主妒,致伎于死,由是夫妻反目,隔绝不相闻。后公主姊妹为之调停解释,遂为夫妇如初。"㉑哪个公主,哪个蕃王,什么时候下嫁,杨锺羲有说明:"嫩江水滨科尔沁汗(汗,hán,国主)奥巴(蕃王名),先诸蒙古入朝。天命(清太祖努尔哈赤年号)十一年,以贝勒舒尔哈齐女孙(即此公主,无名)妻焉,授和硕额驸(皇帝妃嫔所生女称和硕公主,此以尊宠舒尔哈齐的孙女。额驸,犹驸马),封土谢图汗。"公主那位妹妹(亦无名)是一位郡主,奥巴叔父名莽古斯,其孙(亦无名)尚此郡主,清帝赐号"满珠习礼"。奥巴在右翼中旗,莽古斯在左翼中旗,所以诗中说:"弱妹盈盈隔瀚源。"㉒张维屏的简介是根据《浚稽辞》概括出来的,而据杨锺羲说,公主夫妻反目,真正原因是政治上的,生活矛盾顶多是根导火线。他说:成婚后"奥巴屡违约,私通明。天聪(清太宗皇太极年号)二年,将征喀尔喀,征其兵,不至;使侍卫索尼、阿珠祜赍敕责之。时奥巴居别室,索尼与阿珠祜谒公主,以谕旨告。奥巴闻之,扶掖至,佯问曰:'此为谁?'索尼曰:'吾侪,天使也。尔有罪,义当绝,今之来,问公主耳!'奥巴促具食,索尼、阿珠祜不顾出。奥巴恐,使台吉(清廷对蒙古部落的封爵称号,位次于辅国公)塞棱等请其事,索尼出玺书与之,奥巴使其大臣环跽请罪。翼日,辞以足疾,欲令其台吉入谢。索尼曰:'汝欲解罪,而使人行,吾岂取拜思噶尔等来耶?'奥巴乃使人请曰:'上怒,使应肉袒谢,惧不容耳!'索尼曰:'上覆载如天地,汝果入朝,虽有罪,必蒙恤。'奥巴乃叩头,决计入朝。"[123]《浚稽行》没有正面写出这一政治矛盾,却在最后一部分("回忆先皇草昧年"到末尾)点出"赐婚"的政治意义。其所以如此,显然是为了对清廷和外藩的政治联姻作正面的歌颂,同时避免牵涉到明朝。

这首长篇叙事诗的形式,不同于"白头宫女"和"榆关老翁"的自述,而是和吴伟业的《圆圆曲》一样,采取的是第三人称的他述。全诗116句,分为29韵,每韵四句。全诗押韵,平仄互转。根据情节划分,第一段("浚稽山色青崔巍,……不羡名王玉塞尊")共七韵28句,写"赐婚"。然后用一韵四句过渡("名王旧是呼韩裔,尚主中朝称爱婿"结束上段,"好猎频征鸣镝儿,酣歌偏惜琵琶伎"引起下段)。第二段("琵琶小伎珊瑚唇……青鸾塔畔忏他生")共九韵36句,写"反目"。再用一韵四句过渡("妆殿何心理残黛,空工皈礼应憔悴"结束上段,"已分猜嫌任狡童,谁怜调护来诸妹"引起下段)。第三段("弱妹盈盈隔瀚源,……万年公主竟归来")共五韵20句,写"调护"。又用一韵四句过渡("从此欢娱莫相弃,上如青天下如地"结束上段,"入贡还修子婿恩,降嫔莫负先皇意"引起下段)。第四段("回忆先皇草昧年,……春风弄玉在楼中")共五韵20句,写"永好"。从各段句数可以看出,"反目"是全诗的重点。我们赏析一下这第二段：

> 琵琶小伎珊瑚唇,歌舞朝朝粉态新。祭马每从青海月,射雕常从雪山云。可敦娇妒还猜忍,同昌那得犀躅忿。帐下才惊一骑来,杯中已见双蛾陨。短辕千丁恨驱牛,肠断狂夫泪莫收。自甘劓面哀红袖,不念同心叹白头。荆棘满怀相决绝,双重玉箸沾襟血。龙种宁同葱薤捐,燕飞欲作东西别。妾意君情各自流,鸳鸯文彩掩衾裯。却分蕃部西楼去,别是秋风北渚愁。黄沙深碛连天色,可怜相望谁相忆?千里金河怨别离,经年银汉无消息。八月穹庐白雪高,玉花寒枕梦魂劳。贩珠无复求朱仲,绿帻宁闻侍馆陶?海西沙门术何秘,白马迎来布金地。畏吾字译贝多经,龟兹乐奏莲花偈。灼烁禅灯著曙明,仙梵风飘夜夜声。黄鹄歌中思故国,青鸳塔畔忏他生。

第一韵"琵琶小伎"四句,具体写出了第一个过渡小段"酣歌偏惜琵琶伎"的内容,是从奥巴角度写的。第二韵"可敦娇妒"四句,写公主毒杀小伎,是从公主角度写的。第三韵"短辕千丁"四句,写奥巴的悲与恨,又从奥巴角度写。第四、五韵写夫妇分居,主要从公主角度写。第六、七韵写公主的孤苦心情。第八、九韵写她从僧念佛,自忏平生。可以看出,这个重点段的中心人物是公主,吴兆骞在这段中写了过程,特别着重写了公主的内心冲突。这种心理描写,有的是人物的内心独白,如"龙种宁同葱薤捐",回应了第一段的"自矜帝子金乡贵,不羡名王玉塞尊",写出了公主的骄矜,认为奥巴畏惧后金(清政权的前身)强大,不敢遗弃自己。可是后来被谪居西楼(辽国的地名),时间一长,她就"别是秋风北渚愁"了。这句用屈原《九歌·湘夫人》的"帝子降兮北渚"四句,写公主想望奥巴,盼望重圆。有的是作者陈述,如"可怜相望谁相忆",写公主想望奥巴,奥巴却完全忘了过去的恩情。"贩珠无复求朱仲,绿帻宁闻侍馆陶?"前句用《列仙传》:朱仲,会稽贩珠人,高后时,献三寸珠。鲁元公主私以七百金,从仲求珠,仲献珠四寸。这是说公主内心既苦闷,又赌气,不愿再梳妆打扮。后句用《汉书·东方朔传》:汉武帝姑母馆陶公主私通近侍董偃,武帝到馆陶公主后园饮燕,董偃绿帻(贱人服)随馆陶公主进见。这是说,公主虽恨奥巴,同时很寂寞、苦闷,却并不和近侍有什么苟且行为。"黄鹄歌中思故国",用《汉书·西域传下》:汉武帝以江都王刘建之女细君为公主,嫁乌孙(汉时西域一国)昆莫(乌孙王的名号)为右夫人。昆莫年老,语言不通,公主悲愁,自作歌曰:"吾家嫁我兮天一方,……居常土思兮心内伤,愿为黄鹄兮归故乡。"这是说公主最后对奥巴绝望了,只想大归。当然,这决不可能,因而只有"青鸳塔畔忏他生"。青鸳塔用《初学记》:须弥山(佛教传说的山名)有青鸳伽蓝(佛寺)。这是说公主打算长斋念佛以修来生了。

有人认为我国长篇叙事诗的特点是:重外在行动而不重内心冲突,从《浚稽辞》来看,吴兆骞是着重刻画中心人物的内心冲突的。这是对《长恨歌》、《圆圆曲》的继承与发展。还应看到《浚稽辞》并不只是多场面的迭印,而是既写了场面,又写了过程;既重视细节,又注意到故事的完整;并且在写实的基础上进行了虚构,如从官的挟弹鸣鞭,女骑的射生轻利,弱妹的千骑拥轩,都是想当然的。

我国诗歌的传统审美趣味,一向以抒情诗为主,强调含蓄、精炼,因而认为元稹、白居易的长篇叙事诗不免"浅白"、"繁冗"。正是由于这缘故,从吴伟业到吴兆骞,都在《圆圆曲》和《浚稽辞》这类歌行中,讲究对仗、转韵,力求富丽精工,铿锵悦耳。为了避免过露过直,他们着意用典。以《浚稽辞》说,用典不但频率高,而且处处切合公主。除前述有关公主的典实外,如"乌孙千马亲呈聘",用《汉书·西域传下》:"乌孙以马千匹聘(汉公主)"。"筑馆王庭奉义成",用《隋书·北狄·突厥传》:隋文帝开皇十七年,以宗女义成公主妻意利珍豆启民可汗。"自矜帝子金乡贵",用《魏末传》(见《三国志·魏志·何晏传》注一)何晏尚金乡公主。"同昌那得犀龃龉",用《新唐书·懿宗纪》:懿宗女文懿公主,郭淑妃所生,始封同昌。"相对殷勤向玉真",用《新唐书·诸帝公主》:睿宗女玉真公主,太极元年为道士,以方士史崇玄为师。这正切合本诗中公主与奥巴反目后,迎来海西沙门,从之学佛。"万年公主竟归来",用《晋书·左贵嫔传》:晋武帝女万年公主。"沁水园中歌吹尘",用《后汉书·窦宪传》注:沁水公主,明帝女。"春风弄玉在楼中",用《列仙传》:秦穆公以女弄玉妻萧史,为作凤台以居。这种用典,对彼时的读者——一般士大夫来说,自然不再会觉得这种诗"浅白"了。有些人认为《长恨歌》只用"小玉"、"双成"二典,而《圆圆曲》故实堆砌,认为是白胜吴处,而不知吴伟业以至吴兆骞正是为了避免"元轻白俗",才采取这种表现手法。总之,二吴,尤其是吴兆骞,简直是在运用精巧的格律诗的创作手法,把《浚稽辞》这类歌行写成另一种七言排律(其不同处只是排律一韵到底,而这种歌行则平仄韵互转;另则排律除首尾两联不对,其余皆自成对偶,而这种歌行则每韵的一二句不对),而且还夹以抒情甚至议论。这都是对白居易叙事诗的发展。

清中期的女诗人王兰修在《国朝诗品》中曾说:"吴汉槎瓣香梅村,能自立帜,《浚稽山辞》非梅村所能笼罩也。"我以为此诗超出吴伟业歌行范围之处,一是对题材领域的开拓,在此诗之前,没有任何一位歌行作者写过这种少数民族题材。如果我们注意一下,还会发现二吴这类歌行大都运用在宫庭贵族的题材上,如吴兆骞的三首七言歌行《白头宫女行》、《浚稽辞》和《榆关老翁行》就截然不同。而更难得的是,二,对主题的深化达到了一定的高度。所谓主题,就是此诗末段的"欲将玉女倾城色,远靖金戈绝塞天"。但这不是汉、唐那种屈辱的"和亲",正如此诗第一段早就指出的:"旧匹由来缔贺兰,和亲讵是因娄敬?"这就是杨锺羲所谓"世为肺腑,礼崇姻戚"。正由于这种政治联姻,使得中国领土上的各民族能结成一个友好的大家庭,所谓"三朝屡订施衿礼"、"今上弥敦兄弟欢",也正由于这种屡世友好,才能保持长期的互市:"异锦葡萄出帝家,名驹苜蓿通边市。"

四 "梅村体"传人之二——陈维崧

吴兆骞继承并发展了吴伟业的长篇叙事诗,陈维崧则继承并发展了吴伟业另一种七言歌行。吴伟业的七古有两种:一种是长篇叙事诗,"用元、白叙事之体,拟王、骆用事之法,调既流转,语复奇丽"[124];或称为"以《琵琶》、《长恨》之体裁,兼温、李之词藻风韵,故述词比事,浓艳哀婉,沁入心脾"[125]。另一种是"气格恢宏,开合变化,大约本盛唐王、高、岑、李诸家,而稍异其篇幅,时出入于李、杜"[126]。吴兆骞继承并发展的是前一种,陈维崧继承而加以变化的是后一种。

(一) 生平

陈维崧(1625—1682),字其年,号迦陵,江苏宜兴(古称阳羡)人。父陈贞慧,与冒襄、侯方域、吴应箕(或言方以智)并称明末"四公子",文采甚著,与阉党阮大铖斗,被捕几死。明亡后,埋身土室,坚守遗民气节。维崧自幼受此熏陶,亦重气谊而富文采。由于天才早熟,前辈多与为忘年交。与彭师度、吴兆骞同被吴伟业誉为"江左三凤凰"。入清后,家道中落,虽补诸生,而久不遇。自言因"才露性疏,动与物忤,神思诞放,窃为乡里小儿所不喜"[127]。于是客游四方,但仍因"才智诞放","当途贵游目之轻狂"[128],而穷途潦倒。明亡时,他才二十岁,直到康熙十八年,他五十四岁了,才应博学鸿词试,授检讨。在漫长的三十三年中,由于"赋性既疏庸,作人复坦率。才因贫贱退,老受饥寒聒。一身类人奴,万事同苟活"[129],其困顿之状可想。后来虽授职检讨,与修《明史》,不过四年,即以病卒,可说终身未曾得志。

其所以如此,即因思想感情与清统治者格格不入。易代之初,他深抱亡国之痛:"自鹿溪被难,皋里赴义,秋浦效田光之奇,云间秉刘琨之节,何尝不似琅琊登山,洗马渡江,无非触目,只切伤心者乎?"[130]鹿溪,即鹿溪渡,在浙江省衢州府江山县东二里。杨文骢,字龙友,有文藻,隆武朝为兵部右侍郎兼右佥都御史,提督军务。清兵攻衢州,杨氏与诚意伯刘孔昭共援衢,兵败被俘,不屈而死。鹿溪被难,即指其事。皋里赴义,系指吴易。易号日生,江苏省苏州府吴江县人,弘光朝任兵部职方,参史可法军事。南明亡,为清兵所俘,遇害于杭州。秋浦,县名,即今安徽贵池县。吴应箕,字次尾,贵池人。弘光政权为清所灭,应箕起兵应金声,败走山中,为洪承畴所获,慷慨就义。云间,指陈子龙。子龙,字卧子,南明亡,结太湖兵欲起义,事泄被擒,乘间投水死。这些志士(吴应箕、陈子龙还是维崧的业师)的牺牲,给维崧的影响是巨大的,他之所以长期不与清统治者合作,就是因为这个缘故。但是,时间一过久了,地主阶级士大夫的本质,终于使他和同样代表地主阶级利益的清政权,由对抗而转为合作了。他的思想感情逐渐和明遗民们拉大了距离。到了康熙十七年,他就徵京师,除夕前曾去拜访被迫应徵的傅山。这位老遗民责怪:"盛世偏修聘士仪,老夫滥被徵车宠。儿扶孙曳还仗谁?此事商山真作俑!"他却劝对方"勿浪恐",因为"即今谁恨骥伏枥,畴昔争看蚕出蛹"。这是说,当代已有伯乐,可以人尽其才,才尽其用了。伯乐是谁?就是清廷的圣君贤相:"黄扉燮理尽大贤,上有至尊坐垂拱。"所以,你这山西老儿一定要顽梗不化,那也没有什么了不起,"蒲轮会见送翁归",不在乎你一个。[131]这就难怪在次年另一首五古中,他歌颂清廷的诏令各行省荐举博学鸿儒:"中朝欻求贤,轺车遍林莽"[132];还欢呼清帝的以孝治天下:"我朝体群臣,树业甚宏达。吾皇敦人伦,寰宇遍煦沫。君亲讵二理?忠孝原合辙。"[133]这还不算,他还要求好友李子德去做劝降工作,劝导那些在军事上坚持反清的志士们归顺清朝:"秦关逼巴栈,频岁高战骨。至今洮陇间,土花尚凝血。君其卧西州,调护诸豪杰:聂政仅鼓刀,许身因母决。男儿管乐俦,宁惟效明哲?"[134]其所以如此,是因为仇视农民起义。康熙十九年他有一首诗,可以看出他对明末农民军的深仇大恨:"公(指同修《明史》的冯再来)纂叛贼传,体核气力完。夔魖遭刻画,梼杌愁雕剜。明季紊其纲,连营蠹盘盘。遂令砾跖辈,昼夜镝人肝。公文著殷鉴,犀锐谁能干?安得请他作,画为陈金銮。"句下自注:"先生有李自成、张献忠二传。"[135]他把根治农民军的希望寄托给清政权,难怪他终于衷心地拥护他,欣然出仕新朝了。

但是,官职对他来说,也并不真正愉快。不错,开始他很高兴:"我今遭际本意外,一身甘受朝衫羁。"[136]后来渐渐感到这撰修《明史》的馆职颇违初衷,因为"人生作官要济物,不尔受禄何为耶?惭予娓娓涸铅椠,鲁鱼亥豕徒纷挐"[137]。最后这种积闷喷薄而出:"三载涸长安,蹙蹙鸟在笯。平明开九门,唵呷盛纨袴。期门羽林儿,肥者白如瓠。青丝络马头,挥鞭有馀怒。搕人狭巷间,逼仄不使度。问尔何官职,视尔疲行步。良久得官名,戟指揶揄去:'尔曹在世上,穷薄天所赋!'归来色死灰,凄哽仗谁诉?"[138]做冷官,受闲气,这种滋味,今天的读者恐怕不易理解,而他性格狂傲,当然受不了满洲侍卫对汉官的欺侮;但受不了也得受,这已经使他愤懑了。而更使他的自尊心受到侮辱的,是"官任百僚压"。由于他不是由正途进,即不是通过科举取得官职的,"匪缘帖括进,或作优俳狎。诡诡面嘲诙,汹汹背盟欱"。这么一来,自己简直是"懦夫畏颠蹶,一步一夔峡"。于是他悠然思返初服,即挂冠归里了。但是,"当归浪得名,缩地苦无法"[139]。他就这样陷在矛盾心情中,不久即以头痛卒于河南,享年才五十八岁。

(二) 诗学源流

维崧自言:"忆余十四五时,学诗于云间陈黄门先生。"[140]这时,他"好《玉台》、西崑、长吉诸体"[141]。和陈子龙一样,"云间七律,多从艳入"[142]。也和吴伟业一样,"从香奁体入手"[143]。崇祯十五年,他十八岁时,和云间派的核心人物李雯畅谈诗歌创作问题,从此,"心慕手追,在云间陈、李贤门昆季、娄东梅村先生数公"[144]。正如他在《酬许元锡》一诗中所说:"嘉隆以后论文笔,天下健者陈华亭。梅村先生住娄上,斟酌元化追精灵。忆昔我生十四五,初生黄犊健如虎。华亭叹我骨格奇,教我歌诗作乐府。二十以外出入愁,飘然竟从梅村游。先生呼我老龙子,半醉披我赤霜裘。"[145]这时,他已超越从前所学的《玉台》、西崑、长吉诸体,而上溯至初、盛唐以至汉、魏:"五言必首'河梁'、建安,七言必首垂拱四子以及高、岑、李、杜,五律贵王、孟,七律善学维、颉,排律沈、宋最擅其长,绝句王、李独臻其胜。"[146]此时创作重点在七律与七古。对这两种诗体的源流及手法,他结合自己的创作实践,提出"音节圆亮"、"境地缥缈"两个原则。他说:"夫诗,一贵于境地,二贵于音节。音节圆亮,七律便属长城;境地缥缈,七古乃为合作。"[147]特别值得我们注意的是如下意见:明前七子领袖之一何景明"深慨长歌一道,杜陵不如四子。仆(维崧自称)初守此议,窃效季路终身。既而思之,终有未尽"[148]。这说明他和吴兆骞不同。吴主要继承"梅村体",特别学习唐初四杰的章法,所谓"四句一转,蝉联而下,特初唐人一法"[149]。维崧则摆脱这种格式,立意向上,学习伟业的另一种歌行手法:"必也静如玉洁,动若玑驰。徘徊要眇,便娟依迟。譬之大海安澜,澄莹皎彻。明镜如拭,千里一色。继则鱼龙夭矫,珊瑚络驿。鲛人怪物,波委云属于其际。卒之江妃一笑,万象杳冥。老子犹龙,成连移我矣。"[150]这种七古显然是伟业学杜、韩的一种。伟业这类七古虽学杜、韩,却具有自己的特色:"情韵双绝,绵邈绮合。""前无古,后无今,自成为梅村之诗。"[151]缺点是"未免肉多于骨,词胜于意,少沉郁顿挫、鱼龙变化之巨观"[152]。尤其是"气稍衰飒"[153]。维崧继承伟业这种手法,却特别注意"以气为主"[154]。他晚年之所以"多学少陵、昌黎、东坡、放翁,而诗又一变"[155],除了在京任职时,受清初宗宋派的影响,"与当代大家诸先生上下议论,纵横奔放"[156]外,和他本人性格清狂磊落有关系,也和他长期"流浪戎马,纠缠疾病,幽忧瞀乱,无所不至,又常涉历于人情世故之间"[157]有关系。所以,他在学唐时期,对于诗作就"要期深造,务协天然,而又益之以风力,极之以含蕴"[158]。这样重视"风力",正是为了弥补伟业歌行以至全部诗作的不足。而到了晚期,他就更自觉地学习杜、韩,做到"新诗钩棘不妩媚"[159],与伟业诗大异其趣。而人们也欣赏他:"一从杜韩不在世,识君笔阵森开张。"[160]

由于他主张作诗要"涵泳乎性情,神系乎治术"[161],"文章以心术为根柢,德行以藻采为锋锷"[162],坚持儒家的政教说,所以,他和云间派、虞山派及娄东派其他人一样痛斥竟陵派："五六十年以来,先民之比兴尽矣。幼眇者调既杂于商角,而亢厉者声直中乎鞞铎。淫哇噍杀,弹之而不成声。夫青丝白马之祸,岂侯景、任约诸人为之乎？抑王褒、庾信之徒兆之矣！"[163]这种论调,和钱谦益诸人如出一辙。

另外,他的诗学虽然出自云间、娄东,而对这两派末流之弊也极为不满："夫诗莫盛于今日,亦莫衰于今日。惟极盛,所以为极衰也。数十年来,陈黄门虎踞于前,吴祭酒鹰扬于后,诗学复兴,天下骎骎盛言诗矣。然上者饰冠剑,美车骑,遨游王侯间；次者单门穷巷之子,窃声誉,博酒食,沈约、江淹,割裂几尽,甚者铜丁花合,刺刺不休焉。"[164]

维崧友人李澄中认为："其年少与陈卧子、李舒章游,其持论多祖述历下(李攀龙),中年始穷极变化。"[165]这说的是他的古文和骈文,但也可用来论他的诗。后来嘉庆年间的舒位又说："检讨诗派出自陈黄门、吴祭酒诸公,春华秋实,顿挫淋漓；洎于通籍,远趋昌黎,又时时染指苏、黄,亦自豪雄峭拔。"[166]这是符合实际的。因为维崧临终时亦自云："吾诗在唐、宋、元、明之间。"[167]从这点说,他和吴伟业、吴兆骞都是不同的。二吴诗纯为唐音,不入宋调,维崧则"转益多师"。其中的关键,就在于他强调作诗必须气盛。这就使他必然走向韩愈、苏轼以至陆游。可贵的是他基本上避免了韩、苏的槎枒粗疏,而尽量吸取唐人的风华秀缛(也是吴伟业诗歌的特色)。这样做的结果,就使得他的诗"最风秀有骨力"[168]。这对娄东派来说,可称为真正的传人,与二吴各有千秋。

(三) 诗歌特色

吴伟业、吴兆骞都长于七律和七古,陈维崧亦然。试看下列陈诗各体篇数：五古135首，五律82首，五排4首，五绝3首，七古165首，七律215首，七排2首，七绝174首。由此可见他重视七古和七律的创作，而七绝五古次之。

从现存诗篇看，其内容是多方面的。前期颇多思念亡明之作，正如舒位所说："陈其年七言歌行，道胜国时事，激昂悲慨。"[169]但现存《湖海楼诗集》所收诗自顺治十八年起，即其三十七岁后的诗，前此之诗尽删，思明之作所存无几。晚清的陈衍曾指出："道、咸以前，则慑于文字之祸，吟咏所寄，大半模山范水，流连景光。即有感触，决不敢显然露其愤懑，间借咏物、咏史以附于比兴之体，盖先辈之矩矱类然也。"[170]维崧正是这样。卷一《读史杂感》二十首，全咏明末清初时事。有的自伤家门衰落和自身潦倒，如其一的"不堪漂泊干戈际，憔悴桓郎斗鸭栏"，其二的"耻从马槊竞勋阶，生世风尘事岂谐？"其三的"蹇予匡鼎惭无补，十载穷经枉揣摩"。更多的是咏叹南明政权的灭亡，如其二的"青史伤心到怀愍，犹记永嘉南渡日"。有责弘光朝欲岁奉金帛与清廷议和者，如其四的"庙堂岁币如长策，杼轴东南恐不胜"，又如其六"河伯宫开惟娶妇，井公台好只挎蒱"一首，指斥弘光君臣晏安以致覆败。其十四"碧鸡主簿到炎方"一首写孙可望拥永历帝事。其十八"白浪青磷战气高"一首写郑成功、张煌言以水师围金陵，功败垂成。其七"鄂杜山南酷暑烦"一首写皇太极征途殒命。其十七"开门一战捷书收"一首写吴三桂之平西。其十"吴质翩翩白麈郎"一首写吴兆骞以科场案远戍宁古塔。在这些借古喻今的诗中，敌忾之情是明显的。康熙元年所作，如"曲江旧事吞声甚，野老分明见劫灰。"[171]"百年离黍春前恨，头白逢人说宪王。"自注："牡丹洛阳第一，当时周宪王藩府初开，颇极一时之盛。自河决汴梁，故宫失守，旧事不可问矣，因对花及之。"[172]悼念故国之情，简直赤裸裸地表现出来了。

然而这种感情后来就日益淡化了。康熙二年,因为"两战两不收",科举失败,他就决定曳裾侯门,然后"愿言一谒帝"[173]了。他究竟是功名中人,在明代本一布衣,则入新朝而求仕,即遗民如冒襄也是赞成的,因为按照惯例,明遗民一般原不要求其子孙守节的。

其次,是关心民瘼的。现存诗集中,康熙六年以前的一首也没有。就是说,入清后二十三四年,没有写过一首直接反映民生疾苦的诗。这是不可能的,很可能是选编卷一的龚鼎孳、吴伟业等人怕触时忌,全部删除了。卷二是施闰章等人选编的,施氏最喜作诗揭露时弊,因而也选了陈维崧这方面的作品。第一首就自标"新乐府",以示继承白居易的讽谕传统,题为《开河》,写大旱之年,河床龟坼,尽管"千夫畚锸竞邪许",可是"那得河中一杯水",结果,"岢峨大艑"的"官舱骂吏吏骂夫"。吏骂夫:"尔曹饱饭何为乎?""河夫闻言泪双堕:'家贫路远夫常饿。'"试问,"河干田焦冬复春",农民不但不能自救,还要被逼来为官舱开河,这是什么世界!《清明虎丘竹枝词》之二:"神前呵殿隶人忙,绣勒珠牌七宝装。赢得村农争走匿,昨侬曾见汝催粮。"用敲扑得来的民脂民膏佞佛求福,这种揭露也很深刻。其他如康熙七年所作《大水行》、《长安老屋行》、《地震行》,都对天灾人祸所加于穷民的苦痛作了形象的反映。《巩洛道中书所见》描写河南窑洞居民的简朴生活,认为这些劫后馀生在"寰宇清"、"欃枪灭"之后,从此"任运无曲折,饱饭过残年",便是最大幸福。康熙九年所作《南阳怀古八首》之六,"乱冈凭碣记田畴"句下自注:"道上桓碑林立,大都新垦荒田记。实则一望皆黄茅白苇,绝无所谓田也。"《宛城咏古》之三:"荒途一直视,旷野惟白杨。骴骼冒树根,淫潦污纵横。"都反映了清开国后已二十馀年,民生还是这样凋敝。值得注意的是诗中的忧思中含有一点新成分:"人民糜烂尽,姓氏登旗常。"接着他发问:"如何用人命,藉以成侯王?"这和黄宗羲在《原君》里所指斥的"屠毒天下之肝脑,离散天下之子女,以博我一人之产业"观点一致。诗集卷七有《寄黄梨洲先生求为先人志墓》一诗,内称:"平生先子胶漆友,……晨星落落只翁在",可见维崧对这位父执是尊仰的,思想上受到影响就是必然的了。至于康熙十一年所作《(元月)二日雪不止》:"新年雪压客年雪,昨日风吹今日风。豗声只欲发人屋,骇势苦遭飑满空。田夫龟手拾马矢,邻媪猬缩卧牛宫。安得普天免冻馁,白头蹇拙甘途穷。"这更显然有杜甫的忧念黎元的襟抱了。《咏雪用昌黎韵》:"楚豫三年旱,淮扬合郡灾。所忧关粟麦,谁免诉瓶罍。"把下民贫困和最高统治者挂上钩。康熙十七年写的《寿大司农梁苍岩先生》之二有"谁诉闾阎贫到骨"句,康熙十八年《送毛亦史游山左》有"满目流亡忧不细"句,都反映出这位寒士的悲悯。而《送邑侯张荆山之任》更是为民请命之作:"自从军兴后,民气大驳踦(杂乱)。树树啼猩鼯,村村沸蛙黾。昨年解战船,拽绝千牛靷。前年送军粮,十室九室尽。今年旱暴尫,赤地足悲悯。两汍(水边枯土)亦焦枯,厄运到蛟蜃。里正乱咬人,掉头类秋隼。明知骨髓干,苦说租庸紧。"这时他已名列朝班,职授检讨,却还这样"激为危苦辞",和同时的王士禛对比起来,不能不承认这个久苦沉沦的寒士,对穷民确有发自内心的同情,人道主义的同情。他不但自己"激为危苦辞",也要求别人这样。康熙十九年,他称道好友惠元龙"迩又愤时艰,触口肝胆露。……激为危苦辞,刺彼闾阎蠹"[124]。在送江苏同乡回家时,他所关心的是:"昨岁火龙怒,焦尽江淮田。今年水怪横,轰豗泻长川。嗟哉此邦人,频岁愁颠连。"[125]康熙二十年是他去世前一年,他还殷殷劝勉担任地方官的本家说:

135

"粲粲元道州,迢迢唐以还。恻恻舂陵诗,千载谁敢删!后人视苍赤,驱束同蓁菅。未尝无子遗,是讵与我关?江东郡十四,处处嗟凋残。市驵豪舞文,府史大作奸。"在这样情形下,他寄希望于地方官:"牧伯得其人,庶几可廉顽。……知公奭斞(充满)元气,挹注遍阛阓。"[176]

陈诗内容较丰富,除上述两种外,还有抒写身世之感的,慨叹抱负成空的,更有反映其纵情酒色的。纵观他的诗,读者会感到它的最突出的特色是:真。一切喜怒哀乐都发自内心,决不作无忧而戚、无病而呻之态,这实际是晚明士风的表现。正因为维崧富有这种独具个性特色的真,所以必然形成其笔势之豪。狂傲的性格,用世的怀抱,时代的巨变,遭遇的坎坷,这一切汇成他的炽热而真诚的感情,自然而然地蕴结为丰富的想像,通过他的奔放的才情,从笔下发泄出来。当然,这里有一个发展过程。任元祥是他的好友,曾批评他的诗有才无情,仓卒取办,好何、李、云间而不知宗杜。[177]其实这指的是早年之作,具体表现为喜叠韵,如作《梅花百韵》,"绝无意境、气格、篇法,但点缀词藻,裁红剪翠,饾饤故实,征事填书,虽字句修饰鲜妍,究无风旨,亦终不免重复敷衍"[178]。但是这种"魔趣"逐渐被清除了,现存诗集已经看不到这类作品。现在所看到的,无论是古体还是近体,都是"才笔超妙,诗多疏逸之致"[179]。

先谈他的七律,一个突出特色是:时杂宋调,每以古体之气行之。试看其《送毛亦史游山左》:"夜来玉戏太漫漫,早起开门雪又干。子作急装何所向?我凭软语一相宽。即防俭岁低颜面,且对穷交罄肺肝。满目流亡忧不细,乾坤去住总艰难。"这是杜甫沉郁之调,跌宕排奡,横绝一世,形式上是七律,而且是正格而非拗体,实则纯以古体气势运行其间,章法也是叙事的赋体,毫无唐人比兴手法。这样的诗作最能体现维崧的性格,也只有这样写，才能充分表达出他的深挚的情思。拿这种七律和吴伟业、吴兆骞的相比，我们会感到伟业的太纤柔丰缛，不如他的老健疏放；而兆骞的虽有气势，仍未免镂金错采，文胜于质。看来娄东派确应诞生一个陈维崧来起衰振弊，合唐、宋而一之。

再看他的古体。吴伟业称维崧"深于七古"[180]。徐世昌则一面肯定陈于七古"最为擅长"，一面却指出其七古"出入杜、苏"[181]。这就是说，他和出于四杰及元、白的吴伟业不同。那为什么人们历来把湖海楼诗看成梅村诗派的一面旗帜呢？原来，维崧的七古，从现存的看，虽然没有长篇叙事诗，但他的歌行，重辞藻，工对偶，这正是梅村歌行的特征。难能可贵的，是他在这一基础上，根据自己狂放好奇的个性，爱用险韵，而运以单行之气。试看其《奇赠园次》(作于康熙十七年)，多用险韵，如"青山绿水旧官长，漫郎聱叟新阶衔"，"狂深讵肯受束缚，洁极乃或丛讥谗"，"姑胥崎丽美无度，使君跌宕谁能监"，"屋头洞庭雪曇曇，篱角邓尉花掺掺"，"千杯已见笑眼缄，七字忽破歌喉缄"，"高吟凤毛迭赓唱，烂醉蛮素争扶搀"，"遥怜胜侣色先怅，更忆故国涎尤馋"，"细梅小受玉手摘，碧鲈恰待霜砧剿"[182]，凡此八联，用韵皆险，平仄亦拗，而对偶工切，其虚字转折处，如"讵肯"、"乃或"，尤富散文韵味。

与此相反，又有全诗运以散文章法，中间插入数联偶语的，如《题石坞山房图为王咸中赋》："谁携一幅石坞画，邀我闲吟石坞诗。石坞溪山我旧识，往往梦中时遇之。"以下就用偶句写石坞溪山："渔村樵舍雨漠漠，药苗橘刺烟差差。稻畦积叠炼师畈，芋亩错置仙人棋。"然后又用散句写："忆我从师受经义，总角训诂研书辞。师家正嵌尧峰巘，连山骇若奔潮驰。抛书饱饭腰脚健，手扪萝葛为遨嬉。山下石湖更清泚，东风吹皱黄玻璃。"在此又用偶句："时摇茶艇乱花艇，小动菱丝牵钓丝"，极写遨嬉情趣。接着又是散句:"别来光景已隔代,昔游兔脱谁能追?闻君斥买数弓地,架屋恰在山之陲。"又转偶句:"日暖渚禽啼啄木,风轻粉蝶飞入篱",写出新居景色。下又为散句:"邻人百辈杂齈鼬,凿山铲嶂穷宵曦。"又以偶句写凿铲情形:"雕镂窈窕作瘢痏,刲剔彩翠成瑕疵。"下面又是散句:"青山笑君颜面黧,君亦调笑青山痴。"下面用偶句写调笑:"送向高坟作羊虎,枉却正骨蟠龙螭。"以下大段散句:"山灵苦君恶嘲弄,令汝无故来京师。京师雪后泥一尺,遭我为诉怀乡悲。摩挲更开绿板匣,出画视我添嗟咨。"至此转用一联偶句:"柳绵渐堕鳖鱼觉,杏颖欲破流莺知。"这是观画怀乡的联想亦回忆。以下全是散句:"家山大好合归去,看画讵必真疗饥?只愁山灵要君恼,乱云封谷归难期。归须拜石谢不敏,前言戏耳诚当治。春山怜汝回薄怒,重揄秀鬐描修眉。娟然流盼一相顾,与汝永好无乖离。"用拟人手法写出归隐的情趣,一波三折。

他的长歌每兼叙事、议论、抒情而一之,所以叙事不作细节刻画,典型例子是《除夕钞〈战国策〉,戏作长句》。它是这样开头的:"晨窗未白风叫号,吹折屋角棕榈梢。意似欲卷岁华去,非止刮我三重茅。"这样点出除夕,不但巧妙,而且气势雄伟。"此时长安马上子,怒蹄蹙踏花鬉摇。不知从奴手何物,但见赤㡡浓裹包。婆人馈岁亦不废,匀酥制饼溲枣糕。岂惟微贽出白磨,亦用雉兔供煎炮。纷纷衢巷竞相织,语声乱与风声鏖。"这是写京城中贵家贫户纷送年礼,末句与开头呼应,首尾完整,自成小段,并与下述己况对比。"吾庐阒若独无事,眼看冻雀蹲堂坳。"这是过渡,并与上下诗意作强烈反比。"忽然勃豀满门限,煤逋米券纷嘈嘈:'官今作人有阶职,何为瑟缩悭钱刀?'鞠躬缓颊谢不敏:'我实贫薄天所操。今年纵去有来岁,尔辈慎勿轻讥嘲。'"人皆送年礼,我独被债逼,通过一番对话,反映出自己的耿介。如果自己也肯奔走势利,何至今日受市侩的讥嘲?"须臾渐散户庭迥,万事拨置千牛毛。"这是又一过渡,转到钞《战国策》上来。"故人曾惠官库纸,价压澄心兼薛涛。纸肤莹夺女儿滑,砚眼碧作秋鹰䍐(凹)。比来颇喜《战国策》,涤砚劈纸为誊钞。鲍彪高诱注琐碎,苏秦陈轸谈纷呶。此皆堀门卷枢士,细如虫豸如蜻蟧。及乎伸眉一论列,礌硍摆划翻螭蛟。人生激昂在志气,老庄淡泊宁吾曹?吾思当日著书者,想亦感念平生遭。"从准备钞写到大发议论,末句一收,正与上段逼债讥嘲相应。以下写钞书:"杰然放笔一横写,轩若猛箭离弓弰。我书字觉自粗丑,纸上蛇蚓徒蟠交。只愁两手洴澼洸,作苦还赖松花醪。涂完十幅已曛黑,粜盆(除夕燃火炉于门外)万户如山高。桃符爆竹莫相恼,明日明年吾早朝。"以抒情的自嘲结束,似乎从明天元旦起,他决心也去追求富贵,再不学老庄淡泊了。但这显然是反话。

正因为维崧本身洋溢着奇气,他的长歌也喜欢描绘奇人奇事,如五古《赠泗州戚缓耳》。为了加倍烘托出戚生的奇,他先描绘"畸人黄九烟",说此人"介性最崚嶒,豪气极抖擞。道逢磬折辈,挥弃等唾洩。当其脱略时,酣叫无不有。生平爱热饮,冷呷便哕呕。奈何吴下俗,偏提(酒注)不幕首。裂眼诟童奴,大声𠹗雷吼。坐成一世狂,横失几坊酒。"这么一个狂人,却特别欣赏戚生:"为余(维崧自指)说贤豪,落落只谁某。第一泗戚生,才气压侪偶。"这就使读者急欲一睹戚生其人的奇行了。然而作者并不直接写戚生,却著力刻画戚生所居之地:"垒犹(古地名,即今江苏宿迁县)古迹多,崖门赭而黝。孤城漫一洼,老树僵千亩。何年五色瓦,杂用覆酱瓿!番然秃翁仲,石老亦粗丑。铜驼脱辔缰,支祁掣械杻。竟令淮泗间,水怪满林薮。临风一摩挲,泪学玼珠泻。"这是写景,更是写人,写奇才被遗弃草野间,因而作者为之痛哭。下面才写到戚生相访,快读其诗,以两句状其诗之奇:"郁律骋蛟螭,飒沓蟠蝌蚪。"却用更多笔墨写其取字之奇:"一语戏问君:'万事本刍狗。恒闻盗跖言:童稚迄老寿,屈指一月中,几朝开笑口?今君曰莞尔,于义定奚取?讵多笑疾耶,或者陆云后?'君益大咍台,冠缨绝八九。"正面写戚生,就是最后两句。但通过诗人的戏问以及戚生的更加大笑,读者已可悟出这是对世态的嘲笑,类似归庄的《万古愁》,都是明末士风的畸形表现。

诗溢豪气,正是才人之诗。《辍锻录》说得好:"才人之诗,崇论宏议,驰骋纵横,富赡标鲜,得之顷刻。"维崧的歌行正是这样。有意思的是,他"虽主气势",而又"间出秀语",不是"全豪",更非粗豪。他"叙述情事"不是"太明直",而能"参差,更附景物"[183],"其发端必奇,其收处无尽。音节琅琅,可歌可听"[184]。

陈维崧在词坛上开创了阳羡派,因而在词史上负盛名,诗名相对地被削弱了。有些人甚至薄其诗为不足道,如杨际昌说:"其年诗知否各半。予观其集,歌行佳者似梅村,律佳者似云间派,大约风华是其本色,惟骨少耳。"[185]朱庭珍说:陈"诗宗法面目不脱七子气习,但非专门,亦不必以诗家绳之"[186]。这种说法,说明两位论者只看到了他的前期作品,而不是从发展看,更没有从全面看。我同意下述诸人的看法。

一个是周大枢,他说:"阮亭词工于诗,陈检讨诗工于词。……故尝谓闲淡历落之才,其人宜于诗。……其年诗最风秀有骨力。"[187]一个是沈德潜,他说,陈维崧"诗品古今体皆极擅场,尤在四六与词之上"[188]。另一个是舒位,他指出:陈诗原出娄东,"通籍后所作多近宋体,然犹是梅都官集中上乘,而世顾艳称其词,真不可解。裘文达日修题《填词图》云:'文如徐庾当时体,诗比苏黄一辈贤。却被晓风残月误,头衔甘署柳屯田。'可谓迦陵知己,为文苑定评"[189]。

我认为陈氏的诗与词各擅其美,我们不必互有抑扬。但它们的主旋律确更富于阳刚美。钱锺书曾说:"和西洋诗相形之下,中国旧诗大体上显得情感有节制。说话不唠叨,嗓门不提得那么高,力气不使得那么狠,颜色不著得那么浓。"[190]恐怕陈维崧有些例外,尽管他也讲含蓄,讲蕴藉,但嗓门是高的,力气是狠的,颜色是浓的。法式善就指出过:"诗有字外出力者,如陈其年维崧之'急雪稀闻喧社鼓,回飙时一送邻钟'。"[191]这例句很好,写出了力度,却不失其含蓄美。至于嗓门高,颜色浓,前文多已论及。陈诗这种风格,对后来诗坛的影响是健康的,它使更多的诗人考虑如何走唐、宋诗结合的道路。

注　释

[1][41][76]　《国朝诗话》卷二

[2][3]　《家藏稿》卷三一《周子俶东冈稿序》

[4]　《家藏稿》卷三六《黄观只五十寿序》

[5]　《家藏稿》卷三六《彭燕又五十寿序》

[6]　《吴梅村先生行状》

[7]　《梅村诗钞小传》

[8][37]　《越缦堂读书记》八《文学类·梅村集》

[9]　《清诗纪事初编》上

[10]　顾师轼《梅村先生世系及年谱》引

[11]　《广阳杂记》

[12]　《茛楚斋随笔》卷八

[13][40][73][74][99]　《清诗纪事初编》卷三

[14]　《书梅村集后》二首之二,见《静便斋集》卷八

[15]　《榆下说书》第一二六页

⑯ 《吴诗集览》附录"谈薮"下

⑰ 《吴诗集览》附录"谈薮"上

⑱ 《雪桥诗话》馀集卷七

⑲ 《清史稿·陈之遴传》

⑳ 《阎古古集》附张相文《阎古古年谱》

㉑ 《擘帨卮谈》

㉒ 《清史列传·贰臣传乙》

㉓ 《吴诗集览》凡例第十三

㉔㉟㊱㊻㊿㊽ 《瓯北诗话》卷九

㉕ 《鲒埼亭集》外编卷三十《读陆太仆年谱》

㉖ 《论诗绝句·吴梅村》

㉗ 《香祖笔记》

㉘ 《家藏稿》卷五四《致孚社诸子书》

㉙ 《家藏稿》卷二八《傅石澌诗序》

㉚ 《家藏稿》卷二八《宋直方林屋诗草序》

㉛ 《家藏稿》卷三十《董苍水诗序》

㉜㊻ 《家藏稿》卷二八《彭燕又偶存草序》

㉝ 《家藏稿》卷二九《宋牧仲诗序》

㉞㊷ 《梅村诗话》

㊱ 《晚晴簃诗话》

㊳ 《晚晴簃诗汇》卷二十"吴伟业"下

㊴ 《吴诗集览序》

㊸ 《昭昧詹言》卷十二

㊹ 《旧唐书》卷一一六元稹传

㊺ 《容斋随笔》卷十五

㊻㊿ 《家藏稿》卷二八《龚芝麓诗序》

㊽ 《家藏稿》卷二八《宋尚木抱真堂诗序》

㊾ 《家藏稿》卷三十《太仓十子诗序》

㊿ 《家藏稿》卷五四《与宋尚木论诗书》

142

(52) 谢国桢《明末清初的学风》第七十三页

(53) 《赠吴锦雯兼示同社诸子》

(54) 《分甘馀话》

(55) 盛美娣《从梅村体谈吴梅村的诗——简介〈吴梅村诗选〉》,见香港《文汇报》一九八七、六、二一

(56) 《仿元遗山论诗》

(57) 《纯常子枝语》卷五

(58) 《三别好诗》之一,见《龚自珍全集》第九辑

(59) 《冬日阅国初诸家诗,因题绝句八首》之一,见《小雅楼诗集》

(60) 《拜经楼诗话》卷四

(61) 《围炉诗话》卷六

(62) 《清代闺阁诗人徵略》卷八

(63) 杜濬《变雅堂集·祭梅村吴先生文》

(64) 《诗品序》

(65) 《文心雕龙·风骨》

(67) 《筱园诗话》卷二

(68) 《筱园诗话》卷三

(70) 《家藏稿》卷三十《邹黎眉诗序》

(71) 《雪桥诗话》续集卷二

(72) 《晚晴簃诗汇》卷二一

(75) 《国朝诗话》卷一

(77) 《晚晴簃诗汇》卷七九

(78) 《晚晴簃诗汇》卷八五

(79) 《晚晴簃诗汇》卷八八

(80) 《南野堂笔记》

(81) 《梧门诗话》

(82) 《晚晴簃诗汇》卷一一四

(83) 《晚晴簃诗汇》卷一一六

(84) 《蜨阶外史》卷二

(85) 《晚晴簃诗汇》卷一二八

(86) 《晚晴簃诗汇》卷一三三

(87) 《晚晴簃诗汇》卷一三四

(88) 《晚晴簃诗汇》卷一五八

(89) 《晚晴簃诗汇》卷一七四

(90) 《晚晴簃诗汇》卷一七八

(91) 《晚晴簃诗汇》卷一八〇

(92) 《晚晴簃诗汇》卷一八二

(93)(95)(96) 《梦苕庵诗话》

(94) 陈夔龙《梦蕉亭杂记》卷二

(97) 萧艾《王国维诗词笺校》第四十四页

(98) 《晚晴簃诗汇》卷一四五

(100) 《晚晴簃诗汇》卷二十

(101) 转引自钱基博《现代中国文学史》第六十二至六十四页

(102) 汪琬《说铃》

(103) 袁景辂《国朝松林诗徵》卷三

(104) 《秋笳集》附录《答徐健庵司寇书》

(105) 《秋笳前集序》

(106)(109) 《清诗别裁集》卷五

(107) 《随园诗话》

(108)(111) 《筱园诗话》卷二

(110) 《清诗纪事初编》

(112) 《四库全书总目提要》卷一八二

(113) 《秋笳集跋》

(114) 计甫草评《秋感八首》,见《秋笳前集》卷五

(115) 冯时可《雨航杂录》

(116) 《晚晴簃诗话》

(117) 《清史纪事本末》卷三

(118)(119) 《清史稿·洪承畴传》

⑳㉒㉓　《雪桥诗话》续集卷二

㉑　《国朝诗人征略》二编卷三

㉔　《吴诗集览》卷四上"七言古诗之一上"注引袁枚语

㉕㊾㊻㊽　《筱园诗话》卷二

㉖㊿　《吴诗集览》卷四上"七言古诗之一上"引张如哉语

㉗　《湖海楼文集》(以下简称文集)卷四《与蒋大鸿书》

㉘　文集卷四《上龚芝麓先生书》

㉙　《湖海楼诗集》(以下简称诗集)卷六《上大司寇蓼翁宋老夫子五言古诗一百二十韵》

⑬⓰②　文集卷四《与张芑山先生书》

㉛　诗集卷六《除夕前二日同储广期过慈云寺访傅青主先生》

㉜　诗集卷六《送同年李子德终养还秦中》之二

㉝㉞　同上题之四

㉟　诗集卷七《画少司寇冯再来先生册子三首》之二

㊱　诗集卷六《寿冒巢民先生七十》

㊲　诗集卷六《送史省斋观察衮东》

㊳⓱④　诗集卷六《送惠元龙南归》

㊴　诗集卷六《除夕烛下读阮亭、牧仲诸公冬夜联句即事,戏和其韵》

㊵　文集卷一《许漱石诗集序》

㊶⓱④⓱⑥⓱⑦⓱⑧⓱⓪⓱⑦⓱③　同上卷四《与宋尚木论诗书》

㊷　《明诗综》引钱瞻百语

㊸㊾③　《瓯北诗话》卷九

㊺　《清诗别裁集》卷十一,《湖海楼诗集》未收

㊾　《茞原说诗》

㊾④⓱①　《晚晴簃诗汇》卷四五引杨西禾语

㊾⑤㊾⑥⓱⑦　陈维岳《湖海楼诗集跋》

㊾⑦⓰⓪　诗集卷八《黄秋水新婚索诗,辄题长句赠之》

⓰①⓰④　文集卷一《许九日诗集序》

⓰③　文集卷一《王阮亭诗集序》

145

⑯⑤　李澄中《湖海楼文集序》
⑯⑥　《瓶水斋诗集·论诗绝句序》
⑯⑧⑱⑦　《湖海文传》周大枢《调香词自序》
⑯⑨⑱⑨　《瓶水斋诗话》
⑰⓪　《小草堂诗集序》
⑰①　诗集卷一《三月三日,庭中牡丹盛开,同家半雪赋》之一
⑰②　同上题之二
⑰③　诗集卷一《将发如皋,留别冒巢民先生》
⑰⑤　诗集卷七《送侯大年还嶂》之二
⑰⑥　诗集卷八《赠江宁家转庵太守》
⑰⑦　《清史列传》卷七十;《清诗别裁集》卷八
⑰⑨　王兰修《国朝诗品》
⑱⓪　文集卷四《与宋尚木论诗书》吴伟业评语
⑱②　诗集卷六
⑱③　《诗辨坻》
⑱④　《古欢堂集·杂著》
⑱⑤　《国朝诗话》卷二
⑱⑧　《清诗别裁集》卷十一
⑲⓪　《旧文四篇》
⑲①　《梧门诗话》卷一

第六章 秀水诗派

一 秀水诗派的产生

清诗的一大特色,是学人之诗和诗人之诗的统一。这首先由顾炎武开其端。但顾氏是"馀事为诗人"的,他甚至引用宋人刘挚之的话:"士当以器识为先,一号为文人,无足观矣!"[①]所以,他的诗具有这种特色,并不是有意识的。真正立意做诗人,自觉地表现这种特色的,是秀水派的创始人朱彝尊。以后影响不断扩大,他终于成为浙派的祖师。杨锺羲这样评述过:"浙诗,国初衍云间派,尚傍王(世贞)李(攀龙)门户。竹垞出,乃根柢考据,擅词藻而骋骜衔。士夫咸宗之,俭腹咨嗟之吟摈弃不取,风云月露之句薄而不为,浙诗为之大变,其继别不仅梅里一隅也。"[②]末一句正是指他的诗风影响由秀水而扩大到全浙。

其实,秀水派的诗风也经历了一个发展的过程。朱氏自言:"三十年来,海内谈诗者,每过于规仿古人,又或随声逐影,趋当世之好,于是己之性情汩焉不出。惟吾里之诗,影响虽合,取而绎之,则人各一家,作者不期其同,论者不斥其异,不为风会所移,附入四方之流派。惜夫工之者类多山泽憔悴之士,不汲汲于名誉,或不能尽传,又或传之不远,则一人之言无以风天下。"[③]这联系到其《王礼部诗序》所谓:"其所交类皆幽忧失志之士,诵其歌诗,往往愤时嫉俗,多《离骚》变雅之体,则其辞虽工,世莫或传焉。"[④]可见秀水派初期的诗,是富于民族斗争和社会批判精神的。后来清朝统治日益巩固，秀水派诗人才由"缘情"逐渐向博学方面发展，形成既"根柢考据"而又"擅词藻"的诗风。

彝尊小于顾炎武十六岁，长于王士禛五岁，和两人都有交往。顾极称其文章与品格："文章尔雅，宅心和厚，吾不如朱锡鬯。"④尤其称许他的博学："世业推王谢，儒言纂孟荀。书能搜五季，字必准先秦。"⑤但朱氏变节事清后，顾就不和他再交往了。王士禛则极称他的诗才："诗则舍筏登岸，务寻古人不传之意于文句之外，今之作者，未能或之先也。"⑥两人一直保持很深的友谊。其实朱在清初诗坛上奄有顾、王二家之长，典型地表现了学人之诗与诗人之诗的统一。

当时和后代，一直以朱、王并称，所谓"南朱北王"。或认为两家不相上下，或谓王优于朱，或谓朱优于王。章太炎则既从艺术上分析："王渔洋面上学唐，实则偷袭宋人，反不如朱竹垞之明目张胆学苏子瞻也。"⑦又从内容上指出："近代诗人，称朱彝尊、王士禛。朱尚有感激，王则恝然忘其本矣，己亥诗以卢循目郑成功、张煌言，可谓全无心肝者也。举世推王为诗宗，风义焉得不衰？"⑧

如果纯粹从审美角度进行分析，我们应该承认，王士禛在七绝方面的风韵，确实胜过朱彝尊；其神韵诗论也确实从诗歌本质上总结了我国传统的审美规律，在文艺批评史上和传统美学上有其卓越的贡献。但如从历史、社会分析的角度看，则朱诗的现实主义精神（不仅是章太炎所指出的民族斗争内容，还包括社会批判）更强烈，更真挚。其所以如此，是由于他独特的生活经历，深厚的文化素养，以及由此而派生的诗歌理论。自然，这也构成了秀水派的创作特色。

二 朱彝尊

（一）生平

朱彝尊（1629—1709），字锡鬯，号竹垞，晚号小长芦钓鱼师，又号金风亭长。浙江秀水（今浙江嘉兴市）人。曾祖朱国祚，明光宗时，官至户部尚书兼武英殿大学士，加少傅。然"以宰辅归里，家无储粟"。祖父朱大竞，仕至云南楚雄府知府，"清廉"。本生父茂曙，"天启初补秀水学生，甲申后弃去"。嗣父朱茂晖（原为彝尊伯父）"好学问，乐取友，为复社宗盟"[9]。这些都对彝尊有一定的影响。彝尊少即博学工诗，见明末天下大乱，弃时文而肆力古学。明亡，时年十六。二十五岁起，客游南北。康熙十八年，朱氏五十一岁，应试博学鸿儒科，以布衣入选，除翰林院检讨。康熙二十二年，直南书房。时翰林院正编纂《瀛洲道古录》，朱氏私带钞写手钞录四方所进书，为学士牛钮所劾，降一级。康熙二十九年补原官。康熙三十一年引疾归，时年六十四。晚年除著述外，常漫游江、浙、闽、广诸名胜。康熙四十八年夏历十月十三日卒，享年八十一。

值得注意的是，明亡后，很长一段时间他在南北漫游，原因到底是什么？一般书上说，是由于"家贫"，游的内容是"搜剔金石"。只有顾炎武在《朱处士彝尊过余于太原东郊，赠之》一诗中稍露端倪："……河山骋望频。……揽辔长城下，回车晋水滨。……玉碗人间有，珠襦地上新。吞声同太息，吮笔一酸辛。与尔皆椎结（两人都不肯剃发），于今且钓缗（如太公望垂钓磺溪，以待明时）。……"朱氏自己在《王礼部诗序》中也说过："（予）甲申以后，屏居田野，不求自见于当世。……盖自十馀年来，南浮浈桂，东达汶济，西北极于汾晋云朔之间，其所交类皆幽忧失志之士。"这简直是匣剑帷灯,跃跃欲出了。清代中叶的吴骞《拜经楼诗集》卷九《过曝书亭》诗云:"先生一代才,少也事奔走。家馀相韩业,……"以张良在韩亡后的行动与朱氏相比,正指他的远游和反清复明有关。清末的刘师培在《书曝书亭集后》中说:"夫朱氏以故相之裔,值板荡之交。甲申以还,蛰居雒诵。高栗里之节,卜梅市之居。东发、深宁,差可比迹。观于《马草》之什,伤满政之苛残;《北邙》之篇,吊皇陵而下泣。亡国之哀,形于言表:此一时也。及其浪游岭峤,回车云朔,亭林引为知音,翁山高其抗节。虽簪笔佣书,争食鸡鹜,然哀明妃于青塚,吊李陵于虏台,感慨身世,迹与心违:此一时也。"近人邓之诚说得更明白:"(彝尊)壮岁欲立名行,主山阴祁氏兄弟,结客共图恢复。魏博之狱,几及于难,踉跄走海上。会事解,乃赋远游,以布衣自尊。"⑩祁氏兄弟和魏博之狱,详见全祖望《鲒埼亭文集》的《雪窦山人魏耕坟版文》《祁六公子班孙墓碣铭》,以及尹元炜《鸡上遗闻集录》卷七《魏白衣》条。《曝书亭集》卷四屠维大渊献(己亥,顺治十六年)有《梅市饮祁四居士骏佳宅,同徐十五、祁六分韵》等七首;上章困敦(庚子,顺治十七年)有《同魏、周二处士集锺渊映宅,迟俞汝言不至》等四首;卷五重光赤奋若(辛丑,顺治十八年)有《山阴雨霁,同杨大春华游郊外,饮朱廿二士稚墓下》等三首;卷六昭阳单阏(癸卯,康熙二年)有《梦中送祁六出关》一首:以上这些诗是朱氏这段战斗历程的曲折反映。

　　明亡时他才十六岁,经过三十五年之久,五十一岁了竟出仕清廷。为什么改变初衷?从《曝书亭集》看,入清后,他长期和明遗民交往,如屈大均、阎尔梅、纪映锺、傅山、杜濬、顾炎武、陈恭尹等。从《吊王义士》一诗,更可看出他的思想感情。诗前有序:"毓蓍义士受学于都御史刘公宗周。公闻南都不守,绝食。义士上书于公曰：'慎勿为王炎午所笑！'乃衣儒巾蓝衫投柳桥下死。与义士先后死者：潘生集、周生卜年。"诗云："中丞弟子旧家风，杖屦相随誓始终。闭户坐忧天下事，临危真与古人同。短书燕市遗丞相，馀恨平陵哭义公。此地由来多烈士，千秋哀怨浙江东。"以这样的认识，在作此诗的二十三年后，却投入了敌人的怀抱，到底是什么缘故？我以为此诗所歌颂的王毓蓍早已抉破了个中玄机。《明史·刘宗周传》附王毓蓍传云：毓蓍为人"跌宕不羁"。杭州不守，宗周绝粒。他上书宗周，请其早自裁。"俄一友来视，毓蓍曰：'子若何？'曰：'有陶渊明故事在。'毓蓍曰：'不然，吾辈声色中人，虑久则难持也。'"后来王自"投柳桥下，先宗周一月死"。彝尊参与了《明史》的修撰，对王这段话自然知道。他晚年自订诗集，仍然保留了这首《吊王义士》诗，正说明他犹存隐痛。当然，到了康熙十八年，清朝统治已经巩固，对汉族知识份子的威胁利诱也日益加紧。但是，朱氏所受到的威胁总不会超过顾炎武和傅山，何以他不能像他们那样以死自矢呢？看来，还是王毓蓍那句话："吾辈声色中人，虑久则难持也。"朱氏也是个"跌宕不羁"之士，特别是功名之念颇切，试看其早年所作《放言五首》之三："高士南州磨镜，大夫吴市吹箫。男儿不妨混迹，何用匡居寂寥？"他不愿"匡居寂寥"。黄宗羲说得好："夫人而不耐寂寞，则亦何所不至矣！"黄氏说的是侯方域。侯父因于狱中，他却"每食必以妓侑"。黄氏以好友身份准备批评他，"或曰：'朝宗赋性，不耐寂寞。'"于是黄氏说了上面那两句话。[11]侯方域在明亡之初，也曾写信给吴伟业，提出"三不可，二不必"，以为"不然，则怨猿鹤而负松桂，北山呎尺耳！"[12]然而他自己终于出应清朝的省试。朱和侯家世相同，出处大节也如此一致，难道不值得后人深长思之么？朱氏的变节，他本身也是俯惭衾影，仰愧神明的，所以把仕清后的诗集题名为

《腾笑集》，取《北山移文》"于是南岳献嘲，北垄腾笑，列壑争讥，攒峰竦诮"之义，骂自己"虽假容于江皋，乃缨情于好爵"，是假隐士。

对于他的应鸿博，官检讨，后来罢官，当时和他齐名的李良年即曾讥刺。方薰《山静居诗话》说："朱竹垞、李秋锦（良年号）两先生齐名于时，同举康熙间宏辞科，朱官检讨，李归田里。（李）赋《桃花》云：'水岸亭皋各占春，生来未涴马蹄尘。千株一笑谁倾国？烟雾休遮著眼人。''行路逢崔也乞浆，隔邻非宋亦登墙。齐名若个先呼李？料得东风爱艳妆。'后竹垞罢官，著《腾笑集》，李题后云：'供奉吟笺绝可师，换来风格又经时。风人不信偏愁好，才脱朝衫便有诗。'皆于言外见意焉。"刘师培更是指责他："至于献赋承明，校书天禄，文避北山之移，径夸终南之捷。甚至轺车秉节，朵殿承恩。仕莽子云，岂甘寂寞；陷周庾信，聊赋悲哀：此又一时也。后先异轨，出处殊途。冷落青门，忆否故侯之宅？萧条白发，难沽处士之称。此则后凋松柏，莫傲岁寒；晚节黄花，顿改初度者矣！"

关于他的罢官，他在《腾笑集》自序中说："噫！主人（朱氏自称）以诗文流传湖海四十年，一旦致身清美，入侍禁近，赋命诚非薄矣，卒龃龉于时，人方齿冷！……"到底他受到什么样的龁龂呢？起因据说是因为《咏史二首》。阮葵生《茶馀客话》说："朱竹垞在翰林，咏史云：'汉皇将将屈群雄，心许淮阴国士风。不分后来输绛灌，名高一十八元功。''海内文章有定称，南来庾信北徐陵。谁知著作修文殿，物论翻归祖孝征。'因此为人所嫉。"孟森说嫉者是康熙帝宠臣高士奇。后人分析，说是"大科初开，廷臣原议处以闲曹，如中行评博之类。圣祖特恩，一二等咸入翰林。词馆中以八股进身者，咸怀忌嫉，遂有野翰林之目。朱（彝尊）、潘（耒）两检讨尤负盛名，宜牛钮（翰林院掌院学士）

亟思锄去也"[13]。从朱氏所作《赵赞善（指赵执信。赵以国忌演《长生殿》被劾去官）以新诗题扇见怀，赋答》一诗有"同是承明放逐臣"句看，他确是被排挤的。吴骞也说他："奈何通籍才，指摘随其后。青蝇萋相玷，白璧无难黜。蛾眉滋谤伤，夷光亦孔丑。"[14]正因为受到排挤，所以入直南书房的次年，他就在诗中流露归田之思，但一直拖到康熙三十一年才引疾归。对自己这段进退失据的历史，他是深为悔恨的。《腾笑集》自序说："项平父有言：'世之人无贵贱，皆畏人笑，独滑稽者不畏人笑，非独不畏，且甚欲之。'然则主人所为，毋乃近于滑稽也乎？"这几句话是辛酸的，自己把自己看成丑角演员了。而在遗民面前，他更是愧疚不已。在《黄徵君寿序》中，他向黄宗羲告罪："予之出，有愧丁先生。……（予）明年归矣，将访先生之居而借书焉。百家（宗羲之子）其述予言，冀先生之不我拒也。"[15]这又是何等的可怜！

（二）诗论

朱彝尊的诗歌理论，有对儒家传统诗教的继承与阐发，更有对历代诗歌创作成败经验的总结。当然，这些理论概括之所以萌生、成熟以及发展变化，又是和他的社会经历与独特的审美情趣分不开的。

表现他对儒家传统诗教的恪遵与宏扬的，是他一直主张诗应言志。他说："《书》曰：'诗言志。'《记》曰：'志之所至，诗亦至焉。'古之君子，其欢愉悲愤之思感于中，发之为诗。今所存三百五篇有美有刺，皆诗之不可已者也。夫惟出于不可已，故好色而不淫，怨悱而不乱，言之者无罪，闻之者足以戒。后之君子诵之，世治之污隆，政事之得失，皆可考见。故不学者比之墙面，学者斯授之以政，使于四方：盖诗之为教如此。"[16]

由于生活在明末清初这一动乱之世,因而他的着眼点是变风变雅。他认为屈原"其思也近于淫,其怨悱也几于怒,而刘安、司马迁谓其志洁"。从而推论到自己的好友屈大均,这位明遗民,"其所为诗,多怆悦之言,矙然自拔于尘壒之表。盖自二十年来,烦冤沉菀,至逃于佛老之门,复自悔而归于儒。辞乡土,跂塞上,走马射生,纵博饮酒,其傥荡不羁,往往为世俗所嘲笑者,予以为皆合乎三闾之志者也"。他隐约地回顾了自己和屈氏在反清复明活动中的战斗历程:"予与翁山相遇南海,嗣是往来吴越,十年之间,凡所与诗歌酒燕者,今已零落殆尽,至窜于国殇山鬼之林,散弃原野。"指出"翁山吊以幽渺凄戾之音,仿佛乎九歌之旨。世徒叹其文字之工,而不知其志之可悯也"。因而郑重告诫读者:"予故序之,以告后之君子,诵翁山之诗者,当推其志焉。"[17]这样"言志",就轶出传统诗教的范围,而成为一支激励民族斗志的号角了。

他不但主张"诗言志",也主张"诗缘情",而且把两者统一起来:"缘情以为诗。诗之所由作,其情之不容已者乎!……情之挚者,诗未有不工者也。"[18]又说:"且夫诗也者,缘情以为言,而可通之于政者也。……其用情也挚,斯温柔敦厚之教生焉,宜乎通之于政而政举,施之于民而民乐其恺悌也。"[19]但反对"绮靡"的"缘情":"魏晋而下,指诗为缘情之作,专以绮靡为事,一出乎闺房儿女子之思,而无恭俭好礼廉静疏达之遗,恶在其为诗也?"[20]

他反对摹仿古人诗歌的形式而缺乏自己的真情实感:"今世之为诗者,或漫无所感于中,惟用之往来酬酢之际,仆尝病之。"[21]"后之称诗者,或漫无所感于中,取古人声律字句而规仿之,必求其合。"[22]"三十年来,海内谈诗者,每过于规仿古人,又或随声逐影,趋当世之好,于是己之性情汩焉不出。"[23]"予每怪

今之称诗者,……一心专事规摹,则发乎性情也浅。"㉔

这样一来,他树立了一个诗歌创作标准:"雅以醇,闳而不肆。"并认为要达到这个标准,必须博学。所谓博学,又分两方面。一是经史:"诗篇虽小技,其源本经史。必也万卷储,始足供驱使。别材非关学,严叟不晓事。"㉕二是汉魏六代三唐人的诗作。在这方面,他讲得很具体:"上取萧统、徐陵所录,旁及于左克明、郭茂倩之书,……宋元之音消歇,势必复以六代三唐人为归。"㉖"夫惟博观汉魏六代之诗,而后可以言唐;学唐人而具体,然后可以言宋。"㉗"予少而学诗,非汉魏六朝三唐人语勿道,选材也良以精,稍不中绳墨,则屏而远之。中年好钞书,……归田以后,钞书愈力,暇辄浏览,恒资以为诗材。于是缘情体物,不复若少时之隘。……鹊华山人善诗,……所钞书比予更富。其取材也博,宜其诗之雅以醇,闳而不肆,合宋元作者之长,仍无戾于汉魏六朝三唐人之作也。……故予论诗,必以取材博者为尚。"㉘"学诗者当进于古。师三百篇,庶几近于汉;师魏晋,乃几于唐。未有师宋元而翻合乎群雅者。"㉙他劝告后进:"上舍务以六代三唐为师,勿堕宋人流派。"㉚他特别指出:"今之诗家,空疏浅薄,皆由严仪卿诗有别才非关学一语启之,天下岂有舍学言诗之理!"㉛

由此,他重古风,轻律诗。他说:"集中凡古风多者,其诗必工。开卷即七言律者,其诗必下。"㉜

他主唐音,理由是:"唐人之作,中正而和平,其变者率能成方。"㉝但是,他并不无原则地肯定唐诗,对于"略于言志"的唐诗,他是反对的:"唐之世二百年,诗称极盛,然其间作者类多长于赋景,而略于言志,其状草木鸟兽甚工,顾于事父事君之际或缺焉不讲。"㉞同时,虽主唐音,却反对单一化:"客或劝读杨伯谦、高廷礼、李于鳞选本,讽其音,若琴瑟之专一,未见其全美

155

焉。"㉟在唐人中,他最推尊杜甫,以之为最高准的:"惟杜子美之诗,其出之也有本,无一不关乎纲常伦纪之目,而写时状景之妙,自有不期工而工者。然则善学诗者,舍子美其谁师也欤?"㊱从这里可以看出,他不仅从"言志"、"缘情"的角度推崇杜甫,也从诗歌本身的审美功能来论析杜诗。当然,尊杜的重点仍然在"言志"、"缘情"方面,因此,他并不像钱谦益那样抹煞明诗,认为钱氏之言并非公论。㊲他指出:"明诗之盛,无过正德,而李献吉、郑继之二子深得子美之旨。论者或诋其时非天宝,事异唐代,而强效子美之忧时。嗟乎!武宗之时何时哉?使二子安于耽乐而不知忧患,则其诗虽不作可也。"㊳

由于这种文学观念,他和顾炎武、钱谦益等人一样,严厉斥责公安和竟陵两派:"一咻众楚和,是后尤卑哇。先公闻鸠舌,顿生亡国嗟。"自注:"先太傅初闻袁中郎、锺伯敬论诗,叹曰:'安得此亡国之音!'惨然不乐。"㊴他自己持同样看法:"(予少时),见当代诗家传习景陵锺氏谭氏之学,心窃非之,以为直亡国之音尔。"㊵对这两个流派,他最反对竟陵,一再说:"自明万历以来,公安袁无学兄弟矫嘉靖七子之弊,意主香山、眉山,降而杨、陆,其辞与志未大有害也。景陵锺氏谭氏从而甚之,专以空疏浅薄诡谲是尚,便于新学小生操奇觚者,不必读书识字,斯害有不可言者已!"㊶"荆州自袁宏道倡卑靡浅俚之体,乡曲翕然效之;继复蛊于锺惺、谭元春之说,诗品愈下。"㊷

他坚决反对宋诗,也是因为它"粗鄙"而不雅醇:"吾观赵宋来,诸家匪一体。东都导其源,南渡逸其轨。纷纷流派别,往往近粗鄙。"㊸特别指出宋诗的"粗厉噍杀"和唐诗的中正和平相悖:"迨宋而粗厉噍杀之音起,好滥者其志淫,燕女者其志溺,趋数者其志烦,敖辟者其志乔。由是被之于声,高者硁而下者肆,陂者散而险者敛,侈者筰而弇者郁,斯未可以道古也。"㊹"粗厉噍杀"出于《礼记·乐记》:"是故其哀心感者,其声噍以杀;……其怒心感者,其声粗以厉。"可见他不满宋代诗人的哀怒之声,是因为它有悖于温柔敦厚、怨而不怒的诗教。"好滥者其志淫"四句亦出于《乐记》,原文是:"文侯曰:'敢问溺音何从出也?'子夏对曰:'郑音好滥淫志,宋音燕女溺志,卫音趋数烦志,齐音敖辟乔志。'"郑卫之音,向为儒家所鄙,朱氏以比宋诗,其斥弃之意可知。"被之于声"四句出自《周礼·春官·典同》:"凡声:高声䃂,正声缓,下声肆,陂声散,险声敛,达声赢,微声韽,回声衍,侈声筰,弇声郁,薄声甄,厚声石。"这是说,宋诗不是正声。他还具体地点名批评:"今之言诗者,多主于宋。黄鲁直吾见其太生,陆务观吾见其太缛,范致能吾见其弱,九僧四灵吾见其拘,杨廷秀、郑德源吾见其俚,刘潜夫、方巨山、万里吾见其之无馀而言之太尽:此皆不成乎鹄者也。"[45]他很不喜欢以黄庭坚为代表的江西诗派:"迩来诗格乖正始,学宋体制嗤唐风,江西宗派各流别,吾先无取黄涪翁。"他很高兴得到一个同志:"比闻王郎意亦尔,助我张目振凡聋。"[46]还特别在一位亡友的墓志里再次指出:"其诗兼综唐宋人之长,独不取黄庭坚。"[47]他最厌恶的是杨(万里)、陆(游),特别反对当时人们学这两人:"顾令空疏人,著录多弟子。开口学杨陆,唐音总不齿。"[48]他指出:"若杨廷秀、郑德源之流,鄙俚以为文,谈笑嬉亵以为尚,斯为不善变矣。"[49]"(今之诗人),高者师法苏黄,下乃效及杨廷秀之体,叫嚣以为奇,鄙俚以为正。"[50]"今海内之士,方以南宋杨、范、陆诸人为师,流入纤缛滑利之习。"[51]"今(趾肇)复蹞屣而北,众方拾苏黄杨陆之馀唾而去其菁华,或见以为工。趾肇仍循唐人之风格,毋乃龃龉而难入乎?虽然,学宋元诗于今日,无异琴瑟之专一,或为听者厌弃。"[52]"今之言诗者,目不窥曹(植)刘(桢)之墙,足不履潘(岳)左(思)陶(潜)谢(灵运)之国,顾厌弃唐人,以为平熟,下取苏黄杨陆之体制,而又遗其神明,独拾溥淬。"㊻"今之诗家,不事博览,专以宋杨、陆为师,庸熟之语,令人作恶。"㊼"今之诗家,大半厌唐人而趋于宋元矣。"㊽"诗家比喻,六义之一,偶然为之可尔。陆务观《剑南集》句法稠叠,读之终卷,令人生憎。……迩者诗人多舍唐学宋。予尝嫌务观太熟,鲁直太生。生者流为萧东夫,熟者降为杨廷秀。萧不传而杨传,效之者何异海畔逐臭之夫耶?"㊾

总观朱氏以上的论点,可以看出清初宗唐派与宗宋派论争的激烈。我们很容易以为他偏于尊唐,其实不然。从诗歌发展规律说,清初,这是总结古典诗歌创作经验的时代。而在中国诗歌发展史上,唐宋诗代表着两种截然不同的特色:前者以情韵胜,后者以理趣胜。如何博观约取,转益多师,而又别出新意,独铸伟辞,这是清代诗人的历史任务。因此,凡是优秀的诗人,决不会只株守一家之言。明确了这一点,就可以知道朱氏虽以宗唐为主,但上则溯源于汉魏六朝,下亦不排斥宋元明。看起来,他似乎对宋诗深恶痛绝,其实他首先肯定"宋之作者,不过学唐而变之尔"㊿。并且指出:"群公皆贤豪,岂尽昧厥旨?良由陈言众,蹈袭乃深耻。"㊿这是说,宋人学唐而变,是由于不愿蹈袭陈言,力求别开生面。问题是其中有些诗人"不善变","变而不成方"罢了。他并没有一笔抹倒,如对苏黄杨陆,他也承认他们有"菁华"与"神明",只是后人(他主要指自己的同时人)学之者,独拾其"馀唾"与"溥淬"而已。

当然,朱氏在漫长的生活历程中,他的诗论也不是一成不变的,最明显的是对"诗教"的理解,前后就很不同。前期,他赞美变风变雅之作,也就是主张创作揭露矛盾、鞭斥黑暗的诗歌。而后来他却日益走向另一方向,反对宋诗的"哀"、"怒"之声了。正如他的诗歌创作的变化:"一变而为骚诵,再变而为关塞之音,三变而为吴侬相杂,四变而为应制之体,五变而成放歌,六变而作渔师田父之语。"⑲这是生活道路的转折,也是思想感情的变化,而这是和清朝政权日益巩固分不开的。这不仅是朱氏个人的变化,也是清初整个诗风变化的缩影:由激烈批判现实而逐渐脱离现实,淡化矛盾,进而美化现实,歌颂升平,审美情趣也就在这种历史变化中起着微妙的变化,从而形成种种同中有异的艺术风格。

至于"绮靡"的儿女之情,他在诗论中一直加以反对,然而实际创作上却相反,最典型的事例是《风怀二百韵》⑳,他宁可不吃两庑下的冷猪肉,也不肯删削它。这可是晚年全面整理《曝书亭集》付锓时的事,说明这位八十高龄的老人究竟是一位"诗人"。

(三) 诗歌内容

他的诗歌内容,可分如下几类:

(1) 关心国计民生

由于他强调诗歌应反映"世治之污隆,政事之得失",所以不但早年写了不少反映民族斗争和社会批判的诗篇,而且中年出仕后和晚年里居时也陆续创作着这类作品,不过数量上比早期少。

《捉人行》、《马草行》,是他学习杜甫创作新乐府的代表作,也是他仅有的两首叙事诗。写于顺治四年,朱氏当时还只有十九岁。前者写"边兵"(即清兵)强迫汉族农民拉纤撑篙,捉人无数,不但无处可逃,而且毒手争殴。后者写边马萧萧,十万清兵长驱直入,县官急征马草,连七十多岁野老也"鞭扑无完肤",里胥则藉势鱼肉农家。

其他如三十二岁时(顺治十七年)的《寇至二首》,写盗贼遍地,处处闻野哭。四十一岁时(康熙八年)的《地轴》,写山东连

159

年地震,春旱千里,野哭万家。《渡骆马湖》写官府修补黄河决口,以致"东南民力愁先竭"。《淮南感事》写淮安堤堰倾圮,以致"比岁凶荒耕未得",而要修筑,却"直恐三吴财赋捐"。四十三岁时写的《旱》,写江淮既久困水潦,"今年复旱荒"。四十四岁所作《送乔舍人莱还宝应》,写扬州地区闹水灾,千里庐舍荡没,到处饥民悲啼。六十岁作《杭城水利不治者累百年矣,巡抚赵公考城河故道,悉浚治之。乡人来述,喜而作诗,凡二十四韵》,写杭州河道淤塞,民居湫隘,易发火灾,由于缺水,不能及时扑灭,往往"悲焰百室迷"。因而感谢巡抚赵士麟的兴修水利,使"祝融回其驭,妇子方安栖"。六十五岁写的《岭外归舟杂诗》之七,写船民夫妇"面都黔",把竹篙尖端都磨平了,劳动这么艰苦,却连盐都买不起,只好淡食。六十九岁写的《乍浦》,写自己反对汤山寺僧建塔之议,并告知县明令禁止,以防倭寇入侵时以塔为入口目标。这反映了朱氏保境安民的思想。《漕船》指出现有漕船过大的弊病。七十岁的《常山山行》,写商贩们宁愿山行辛苦,也不愿"安坐湖口船",原因是"此间苦亦乐,且免关吏横索钱"。《竹崎关》也是指责"溪渔树底输税,关吏津头算缗"。七十二岁的《陈君缄寄普光王寺二碑,索余题记,复成三十韵,……》,写自己游览淀山普光王寺时,看到这里"波涛息广泽,禾麦交平畚",他就"忽念淮泗冲,浊河苦填淤","千艘未得转",他建议:一方面应"通沮洳",一方面应"兴櫌锄"。七十四岁的《水带子歌为乔孝廉崇烈赋》,对于"黄流泛滥",而"河堤使者"不能治理,讽刺说:"河伯不仁亦无害,准备家家蓄水带"(水带是日本产的救生圈)。八十一岁,这是诗人在世的最后一年。这时,他的家乡水旱连年,饥民满路。他率领一批士绅捐款开粥厂救济,"全活者无算"。可是这一善举反而遭到诽谤,"无由自白"。倒是受赈济的"落瓜里民,就食经月,以农务告归,持瓣香踵门称谢",使朱氏无限感慨。这是二月初到三月中的事,这年十月十三日他便逝世了。所以,忧患意识是贯穿着他漫长的一生的。

（2）反映民族矛盾

这在他全部诗作中占了不小的篇幅,主要是青年和中年写的,出仕清廷后,就没有这方面的题材了。如十七岁（顺治二年）的《村舍二首》,表面上说赘婿不如牸与鸡,实指清人入主中国,汉人类似赘婿。《夏墓荡二首》以渔人叉鱼比喻清兵屠杀汉人。《过邱生》写士人的避难生活。十八岁的《晓入郡城》写清兵占据状。《过吴大村居》写汉人在异族统治下生活艰难。《平陵东》吊抗清牺牲的志士。十九岁（顺治四年）的《春晚过放鹤洲》,伤明亡后伯父家破。《野外》写抗清组织的秘密会议。《舟经震泽》怀念遗民抗清的往事。二十岁的《少年子》有"射杀千年狐"句,以"狐"谐"胡"。二十二岁的《夏日闲居二首同范四路作》写遗民流寓。《怀郑玥客松江》亦写遗民。《寄家孝廉一是》写自己与朱一是都志在抗清复明。二十三岁的《春日闲居》说"有时欹皂帽",自比避地辽东不肯臣魏的管宁。二十四岁的《立秋后一日同眭修季、俞亮、朱一是、缪永谋集屠圹斋》有"谁念新亭泪,飘零直至今"之句,比清人入关为五胡乱华。二十五岁的《遣闷》:"欢娱那有地？岁月渐过人",极言异族统治下的痛苦,恨不能早日恢复。《晓潭晓发》:"乘风万里外,凿楫中流半。惊动游子心,临江起长叹。"以澄清中原的祖逖自比。《逢姜给事埰》歌颂故明孤忠。二十六岁的《寂寞行》:"布衣甘蹈湖海滨","犹胜长安作贵人",表示宁可像鲁仲连蹈东海而死,决不臣事清朝。二十七岁的《固陵怀古》借越国虽曾式微,勾践终于沼吴,以比喻明朝必定复兴。《萧山道中》:"昔年栖隐地,岩壑有同情",表示坚决栖隐。《雨坐文昌阁》:"冬青已无树,忍向六陵寻！"以宋亡于元为比,寓其故国之思。《偕谢晋、吴庆桢登倪尚书衣云阁》吊明故臣倪元璐和死于清兵的黄道周。《绕门山》写幽栖之志。《蕺山亭子》怀念勾践的十年生聚,暗喻明室的复兴。《吊王义士毓蓍》公然悼念为抗清而牺牲的烈士。《岳忠武王墓》："旷世心犹感,经过泪独潸。传闻从父老,流恨满湖山。朔骑频来牧,南枝尚可攀。……"不但借古喻今,简直是直陈心事。《归次西小江,行舟被捉,夜宿蔡村田舍,二首》之一,写小吏捉船,以致"一身无倚著,三命苦迍遭"。之二写野老与己"兵革愁何极？桑麻话未能"。二十八岁《午日吴门观渡》："江表遗风在,承平旧事虚。吾生多涕泪,高会辄欹歔",触景即生遗民之悲。二十九岁在岭南作《元日阴》："故乡应雨雪,绝域尚烽烟。"怀念桂王和郑成功的南明政权。《首春端州述怀,寄故乡诸子》："枉作穷途哭,虚劳泽畔吟。苍梧晴峡远,桂水暮流深",显然是对永历帝的怀念。《羊城客舍同万泰、严炜、陈子升、薛始亨醉赋》："我本芦中人,易下新亭泪。……黄河之清不可俟,何用长怀千载忧？……况今生涯羁旅中,时危得不悲途穷？"自比伍子胥和周颙等,但已对复明事业失望了。《赠张五家珍》："平陵松柏在,遗恨满南天",追悼南明桂林政权的覆灭。三十岁《还家即事,四首》之四："至此犹馀悸","生还良已幸",说明南行的活动包含着不小的危险性。三十一岁这一年,和祁骏佳、祁班孙、祁理孙等往返甚密,皆纪以诗。又如《初秋泊钱清江》："逃名梅尉来吴市,避地梁生入会稽",以梅福、梁鸿避乱自比。此后诗集中就不见上述那种明显的反映民族矛盾的诗作了。但四十三岁(康熙十年)时正月初七,他还曾瞻拜明宣宗的景陵,估计应该有诗,晚年编集时自己删除了。四十四岁《送陈叟南归》："归向高阳逢旧侣,衔杯试话十三陵",尚存故国之思。四十五岁又有《人日重谒景皇陵》之作："童童独树栖禽少,冉冉长途下马谁?回首昌平山近远,裕陵松柏总凄其!"不仅致慨于景陵的荒凉,也叹息明英宗的裕陵同样冷落。此后就连这种作品也没有了。而到五十岁,他就翻然转向,应鸿博之试而出仕新朝了。

以上(1)(2)两部分诗,体裁不一,既有五、七言古风,也有五、七言律绝,个别也有六言。它们在艺术上有一个共同的特色:比较明白晓畅,即使用典,也是常见的,没有故意矜奇炫博,使用僻典。当然,字词必有出处,这是学杜无一字无来历所形成的诗歌风格。如《捉人行》:"沿江风急舟行难,身牵百丈腰环环",用古乐府《女儿子》:"我欲上蜀蜀水难,蹋蹀珂头腰环环"。"慎勿前头看后头",用古乐府《企喻歌》:"前头看后头,齐著铁钮铧。"至于"大船峨峨驻汀步",直用何景明《津市打鱼歌》"大船峨峨系江岸",更可见他前期深受明七子的影响。而晚年所作《水带子歌为乔孝廉崇烈赋》的"得非来自日本东",也是用的杜甫"巴陵洞庭日本东"。

(3) 述志述学

作为才人兼学人,他还有大量的述志述学之作。如《放言五首》是二十二岁所作,其一云:"长门卖赋司马,秦市悬书吕韦。吾生恨不能早,手载其金以归",自负可想。《寄钱二枋》:"我登鲁连台,君入淮阴市。不知千黄金,何人酬国士?"则自负奇才,恨无识者。《咏古二首》以韩信不得与于十八元功之列,庾信、徐陵不如祖珽受赏识,比喻自己在史馆受尽排挤。《杂诗二十首》之一:"既与哙等伍,国士已羞杀。宁知论元功,后乃及虫达",亦此意。《近来二首》之二嘲笑:"近来论诗专叙爵"。《杂诗二十首》之一、二、三、四,皆指斥牛钮辈满族大员对自己的嫉妒、排斥、打击。最有意思的是坚持抗清复明时期,他以明初开国功臣刘基自许,如三十二岁作的《谒刘文成公祠》:"前贤

163

馀事业,后死尚违遭。去去辞枌梓,栖栖到海壖。空林多雨雪,哀角满山川。玉帐无遗术,苍生久倒悬。凭留一黄石,相待谷城边。"俨然以黄石公比刘基,而以张良自比,要作亡秦兴汉的事业。而五十二岁时,亦即仕清以后,却作《平蜀诗十三章》,序中有云:"粤稽曩昔,刘辟即擒,韩愈进《元和圣德诗》;明之平蜀,刘基亦作颂以献。臣虽蒙滞,躬逢圣际,于以颂扬丕烈,其何敢后?"同样是以刘基自命,而性质却完全相反。这是中国封建士大夫一种可悲的传统文化心态:他丧失了独立人格,总要傅到一张皮上去。这皮,当然是胜利者的。但是,非我族类,其心必异,朱氏备受倾轧,不安于位,只好归田,著书终老,这也是必然的。

《斋中读书十二首》是他的述学诗,充分体现他的学人之诗的特色。第一首论《易》,批判陈抟和邵雍的先天河图说。第二首仍论《易》,批判周敦颐的太极图说。第三首论《书》,批判宋儒的排抵小序。第四首仍论《书》,批判邵雍的《皇极经世书》。第五首论《诗》,批判王柏的《诗疑》。第六首仍论《诗》,赞成吕祖谦对"思无邪"的解释,而不同意朱熹的。第七首论《春秋》,批判胡安国的《春秋传》,甚至说胡氏由秦桧荐引,因而也反对抗金,惟知偷安。第八首论《论语》,着重指出明代不应据《论语》之言而罢公伯寮从祀。第九首论郑玄不当罢从祀。第十首论经传的注疏宜简要。第十一、十二两首论诗歌创作(已见前述朱氏诗论中)。这一组诗作于七十六岁时,可算是他一生学术思想的总结。另外,七十八岁时所作《春日读〈春秋左氏传〉,心非胡氏"夏时冠周正"之说,偶忆草庐吴氏〈读尚书〉绝句,因次其韵》,赞美左丘明据《春秋》"元年春王正月",在《左传》中写成"元年春王周正月"。这类诗都是表现自己的学术观点的。朱氏这类述学诗对后来的学人如翁方纲、洪亮吉、李慈铭等有很明显的影响。

至于四十九岁时作《和田郎中雯移居韵》:"布衾不睡我亦尔,牵牛独处笑炮娲",用曹植《洛神赋》的"叹匏瓜之无匹兮,咏牵牛之独处",却因王献之十三行帖"匏瓜"作"炮娲",朱氏此诗乃如此写,这是自炫博学。又如五十六岁所作《赠刘孟楷二首》之二:"碧山学士王圣与,鉴曲诗人陆务观。"宋人王景文诗云:"直翁自了平生事,不了山阴陆务观。"陆游见了,笑道:"我字务观乃去声,如何把做平声押了?"朱氏明知此事,却故作平声押,以示博学。这种手法,对后来厉鹗为首的浙派,以及中晚唐派的樊增祥,都有先导的作用。

(4) 山水诗

朱氏生平好漫游,因而山水题咏很多,现在选出前中后三期各一首加以分析。二十九岁作《崧台晚眺》:"杰阁临江试独过,侧身天地一悲歌。苍梧风起愁云暮,高峡晴开落照多。绿草炎洲巢翠羽,金鞭沙市走明驼。平蛮更忆当年事,诸将谁同马伏波?"崧台在广东高要县外六里,他独自登临,却只有悲歌。眼中所见是"愁云"、"落日"(这些象征明室的覆灭),更惊心的是炎洲南海也被北方来的清兵所占据,骆驼和它们背上的满人大模大样地在沙市上走着。面对这样的现象,他想望着有东汉初马援那样的名将来"平蛮"。四十九岁作《清流关》:站在滁州西南二十五里的清流关上,他"眺远怀昔人",想起赵普和宋太祖的遇合,"君臣既深契,一言判兴丧","遗迹虽已湮,过者心所向",他在向往着新的君臣遇合,这自然不再是一蹶不振的明朝,而是寄希望于新兴的清朝。七十岁作《自焦石塘抵铅山河口,两岸石山狞劣,上无寸土尺木。查孝廉作诗嘲之,赋以解嘲》,对于"鹯囧像覆釜"、"动植无一有"的两岸石山,查慎行笑它们"状粗丑","为百灵弃","取见者憎"。朱氏却以庄子"山木自寇","膏火自煎"的观点,指出"美石多自残",而这些石山

165

"以顽得全",是"庸庸福反厚"。这是从史馆被牛钮诸人排挤出来的牢骚,"庸庸福反厚"正用汉人"白璧难为容,庸庸多厚福"语。

由上可见他的山水诗都是饶有寄托的,而不是谢灵运那样"工于模范,无情事足感人"[61]。这是和朱氏诗论分不开的。他一直反对"长于赋景而略于言志,其状草木鸟兽甚工,顾于事父事君之际或缺焉不讲"[62]。

(5) 咏物

他四十六岁时作《汪舍人懋麟以丁娘子布见赠,赋寄》。据《松江府志》:"东门外双庙桥有丁氏者,弹木棉极纯熟,花皆飞起,收以织布,尤为精软,号丁娘子布。"朱氏在诗中称赞丁娘子"织成细布光如银",写它白得闪光,但还只写出静态的美。下面说:"晒却浑如飞瀑悬,看来只讶神云活",就写出其动态美了。而诗中"未数星纨与荃葛","荃葛"用《汉书·江都易王传》:"荃葛珠玑"。"追逐红裈锦髻儿",用《南史·周宏正传》,俱见学力。六十二岁作《牵牛花十二韵》,纯为咏物之作,却反映了他的审美情趣。他欣赏牵牛花,是和"秋"("绊地三秋早,含苞七夕先")、"夜"("夜久愈生明")相联系的。结尾是"凭谁描竹尾,幽意转翛然",这就把前面种种实写化为空灵之美了。同样,在这样一首五排里,也显示了他深厚的学力。他用到《周礼·冬官·匠人》的"捎沟",写出"捎沟香驿路"的句子。还用了《唐本草》、《本草衍义》、《名医别录》、《宣和画谱》,表现了他的博学。

(四) 诗歌风格

朱氏漫长一生中,诗歌风格是有所变化的,前中后三期各有不同。

早年,钱载说他沿西泠、云间之旧[63];赵翼说他"初学盛唐,格律坚劲,不可动摇"[64]。西泠、云间是沿着明七子的道路去学盛唐的,所以黄培芳说他的七律初年有空调[65],正是指他早年学盛唐是学明七子的格调。今人钱锺书干脆指出:朱氏"自作诗,早年与七子同声","然而貌同心异者,风格虽以唐为归,而取材则不以唐为限",并指出他这一时期的诗,"风格俊逸近何大复,非空同雄杰之才;而书卷繁富类王元美,异于鳞墨守之习"[66]。因而钱氏不同意洪亮吉说朱氏始学初唐,理由是朱氏早期不止学初唐,也学汉魏六朝。我以为钱氏这一看法符合事实,因为朱氏自己也说过:"予论诗以取材博者为尚。"[67]只要通读了《曝书亭诗集》,就可以看出,他早年的诗,是以汉魏六朝初盛唐为楷模的。当然,因体制歧异,而所学有不同。如五古多学《选》体,五、七律多学杜,乐府学汉魏,七古学韩,有些五绝如永嘉诸诗则规橅王孟。至于蒋士铨说他"早修皮陆词",林昌彝就反对:"皮陆诗多疏笋气,焉比竹垞?"[68]实则蒋氏那话是指他规橅王孟的那些歌咏闲适情趣的小诗的。

中年,即出仕清廷以后,钱载认为其《腾笑集》中诸篇,"同渔洋正调,抑若在渔洋笼罩中者"[69]。赵翼甚至认为他"登朝及归田后诗始佳,从前但作假唐诗耳"[70]。徐世昌还指出他中年所作《送曹侍郎备兵大同》诸篇近李北地(即李梦阳)[71];钱锺书还举了《题南昌铁柱观》、《留别董三》等篇皆七子体[72]。从康熙十八年(朱氏出仕之年)前后北京诗坛情况看,康熙帝本人和大学士冯溥之流,正力倡盛世元音(即盛唐那种堂皇裔丽之作),痛斥宋元诗为恶滥。朱氏原本宗唐,丁此时会,自然更加专学盛唐,以投时好。所谓"中年以后,学问愈博,风骨愈壮,长篇险韵,出奇无穷"[73],事实正是如此。试看这一时期的诗,除五、七言律富丽精工,大音喤嗒,充分显示为盛世元音外,其馀应制的谢赐物诸长篇,无不竭力显示腹笥之富。但这种正调元音也引起了另一种议论,如朱庭珍即说他"通籍后,近体每流入平易"[74]。汤大奎干脆说:"杜陵诗格沉雄响,一著朝衫底事差?"[75]而对于那些长篇险韵之作,赵翼也认为"中年以后,恃其博奥,尽弃格律","颓唐自恣,不加修饰,究非风雅正宗"[76]。朱庭珍有同样看法:"通籍后",歌行"往往贪多务博,散漫驰骤,无归宿处,有类游骑矣"[77]。

晚年之诗,钱载说是"涉入《江湖小集》"[78],意谓朱氏晚年像南宋末的江湖派诗人学晚唐诗。其实晚唐人"捐书以为诗,失之野"[79],和朱氏正相反,钱载只就朱氏晚年某些山林闲适之诗而作此论,未免皮相,但朱氏这种诗给人的印象就成为"晚岁归于流易"[80]了。而长篇则"晚入昌黎派"[81];"晚作稍放笔不复矜持","古体如《丧子百韵》、《送梅文鼎》、《怪鸥行》、《高丽葠歌》,趣诡语硬,明是昌黎、玉川之遗"[82]。七律晚年也学杜甫的拗体,"旅途与其中表查初白唱酬,多近宋人"[83]。

洪亮吉早已指出朱氏"晚宗北宋"。钱仲联说他"多近宋人",主要指苏轼和陆游。洪亮吉说的"北宋",则专指苏轼。章太炎也说他"明目张胆学苏子瞻"[84]。钱锺书却不同意宗宋的说法,认为"其于宋诗,始终排挤,至老宗旨不变"。其实北宋大家正由杜、韩变化而来,因而朱氏早年所作《赠张山人》(卷二)、《梦中送祁六出关》(卷五)、《送张劭之平遥》(卷十),可说是学杜拗体,因为那段时间,他的诗中完全不用宋人的字、词、语。而五十六岁以后,则王禹偁、梅尧臣、王十朋、黄庭坚、陆游、范成大、杨万里等人的影响颇为明显,而苏轼影响尤大。如卷十七《饮陈孝廉学洙乌石山房》:"宾至移药筝",用王禹偁的"送院风清响药筝"。卷十一《送陈舍人大章归黄冈》:"短后茶色袍",用梅尧臣"来衣茶色袍"。卷十七《虹桥板歌》:"斜拖下压黄冠宫",用王十朋的"下压黄冠宫"。同卷《饮陈孝廉学洙乌石山房》:"涓涓细泉流,擁石注阳坡",用黄庭坚的"锡谷寒泉擁石俱"。卷十四《题周编修金然云松雪瀑图》:"杨梅满村鹤顶贱",用陆游的"压担棱梅鹤顶殷";又"磨钱枉费占义爻",用陆"不用磨钱占卦爻"。卷十三《和韵送金检讨德嘉还黄州》:"月明风熟渔舟闲",用范成大"月明风熟更重来"。以上各举一例,至用苏诗则自卷十一至二十二共有四十处之多。由此可见前人论定朱氏晚年宗宋,并非无根游谈,钱锺书那样断定,并斥此论为"瞽说",未免勇于自信。翁方纲说朱氏"由元人而入宋而入唐"[85],是值得参考的。

问题在于风格虽变,而"雅驯"这一原则却始终不变。这就是他的表弟也是知交查慎行所说的:"其称诗最早,格亦稍稍变,然终以有唐为宗,语不雅驯者勿道。"[86]查氏特别指出:"其称诗以少陵为宗,上追汉魏,而泛滥于昌黎、樊川,句斟字酌,务归典雅,不屑随俗波靡,落宋人浅易蹊径。"[87]可见朱氏所恶于宋人者,"浅易"而已,并不像明七子的坚决排斥,不读唐以后书。钱锺书自己就说过:"风格虽以唐为归,而取材则不以为唐为限,旁搜远绍,取精用宏,与二李(指李梦阳与李攀龙)之不读唐以后书,谢四溟(指谢榛)之高谈作诗如煮无米粥,区以别矣。"[88]其实朱诗晚年风格何尝完全"以唐为归"?沈德潜说得对:朱氏"不分唐宋界限,故各体具备"[89]。沈曾植也指出:"竹垞诗能结唐宋分驰之轨。"[90]这也正是清诗所以被称为集大成的原因。

(五) 朱诗不能自成一家的原因

朱彝尊不能像后来的浙派异军龚自珍那样摆脱一切羁绊,非唐非宋,自成一家。尽管他无所不学,无所不擅,却正如洪亮

吉所说的:"辛苦谢家双燕子,一生何事傍门墙?"㉑

他是秀水派的始祖,又是浙派的奠基人,而且是立意做诗人的,怎么不能自成一家呢?关键就是学问妨害了他,他误解了学问和创作的正确关系。龚自珍也是学者,同样博学,在经学方面不如他深入,知识面却较他更宽,何以龚氏又独成一家呢?

朱氏自言其诗在本朝居二等㉒。他是十分自负的,何以忽然如此谦抑?我以为他实有自知之明。他所以不能成家,不能居第一流,就因为他学过其才,才不胜学。他的诗,相当大一部分,实在为学所累。刘勰早已指出:"才为盟主,学为辅佐。主佐合德,文采必霸。"㉓朱氏性狂而嗜酒,气质颇似李白,而受时代影响,和明末清初大多数诗人一样,大力尊杜学杜,又从宋人入手,资书以为诗。如果一篇之中,用事过密,已如颜之推所说:"事与才争,事繁而才损。"㉔但如用事精当,那是会产生丰富的艺术魅力的。因为"作为艺术符号的典故,乃是一个个具有哲理或美感内涵的故事的凝聚形态,它被人们反复使用,加工,转述,在这过程中,它又融摄与积淀了新的意蕴,因此,它是一些很有艺术感染力的符号。它用在诗歌里,能使诗歌在简练的形式中,包容丰富的、多层次的内涵,而且使诗歌显得精致、富赡而含蓄"㉕。朱氏有些诗的用事当然也收到了这种艺术效果。可是令人惋惜的是:朱诗更多的不是用事,而是力求做到无一字无来历。他喜欢仿古,大量运用汉魏六朝及唐人的语汇甚至句式,以致成为赵翼嘲笑的"假唐诗"。至于那些论学之诗以及考据之诗,尤其缺乏形象,只是枯燥的说理。他可能没有意识到,"才"是和"情"相联系的,所以叫"才情";而"学"是和"理"相联系的,所以叫"学理"。中国诗歌主要是抒情的,而情感总是伴随着形象的,情感的全部活动过程,就是形象思维的全部活动过程。而理智则只是伴随着抽象的概念,因此,学人之诗往往由于缺乏审美观照,从而也就缺乏情趣。学问,进入诗的创作活动时,就应该化为一种识力,形成一种哲学观,亦即对人生、社会意义的深层理解。这种理解即识力,表现在诗作中时,一定要经过作者现实生活的印证,变成作者内心的诗情化的思考,然后表现在鲜明的艺术形象之中,这就是沈德潜所说的"理语须带情韵以行"。这才能给读者以深刻的启迪。另外,写诗,一定要用自己的感觉,而不能搬古人的感觉。力求"无一字无来历",这样搬用古人的字、词、句,很容易丧失自己的审美感受,自然也难以谈到真正的情韵了。尚镕说:"竹垞之诗文高在典雅,而皆欠深入。"⑥正是模糊地感觉到这一点。

但是,中国的士大夫,越到封建社会末期,越是钻牛角尖,在审美意识上完全颠倒了。和朱氏同时的王士禛就谈到朱的用僻典:"昔见朱竹垞检讨诗云:'捉卧瓮人选新格',初不解。及观《通志》,有赵昌言捉卧瓮人格,及采珠局格、旋棋格、金龙戏水格等名,始悟所语。"⑦但并没有赞美。极口称赞朱诗善于用事(其实主要只是有出处),都是晚清的一些诗评家,其中最突出的是林昌彝。他极口称颂朱氏隶事神妙:"(竹垞有)手订自删遗诗八百馀首","多少年之作","中有《赠河南周栎园先生亮工长排二十韵》,句有'万牛杜陵镵,五鸽曲端军'。上句易晓,下句检《宋史》曲端本传及各传志,不详所谓。后见《齐东野语》,方知出典。《齐东野语》云:'张浚按视曲端军,阗无一人。张异之,谓欲点视。端以所部五军籍进,公命点其一部。乃于庭间开笼纵一鸽往,而所点之军随至。张愕然,既而欲尽观。于是悉纵五鸽,则五军顷刻而集,戈甲焕然,旗帜鲜明。'竹垞先生读书多,造句雅,诗之隶事,神妙如此。"⑱以林氏的博学,对下句尚且"不详所谓",如果后来不是偶然翻到《齐东野语》,将永远"不详所谓"。这样使用僻典,是立意不让人懂,还谈什么"神妙"呢?

王国维论词有隔与不隔,朱氏这样做诗,可谓隔之至矣,而林氏一类人反而大加赞美。这样欣赏诗,哪里谈得上审美感受!

林氏对于朱诗的僻典,简直嗜痂成癖,其用意也在自炫博学。如说:"周林于上舍篁夜过朱锡鬯寓斋,锡鬯诗有'莱鸡蒸栗黄'之句,杨谦注不知所出。按曹丕与锺繇书云:'窃见玉书称美玉:白如截肪,黑譬纯漆,亦拟鸡冠,黄侔蒸栗。'又李义山诗:'莱鸡殊减膳。'锡鬯诗本此。"[99]找到了谜底,得意之状可掬! 又说:"秀水朱竹垞老人《论画和宋中丞》十二首之十云:'先子韶年写云壑,当时心折董尚书。后来舍弟亦能画,可惜都无片纸储。'或疑'舍弟'及'片纸'入诗不典,不知均有来历。《能改斋漫录》:'兄称弟曰舍弟,亦有所本。魏文帝与锺繇书曰:"是以令舍弟子建因荀仲茂时从容喻鄙旨。"此'舍弟'二字之有来历也。苏诗:"只字片纸皆收藏",此'片纸'二字之有来历也。"[100]如果问他:曹丕称"舍弟",苏轼用"片纸",出处又在何处? 难道没有出处,自我作古,就不成文不成诗吗? 林氏还有两则谈朱诗的出处的,这里就不具引了。

这些诗评家的见解,实在远不如陆游通达。陆游说过:"今人解杜诗,但寻出处,不知少陵之意,初不如是。且如《岳阳楼》诗(诗略),此岂可以出处求哉? 纵使字字寻得出处,去少陵之意益远矣。盖后人元不知杜诗所以妙绝古今者何在,但以一字亦有出处为工。如《西崑酬倡集》中诗,何曾有一字无出处者,便以为追配少陵,可乎? 且今人作诗,亦未尝无出处,渠不自知,若为之笺注,亦字字有出处,但不妨其为恶诗耳!"[101]陆游也是博学的(钱锺书说"放翁书卷甚足"),但他认为诗的源泉是生活:"法不孤生自古同,痴人乃欲镂虚空。君诗妙处吾能识,正在山程水驿中。"[102]不像朱彝尊公然宣称:"诗篇虽小技,其源本经史",以学问为创作的源泉。这种观点的分歧,就使两人在诗国里的成就大相径庭。《沧浪诗话》反对"以学问为诗",朱氏便斥责:"别才非关学,严叟不晓事",其实正是他自己"不晓事"。但是由于秀水派以及后来浙派这种错误导向,以后的士大夫一直奉为金科玉律。与朱氏同时的沈树本,浙江归安人,其《偶作》云:"自古才人惜彩毫,刘郎莫笑不题糕。须知无字无来历,方是诗中一世豪!"[103]这就是浙派人物的论调!

以学问为诗,朱氏自然不是始作俑者,但他援宋人之说而变本加厉,贻误后人,却是不得辞其责的。他和王士禛当时齐名,被称为"南朱北王",其实从理论到创作,两人刚刚相反。为王士禛作《精华录训纂》的惠栋说:"昔人言诗之道,有根柢焉,有兴会焉。镜中之象,水中之月,相中之色,羚羊挂角,无迹可寻:此兴会也。本之风雅以导其源,泝之楚骚汉魏以达其流,博之九经三史诸子以穷其变:此根柢也。根柢源本学问,兴会发于性情。"[104]惠氏之意是说学有根柢,发于兴会,然后成诗,并非把根柢和兴会截然分开。王士禛正是这样,他虽主张积学,写诗时却重视兴会。朱彝尊基本上相反。从诗歌创作规律说,王氏的做法是正确的。

懂得了这点,也就懂得朱氏何以那样深恶痛绝杨万里和袁宏道等人。原来杨万里鲜明地表示:"诗非文比也",反对"挟其深博之学,雄隽之文,于是檃栝其伟辞以为诗"[105]。袁宏道更尖锐地批评"以剿袭为复古,句比字俪,弃目前之景,摭腐烂之辞"[106]。又说:"盖诗文至近代而卑极矣,文则必欲准于秦汉,诗则必欲准于盛唐,剿袭模拟,影响步趋,见人有一语不相肖者,则共道以为野狐外道。……故吾谓今之诗文不传矣,其万一传者,或今闾阎妇人孺子所唱《擘破玉》、《打草竿》之类,犹是无闻无识真人所作,故多真声,不效颦于汉魏,不学步于盛唐,任性而发,尚能宣于人之喜怒哀乐嗜好情欲。"[107]双方抱这样针锋相对

173

的观点，自然是水火不相容了。当然，袁宏道否定借鉴古人作品的必要，是错误的，而朱彝尊那样"根柢考据"就更不对了。

回溯一下，资书以为诗，在中国古代诗坛上，真是源远流长。从六朝的"文章殆同书钞"[108]，到唐代刘禹锡的不敢题糕，李商隐的獭祭，到宋人的"杜诗韩文无一字无出处"到朱彝尊的"根柢考据"，影响到后代人以数典（尤其是僻典）为能事，愈演愈烈。道、咸之际，朱䋮生为程序伯作序，还说："今世之士，从事铅椠，……拾陈人之糟粕，猎浮华之艳词。又其甚者，横溃浊流，破碎大道，无钝吟之卓识，便呼沧浪为禅；无蒙叟之博观，辄议于鳞为袭。……寡学之辈，靡然从之，……何必读书，始能篇翰？"[109]这正是朱氏诗论的翻版。

正由于古典诗歌这种恶性发展，所以引起五四文学革命的反弹，干脆提出"不用典"的主张。其实正常的用典是必不可少的，不但中国，外国文史哲著作何尝不运用希腊、罗马神话和圣经的典故？问题是必须正确运用。在这方面，朱氏本人的诗中，也不乏成功之作。杨际昌曾指出："朱竹垞最工绝句，竹枝体国朝无出其右。予所欣赏，间在其不甚着意者。如题高侍读江村图：'菊硐疏寮旧迹存，画图仿佛见江村。双桥尽许通舟楫，他日柳阴来叩门。''杜甫南邻有朱老，吾将徙宅问东家。水边沙际闲田阔，添种鸭桃千树花。'兴趣甚逸。"[110]这两首七绝字句何尝不典雅，又何尝不用事，然而都融化在闲逸的兴趣中了。所谓"不甚着意"，正凭"兴会"而作。

三　秀水诗派的变化

朱彝尊的门弟子很多，他七十五岁作《题梅生庚诗稿》，自云："吾门著录多。"[111]原因是他"以钜儒硕学为风雅宗，与新城王尚书狌主齐盟,若前代之李、杜、坡、谷然者。先生既退居长水(即秀水),则以诗学倡导后进,凡经指授及私淑其门者,率振厉成一家言。屈指门下士,著录不下千人"[112]。可见其影响之大。

但是,这些门人及其后的私淑者,有的是"耳濡目染,守先生之微言而勿失者",这部分人大抵是秀水同乡,所谓"苔岑梓里,渐被独深"[113]。也有人认为:"此郡学竹垞诗者,不辨其根本节目所在,往往溺志于风怀、闲情等作,争妍取多。"[114]另外有的则"有拔戟劘垒于两家(指朱彝尊与李良年)之外者"。如钱锺书云:"朱竹垞力非涪皤,而浙江后起诗人,如万柘坡、金棕门、王毂原、汪丰玉、沈匏庐辈,皆称山谷。"[116]而钱仲联则谓"盖自竹垞晚年好为山谷,金棕门继之,遂变秀水之派,钱箨石出而堂庑益大。……而秀水诗派盛极一时矣"[117]。也就是对朱氏既有所继承,又有所发展,而基调仍是一致的。

注 释

① 《日知录》卷十九《文人之多》条

② 《雪桥诗话》馀集卷三

③㉓ 《曝书亭文集》(以下简称文集)卷三七《叶指挥诗序》

④ 《亭林文集》卷六《广师》

⑤ 《亭林诗集》卷四《朱处士彝尊过余于太原东郊,赠之》

⑥ 《竹垞集序》

⑦㊽ 徐澂《卓观斋脞录》

⑧ 《莉汉昌言》

⑨ 以上引文俱见陈廷敬所撰朱氏墓志铭

⑩ 《清诗纪事初编》卷七

⑪ 《鲒埼亭文集·梨洲先生神道碑文》

⑫ 《壮悔堂集·与吴骏公书》

⑬ 《清朝野史大观》卷五《朱、潘两检讨被劾》

⑭ 《过曝书亭》

⑮ 文集卷四一

⑯⑳㉑㉝㉞㊱㊳(62) 文集卷三一《与高念祖论诗书》

⑰ 文集卷三六《九歌草堂诗集序》

⑱㉒ 文集卷三七《钱舍人诗序》

⑲㉔ 文集卷三九《忆雪楼诗集序》

㉕㊸㊽(58) 《曝书亭诗集》(以下简称诗集)卷二一《斋中读书十二首》之十一

㉖㉟㊵(59) 文集卷三六《荇溪诗集序》

㉗ 文集卷三七《丁武进诗集序》

㉘(53) 文集卷三九《鹊华山人诗集序》

㉙㊶ 文集卷三九《胡永叔诗序》

㉚ 文集卷三九《李上舍瓦缶集序》

㉛ 文集卷三九《楝亭诗序》

㉜ 文集卷三九《成周卜诗集序》

㊲ 文集卷三三《答刑部王尚书论明诗书》

㊴ 诗集卷二一《斋中读书十二首》之十二

㊷ 文集卷七四《王处士墓志铭》

㊹ 文集卷三九《刘介于诗集序》

㊺ 文集卷三九《橡村诗序》

㊻ 诗集卷十三《题王给事又旦〈过岭诗集〉》

㊼ 文集卷七五《儒林郎户科给事中部阳王君墓志铭》

㊾(57) 文集卷三七《王学士西征草序》

㊿ 文集卷三八《叶李二使君合刻诗序》

(51) 文集卷三八《沈明府〈不羁集〉序》

(52) 文集卷三九《张肇趾诗序》

(54) 文集卷三九《汪司城诗序》

(55) 文集卷三九《南湖居士诗序》

(56) 文集卷五二《书剑南集后》

⑥⑩　诗集卷六

⑥①　《昭昧詹言》

⑥③⑥⑨⑦⑧　《退庵随笔》

⑥④⑦⑥　《瓯北诗话》卷十

⑥⑤　《香石诗话》

⑥⑥⑦②⑧②⑧⑧⑯　《谈艺录》

⑥⑦　《文献徵存录》卷二本传

⑥⑧　《海天琴思录》卷七

⑦⑩　汤大奎《炙砚琐谈》

⑦①⑧⑩　《晚晴簃诗汇》卷四四

⑦③　《清史列传·文苑传》本传

⑦④⑦⑦　《筱园诗话》卷二

⑦⑤　《题〈曝书亭集〉》，见《炙砚琐谈》

⑦⑨　《后村大全集》卷九六《韩隐君诗序》

⑧①　《忠雅堂诗集·论诗杂咏三十首》

⑧③⑨⑩　《梦苕庵诗话》

⑧⑤　《石洲诗话》卷四

⑧⑥　《腾笑集序》

⑧⑦　《曝书亭集序》

⑧⑨　《清诗别裁集》

⑨①　《更生斋诗》卷二《道中无事，偶作论诗截句二十首》之九

⑨②　《雪桥诗话》三集卷三

⑨③　《文心雕龙·事类》

⑨④　《颜氏家训·文章》

⑨⑤　葛兆光《论典故——中国古典诗歌中一种特殊意象的分析》，见《文学评论》1989年第五期

⑨⑥　《三家诗话》

⑨⑦　《池北偶谈》

⑨⑧　《海天琴思续录》卷二

⑨⑨ 《海天琴思录》卷八

⑩⑩ 《海天琴思续录》卷五

⑩① 《老学庵笔记》卷七

⑩② 《剑南诗稿》卷四九《题庐陵萧彦毓秀才诗卷后》

⑩③ 《雪桥诗话》三集卷二

⑩④ 《雪桥诗话》三集卷六

⑩⑤ 《诚斋集》卷七九《黄御史集序》

⑩⑥ 《袁中郎文钞·雪涛阁集序》

⑩⑦ 《序小修诗》

⑩⑧ 锺嵘《诗品序》

⑩⑨ 《雪桥诗话》三集卷十一

⑪⑩ 《国朝诗话》卷一

⑪① 诗集卷三十

⑪②⑪③ 《本朝名家诗钞·北田诗钞小传》

⑪④ 《南野堂笔记》

⑪⑤ 《晚晴簃诗汇》卷七五祝维诰条

⑪⑦ 《浙派诗论》

178

第七章 神韵诗派

一 神韵诗派的兴起

清初各个诗派,或以地域名,如"河朔诗派"、"岭南诗派";或以郡邑称,如"虞山诗派"、"娄东诗派"、"秀水诗派";个别则用代表人物的字号,如"饴山诗派"。惟有"神韵派",独以诗歌风格得名。另外,前述各派,其影响大抵是地方性的,追随者多为乡里后进,神韵派则影响及于全国,历久不衰。其所以如此,是由于该派代表人物王士禛,提出了他独特的诗歌理论"神韵说",而且穷毕生之力从事创作实践,用自己的创作成果"神韵诗",证明这一诗论反映了诗的本质,不同于清初其他各派附属于儒家诗教的功利观。

神韵派还表现出清诗对前代诗歌创作经验和理论成果的总结(即集大成)特色,它尽揽汉魏六朝以迄元明诗之长,而以唐诗为主,兼重宋诗,不像当时宗唐与宗宋两派,交弹互讥,势成水火。当然,它对前代遗产的吸收,其取舍标准是"神韵"。难能可贵的是并不限于"神韵"的表层意义,而是既重风调,又重雄浑:"自昔称诗尚雄浑则鲜风调,擅神韵则乏豪健,二者交讥。"而他是主张"去其二短而兼其两长"的。[①]

神韵派也表现了清诗的另一特色,即学人之诗与诗人之诗的统一。但它要求做到学为诗用,比朱彝尊的秀水派以学为诗更体现了诗的本质。

神韵派虽然"转益多师",而以盛唐为宗,这和它在诗论上继承严羽是一致的。严羽所以作《沧浪诗话》,就是因为宋诗"尚理而病于意兴",神韵派的出现,也和清初朝野宗尚宋诗分不开。

应该看到,这一诗派之所以出现在康熙年间,又和当时政治的需要分不开。正由于清初满洲贵族的统治初步巩固,广大汉人的民族敌忾心理尚未消除,为了淡化民族矛盾,因而神韵派这种超脱现实的诗论和诗作受到统治者的肯定和欢迎。也不妨说,正是这种政治现实,有力地促进了这一诗派的崛起。至于代表人物恰好为王士禛,则又和他的家庭熏陶、仕途经历、个人性格和审美情趣密切相关。

二 王士禛

(一) 生平

王士禛(1634—1711),字子真,一字贻上,号阮亭,别号渔洋山人(顺治十八年,二十八岁时,游苏州,宿圣恩寺,望太湖中小山名渔洋者,一峰正当寺门,爱其秀峙无所附丽,取以自号)②。山东新城(今桓台县)人。顺治十五年,二十二岁,进士及第。次年任扬州推官,与诸名士文燕无虚日,诗日益工。康熙三年,三十一岁,升礼部主事,迁员外郎。八年,三十六岁,榷清江关。还朝,迁户部郎中。十一年,三十九岁,充四川乡试正考官。十五年,四十三岁,仍补户部郎中。一日,"诸相奏事,上忽问:'今各衙门官,读书博学善诗文者,孰为最?'首揆高阳李公(李霨)对曰:'以臣所知,户部郎中王士禛,其人也。'上颔之曰:'朕亦知之。'"③十六年,仍在户部。六月,"一日召桐城张读学(张英)入,上问如前,张公对:'郎中王某诗为一时共推,臣等亦皆就正之。'上举士禛名至再三,又问:'王某诗可传后世否?'张对曰:'一时之论,以为可传。'上又颔之。七月初一日,上又问高阳李公、临朐冯公(冯溥),再以士禛及中书舍人陈玉璂对,上颔之。"④十七年正月二十二日,"特诏公懋勤殿试诗,称旨。次日传谕:王某诗文兼优,著以翰林官用。遂改侍讲,旋转侍读。本朝由部曹改词臣,自公始,实异数也。"⑤十九年,四十七岁,迁国子监祭酒。二十三年,五十一岁,迁少詹事,兼翰林院侍讲。二十九年,五十七岁,迁都察院左副都御史,旋充经筵讲官、国史馆总裁,迁兵部督捕侍郎。三十年,五十八岁,充会试副考官。三十一年,五十九岁,调户部右侍郎。三十三年,六十一岁,转左。三十七年,六十五岁,擢左都御史。三十八年,六十六岁,迁刑部尚书。四十年,六十八岁,请假迁葬,"上谕廷臣曰:'山东人偏执好胜者多,惟王士禛则否。其作诗甚佳。居家除读书外,别无他事。'"⑥四十三年,七十一岁,以王五、吴谦狱失于瞻徇,罢官。或谓因与废太子唱和,致被借题夺官;⑦又或谓因"徐乾学以金笺索诗为内大臣明珠寿,士禛念曲笔以媚权贵,君子不为,力拒之"⑧,以致罢官。归里后,"茸夫于亭,日事著述,不与闻门外事。四方求诗文者接踵而至,公亦洒然自得,有请辄应,人人厌其欲而去。"⑨四十九年,七十七岁,其年冬,诏复士禛尚书衔。五十年,七十八岁,其年五月十一日病卒于家。

士禛出身世家望族。曾祖王之垣,明万历初年以都察院右副都御史出任湖广巡抚三年,内迁户部右侍郎,次年转左侍郎。"少绩学,攻苦茹淡,穷日夜不辍,及贵犹然"⑩。祖父王象晋历官浙江右布政使,"生平喜淡泊,……盛暑,整衣冠,危坐,读不辍"⑪。有《群芳谱》、《清寤斋心赏编》、《剪桐载笔》等著作。⑫伯祖父王象乾,明末历任督抚,官至兵部尚书,累加太子太师。父王与敕,顺治元年拔贡,终身不仕,"中岁好为诗,辄弃去,曰:

'吾偶写怀抱,如弦之有音,弦停音寂矣,乃欲索之于无有耶?'"[13]而对子弟的教育方法是:"自制举业外,诗歌古文词纵其涉猎。或以为言,辄笑而不答。"[14]这样的家世,对王士禛终身的政治态度、性格定型、文学素养与审美情趣都有颇大影响。

王家在明朝百馀年来鼎盛的政治地位,特别是甲申事变中士禛伯父王与胤的殉国[15],以及儒家学说中的华夷之辨,在士禛的思想意识深处,必然形成对明朝汉族政权的怀念和对清朝满族政权的反感;而官僚地主阶级的本质,又要求他继续走入仕途,以维持家族的高贵地位,因而他不能不求取功名。然而在异族统治下,"非我族类,其心必异",他不能不经常提防,生怕遭到不测。这就使他像南朝齐的衡阳王萧钧那样"身处朱门而情游江海,形入紫闼而意在青云"[16]。

由于这种政治处境,他便不仅以仕为隐,而且早就养成"少无宦情"的性格。正如他自己所说:"予兄弟少无宦情,同抱箕颖之志,居常相语,以十年毕婚宦,则耦耕醴泉山中,践青山黄发之约。"[17]以后就在官场上,也是"淡于仕进"。他的门人冯景批评他居谏诤之职而不敢言,只是循默而迁秩,也从另一侧面反映了他这一种性格。[18]

同时,他还具有文学的素质,自幼就耽嗜诗歌:"六七岁读'燕燕于飞'诗,便怅触欲涕。肆经之隙,私取《文选》、唐诗诵之,学为五、七言韵语。"[19]当然,这跟他父亲的教育方法也很有关系。

至于他偏爱远离政治的山水田园诗以及一切纯艺术性的空灵之作,除政治原因外,也和他的家教有关:"其兄士禄喜诗,乃取王、孟、韦、柳及常建、王昌龄、刘眘虚数家诗,使手钞写之。"[20]这等于对他的审美情趣进行了定向培养。

因此,他的神韵诗往往表现为一种朦胧美,用他借自禅宗的话来说,就是"不黏不脱,不即不离"。这种朦胧美形成一种艺术魅力,它吸引读者沉浸在一种超越世俗的审美感受中。以他早年最驰名的《秋柳》诗为例,不少人认为是悼念明亡之作,以致乾隆年间,工部尚书彭元瑞还"揢摭"这四首诗的"语疵",几乎掀起一场文字狱。[21]而认为并无寓意的也不少,如近人江庸《趋庭随笔》第一卷,既引徐嘉《顾亭林诗笺注》于《赋得秋柳》下引黄葆年说,又引王祖源《渔洋山人秋柳诗笺》,然后指出:"虽言之娓娓,要皆揣测之辞,恐阮亭当日不过随题抒写,未必果有用意。钱辛楣《潜研堂诗续集》题李义山诗云:'玉山碧瓦语清腴,留枕窥帘事有无。八宝流苏随处挂,不应全是为令狐。'真解人语也。"王士禛本人就希望他的诗作收到这样一个效果:让读者自己去揣测,去联想,去发挥想像力,不作任何自以为合理的解释。即以《秋柳》而言,王士禛不可能没有兴亡之感,但甲申之年他才十一岁,因而他的兴亡之感又是淡淡的,决不像顾炎武、屈大均他们那样强烈,因而他只能出之以朦胧。这样才可得到客观环境的默许,而自己的主观抒情目的以及对其他汉族士大夫的感发目的也可以达到。

但这种容易被人牵涉到政治意义的诗作还是不保险的,所以他尽量地加以回避。他最喜欢严羽所引"羚羊挂角,无迹可求"二语,时常用以比喻神韵诗的境界,其实正是他立身处世的准则:"释氏言:'羚羊挂角,无迹可求。'古言云:'羚羊无些子气味,虎豹再寻他不著,九渊潜龙,千仞翔凤乎!'此是前言注脚。不独喻诗,亦可为士君子居身涉世之法。"[22]因而他把诗的领域区划到政治现实以外:"夫诗之为物,恒与山泽近,与市朝远,观六季三唐作者篇什之美,大约得江山之助、写田园之趣者,什居六七。"他称赞友人梅子翔漫游齐、鲁、豫章、庐陵诸地后,"归老东渚之上,所谓江山之助,田园之趣,盖两得之,宜其诗之风味澄夐,绝远世事"[23]。

这就难怪康熙帝赏识之于前,乾隆帝褒饰之于后了。"公薨后五十馀载,当乾隆之三十年,高宗特旨,以公绩学工诗,在本朝诸家中,流派较正。从前未邀易名之典,宜示褒荣,以为稽古者劝。遂赐谥曰文简"[24]。

(二) 诗论

王士禛的神韵说,具有总结的性质。自南朝梁的锺嵘,到唐代的司空图,到宋代的严羽,再到明代的徐祯卿、李攀龙,形成一个超功利的诗歌美学传统,和儒家历来的教化说诗歌传统形成对峙局面,而王士禛的神韵说,便是对这一诗歌美学传统的总结。

王士禛的时代,正紧接着晚明,自然受到那种社会思潮的影响。晚明时期,士大夫面对日益加深的内忧外患,而又回天无力,只有寄情山水,聊以自娱。因而对文学的价值产生了新的认识,认为它的功能是"怡悦"。持这种文学观者,无视社会责任感和历史使命感,只是一味探讨纯艺术性。公安派的袁宗道就爱结社,常为诗酒之会,以幽寂为娱悦,乐在禅趣。这种遁世态度,偏于"灵"的追求。[25]王士禛生活在清初,仕运亨通,却"长思茂陵卧,未厌承明值。仕宦本易农"[26],像东方朔那样"以仕易农"[27]。原因是家族需要他出仕新朝以保富贵,而他对出仕异族政权颇感内疚,这就必然接受晚明文人(以袁宗道为代表)的"自娱"文艺思潮,再从历史上择取从锺嵘开始的超功利的诗歌美学理论,结合自己的审美情趣,加以改造和扩大,从理论上张扬其神韵说,以区别于锺嵘的滋味说、司空图的韵味说、严羽的兴趣说、徐祯卿的真情说和李攀龙的格调说。

最明显的如"神"字,严羽本来把它看作诗歌品格的最高层次,所谓"入神唯李、杜能之"。这个"神",正如钱锺书所阐释的,不论哪种风格的诗(大别之,即优游不迫与沉著痛快两种),恰到好处,就是"入神"[28]。神,就是神味,即表现得恰到好处的诗味。而王士禛却侧重"神"字下的"韵"字,这就把诗引向一种悠闲淡远、有馀不尽的境界。所以,他欣赏司空图的"味在酸咸之外",严羽的"言有尽而意无穷",而找到符合这一标准的以王维为代表的山水田园诗人的作品,作为"尤隽永超诣"的样本。

比起李白、杜甫、苏轼和陆游这些大家,用我们的传统尺度衡量,王士禛顶多算个"小的大诗人"。但他这样自觉追求神韵,强调它的美学意义,我们却不能不承认他在中国诗史上的巨大贡献。法国的文学批评家圣·勒夫曾说:"最伟大的诗人是这样的一种诗人:他的作品最能够刺激读者的想像和思维。他最能够鼓舞读者,使他自己去创造诗的意境。最伟大的诗人并不是创作得最好的诗人,而是启发得最多的诗人;他的作品的意义不是一眼就可以看出的,他留下许多东西让你自己去追索,去解释,去研究,他留下许多东西让你自己去完成。"[29]在西方人眼里,王士禛应该算最伟大的诗人,尽管出于习惯,我们不容易接受这种艺术评价。艾略特下述这段话值得我们玩味:"诗歌不是感情的放纵,而是感情的逃避;不是个性的表现,而是个性的逃避。当然,也只有有个性有感情的人才知道逃避它们意味着什么。"[30]所谓逃避,实即隐蔽,这和王士禛的神龙见首不见尾理论是一脉相通的。

(1) 标举盛唐 兼取唐宋

王士禛的门人曹禾说:"先生之学非一代之学,先生之诗亦非一代之诗。其学何所不贯,其诗亦何所不有?"[31]不错,提倡神韵说的王士禛,在诗歌传统的继承方面,取精用宏,表现出集大成姿态。然而另一方面,他又是有所侧重的。

首先,他以唐诗为中心轴,其他各代的诗都围着这根主轴转,符合要求的才择取,否则舍弃。其次,在唐诗中,他又标举盛唐,而所谓盛唐诗的代表诗人,并非李、杜,而为王、孟。至于他在不同时期,或宗唐,或尊宋,有不同的侧重,那是出于补偏救弊。宗唐固然是宗王、孟,尊宋也是尊近唐的宋诗。试看其好友施闰章云:"客或有谓其祧唐而祖宋者,予曰:不然,阮亭盖疾夫肤附唐人者了无生气,故间有取于子瞻。而其所为蜀道诸诗,非宋调也。诗有仙气者,太白而下,唯子瞻有之,其体制正不相袭。……学三唐而能自竖立者,始可读宋、元,未易为拘墟鲜见者道也。"[32]又一僚友徐乾学也称他:"虽持论广大,兼取南北宋、元、明诸家之诗,而选练矜慎,仍墨守唐人之声格。或乃因先生持论,遂疑先生续集降心下师宋人,此未知先生之诗者也。"[33]可见万变不离其宗,不管王士禛怎样旁求远绍,落足点仍在其所选《唐贤三昧集》,"妄欲令海内作者识取开元、天宝本来面目"[34]。

何以见得王、孟诗才是盛唐的本来面目?明人胡应麟曾指出:"盛唐一味秀丽雄浑,杜则精粗、巨细、巧拙、新陈、险易、浅深、浓淡、肥瘦,靡不毕具。参其格调,实与盛唐大别。"[35]可见王士禛不以杜诗代表盛唐是有根据的。但明人高棅说:"开元、天宝间,则有李翰林之飘逸,杜工部之沉郁,孟襄阳之清雅,王右丞之精致,储光羲之真率,王昌龄之声俊,高适、岑参之悲壮,李颀、常建之超凡:此盛唐之盛者也。"[36]王士禛在这么多盛唐诗风中,何以独取王、孟?这当然和他从小受父兄熏陶有关,但更重要的原因,却是当时的政治现实决定他作出这样的选择。作为汉族士大夫,对前明不可能无故国之思,《秋柳》四章便是明证。然而康熙之时,文网渐密,社会上已形成"喜读闲书,畏闻庄论"[37]的风气,他不能不注意收敛,因而只得将淡淡的哀愁和悠闲的情趣寄托于林泉之间。

康熙一朝,政治清明,海宇安定,开国气象本多可加歌颂的。然而遗老未尽凋谢,民族仇恨亦未尽泯灭,王士禛自不甘作正面的歌功颂德。所以在《然灯记闻》中他说:"吾疾夫世之依附盛唐者,但知学为'九天阊阖'、'万国衣冠'之语,而自命高华,自矜壮丽,按之其中,毫无生气。故有《三昧集》之选,要在揭出盛唐真面目与世人看,以见盛唐之诗原非空壳子、大帽子话,其中蕴藉风流,包含万物,自足以兼前后诸公。彼世之但知学'九天阊阖'、'万国衣冠'等语,果盛唐之真面目真精神乎,抑亦优孟叔敖也?苟知此意,思过半矣。"这段话,表面是批评明七子的"瞎盛唐诗",实则别含深意。"九天阊阖开宫殿,万国衣冠拜冕旒",是王维《和贾至舍人早朝大明宫之作》的颔联,正是对朝廷歌功颂德的标本,王士禛却斥之为"空壳子大帽子话",其鄙薄之情溢于言表,这反映了不甘歌颂清廷的意识。

他不取王维正面歌颂的诗,自然转到王维清澄、蕴藉而又华妙这一面了。他这样做的理论根据,是严羽说的"盛唐诸人唯在兴趣"。所谓"兴趣",就是兴象超逸的境界。这固为盛唐诸人所共有,李白某些诗也表现了这种境界,如王士禛曾例举的"牛渚西江夜"一首。而只有王维、孟浩然的山水田园诗,这方面的特色最突出。李白诗主要是"鲸鱼掣海"式的,不合这一要求。至于杜甫,那就距离更远了。

王士禛不取杜,还有一个"正变"问题。杜甫七律"正声少而变调多"[38]。所谓"正",是治世之音,也就是"美"。而"变",则指乱世之音,也就是"刺"。杜诗的精华全在反映天宝至大历的乱离,和康熙之治极不合拍,王士禛自然不会走杜甫的路。当代有些学人没有从王氏整个时代背景去分析他的文化心态,仅仅以他的某些言论和咏叹杜甫的诗篇作为依据,断言他并非如赵执信、翁方纲等所指出的不喜杜诗,是不符合实际的。徐乾学这段话很值得玩味:"《记》曰:'治世之音安以乐',……读先生(指王士禛)之诗,有温厚平易之乐,而无崎岖艰难之苦,非治世之音能尔乎?"

(2) 谈艺四言

王士禛给"神韵说"标举了四个字:典、远、谐、则。

他对这四个字的解释是:"六经廿一史,其言有近于诗者,有远于诗者,然皆诗之渊海也。节而取之十之四五,雁结谩谐之习,吾知免矣:一曰典。画潇湘洞庭,不必蹙山结水。李龙眠作阳关图,意不在渭城车马,而设钓者于水滨,忘形块坐,哀乐嗒然,此诗旨也:次曰远。诗三百五篇,吾夫子皆尝弦而歌之,故古无《乐经》,而《由庚》、《华黍》皆有声无词。土鼓鞞铎,非所以被管弦、叶丝肉也:次曰谐音律。昔人云:《楚辞》、《世说》,诗中佳料,为其风藻神韵,去《风》、《雅》未遥。学者由此意而通之,摇荡性情,晖丽万有,皆是物也:次曰丽以则。"㊴

所谓"典",反映了诗人之诗和学人之诗的结合。这是时代风气使然,但王氏偏重在诗人之诗这方面,学为诗用,追求典雅,力戒粗鄙。这一点,他和严羽一脉相承。严羽说:"诗有别才,非关学也。"紧接着又说:"然非多读书穷理,则不能极其至。"这就是说学应为诗所用。王士禛在这点上,正和朱彝尊相反。朱氏固然也有学化为才的诗,而为学所累的诗不少;王氏则完全没有。他真正做到了"读书破万卷,下笔如有神"。

所谓"远",是神韵说的核心,即以淡墨写意,而不必正面刻画,使人读后自会悠然意远。

所谓"谐声律",纯从诗的声调提出,要求表现出悦耳动听的音乐美。这是针对当时宗宋派"兀傲奇崛之响"㊵来的。翁方纲曾指示门人:"喉咙必要宽松。盖喉咙宽乃众妙之门,百味皆可茹入。王渔洋喉咙最宽,所以一发声即奄有诸家之长。"[41]正指他"谐音律"这点。王士禛很重视诗的音律,门生问他何为"平中清浊,仄中抑扬",他解释说:"清浊如通、同、清、情四字,通、清为清,同、情为浊;仄中如入声有近平、近上、近去等字,须相间用之,乃有抑扬抗坠之妙,古人所谓一片宫商也。"[42]又说:"唐、宋、元、明诸大家,无一字不谐,明何、李、边、徐、王、李辈亦然。"[43]

所谓"丽以则",原出扬雄《法言·吾子》:"诗人之赋丽以则。""丽",即王士禛同时人说他的"王爱好"。王氏主张诗虽应写得绮丽而能摇荡性情,却不失正则,即不悖于"温柔敦厚"的诗教。

以上这四字,就是神韵说的具体内涵。这四字的提出,是有其针对性的,张九徵说过:"公安滑稽而不典,弇州(后七子中的王世贞)工丽而不远,竟陵取材时文,竞新方语,既寒以酸,亦俗而轻,何有于谐声、丽则乎?"[44]

但仅仅认为谈艺四字只是分别对公安、七子、竟陵甚或清初宗宋派做补偏救弊的工作,那还是消极的看法,而且显得零碎。"典"、"则"偏于内容,而"远"、"谐"偏于形式。士禛之所以特别标举"谐音律",一方面是针对"宋诗有声无音"[45],另一方面是注意到唐诗(尤其是盛唐诗)重视音响效果,做到实大音宏,从而认识到音律的谐调,正好引发情感的萌生,形成宫徵靡曼,摇荡性灵,更易使读者获得悠然意远的情味。所以,谈艺四言实在是完整的统一机体,比消极的补偏救弊自有其积极意义。

因此,器重士禛的前辈诗人钱谦益肯定这四字:"其谈艺四言,曰典,曰远,曰谐,曰则,沿波讨源,平原之遗则也。"[46]这是比之于陆机《文赋》。何谓"平原遗则"?《文赋》提出"诗缘情而绮靡",拈出"缘情"二字,以区别于古老的"言志"说,摆脱了政教说的束缚,在内容和形式上都力求绮靡。这是魏晋诗风的理论概括,不仅下启六朝诗风,而且一直影响到隋唐以迄于今。钱谦益认识到王士禛论诗已侧重"缘情",但能提出"丽以则",则在"爱好"(即"绮靡")基础上能注意"温柔敦厚"的诗教,而不是六朝那样"文章且须放荡"。

钱锺书也认为:"渔洋谈艺四字'典'、'远'、'谐'、'则',所作诗皆已几及,……明清之交,遗老放恣杂驳之体,……诗若文皆然。……'爱好'之渔洋,方为拯乱之药,功亦伟矣!"[47]这和上引张九徵的话互相发明,"放恣杂驳之体",就是公安、七子、竟陵的流裔在诗文上的表现。钱锺书从宏观角度指出王士禛谈艺四言在文学史上的功绩,这评价是很高的。

但是,有些人对这四字也有不同的看法,如梁章钜就认为:"王渔洋谈艺四言,曰典,曰远,曰谐,曰则,而独未拈出一'真'字,渔洋所欠者真耳!"[48]这是附和赵执信、阮葵生的看法,以为士禛"诗中无人"。陈衍也说:"渔洋最工摹拟,见古人名句,必唐临晋帖,曲肖之而后已。操斯术也,以之写景,时复逼真,以之言情,则往往非由衷出矣。"[49]这也是对袁枚那段话的补充。袁枚曾说:"阮亭主修饰,不主性情。观其到一处必有诗,诗中必用典,可以想见其喜怒哀乐之不真矣。"[50]吴清鹏《读渔洋集戏题》:"长白山头感神女,小黄园里吊昭灵。秦祠汉冢知多少,动费先生雪涕零。"[51]这是袁枚的话的诗化。

这就提出了一个问题:王士禛的诗是不是形式主义的?

我以为王士禛不是形式主义诗人。黑格尔说:"诗的出发点就是诗人的内心和灵魂。""抒情诗的中心点和特有内容就是具体的创作主体,亦即诗人。""他的唯一外化(表现)和成就只是把自己的心里话说出来。"[52]我同意这种论析,因为一切抒情诗的作者不需要也不可能说假话。诗,总是发自内心的,士禛并不例外。

首先,我们分析陈衍的论点。他说士禛摹拟古人名句,写景可以逼真,而言情则非由衷出。这是把情与景分裂为二,而忘了王夫之早已指出一切景语皆情语。陈衍的论据是:"渔洋山人自喜其'萤火出深碧,池荷闻暗香'之句,谓可拟范德机'雨止修竹间,流萤夜深至'二语。"不错,士禛是说过"余最爱范德机'雨止修竹间,流萤夜深至'二句,少时曾拟作一联云:'萤火出深碧,池荷闻暗香'"。但下面接着说范氏虽"得此句喜甚",却又说:"句太幽,殆类鬼语。"[53] 士禛的拟作显然避开了"鬼语"的缺点。只就写景清幽而言,"萤火出深碧"的"深碧",确由"修竹间"化出,而点化是写诗的一种手法,只要点化得妙,便会受到读者的欣赏。何况士禛此二语,一写视觉,一写嗅觉,画出一片幽回境界,正反映出他独特的审美情趣,怎么能说"以之言情,非由衷出"呢?

其次,我们看看赵执信和阮葵生的论点。阮葵生说:"赵秋谷云:阮亭昔以少詹祭南海,留别都门诸子云:'卢沟桥上望,落日风尘昏。万里自兹始,孤怀谁与论?'又曰:'此去珠江水,相思寄断猿。'不知谪宦迁客更作何语? 又曰:'寒宵共杯酒,一笑失穷途',非所谓诗中无人者耶? 秋谷与阮亭为难,然此论实中其弊,学子所当引为戒者。按阮亭典试蜀中,别郑水部云:'与君俱绝域,此别各魂销。'又天门山客泊云:'胜游非梦到,绝域此生还。'正与前同病,但求措语工妙,不顾心之所不安。"[54]

赵、阮两家所举各例,其中有理解错误的,如《与友夜话》的"寒宵共杯酒,一笑失穷途","穷途"属友人,题中明着"慰余淡心处士"语。[55] 余怀是明遗民,自然是"穷途"。赵执信误据此断定士禛"诗中无人",亦即无"我",后人又据此纷纷指责士禛"不真",真是厚诬古人了! 其馀数例,无非认为士禛以贵官代皇帝祭南海或赴四川任主考官,诗不应作谪宦迁客语。这是以普遍性代替特殊性。士禛少无宦情,出仕后也淡于仕进,因此,代祭、主试,在他人以为荣宠者,在他却宁耽朋好游从,不乐河山跋涉。这可用他自己的话作证:"(朱子青)家世翔贵,门有列戟,而性癖耽吟,往往与山林憔悴之士争胜尺寸。班孟坚所云:'在绮襦纨袴之间,非其好也。'其诗之工也,不亦宜乎?"这也是夫子自道,认为"处富贵而乐贫贱则诗工"㊻。何况他康熙十一年六月奉命典蜀试,"……余方有儿浑之痛,伏枕浃旬,黾勉就道。初十日抵平定州,夜雨,梦儿浑仿佛如平生,枕上抆泪成一诗。"又说:"予奉使入蜀时,两丧爱子,(吾妻张)宜人病骨支床,而予有万里之行。宜人虑伤予心,破涕为笑,扶病治装,刀尺之声与呜咽相间,唯恐予之闻之也。予途中寄诗云:'何必言愁始欲愁,离骚端合是离忧。两年再堕童乌泪,万里虚为谕蜀游。落日深山闻杜宇,秋风古驿下金牛。伤心欲写蛮笺寄,十样空传出益州。'"㊼了解这种背景,怎么会责怪他"但求措语工妙,不顾心之所不安"呢?即以《武侯祠别郑次公水部》等诗的"绝域"言,绝域即殊域、异域,亦即远方。"绝域"一词,士禛蜀中诗屡用,如《双流县》:"愁将蓬鬓色,绝域老霜华。"《寄朱峨眉方庵,兼怀蒋修撰武臣》:"绝域相逢感鬓华。"《宜都县南,中流大风》:"波涛绝域还。"阮葵生所举《天门山客泊》的"绝域",也是指蜀中。其所以如此用,是因为西晋曹毗《歌世宗武皇帝》有云:"殊域既宾,伪吴亦平。"殊域指蜀汉。士禛用此,极切题义,正表现了谈艺四言中的"典",确实体现出"王爱好"的本色,可惜阮葵生竟看不出。

正由于他强调谈艺四言,所以厌恶俚俗,反对流易,不满纤仄。对南宋的范成大和杨万里,士禛指为"俚俗之体"㊽,"佻巧取媚"㊾,表示鄙薄,即因两家诗不合其谈艺四言。他盛赞前七子"相与力追古作,一变宣、正以来流易之习"⁶⁰。这种轩轾,也是根据"典"、"远"、"谐"、"则"的标准。他指斥的宣德、正统以来流易之习,是指三杨(杨士奇、杨荣、杨溥)为代表的台阁体,又称为东里派(杨士奇有《东里全集》)。其诗雍容平易,实则肤廓冗长,千篇一律。这也可见士禛力避富贵文字的审美倾向。

按照谈艺四言,士禛自亦不满锺、谭纤仄,斥为"幽隐钩棘之词"⁶¹。然而后人如计发则谓士禛诗有绝似锺、谭者,钱锺书则谓其谈艺似竟陵。计发于其诗话中引凌树屏《偶作》云:"新城(指王士禛)重代历城(指李攀龙)兴,清秀赢得牧老称(自注:时谓阮亭为'清秀李于鳞',钱牧斋顾亟称之,何耶?)。细读羼提轩里句(士禛自号羼提居士),又疑分得竟陵灯(自注:新城诗有绝似锺、谭者)。"⁶²钱锺书则谓"清人谈艺,渔洋似明之竟陵派"。因为"锺、谭论诗皆主'灵'字,实与沧浪、渔洋之主张貌异心同"。"至以禅说诗,则与沧浪、渔洋正复相视莫逆"。"世人仅知渔洋作诗为'清秀李于鳞',不知渔洋说诗,乃蕴藉锺伯敬也"⁶³。

应该说,士禛之于锺、谭,无论诗作或诗论,确有其相与契合处。试看锺惺《简远堂近诗序》云:"诗,清物也,其体好逸,劳则否;其地喜静,秽则否;其境取幽,杂则否;其味至淡,浓则否;其游止贵旷,拘则否。之数者,独其心乎哉?市至嚣也,而或云如水;朱门至礼俗也,而或云如蓬户。"谭元春《渚宫草序》云:"古之人即在通都大邑,高官重任,清庙明堂,而常有一寂寞之滨、宽闲之野在乎胸中而为之地,夫是以绪清而变呈。"王士禛正是这样认识并实践的。不过锺、谭生于明之末世,所以企求远离现实,去寻觅"深幽孤峭"的诗境,以寄托自己超越世俗的孤寂情怀。而王士禛则生于康熙盛世,为了羞于对异族主子多所歌颂,更害怕卷入朝内北派对南派的尖锐复杂的党争,因而尽量追求

193

山水林泉的逸趣。不同处境产生不同心态,自然前者表现的是纤仄的鬼趣,而后者怡情山水,养志林泉,从侧面烘托出朝野一派熙和气象,其歌吟当然成为治世元音了。

(3) 根柢与兴会

谈艺四言,"典"、"则"偏于根柢,"远"、"谐"偏于兴会,如何解决根柢与兴会这一对矛盾?

王士禛认为这一对矛盾确实存在:"夫诗之道,有根柢焉,有兴会焉,二者率不可得兼。镜中之象,水中之月,相中之色,羚羊挂角,无迹可求:此兴会也。本之风雅以导其源,溯之楚骚汉魏乐府诗以达其流,博之九经三史诸子以穷其变:此根柢也。根柢原于学问,兴会发于性情。"⑭但是问题总得解决,究竟怎样才能把二者统一起来呢?他曾在答门人郎廷槐问时说:"司空表圣云:'不著一字,尽得风流',此性情之说也。杨子云云:'读千赋则能赋',此学问之说也。二者相辅而行,不可偏废。若无性情而侈言学问,则昔人有讥点鬼簿、獭祭鱼者矣。学力深始能见性情,此一语是造微破的之论。"⑮从这段话可见他是以性情为主来点化学问。因为诗本缘情之物,正是为了形象而又深透地表现作者的性情,才要借鉴前人的作品。这种借鉴,决非仅仅艺术技巧一面,而是包括对历史和社会的广博知识,对一切事理的透彻辨识,以及在这基础上培养起来的敏锐的感受力,深刻的理解力和丰富的想像力。这就是他的门人张云章所说:"先生以秀伟特出之才,经传史记百家巨细穿穴,其词所从来,莫之纪极,而皆本于意所独运。"⑯所以他喜欢严羽以禅喻诗的"妙悟"。诗人为了表现自己独特的情思,创造出深邃的艺术境界,其长期积累的学识和目前生活中的某些强烈感受,经过苦思,互相撞击,突然形成鲜明生动的形象,这就是"妙悟"。"悟"的基础其实是学问(根柢)与性情(兴会)辩证统一的结果。"妙悟"的内涵是"识"(由学所致),而外现则为"才"(艺术表现)。"才"不是不要"学",而是诸葛亮所说:"非学无以广才。"也是王士禛所说:"学力深始能见性情。"

王士禛曾批评严羽:"……然仪卿诗实有刻舟之消,……大抵知(智)及之而才不逮也。"⑥⑦刻舟求剑亦即泥古不化。严羽知"别才非学",也知"非多读书穷理则不能极其至"。然而他写诗时却不善于化学为才。这是由于诗学深而诗功浅。批评与创作本来是两回事,出自两种精神状态,运用两种思维形式。卫夫人《笔阵图》:"善鉴者不写,善写者不鉴";苏轼说:"有道有艺"⑥⑧,都是说二者各有领域。创作必须通过长期而艰苦的实践,才能入神。士禛和严羽不同,他是自觉而勤奋地从事诗创作,然后体悟出神韵说的,所以,他没有一套完整的诗歌理论。

但是,王士禛同时人就对其"妙悟"说颇有误解。会稽人金以成未第时,以百韵长篇投王士禛,士禛指出:"诗家上乘,全在妙悟。"因赠以《三昧集》。以成归,曰:"新城一生只识王、孟境界,杜之《北征》,韩之《南山》,岂是一味妙悟者?"⑥⑨其实"妙悟"即今之所谓"灵感",亦即王士禛所谓"兴会"、"性情"。《北征》实叙事情,《南山》虚摹物状,体格虽不同,然皆自性情出,发于兴会,生于灵感。金以成本意是说王士禛只知"冲淡",不识"雄奇",却误以为"冲淡"的诗才需要"妙悟",而杜、韩"雄奇"的鸿篇巨制可以不要灵感。

现在有些人仍然误解"妙悟",如钱锺书就说:"渔洋天赋不厚,才力颇薄,乃遁而言神韵、妙悟,以自掩饰。"⑦⑩其根据是昭梿说他诗思蹇涩,康熙帝面试时,非人枪替,必将曳白。殊不知士禛是强调"兴会"的,他说:"王士源序孟浩然诗云:'每有制作,伫兴而就。'余平生服膺此言,故未尝为人强作,亦不耐为和韵诗也。"⑦①又说:陈允衡"评余诗,譬之昔人云'偶然欲书'。此语

195

最得诗文三昧。今人连篇累牍,牵率应酬,皆非偶然欲书者也"⑫。明白这一点,就可以知道他是富于诗才,这种创作态度是真正的诗人态度。一般人相信"倚马可待","文不加点"这类话,以为既是兴会淋漓,便应千言立就。殊不知"伫兴"是一回事,"作"又是一回事。既是"作",就应极尽人工之巧,以臻天然之妙。袁枚倡性灵说,蒋士铨亟称"不如公处只聪明"。袁枚却说:"诗到能迟转是才。"这可以作为旁证。

后人也有不满其有意求工的:"余意阮亭诗自俊,要是有意求工。"⑬王士禛虽然刻意求工,一味"爱好",也并非认识不到这是缺点。因为过分爱好,必然有伤真美。所以,当门人曹颂对他恭维:"杜、李、韩、苏四家歌行,千古绝调,然语句时有利钝。先生长句乃句句用意,无瑕可攻,拟之前人,殆无不及。"他就说:"唯句句用意,此其所以不及前人也。四公之诗,如万斛泉源,不择地而出,行乎其所不得不行,止乎其所不得不止。余诗如鉴湖一曲,若放翁、遗山以下,或庶几耳!"⑭这不能不说他有自知之明。

他既强调兴会,又强调根柢,所以他一贯重视向古人学习。但他反对明七子的仿古而成为优孟衣冠。他说:"善学古人者,学其神理。不善学者,学其衣冠、语言、涕唾而已矣。"⑮

问题不在于怎样学习古人,而在于学习古人哪些方面。对此,他以偏概全,不免遭人讥议。司空图二十四诗品,本以"雄浑"冠首,他却把第二位的"冲淡",第十位的"自然",第十六位的"清奇",说成"是三者,品之最上"。他这样回避政治,也许可用白居易《序洛诗》自解。白氏说:"予尝云:'治世之音安以乐',闲居之诗泰以适。苟非理世,安得闲居?故集洛诗,别为序引,不独记东都履道里有闲居泰适之叟,亦欲知皇唐大和岁有理世安乐之音。"⑯是的,陈维崧正是这样评论王士禛诗的时代意义的:"览其义者,冲融懿美,如在成周极盛之时焉。……先生既振兴诗教于上,而变风变雅之音渐以不作。读是集也,为我告采风者曰:劳苦诸父老,天下且太平,诗其先告我矣!"[77]士禛力求超越现实政治,客观上还是为政治服务了。这确非其本心,然而也可看出为艺术而艺术之不可能。

(4) 结论

从诗的本体说,神韵说在清初的出现,实有其历史的必然性。封建社会发展到了清初,一场阶级斗争和民族斗争交叉而成的暴风雨刚刚过去,处于满洲贵族统治之下,汉族士大夫出于民族敌忾心理,心目中并没有看到也不愿承认清帝国蒸蒸日上的恢宏气象,因而主体上也就不可能产生奋发向上的广阔襟怀。这就在诗歌的内容与风格上追求一种冲淡的意境,其审美追求也必然是优美即阴柔之美,而神韵说正符合这一心理。苏珊·郎格说得好:艺术是表现人类情感的,但它不是直接表达艺术家个人的情感,而是表现他领会的某些人类情感的本质(当然,在表现这种普遍情感时,并不排除艺术家表现的个性化)。这就是神韵说能主宰清代诗坛近百年之久,追随者遍及全国,远非虞山、娄东、秀水等地域性诗派可比的原因。

也正由于神韵派诗人具有这种心态,所以他们不喜鸿篇钜制,而爱采用五绝和七绝的形式,这就成为世人讥嘲的"盆景诗"[78]。也就因此,袁枚嗤笑王士禛是"一代正宗才力薄"[79]。

神韵说是有其历史功绩的,强调诗的韵味,就抓住了诗歌艺术的本质。中国古典诗歌和西方的不同,一向偏重言志与抒情,叙事诗一向不发达。而抒情诗的功能,必然追求言外之意,韵外之致,味外之旨。为了探求这种艺术境界,王士禛对诗歌艺术进行了艰苦的探索,他那些成功的诗作确实能在读者心目中唤起绝对美感。

日本学者松下忠曾指出神韵诗的缺点之一是"少性情"。

这要作两点论。一方面,虽然士禛并不认为艺术家的发展就是一个"不断泯灭自己的个性"的过程,但他确是用冷静的态度,把各种意象、事件、掌故、引语有序地组合起来,暗含本人的个性与感情,让读者再创作,进而领会诗人的性情,引起审美情趣上的共鸣。至于领会的深浅广狭,那是因人而异的,这就可能使某些读者感到他的诗"少性情"了。另一方面,有些神韵派作者的诗,尤其是末流的,只剩下"空腔","使模山范水之语处处可移"[30],也就难怪读者不见作者性情了。

(三) 诗作的艺术特色

《精华录》是王士禛自选而托名于其门人曹禾、盛符升的,古今体诗共1697首,其中山水诗410首,约占全数的26%;他如题画诗、赠答诗、怀古诗、怀人诗,也大多写到山水。其表现神韵、影响时人及后人者主要在这几类诗里。

以中国诗史上的山水诗而论,他当然对前人的优良传统有所吸取,但由于时代的文化背景、社会的审美心态和个人的审美能力的不同,他不但不像谢灵运那样以精雕细刻的手法去对东南山水作准确而细致的刻画,也不像王维那样细丽工致,层次分明,在空山深林中蕴寄着空虚寂灭的禅意,更不像苏轼那样在山水诗中洋溢着诙谐的情趣,而是充分地表现出他自己的艺术特色:

(1) 重表现,取"平远"

王士禛的山水诗,目的不在于再现山水的本相,而是为了寄托自己超脱尘俗的情思,客观山水只不过是他主观情思的外化物。因而他的山水诗,总是选取远望的镜头。随便看看他的诗题,就有许多"望"、"眺"等字,这是和前此李白、王维、杜甫、苏轼、杨万里、陆游等大不相同的。他所有的山水诗,无不写远望所见,而且这种眺望,正如很多诗题所显示的,不是"晓望",就是"晚眺",而且往往在"雨中"。试看题中并无"眺望"字样的《由柳庵逾西山最高顶至醴泉寺拜范祠》:"……顾盼见百里,云日媚烟树。凭高俯澄湖,风帆竞孤鹜。晴旭移峰巅,明晦亦已屡。褰衣入空翠,溪流渺南注。……"又如《荆山口待渡》:"西连丰沛走中原,风色萧萧野渡昏。一望孤城天接水,乱山合沓是彭门。"所写的都是空阔或浩茫的远景。

王士禛常以画论诗,他最喜提到郭熙《林泉高致·山水训》所说的,远有三种:高远、深远、平远。"自下而仰山巅,谓之高远;自山前而窥山后,谓之深远;自近山而望远山,谓之平远。高远之色清明,深远之色重晦,平远之色有明有晦。高远之势突兀,深远之意重叠,平远之意冲融而缥缥渺渺。"当代有人分析:"高"与"深"的形相都带有刚性的、积极进取的意义,"平"的形相则带有柔性的、消极而放任的意味。"平远"乃"冲融"、"冲淡",正是人的精神得到自由解脱时的状态,正是庄子及魏晋玄学所追求的人生状态。[81]

王士禛的山水诗所表现的正是"平远"的情趣,他最主张"冲淡"这种美学风格,也正企慕着庄周及魏晋名士的人生态度。[82]

(2) 大景中取小景

王士禛虽喜采取"平远"的镜头,却不是一味的"远",他懂得王夫之说的"以小景传大景之神",因为一味"张皇使大,反令落拓不亲"。[83]这也就是吴乔所说的:"诗人以身经目见者为景,故情得融而为一。若叙景过于远大,即与情不关。……大且远矣,与当时情事何涉?虽有哀乐之情,融化不得。"[84]试看王士禛《自沙河至唐婆岭即事》:"皖公山色望迢迢,皖水清泠不上潮。青笠红衫风雪里,一林枫柏马萧萧。""皖公山"和"皖

199

水"是远景、大景,"青笠红衫"二句是近景、小景。这种写法就是"把一件小事物作为一件大事物的坐标",小中见大,思致乃有馀不尽。⑧⑤

(3) 暖色调,避"鬼气"

这是他和谢灵运、王维或苏轼不同的地方。由于他一生仕途顺利,而且力求超越现实政治,因而他没有任何苦闷和不平,更谈不上什么愤怒。同时,他虽然企求超越现实,却并不是因为政治上失意(他本来就缺少中国士大夫那种"自比稷契"的传统意识),因而对人生充满一种愉悦心情。所以,他的诗总是"冲融"得像春天的微雨,"清旷"得像中秋的凉风,而绝对不会闪现凄风苦雨的"鬼气"。他用暖色调的画笔去模山范水,寄托逸兴。读遍他的山水之什,找不到一个衰飒愁苦的音符。如七律《犍为道中》末二句为"天外峨嵋如送客,晴云千片白毫光"。又如《忆石帆亭寄儿辈四首》之一:"梅花香里置茅亭,下有苍筤万个青。闻道故园三日雪,与谁同听玉珑玲?"都是写雪景,却充满暖意,充满恬愉。又如《飞仙阁》:"山行喜乘流,江平况如练?岓崿有开合,竹树一葱蒨。人言利州风,今朝泠然善。滩如涂毒鼓,舟剧离弦箭。仰眺飞仙阁,鸟道危一线。弯环历三朝,向背穷九面。绛云卷轻绡,白日递隐现。嘉陵碧玉色,晴雨皆婉娈。……此生两经行,天遣追胜践。……"根据蜀谚"利州风,雅州雨",可知利州的风是猛烈的,诗人却感谢它对自己特别友好,"泠然善也",把坐的船吹得比离弦箭还快。滩流湍急险恶,诗人却欣赏着天上轻绡似的绛色云,隐现不定的日光和碧玉色的嘉陵江,欢呼江水"晴雨皆婉娈"。他不但履险如夷,而且以涉险为乐,称之为"胜践"。

即使《蜀道集》中山水诗,他写作时心情抑郁,如《冷泉关道中》:"南径雀鼠谷,崎岖殊未休。路随千嶂转,峡束一川流。滩急长疑雨,蝉嘶畏及秋。云峰将落日,立马回含愁。"主观上心情忧闷,客观上山径崎岖,又是暮秋时节,诗人立马四顾,当然产生旅恨羁愁。但以元人马致远《天净沙》"枯藤老树昏鸦"小令对比,两位作者所选取的景物、词语、尤其是形容词,迥然不同。《天净沙》纯然是一种冷色调,因为只有这种色调才能充分描绘出天涯游子的断肠。而王士禛诗则仅仅刻画山径的崎岖和滩声蝉嘶,结之以"回含愁",其内心的愁苦程度和那位"断肠人"显然大有差别。照说王士禛此时既抱丧子之痛,其妻张氏又正卧病,自己远涉绝域,其心情之恶劣应该远远超过《天净沙》中那位游子,然而他却自我控制,决不尽情倾泻。这正是他的诗歌美学风格——有机地组合一系列意象,让读者去反复寻味那种深层的言外之意,韵外之致。

王士禛即使描绘幽凄的景色,也力避"鬼气"。如《故宫曲三首》,写作背景具见其《蜀道驿程记》:"过次公邸,故明端王宫也。王,明神宗子,天启中,与福、惠二王同就国。李自成入秦,(端王)走重庆。张献忠陷重庆,遇害。今瓦砾满目,惟存后殿一区,改兴元书院,前守钟琇所置也。朱门潭潭,尚极宏丽。殿前后丛桂、老梅、樱桃数十株。又观所谓西园者,有亭榭四五。桂花渐落,紫荆数枝方作花,凄艳动人。因忆盛时鹤汀凫渚之乐,而今台榭已倾,曲池就平,不待雍门之琴,乃泣下矣!"诗为古体七绝,试观其一:"湿萤几点黏修竹,昏黄月映苍烟绿。金床玉几不归来,空唱人间可哀曲。"首句从范德机"雨止修竹间,流萤夜深至"化出,而放在全诗中,衬以"不归来"、"空唱",只见其为荒凉人境,而无阴森鬼气。

(4) 散点透视

王应奎曾指责王士禛《蜀道集》中《三登高望楼作》一诗:"古人作诗,于题中字必不肯放过。如老杜重过何氏五首,其着眼处在'重过'二字,所以为佳。吾观阮亭三登高望楼诗,于'三登'字全不照顾,已乖古法,而字句杂出,尤所不解。如第二联既用'晚霞残照',而第五句又用'云烟早暮',第八句又用'清晨临眺'。一首之内,忽朝忽夕,可谓毫无伦次矣。"㊁

我们试看原诗:"风流曾说荔枝楼,阑槛高明压四州。峨顶晚霞寒白雪,江心残照出乌尤。云烟早暮还殊态,枫柏丹黄只似秋。自笑心情无赖甚,清晨临眺不梳头。"第二联的"晚霞"、"残照",亦即第五句的"暮",是一、二次登楼的时间和景物,而第八句的"清晨临眺",则指现在第三次。正因为前两次所见都是傍晚的景色,所以第三次就挑选清晨的景色。而不管是朝景还是暮景,都在秋天,所以说"枫柏丹黄只似秋"。怎能说他于"三登"字全不照顾呢?

也许有人会说,似乎对"清晨临眺"写得不具体,没有写出所见。其实写了,最明显的是"云烟早暮还殊态",已经点出秋天云烟,而这云烟正是仰望"峨顶"、俯瞰"江心"所见到的。另外,"阑槛高明压四州",也是写清晨眺望,眼界更宽阔,因而觉得比前两次傍晚在楼上凭阑所见,楼更高了,四处景色也更明晰了。为了夸张,竟说这楼高得可以望到四周的戎州、眉州、卭州、雅州。

这种写法,正合于中国山水画的"散点透视"原理。西方传统画法是"一定时间"、"一定角度"的单向透视,而中国山水画则采用"散点透视法",经常转换角度,从不同视点、不同时间,看同一景物。这种方法能真实地表现出客观景物映现于眼帘的主观感觉,这就能集合多层次多方向的视点,反映出一种超象虚灵的诗情画意来。㊂按此原则来分析《三登高望楼作》,第一联是总叙,以荔枝楼作陪衬,以见嘉定州名楼不止高望楼一处。然而府治在南宋时兴建的荔枝楼,尽管大诗人陆游曾取家藏前辈笔札、全部刻石,置于楼下,因而风流文采,辉映千秋,[88]却并不如高望楼晨眺时这样既高旷又明亮。然后以第三句写仰望,以第四句写俯瞰,这是从不同角度眺望。以第五句写早暮,以第六句写秋,这是从不同时间(不同中又有同)写眺望。以上四句是写景。七、八两句收束,是抒情。王士禛为什么一登再登之不足,还要三登?他仅仅是为了欣赏朝暮的山光水色么?不是,他实在是登高所以望远,望远所以当归。他这诗实乃抒怀乡之情,所以说:"自笑心情无赖甚。"何为"自笑"?笑自己一大早就爬上这座高望楼向山东老家的方向望,竟连头发也来不及梳洗。这乡情何其重,乡愁何其浓,乡思何其深?然而他不直白坦陈,此其所以为神韵诗。

不妨再补充一点:他写早眺、晚眺,却不写正午的眺,这也不是偶然的。中午阳光最强,反而裸露景物的本色,使观者一览无馀。早晨则隔着蔚蓝的空气,在朝阳闪烁下远望,分外觉得一切景物的绮丽多姿。黄昏则暮色苍茫,一切景物笼罩在烟雾中,十分引人寻味。神韵诗人当然选择朝景或暮景。

(5) 自我表现

生活在清初日臻治平的康熙盛世,又已致身通显,王士禛本应像盛唐士大夫的昂扬奋发,追求功业;如果悼念亡明与家难,则应如中唐诗人的愤激不平;然而他都没有,而是"遁入了自己的艺术,以一个冬眠中毛虫的细心为自己的灵魂构筑屋宇,从而展现美丽"[89]。他只沉浸在个人的小天地里,吟味着自己的恬愉与忧郁,而这种恬愉与忧郁又都是淡淡的、轻轻的。他没有政治上的追求,却沉浸在美的享受里。

同是登高,试看王安石的《登飞来峰》:"飞来峰上千寻塔,闻说鸡鸣见日升。不畏浮云遮望眼,只缘身在最高层。"再看王士禛的《晓渡平羌江,步上凌云绝顶》:"真作凌云载酒游,汉嘉奇绝冠西州。九峰向日吟江叶,三水通潮抱郡楼。山自涪翁亭畔好,泉从古佛髻中流。东坡老去方思蜀,不愿人间万户侯。"

二王的诗,都是自我表现,而前者与后者截然不同。王安石诗的特色是高旷,作者目光总是向上,全诗表现了他的胸襟阔,气魄大,活生生的一位高瞻远瞩、蔑视流俗、义无反顾、一往无前的伟大改革家的形象。王士禛诗的特色是平远,"九峰向日"、"三水通潮"二句是远景,"涪翁亭"、"古佛髻"二句是近景,作者目光总是由平视而下注。特别值得注意的是,这首七律其实是从苏轼《送张嘉州》化出的。苏诗开头四句是:"少年不愿万户侯,亦不愿识韩荆州。颇愿身为汉嘉守,载酒时作凌云游。"以与士禛此诗对看,一、二句和七、八句的内容基本上和苏诗开头四句完全相同,中间四句只是"汉嘉奇绝"的具体描写。苏轼写此诗,是第二次外迁杭州时,由于先后遭到新旧两党的打击,又已五十三岁,因而心身交瘁,显示出消极游世的意味。而王士禛此诗写于奉命典试蜀中时,政治上正得意,他却像苏轼那样企求纵情山水,步上凌云上绝顶的兴奋,不过是"真作凌云载酒游"而已。其所以如此,就因为仕宦生涯对他来说,不过是一种遁世方式,他其实志不在此。所以,并不像过去某些论者所说他的诗不见性情,相反,他的诗是极见个性的,他就是他。

表现他的独特的诗人气质的诗俯拾即是,如在《望庐山》中提出:"看山宜雪后。"理由是:"绝顶埋云雾,众峰出沆瀣。"一句话,雪后的庐山才富于远神与馀韵。这是他看山的个性。

(6) 陌生化

"陌生化"一词,是俄国形式主义诗论家什克洛夫斯基提出的。他认为:"诗歌的目的就是要颠倒习惯化的过程。"[90]他讲的是诗歌语言。王士禛也说过:"物情厌故,笔意喜生,耳目为之顿新,心思于焉避熟。"[91]这话主要谈诗的风格,也包括语言在内。因此,他的"爱好"也表现为语言的陌生化。最突出的一个例子是"帆"字。在他之前,历代诗人大多作名词用,到了他手上,却一再地用作动词。如《万安县》:"沙屿宵沾雨,江船午帆(自注:去声)风。"又如《登浴日亭》:"乘槎兴不尽,复欲帆(自注:去声)南溟。"这显然是"颠倒习惯化"的用法,然而这样才新才奇,才有生气。这是一方面。另一方面,他又反对杜撰,强调用字须有来历。因此,他这样用"帆"字,并非前无古人,唐代"燕许大手笔"之一的张说,在其《四月一日过江赴荆州》五律中,已有"夏云随北帆,同日过江来"。

中国古典诗人中,有些人爱用僻典,力求避熟避俗,清中期以厉鹗为代表的浙派且形成一种风气。这自然不可取,但原其初心,除矜才炫博外,也是为了"陌生化"。王士禛也是一个爱用僻典的(《居易录》记汪琬戒人勿效王氏喜用僻事新字),表现在语言方面,如《和田纶霞郎中移居》最后二句:"牵梦补屋绝代子,慎莫无匹悲鲍娲。"次句本用曹植《洛神赋》"叹匏瓜之无匹兮",但何以易"匏瓜"为"鲍娲",《精华录》的注释者也不知所出,只好说:"当别有据。"其实王士禛和朱彝尊一样,因为东晋大书法家王献之所书《洛神赋》,把"匏瓜"写为"鲍娲",所以这样用。杨谦注《曝书亭诗集》同题,于末句此词就注明了。

"陌生化"也是神韵诗的必然要求,它需要耐人思索,耳目一新。

(7) 通感

十六、十七世纪欧洲的"奇崛诗派"爱用感觉移借的手法,十九世纪前期浪漫主义诗人也经常运用,十九世纪末叶象征主义诗人更是大用特用。这是因为这些诗人对事物往往突破了一般经验的感受,有更深细的体会,因此也需要推敲出一些新奇的字法。[12]也是因为局限在单一的感觉器官,则表现得单调,印象

概念化、一般化,缺少艺术表现的深度。而通感的运用,则拓宽了器官的作用范围与审美功能,使诗的语言成为多功能的立体语言。㉝

王士禛是深悟其理的,因此,他也运用了这一手法。如《晚坐雨花桥看梅》:"清溪枕飞梁,花气增明媚。""花气"指花的香气,属于嗅觉,"明媚"属于视觉。《过丁香院访张杞园不遇,题壁》:"花气扑帘春昼晴";《下五祖山》:"野梅香破半溪水",也都由嗅觉转为视觉。其所以如此,是为了更好地表现花的香气。打破单纯嗅觉器官的局限,以视觉器官表现嗅觉内容,把不可见的变为可见的,使香气更形象,更有力度(如"扑"、"破"),比单纯的嗅觉表现更深入。

其他如《登光福塔望穹窿、灵岩诸山怀古》:"采香已荒径,菱歌尚含颦",由听觉变视觉。《登观音阁眺望》:"幕府山头晚吹凉",由听觉变触觉。《叶欣画》:"风雨欲来山欲暝,万松阴里飒寒流",由视觉变触觉。《送家兄礼吉归济南,二首》之一:"龙山晴雪马蹄长,山翠湖云罨画香","罨画"指杂色的彩画,此指"晴雪"、"山翠"、"湖云"所构成的画面,以"香"形容它,是由视觉变为嗅觉。《河中感怀寄诸兄》:"河声近挟中条雨",由听觉成视觉。《渭南望瀑园,寄南鼎甫佥事》:"花暖紫兰村",由视觉成触觉。《登白帝城》:"卧龙遗庙枕潮声",由听觉成视觉。《北山约游摩诃庵,不果往,却寄》:"春湖靴纹漾綷縩",由视觉成听觉。《吉水绝句》:"沙暖舟暄咫尺迷",由视觉成触觉。《泰和县夜泊,雷雨》:"忽闻鸣雨悬",由听觉成视觉。《米海岳砚山歌为朱竹垞翰林赋》:"翰林好事过颠米,日餐蛾绿忘饥劬",由视觉成味觉,《题朱竹垞检讨雪景小照,四首》之四:"谁知驴背江南客,手拗寒香插帽归",由嗅觉成视觉。《谒郭忠武王祠》:"便桥蕃部拥风雷",由听觉成视觉。通感手法的运用,的确使他的诗更有馀味。

(8) 白描

王士禛的"爱好",并不都表现为用典故、字字有来历,他也有纯粹白描而极富神韵的诗。如《峡江县》:"短岫幽篁峡口阴,乱帆鸦轧(鸦轧,许多船只互相挤撞的声音)满江浔。长年(篙工)烟际遥相问:十八滩头水浅深?"又如《西陵竹枝四首》之二:"峡江三月橹声齐,扣拍哀歌高复低。十二碚边初起汕,日斜还过下牢溪。"自注:"夷陵俗以三月初八、十八、二十八三日起汕(汕,捕鱼的网),相率扣拍而歌,悲怆慷慨,乃获多鱼。惟十二碚(地名)以上、下牢溪(地名)以下数十里为然。"同题之三:"金钗系接髻丫枋,又系年年聚此乡(《池北偶谈》:"夷陵渔人先布网,而后用叉。自钉头镇以往,地皆曰系,或曰枋,有金叉系、丫髻枋等名")。江上夕阳归去晚,白萍花老卖鲟鳇。"自注:"俗以八、九月取鲟鳇鱼,先布网而后下叉,谓之叉系,其地曰系曰枋。"

这类诗,羌无故实,写的是眼前景事,用的是民间俗语,然而充满生活情趣,读了能够加深对劳动者生活深度的理解。

过去有人笑王士禛诗地名多。方犖如有一首诗:"带经堂与曝书亭,五际芳词斗雪清。却是项斯窥法乳,地名横杂古人名。"自注:"亡友项霜田谓诗有侧看法,竹垞诗侧看多人名,渔洋诗侧看多地名。"[94]我以为问题不在于地名多少,而是看作者运用得是否妥帖。李白《峨眉山月歌》:"峨眉山月半轮秋,影入平羌江水流。夜发清溪向三峡,思君不见下渝州。"明代王世贞评:"此是太白佳境。二十八字中有峨眉山、平羌江、清溪、三峡、渝州,使后人为之,不胜痕迹矣,可见此老炉锤之妙。"[95]王士禛这三首七绝,主要是二、三两首地名多,但"十二碚"、"下牢溪"、"金钗系"、"髻丫枋",正是诗中必需的,用了它们,更能表现地方色彩,有什么不好呢?

以上八点,是王士禛的山水诗的主要艺术特色,也是神韵诗的主要特征。它们正是神韵说的艺术实践,反过来又丰富了神韵说的理论内涵。其影响于当时及后代,从而形成一个巨大诗歌流派者,大抵也就是这些艺术手法。

三 神韵派及其影响

由于王士禛的诗论与诗作反映了时代的审美要求,适应了当时满洲贵族统治的特殊需要,加上他本人的政治地位和名声,因而神韵说风靡一时,其范围远远超过前此清初诸诗派,而他本人也成了一代诗坛领袖。"洎乎晚岁,篇章愈富,名位愈高,海内能诗者几无不出其门下。主持风雅,近五十年"[96]。"凡刊刻诗集,无不称渔洋山人评点者,无不冠以渔洋山人序者"[97]。

但正如前文所说,此派的流弊越来越明显,攻之者越来越多,清中期郑燮(板桥)的一段话很有代表性:"文章以沉著痛快为最,《左》、《史》、《庄》、《骚》、杜诗、韩文是也。间有一二不尽之言,言外之意,以少少许胜多多许者,是他一枝一节好处,非六君子本色。而世间婗婗纤小之夫,专以此为能,谓文章不可说破,不宜道尽,遂訾人为刺刺不休。夫所谓刺刺不休者,无益之言,道三不著两耳。至若敷陈帝王之事业,歌咏百姓之勤苦,剖晰圣贤之精义,描摹英杰之风猷,岂一言两语所能了事?岂言外有言、味外取味者所能秉笔而快书乎?吾知其必目昏心乱,颠倒拖沓,无所措其手足也。王、孟诗原有实落不可磨灭处,只因务为修洁,到不得李、杜沉雄。司空表圣自以为得味外味,又下于王、孟一二等。至今之小夫,不及王、孟、司空万万,专以意外言外,自文其陋,可笑也!若绝句诗、小令词,则必以意外言外取胜矣。"[98]

这所攻击的不仅是神韵派的末流,也包括王士禛在内。但郑燮仍然是两点论,他也承认诗的绝句、词的小令,应讲究神韵。不过时代不同了,文学的社会功能又被不同程度地强调了,审美情趣也有了相适应的转换,因而新的流派又以补偏救弊的姿态崛起了。

注　释

[1]　《蚕尾续文》卷二十《跋陈说严太宰丁丑诗卷》
[2][10][11][12][13]　《渔洋山人年谱》卷上(以下简称年谱)
[3][4]　年谱卷下
[5][9]　《碑传集》卷十八《资政大夫刑部尚书王公士禛暨配张宜人墓志铭》
[6]　《清史列传》卷九本传
[7]　《清代名人传稿》上编第五卷本传
[8][19][20]　《文献徵存录》卷二本传
[14]　《渔洋山人文录》卷十《诰封朝议大夫国子监祭酒先考匡庐君行述》
[15]　《渔洋文集》卷十《世父侍御公逸事状》;《池北偶谈》卷五《侍御公殉节》
[16]　《南史·齐宗室传》
[17]　《渔洋山人文略·癸卯诗卷自序》
[18]　《解春集文钞补遗》卷二《上都御史新城王公书》
[21]　管世铭《韫山堂诗集》卷十六《追忆旧事诗》自注
[22]　《香祖笔记》卷一
[23]　《渔洋山人文略·东渚诗集序》
[24]　《国朝先正事略》卷六本传
[25]　吴调公《晚明文人的"自娱"心态与其时代折光》,见《社会科学战线》一九九一年第二期

㉖　《渔洋精华录》卷七《讱庵学士移居》

㉗　《汉书·东方朔传》

㉘㊼㊳㋀　《谈艺录》

㉙　亚伯·彼恰克《惠特曼评传》

㉚㋈　《传统和个人才能》

㉛㉜㉝　《渔洋续诗集序》

㉞　《蚕尾文》卷三《答秦留仙宫谕》

㉟　《诗薮·内编》卷四

㊱　《唐诗品汇》总序

㊲　李渔《闲情偶寄·凡例》

㊳　朱克生《唐诗品汇删》按语

㊴　《蚕尾续文》卷三《丙申诗旧序》

㊵　《昭昧詹言》卷十《黄山谷》

㊶㊸　《退庵随笔》卷二十

㊷㊹　《带经堂诗话》卷二九

㊺　《赖古堂名贤尺牍新钞》卷四张九徵《与王阮亭》

㊻　乔亿《剑溪说诗》

㊼　《有学集》卷十七《王贻上诗集序》

㊾㋁　《石遗室诗话》卷一

㊿　《随园诗话》卷三

㋑　《晚晴簃诗汇》卷一二七吴清鹏条

㋒　《美学》第二卷第一九二页

㋓　《渔洋诗话》

㋔　《茶馀客话》卷十一

㋕　《带经堂诗话》卷十五袭故类第九条张宗楠附识

㋖　《蚕尾续文》卷三《云根清壑集序》

㋗　《蜀道驿程记》

㋘　《蚕尾文》卷二《跋傅若金集》

㋙　同书卷七《跋攻媿集》

⑥⓪ 《蚕尾续文》卷一《徐高二家诗选序》
⑥① 同书《林翁茂之挂剑集序》
⑥② 《鱼计轩诗话》
⑥④ 《渔洋山人文略·突星阁诗集序》
⑥⑤ 《师友诗传录》
⑥⑥ 《新城王先生文稿序》
⑥⑦ 《蚕尾续文》卷十九《跋严沧浪吟卷》第二则
⑥⑧ 《书李伯时山庄图后》
⑥⑨ 《雪桥诗话》三集卷四;《晚晴簃诗汇》卷六十金以成条
⑦①⑦⑦ 《渔洋诗集序》
⑦② 《香祖笔记》
⑦③ 《国朝诗话》卷一
⑦④ 《分甘馀话》卷三
⑦⑤ 《蚕尾文》卷一《晴川集序》
⑦⑥ 《白居易集笺校》卷七十
⑦⑧ 《随园诗话》卷七
⑦⑨ 《仿元遗山论诗》
⑧② 徐复观《中国艺术精神》第三○三至三○四页
⑧③ 《夕堂永日绪论·内编》
⑧④ 《围炉诗话》卷六
⑧⑤ 《宋诗选注》第九五页
⑧⑥ 《柳南续笔》卷四
⑧⑦ 参看皇甫修文《古代田园诗文的美学价值》,收在《山水与美学》一书中
⑧⑧ 《四川通志》卷五五
⑧⑨ 罗伯特·斯皮勒《美国文学的周期》第二一八页
⑨⓪ 特伦斯·霍克斯《结构主义与符号学》引
⑨① 《渔洋诗话》俞兆晟引
⑨② 《旧文四篇·通感》

211

(93) 吴晓《意象符号与情感空间——诗学新解》第六三至六五页

(94) 《全浙诗话》卷四五引《诗衡》

(95) 王琦注《李太白全集》卷八引

(96) 《清诗纪事初编》

(97) 《四库全书总目》

(98) 《郑板桥集·家书·潍县署中与舍弟第五书》

第八章 清初宗宋派

一 清初宗宋派的产生

唐诗和宋诗是中国古典诗歌史上的两座高峰。宋以后,历经元、明两代,虽然都有宗唐与宗宋的分歧,但唐诗总被尊为正统。这现象到了清代,却起了很大的变化。清代是各种学术集大成(亦即总结)的时代,诗歌也不例外。于是唐诗不复被尊为正统,而是与宋诗各擅其美,被清人分体各师。当然,这里有所偏重。以诗论而言,神韵、格调两派务崇唐音,肌理、性灵两派却颇推宋调。至于创作方面,清初即出现宗宋派,中期有浙派和性灵派,晚期则有宋诗派,后来衍变为同光体。宗宋,简直贯彻清代始终,而且形成一股影响巨大的力量,使宗唐派在它面前黯然失色。这一特异历史现象,很值得我们加以研究。

二 清初宗宋派诗人

(一) 诗学渊源

要了解清初宗宋之风,先要了解宗宋派诗人所宗的家数。一般说,宗宋可分两派:一派偏于清刚,一派偏于清婉。

清婉的主要摹绘田园生活或闲适情趣。他们宗尚黄庭坚、范成大、陆游等,只取其田园景色、闲适情趣,同时还上溯到白居易。

清刚的则学苏轼、陆游的豪放,和黄庭坚的峭劲,而且上溯到韩愈。

不论是宗白居易还是宗韩愈,又必更上溯到杜甫。正如王士禛所说的:"有宋以来谈诗家,乃桃盛唐诸人而专宗少陵。"[①]其所以如此,就因为杜诗在唐代是别调而非正声(王维、孟浩然、高适、岑参诸人代表盛唐风格,才是正声)。这一点,明人早已看出。李东阳说:"汉魏以前,诗格简古,世间一切细事长语皆著不得,其势必久而渐穷。赖杜诗一出,乃稍为开扩,庶几可尽天下之情事。韩一衍之,苏再衍之,于是情与事无不可尽,而其为格亦渐粗矣。"[②]许学夷说:"宋人五、七言古,出于退之、乐天者为多。其构设奇巧,快心露骨,实为大变。而高才之士每多好之者,盖以其纵恣变幻,机趣灵活,得以肆意自骋耳。"[③]何乔远说:"宋诸公长句之法,皆祖昌黎,而王荆公、苏长公尤甚。"[④]

到清代,鲁九皋指出:"东坡才大,汪洋纵恣,出入于李、杜、韩三家。"又说:"山谷则一意学杜,精深峭拔,别出机杼,自成一格。"[⑤]叶燮更明确指出:"韩愈为唐诗之一大变,其力大,其思雄,崛起特为鼻祖。宋之苏(舜钦)、梅(尧臣)、欧(阳修)、苏(轼)、王(安石)、黄(庭坚),皆愈为之发其端,可谓极盛。"[⑥]田雯说:"与杜并峙者,韩也。善学杜、韩者,欧、苏、黄、陆氏也。"[⑦]

近人陈衍说:"余谓唐诗至杜、韩而下,现诸变相,苏、王、黄、陈(师道)、杨(万里)、陆诸家,沿其波而参互错综,变本加厉耳。"[⑧]黄濬先引沈子培言:"欧、苏悟入从韩,证出者不在韩亦不背韩也,如是而后有宋诗。"然后作补充说:"夫唯中、晚之绮弱不足师,杜、韩之雄腴无以加,不得已,则就其萧疏真率处求得馀地。……然欧有欧之韵与度,东坡有其气势与机锋,又绝不类韩。"这是说,欧、苏学韩善于变化,自具面目。黄氏特别指出:

"而韩与一切宋诗,又皆从老杜各体变化脱胎而成。"⑨

今人钱锺书说:"……故唐之少陵、昌黎、香山、东野,实唐人之开宋调者。"⑩陈声聪分析得更细致:"唐诗与宋诗之分别,惟诗人之诗与文人之诗之分别。"说唐诗是诗人之诗,因为"唐诗空灵,描写自然与人生,情景并至"。说宋诗是文人之诗,因为"宋诗质实,在情景外,能反映外间一切事物以及政治社会之活动"。其所以如此,则因为"唐时取士,有明经、进士二科。……所有诗人多出于进士,只要能作诗即可"。而"宋以经文论策取进士,所有进士,皆经术修明",所以成为文人之诗,亦即学人之诗。"然宋诗此一发展,在杜、韩二人已开其绪,元、白继之,弥为畅满,至宋乃成一体格"⑪。缪钺也指出:"唐诗以情景为主,即叙事说理亦寓情景中,出以唱叹含蓄。杜诗则多叙述与议论,然笔力雄奇,能化实为虚,以轻灵运苍质。韩、孟以散文之法作诗,始于心之所思,目之所睹,身之所经,描摹刻画,委曲详尽,此在唐为别派。宋人恰好承杜、韩之流而衍之,凡唐人以为不能入诗、不宜入诗之材料,皆写入诗中,且善于琐事征物逞才。"⑫

明了上述这种由唐而宋的衍变过程,也就懂得何以清初(顺、康时期)宗宋派诗人总要溯源到杜、韩、白。

我们现在按照时间顺序,看看清初宗宋派诗人这种诗学渊源。

钱谦益　"虞山源于杜陵,时与苏近。"⑬"蒙叟才大学博,故其诗繁以缛,雄而厚。盖筋力于韩、杜,而成就于苏、陆也。"⑭"(牧斋)论诗称扬乐天、东坡、放翁诸公。"⑮

钱澄之　"人誉其诗如剑南、香山、浣花。"⑯

宋　琬　"荔裳诗颇拟放翁,五言古歌行时闯杜、韩之奥。"⑰

周　容　"少即工诗,出入于少陵、圣俞、放翁之间。"[18]

孙枝蔚　"出入杜、韩、苏、陆诸家,不务雕饰。"[19]"其诗由苏以学杜,奥折可喜。"[20]"溉堂刻意杜陵,其率易颓唐处,时亦闯入宋派。"[21]

汪琬　"于宋人中所心摹手追者,石湖居士而已。……古体圆融流亮,时闯入香山之室。"[22]

徐倬　"诗早年学七子,晚乃折入香山、剑南,尽弃少作。"[23]

沈涵　"其诗取径近苏,时窥韩、杜。"[24]

陈维崧　"晚而……多学少陵、昌黎、东坡、放翁。"[25]"后乃傲兀自恣于昌黎、眉山诸家而得其神髓。"[26]

姜宸英　"诗兀奡滂葩,宗杜甫而参之苏轼以尽其变。"[27]

徐嘉炎　"诗摹初唐四杰,后乃学韩、苏。"[28]

宋荦　"后来学杜者,昌黎、子瞻、鲁直、放翁、裕之,各自成家。而余(宋荦自称)于子瞻弥觉神契。"[29]"商邱公开府三吴日,刻《江左十五子诗》,派别源流,率以韩、苏氏为职志。"[30]

唐孙华　"其标置在少陵、义山之间,而尤于玉局为近。"[31]

胡香昊　"歌行似苏,五言似杜,七律工细似陆。"[32]

刘榛　"诗由苏窥杜。"[33]

阮晋　"诗笔力追香山、剑南。"[34]

汪懋麟　"君诗票姚跌荡,其师法在退之、子瞻两家,而时出新意。"[35]"比部师法韩、苏两家,故才情横溢。"[36]

吴之振　"《黄叶村庄诗集》寝食宋人,五言古体《黄河夫》篇直追少陵矣。"[37]

王式丹　"殿撰诗排奡陡健,一洗吴音啴缓,盖以昌黎为的而泛滥于庐陵、眉山、剑南、道园之间。"[38]

杨昌言　"为诗宗陶潜、杜甫,参以苏、陆。"[39]

曹　寅　“其诗出入于白、苏之间。”㊵

陈　炼　“造《北征》、《南山》之堂而哜其胾，间阑入子瞻、山谷间。”㊶

刘廷玑　“《在园杂志》自记有人评其诗曰：‘此亦出入于香山、剑南之间而未纯者。’”㊷

赵　河　“于诗初爱太白，后乃心慕少陵，宋代推子由、圣俞，断句推临川。”㊸

张谦宜　“其诗出入于香山、剑南之间。”㊹

沈元沧　“出入于杜、韩、苏、陆诸家。”㊺

顾嗣立　“始得力于遗山、虞、杨诸家，而其后渐进于雄伟变化，有昌黎、眉山之胜。”㊻“嗣立诗才赡敏，颇拟韩、苏。”㊼

顾永年　“多学白、苏，不免率易，然有气局。”㊽

程梦星　“其诗略近剑南一派，而间出入于玉谿生。”㊾

管　棆　“其诗先学剑南，后学少陵。”㊿

杨述曾　“诗宗杜、韩、苏。”(51)

以上宗宋派这种诗学渊源，充分证明了前文所引各家理论上的分析，是完全符合诗歌发展规律的。

（二）产生原因

清初产生宗宋派，既有文学外部规律的作用，也有文学内部规律的作用。

先谈外部原因：

（1）不臣异族，遁迹山林，故好宋诗。

明遗民吴宗潜有句云：“大烹豆腐瓜茄菜，高会荆妻儿女孙。”(52)这种宋调，不仅反映出贫士的傲骨，更主要是表现了遗民的清节。他因“诗祸”而和另一遗民闵声同系狱中，“在狱一载，朱墨伊优”，两人“犹日为诗自娱”(53)。

黄宗羲"诗摹山谷,硬语盘空而有情致"[54]。他宣称自己喜宋诗,尤喜宋遗民诗,以为"史亡然后诗作"[55]。他和吕留良、吴之振等力倡宗宋,共同编纂《宋诗钞》。

另一遗民钱澄之"深得香山、剑南之神髓而融会之"[56]。"原本忠孝,冲和淡雅中,时有沉至语"[57]。但他并非为诗而诗,所以"有人誉其诗为剑南,饮光怒;复誉之为香山,饮光愈怒;人知其意慊,复誉之为浣花,饮光更大怒,曰:'我自为钱饮光之诗耳,何浣花为!'"[58]这可见他的宗宋,只是为了更好地抒写亡国之痛。

周容,明诸生。明亡后,弃诸生,放浪湖山间,无日不饮,无饮不醉,狂歌恸哭,杂以诙嘲。负才使气,足迹遍天下,所至皆有诗。时举博学鸿儒科,朝臣争欲荐之,以死力辞。而他的诗却是出入于少陵、圣俞、放翁之间。[59]

又如吕留良,虽曾于顺治十年就试,为邑诸生,而以后不但不再入试,反而联结海上,主张煌言饷饩。煌言为清所杀,留良又葬之于南屏山下。其诗学陈师道、杨万里,深情苦语,令人感怆。其与黄宗羲、吴之振等编《宋诗钞》,实取宋调的真朴以寓其郁勃不平之气。后来清中期的翁方纲指责《宋诗钞》"专于硬直一路","不取浓丽,专尚天然","过于偏枯","总取浩浩落落之气",甚至斥《宋诗钞》"是目空一切,不顾涵养之一莽夫所为,于风雅之旨殊远",[60]又批评"吴孟举之《宋诗选》,舍其知人论世、阐幽表微之处,略不加省,而惟是早起晚坐、风花雪月、怀人对景之作,陈陈相因"[61]。由翁方纲之指责,正可看出吕、吴等的良苦用心。这样标举宋诗作鹄的,既不为新朝歌功颂德,粉饰太平,又可抒发自己的浩然正气。

其实在清初,由于宗宋风气不仅盛行于民间,而且延及廷臣,清王朝权力核心集团的灵敏嗅觉已经察觉其中的特殊意义,针锋相对地加以排斥。力主唐音的毛奇龄说："益都师相(指文华殿大学士兼吏部尚书冯溥)尝率同馆官集万柳堂,大言宋诗之弊,谓开国全盛,自有气象,何骛此佻凉鄙弇之习！无论诗格有升降,即国运盛杀,于此系之,不可不饬也。"㉒可见明遗民中一部分人提倡宋诗,是有其政治上的目的的。冯溥有一句潜台词没有说出,我们可以推测出来：宋亡于元,明亡于清,都是汉族政权亡于少数民族。当时顾炎武、钱谦益等大量传播《宋遗民录》一类书,对清政权来说,是一种意识形态上的抗击。与此同时,朝野盛行宋诗,不同样触目惊心吗？当然应该力加排斥。

由此也可知,毛奇龄和汪懋麟争论"春江水暖鸭先知"这句苏诗,企图全盘否定苏轼,目的也是为了否定全部宋诗。这自然和冯溥的意图是一脉相承的。毛奇龄本为明末志士,"当南都倾覆,以布衣参西陵军事。军败,走山寺为浮屠。永历六年,人或构之清帅,亡命为'王士方',展转山谷间,卒得脱"。后来到"康熙时,禁网解,奇龄竟以制科得检讨。吴世璠(吴三桂之孙)死,为《平滇颂》以献"。章太炎叹息说："君子惜其少壮苦节,有古烈士风,而晚节不终,媚于旄裘。全祖望藉学术以谴诃之,其言特有为发也。"㉓毛奇龄平生所为,全谋私利,全祖望《萧山毛检讨别传》揭露得淋漓尽致。这种人反戈后,为了立功,反噬得特别凶狠。

汪懋麟不仅和毛奇龄争论,还和徐乾学争论,而且十分激烈。汪懋麟并非明遗民,他的力主宗宋,主要是从人情厌故喜新出发,属于文学内部规律问题;而毛奇龄、徐乾学强调宗唐,则显然有其政治上的作用。特别在明末清初,诗论界本已流行诗风关系国运的说法,如钱谦益就严斥竟陵派为亡国之妖。所以徐乾学特别强调"格律圆整,音调和谐,不离唐人正声"㉔,而斥"宋诗颓放无蕴藉,不足学,学之必损风格"㉕。

纳兰性德这位满洲贵公子,本来极其恂恂温雅,而对当时的宗宋派也极口诋诃:"万户同声,千车一辙。其始亦因一二聪明才智之士,深恶积习,欲辟新机,意见孤行,排众独出。而一时附和之家,吠声四起。"⑥性德与乾学谊属师友,而徐又奔走其父权相明珠门下,此中消息,殊耐参详。

王士禛是康熙间诗坛领袖,"中岁越三唐而事两宋,……远近翕然宗之。既而清利流为空疏,新灵渐以佶屈",于是他"顾瞻世道,恧然心忧",又回到宗唐路上去⑥。值得注意的是,他现在不是回到"三唐"的绚烂,而是独标王、孟之平淡,引导人们远离现实,使诗作"羚羊挂角,无迹可求。"他自己露出了神韵说的底蕴:"羚羊无些子气味,虎豹再寻他不著。""不独喻诗,亦可为士君子居身涉世之法。"⑧

唐、宋之争的背后,何以包含着杀机?原来唐诗正声,最宜铺叙功德,歌咏升平;而抒兴亡盛衰之感,则以宋诗为宜。正如邓之诚所说:曹贞吉"诗从七子入手,世贵眉山、剑南,乃稍变其体。……然读其七古诸篇,悲歌慷慨,……盖盛衰之感,不能寓于肤阔,此其所以转而入宋欤!"⑥

(2) 受理学影响,故好宋诗

康熙时,为加强思想统治,特别推崇程、朱理学。而理学创始并盛行于宋,邵雍等理学家且形成一个理学诗派。这就影响到清初一些宗宋诗人也走上这条路。如:

申　颋,是申涵光之侄。涵光论诗宗唐,晚年讲理学。申锶诗出入苏、黄,因受涵光理学影响,所为诗有"太涉理语,伤于实相者"⑦。

郑　梁,受学于黄宗羲,"诗则旁门别径,殆所谓有韵之语录。其书《定山诗钞》句云:'明朝诗学崔公甫,若语诗才拜定山',可以得其宗旨之所在矣"⑦。定山,指明人庄昶,他卜居定山二十馀年,为诗仿邵雍《击壤集》之体,有《庄定山集》。

范廷谔,"师事郑梁学诗文","诗格极类郑梁"[72]。

周士彬,"其论诗以真朴为主,尤喜读宋儒语录,故所作如'存心养性须常静,莫负吾家太极翁'之类,皆白沙、定山派也。"[73]

王　植,"喜讲学,故其诗全沿《击壤集》之派。"[74]

（3）亲友传习,遂宗宋诗

乔亿说钱谦益诗"名唐而实宋"[75]。阎若璩更早已指出钱诗"貌颇似宋"[76]。由于钱氏宗宋,虞山诗人绝大多数受其影响。雍正时的柯煜虽未及亲炙,也是"诗私淑牧斋"[77]。

黄宗羲讲理学,主宋诗,郑梁受学于黄,诗文皆以《见黄稿》为冠。[78]范廷谔"师事郑梁学诗文","诗格极类郑梁"。[79]陈訏"少为黄宗羲门人,又与查慎行同里友善,故文诗格俱有所受"[80]。

曹溶以高官而倡宋诗,"主持诗坛者数十年,才士归之,如水赴壑"[81],影响清初贵宋诗。

钱澄之宗宋,查慎行"受诗法于钱秉镫"[82],而沈元沧"久与查慎行游,故其诗格颇近《初白堂集》云"[83],沈廷芳亦"诗学出于查慎行"[84]。

汪琬以高名独尊范成大,"而吴人香火情深,直奉不祧之祖,相与铸金事之"[85]。惠周惕"受业于尧峰汪氏,故诗格每兼唐宋"[86],柯煜也"亲炙钝翁"[87]。

朱彝尊初尊唐音,力诋山谷,"晚岁悉力以趋山谷",推尊北宋。[88]受其影响者甚多,如梁佩兰"早岁之作,尚不脱七子窠臼,及交朱彝尊,始参以眉山、剑南"[89],方觐学"题朱彝尊手书诗册,有'曝书亭下自钞诗,想见苍茫独立时。不是到门亲受业,唐音宋格有谁知?'盖尝从学于彝尊者也"[90]。

宋荦亦以达官而好苏诗,"时宗之者,非苏不学矣"[91]。邵长蘅尤为明显。宋至为宋荦子,"承其家学"[92]。高岑为宋荦外孙,"故其诗法亦本于荦,与宋至《纬萧草堂集》体格相近"[93]。

徐志荦,祖为徐倬,父为徐元正,"诗多取法苏、陆,不事雕饰,盖其家学然也"[94]。

以上是外部原因,再谈内部原因:

(1) 性不谐俗者,多好宋诗。

乾隆时的周永龄,"论诗宗唐音,于宋惟尚苏、陆、黄、范四家。尝有诗题宋四名家诗后云:'……四子赋性奇,臭味同一族。究其所要归,大率在不俗。穷且乐山水,不屑问帛粟。达则厌庙堂,颇轻位与禄。故其下笔神,一本生平蓄。气可通虹霓,力能扛鼎足。清思入太虚,妙响落琴筑。……'"[95]这实在反映了清代一般宗宋诗人的心态。宋诗的特点,一是贵"奇",即设想落笔,必出人意表。又一是贵"清",即格韵高绝,瘦劲渺寂。[96]这两个特点正可与周永龄的诗对勘:"气可通虹霓,力能扛鼎足"是"奇","清思入太虚,妙响落琴筑"是"清"。

清初一些宗宋的诗人,大多是性不谐俗的。举其荦荦大者,如汪琬,"性锲急,见人小不善,则张目箕坐嫚骂"[97]。

王式丹,"性不谐俗,屡与世忤"。喜与明遗民游,如题徐枋尽,与宗人源交往。[98]

查慎行,"性不谐俗,有'文愎公'之目"[99]。

龚翔麟,"诗出入六季三唐,而归宿于眉山苏氏。"[100]"(为御史),贫甚,至不能举火,萧然自得。尝赋诗云:'宦装两世差堪诩,没个人间造孽钱。'"[101]

陈炼诗学社、韩、苏、陆,"妥帖排奡,不以鏊锐为工",而一生"郁郁无所施","卒摧伤困顿以至于死"[102]。

(2) 厌七子之肤廓,故折而入宋

从来探究清初宗宋派产生的原因，往往归结为这一点。典型的说法是："当我朝开国之初，人皆厌明代王、李之肤廓，锺、谭之纤仄，于是谈诗者竞尚宋、元。"[103]"国初诸家颇以出入宋诗矫钩棘涂饰之弊。"[104]

但是，以上这种说法并不完全准确，因为竟陵谈诗，实启宗宋之风。毛先舒曾说："（锺、谭）二子选唐律，但晓尚清真，薄文彩。不知太示清真，便启宋气。"[105]丁炜对此有更明晰的分析："清而不已，间入于薄；真而不已，或至于率。率与薄相乘，渐且为俚为野。"[106]所以，清初转而宗宋，主要是厌明七子的瞎盛唐诗。这样从诗歌自身发展规律来看问题，无疑是正确的。如提倡宋诗的钱谦益，就是力诋明七子及竟陵派的。李元鼎也"诗不落王、李、锺、谭窠臼，追摹欧、梅"[107]。黄宗羲也极口诋斥七子为"假唐诗"，"使天下之为诗者，名为宗唐，实褅何而郊李，祖李而宗王，然学问稍有原本者亦莫不厌之"[108]。汪琬"少年时，所拟汉魏六朝三唐诸体最为工似"，后"则夷然弃之不屑"，而"游戏跳荡于范致能、陆务观、元裕之诸公间而兼有其胜"[109]。徐倬"诗早年学七子，晚乃折入香山、剑南，尽弃少作"[110]。陈维崧早年"好何、李、云间"[111]，"原本六朝三唐，后乃傲兀自恣于昌黎、眉山诸家而得其神髓"[112]。朱彝尊诗"初学唐人，盖即承西泠十子之风而益光大之，晚岁悉力以趋山谷，开查、厉之先"[113]。梁佩兰"早岁之作，尚不脱七子窠臼，及交王士禛、朱彝尊，始参以眉山、剑南"[114]。宋荦自述学诗经过："初接王、李之馀波，后守三唐之成法，于古人精意毫未窥见"，乃转而"阑入宋人畛域"[115]。李良年"诗初学唐人，持格律甚严"，"继乃舍初、盛趋中、晚及宋、元诸集"[116]。曹贞吉"诗从七子入手"[117]，"后乃旁及两宋，泛滥于金、元诸家"[118]。邵长蘅"始为诗，淋漓顿挫，步武唐贤。晚乃变而之宋，格律在苏、黄、范、陆间"[119]。汪懋麟自言："余学诗，

223

初由唐人六朝汉魏上溯风骚,规旋矩折,各有源本,不敢放逸。"后乃"涉笔于昌黎、香山、东坡、放翁之间"[120]。龚翔麟"诗出入六季三唐,而归宿于眉山苏氏"[121]。

以上这些事实,说明清初宗宋派大都经过宗唐阶段。而所谓唐,往往被明七子改装过,因而显得"涂饰",这些人便以宋调的"清真"加以矫正。

(3) 清人重学问,故好宋诗

宋诗人中,大家、名家同时又是学者。这一点,明代的袁中郎早已指出:"盖其(指苏轼)才力既高,而学问识见又迥出二公(指李白与杜甫)之上,故宜卓绝千古。"[122]陶望龄也说:"弟初读苏诗,以为少陵之后,一人而已。再读,更谓过之。……时贤未曾读书,读亦不识,乃大言宋无诗,何异梦语?"[123]到明、清之际,顾炎武等疾明人之空疏,提倡经世之学,风气所及,钱谦益、吴伟业、朱彝尊及王士禛等无不积学为宝。正如韩愈一样,他们也是"馀事作诗人",非常自觉地认识到"诗"与"学"的关系。提倡宋诗的汪琬曾这样明确指出:"唐诗以杜子美为大家,宋诗以苏子瞻、陆务观为大家。此三家者,皆才雄而学赡,气俊而词伟,虽至片言只句,往往能写不易名之状与不易吐之情,使读者爽然而觉,跃然而兴,固非饾饤雕画者所得仿佛其万一也!"[124]沈德潜评论汪琬,就特别指出这点:"平生穿穴经史,议论俱有根柢,虽被其龃龉者,终称许焉。"[125]清初最早提倡宋诗的钱谦益,人们就盛称他"才大学博"[126]。朱彝尊"中年以后,学问愈博",便"泛滥北宋"[127]。惠周惕是吴派汉学家,"受业于尧峰汪氏,故诗格每兼唐宋"[128],后又"奉王士禛之教,清词丽句,出于学人,弥觉隽永"[129]。

清中期的翁方纲说过:"宋人之学,全在研理日精,观书日富,因而论事日密。"[130]清初宗宋诸人正是在这三方面与宋代诗人有针芥琥珀的心契。

(三) 分体各师

清初宗宋的人,吸收元、明人学唐的教训,认识到学古不是仿古;再从创作实际出发,认识到唐、宋诗各有所长,因而宗唐宗宋,应该只是偏重而已。当然,毛奇龄、徐乾学诸人是坚决不肯阑入宋人一字的,即使宋诗大家如苏轼,他们也不买账。而吕留良诗则"纯用宋法"[131]。吴之振也"纯乎宋派"[132],名家如查慎行亦"祧唐祖宋"[133]。但更多的大家和名家却都能兼收并蓄,如钱谦益"源于杜陵,时与苏近"[134]。朱彝尊"集中诗不分唐、宋界限"[135],"然终以有唐为宗"[136]。王士禛诗"兼取南、北宋,元,明诸家,而选练矜慎,仍墨守唐人声格"[137]。

但究竟怎样兼收并蓄呢?通过实践探索,他们总结出了一条原则:择善而从,分体各师。如钱澄之"五古近陶,他体出入白、陆"[138]。宋琬"浙江后诗颇拟放翁,五言古歌行时闯杜、韩之奥"[139]。宋荦主张:"(七律)学杜有得,即学苏学陆无乎不可。"[140]"所作诗,古体主奔放,近体主生新,意在规仿东坡。"[141]胡香昊"歌行似苏,五言似杜,七律工细似陆"[142]。彭孙贻"七言律诗效放翁","七言古间作初唐体,律诗亦偶涉宋法"[143]。顾图河"古体多学眉山,近体多学剑南"[144]。孙致弥自言其诗从刘随州(长卿)、刘宾客(禹锡)入。集中"七言律最夥,婉丽和谐,诚入二刘之室。至五、七言古体则又排萺淋漓,瓣香苏、陆,绝非大历,贞元蹊径"[145]。

当然,宗宋派大多能像钱谦益那样"才力宏富,笔阵精严,冶唐宋于一炉,而自成为牧斋之诗"[146]。总之,他们注意到明七子仿古的覆辙,因而不是句摹字拟,而是神明变化。

(4) 经验与教训

清初的宗宋,有其成功的经验,也有其失败的教训。

第一,深畏文字贾祸,因而所为诗远离现实。

宋诗之所以在清初受到尊尚,从在朝的士大夫说,主要是由于诗歌内部规律起作用,即厌七子之肤廓。而从在野的士大夫说,则主要是由于和新王朝不合作。而二者可以统一起来,即通过宋诗的特殊表现形式,对历史的兴亡得失,作出带根本性的检讨和反映,对社会上种种不合理现状,也可以揭露和批判。有些宗宋派诗人就是这样做的,如唐孙华,"朝局民隐,发泄无馀,同时诗流鲜有直言如此者"[147]。

但是,日益严峻的清初政治现实,却使相当多的宗宋派诗人,无论在朝或在野,都力图使自己所作诗歌,远离社会现实。这里有两个典型的例子:

宋荦选王式丹诗"为'江左十五子'诗之首,而去其涉及时政得失人物臧否者"[148]。这是在朝达官对诗歌创作的态度。

李良年,在康熙十年选刻其康熙五年以后诗,自题其后曰:"幼慕微之称子美云:'非有为而为,则诗不妄作。'旋经兵燹,遂作为牢愁激楚之音。后与周篔、锺渊映辈相切劚,自是稍趋法度,盖矜慎有馀而排奡不足矣。出游万里,不废吟咏,要其所作,不过山川临眺、友朋赠答之语。盖田野之士所宜言止此,若夫'有为而为',则予非其人也。"正如邓之诚所说:"盖惧贻祸患,不敢伤时。"[149]这是在野士大夫对诗歌创作的态度。

这是形诸文字的畏祸心态,还有很多人不曾明说,却在诗作中只是"早起晚坐,风花雪月,怀人对景之作,陈陈相因"[150]。

当然,对这一点,也得具体分析,如吕留良、吴之振等这样吟风弄月,是拒绝为清王朝粉饰太平,歌颂功德,表现了一种不合作态度。而另一批人(尤其是后来的)则纯粹从消极方面去回避现实了。例如汪琬的诗,"隐逸闲适话头,未免千篇一律",以致阎若璩"每肆讥评,谓仅可装点山林,附庸风雅,比于山人清客然"[151]。

第二,成败得失,种种不齐。

宗宋派中,其清刚的,主要学苏、黄。学得好的,如沈树本"诗学玉局"[152]。"从来学苏诗者,只得其随手征引,波澜不穷,其弊往往流于纵肆。此独于用意正大处求之,即质之遗山,必无'沧海横流'之目"[153]。

又一是清婉的,主要学范、陆。如范缵,"其诗源出晚唐,而参以南宋,如'蜂憎绿蚁晴偷蜜,燕觅青虫昼哺雏','一潭水聚三更月,四野山围小阁秋','三秋树老蝉声尽,八月江寒雁影迟','蝉声送过秋多少,鹤梦凭他夜短长'之类,皆绰有思致"[154]。虽未指明南宋何家,而从例句可以看出是学陆游的,陆游也很重视晚唐诗。

这两种诗风,学得都有流弊。如黄宗羲,其诗"枯瘠芜秽",是"宋体之下劣者"[155]。如吕留良,诗学杨万里,"往往以质直出之,学子相承,变而加厉"[156]。如叶燮,《己畦诗集》尖刻瘦仄,显然宋格","虽屡有和杜、韩、苏之作,而纤密无气韵,与孟举、晚村作风相类"[157]。

以上是偏于清刚的。偏于清婉者的流弊,如汪琬,不但专学范成大,"取径太狭,造语太纤"[158],而且喜欢仿造前人佳句,如"装池故院无名画,传写前贤未刻书",是仿方夔"屏张前代无声画,架插今生未见书";"须扶醉日移来竹,亟护分前接过华",是仿范成大"开尝腊尾蒸来酒,点数春头接过华";"呼我不妨频应马,逢人何敢遽称猫",是仿陆游"偶尔作官羞问马,颓然对客但称猫";"醳釂过了吾何恨,笋老莼残最恼人",仿陆游的"荷花折尽浑闲事,老却莼丝最恼人";"深山交旧俱无恙,惟欠樽前麹秀才",仿白居易"樽前百事皆依旧,检点惟无薛秀才";"玉辇不来花落尽,掠鹰台上鸟空啼",仿段成式"凤辇不来春欲尽,空留莺语到黄昏",据说"如此甚多,不能悉数也"[159]。刘廷玑也有类似情形:"其诗以陆游为宗。"其"童去自埋生后火,饭来还掩读残书",别人就认为是"剿袭陆游'呼童不至自生火,待饭未来还读书'句"[160]。

由于宗宋派有这些流弊,所以,当时的丁炜已力斥其非:"诗贵新不贵袭,贵独造不贵依傍。然厌常之弊,或至诡趋;俗流之失,究且忘源。海内诗人渐以汉魏三唐为不足法,骎骎流入宋、元以下,意在标新领异,方驾前人。究之仿苏袭黄,蹊径故未脱也,则何如观于汉魏三唐之为近古无弊乎?"[161]

清初,对这种宗宋风气的指责,还屡见于王源、申涵光、李塨和朱彝尊早年的文字中。清中期的沈德潜更在《王凤喈诗序》、《张无夜诗序》和《说诗晬语》中反复这种指责。

正因为清初宗宋派出现了这么多的流弊,所以王士禛起而加以矫正,正如清中期的纪昀所说:"国初变而学北宋,渐趋板实,故渔洋以清空缥缈之音变易天下耳目,其实亦仍从七子旧派神明变化而出之。"[162]

但是,宗宋派并没有因此而绝迹,而是挺生了一位有代表性的诗人查慎行,即使王士禛也不能不赞叹他。在他的影响下,清中期诞生了以厉鹗为代表的浙派,继续走着宗宋派的路,并反映出自己时代的特色。

三 查慎行

要在清初宗宋派中挑出一位代表,只有查慎行最合适。清中期的赵翼在《瓯北诗话》中,于唐取李白、杜甫、韩愈、白居易,于宋取苏轼、陆游,于金取元好问,于明取高启,而于清初则取吴伟业与查慎行。这不是偶然的,他正是以吴为清初宗唐派的代表,而以查为清初宗宋派的代表。

清诗的特色是学人之诗与诗人之诗的结合,这一点表现在这两位代表诗人的身上也是明显的。吴伟业是史学家,因而"梅村体"的特色是歌行体的诗史;查慎行是经学家,主攻《周易》,所以他的诗富于哲理性。

(一) 生平

查慎行(1650—1727),字悔馀,别字悔庵(初名嗣琏,字夏重,四十岁始改今名),号他山,又号查田,晚号初白庵主人。浙江海宁人。父初名崧继,字柱浮,为明诸生。明亡后,改名遗,字逸远。不但自己不出仕,还不让慎行为科举干禄之学,而使肆力于经史百家,学为诗古文。[163]母锺氏,熟精《文选》,工诗古文辞。慎行五岁,母即课读唐诗数百篇,故六岁即能属对。父母的影响,对他后来的品德修养和文学成就起了一定的作用。

慎行早年诗法,得妻父陆嘉淑之传。[164]后闻桐城钱澄之深于诗,即造诣讲问,逾时乃归。[165]三十三岁时又从黄宗羲学,重点是《周易》。钱、黄都是宗宋诗的,这对慎行的诗学产生了巨大的影响。而黄宗羲的经世致用思想,也对慎行后来的求取功名以及关心国计民生的思想起了积极作用。另外,钱、黄两先生的立身大节,更对慎行一生难进易退,履险如夷的品格起了示范作用。

慎行在父母双亡(二十三岁母亡,二十九岁父殁)后,由于家贫,曾至荆州入乡人贵州巡抚杨雍建幕。时吴三桂虽死,其孙吴世璠在诸将拥戴下,仍在抗击进攻的清军。慎行参军事,"凡兵谋,先生(指慎行)皆与。历三载,贵州平"[166]。这段经历,反映在其诗作上,显示了强烈的倾向性。"官军恢复滇、黔,兵戈杀戮之惨,民苗流离之状,皆所目击,故出手即带慷慨沉雄之气"[167]。

以后他"游京师,过齐、鲁、梁、宋,渡洞庭,涉彭蠡,登庐山"[168]。直到康熙三十二年,他四十四岁时,才举顺天乡试。过了九年,即康熙四十一年,他五十二岁时,才由大学士张玉书及直隶巡抚李光地推荐,康熙帝召他入直南书房。第二年成进士,授编修,从此成为文学侍从之臣。"扈从塞外者三,凡岁时风土人物,皆纪以诗。每经进,辄称善"[169]。

这里有个问题。康熙帝在《全唐诗》御制序中说:"诗至唐而众体悉备,亦诸法毕该,故称诗者必视唐人为标准,如射之就彀率,治器之就规矩焉。"何以他会欣赏宗宋的查慎行呢?

不错,"未妨小变平生格,从此须工应制诗。"[170]试检阅其《赴召集》、《随辇集》、《直庐集》、《考牧集》、《甘雨集》以及《还朝集》中一些应制诗,确实不是宋诗的格调。但康熙四十一年十月二十日召赴行宫首次觐见,二十八日起每日入值,写了几首应制诗后,十二月十五日御试入直词臣,即命"不用应制体";次年端午后不久御试,又命"不用应制体"。可见康熙帝的文学观念是开放性的,并不要求诗必宗唐,还故意让词臣各展所长。明乎此,就懂得何以恰在康熙年间,朝贵皆重宋诗。也就因此,难怪慎行在康熙五十一年岁暮《自题癸未(即康熙四十二年)以后诗稿,四首》之四末二句云:"平生怕拾杨刘唾,甘让西崑号作家",正是表白自己虽为词臣十年之久,却并不像北宋的杨亿、刘筠甘心写内廷的优游生活与日常琐事,更不追求隐僻的典故与华缛的词藻。这正反映了他推崇白居易,因而与西崑大异其趣的文学观念。

有意思的是,他三十岁后,北上求官者二十多年,而出仕未数年,即思归隐。自言"丁亥春随驾游金山寺,尔时便作休官之想"[171]。丁亥是康熙四十六年,他才五十九岁,距出仕时不过五年。实际是入仕之初,即有江湖之思。有名的"笠檐蓑袂平生梦,臣本烟波一钓徒"[172]两句,即作于五十三岁时,亦即入仕之时。其后五十八岁时公然说:"一官涉世马加衔,千绪萦身蚕自裹。"[173]又说:"得免徒行犹有愧,更争先路欲何求?"[174]厌倦之情,引退之思,溢于言表。其所以如此,是由于他"平生恬退,重名节"[175],和满洲大官合不来[176]。据《年谱》,康熙五十年,他六十二岁时,奉命在武英殿分纂《佩文韵府》,"同官某为殿中总监所侮,先生从旁呵斥之,其人惮先生正直,无以难也"。到康熙五十四年,他六十四岁在翰林院供职时,"有在事者待同僚以非礼,先生起争之,其人将构衅焉",于是同年七月,他引疾乞休归里。从下面这首七律可以看出这种心态:"茫茫大地托根孤,只道烟霄是坦途。短袖虽陪如意舞,长眉难画入时图。移灯见蝎宁妨毒,误笔成蛇肯被污?窃喜退飞犹有路,的应决计莫踌躇。"[177]从此不再出仕。

他本是个耿介的人,所谓"于时贤中徵若自矜异"[178],"于进取荣利之途汩如也"[179]。他自称也是"少负狂名老好奇,逢山兴发尚淋漓"[180]。而历事既多,深恐自己的真率会招致无端的祸害,因而越来越检束自己的性格与行为。查为仁《莲坡诗话》、郑方坤《小传》、张维屏《徵略》都举了他这几联:"座中放论归长悔,醉里题诗醒自嫌";"人来绝域原拼命,事到伤心每怕真",最能表现他这种心态。这种心态是矛盾的,更是苦闷的。广座之中,放言无忌;醉里写诗,最见真情,他却长悔,自嫌。归根到底,是要掩饰真我,虚与周旋。而这是耿介真率的他所无法忍受的,所以,他越到晚年越是消极,《莲坡诗话》标举他的"老来不喜闲桃李,别约山僧看菜花"。这两句确说出了他避世的心情。他所以晚号"初白",正用苏轼"僧卧一庵初白头",表示自己是一

231

个在家僧。

但是,由宽松而泄沓的康熙晚期结束了,继起的是阴鸷惨刻的雍正王朝,于是一场可怖的政治打击落在这位期求与世无争的诗人头上。他的三弟查嗣庭由于有嘲讽时事的思想和对社会问题的一些看法[181],竟被即位四年的雍正帝逮捕问罪,而且把在海宁故乡一大家兄弟子侄全部逮送北京刑部狱中。这时慎行已是七十八龄的衰惫老翁,束手就擒,在京城度过了五个月的牢狱生活。结果是嗣庭自杀于狱中,慎行则奉旨:"年已老迈,且家居已久,南北相隔路远,查嗣庭所为恶乱之事,伊实无由得知。着将查慎行父子俱从宽免,释放回籍。"[182]于是他和儿子克念一同返回海宁。由于这个打击这么严酷,"归即卧病"[183],出狱后三个月,即雍正五年八月三十日就病逝了。说是病逝,其实等于杀害。正如其《生还集》中这两句诗所说的:"泪尽存亡际,魂惊聚散间。"[184]这种精神上和肉体上的折磨、摧残,非身受者不能道一字。因此,抵家以后,只有自叹:"白头白尽非初白,别署头陀忍辱庵。"[185]一个人到了看破红尘,摆脱世务的地步,原已万念俱灰,然而严重的政治压力,以及由此派生的世俗偏见,却使他无法求得心理的平衡,他不能叫喊,更不能愤怒,也不能欢笑,只有"忍辱"。血泪斑斑的这两个字,正写出了慎行心灵上的极端痛苦。他的绝笔诗有一句:"燕散已无雏可恋。"[186]尽管所有子弟都遭戍了,他的亲生子克念不是还在膝下吗?何以会这样说?这正反映了他的遗悖:"覆巢之下,宁有完卵?"他根本不相信残忍透顶的暴君会真正放过他这一支。因而他感到一切都没有可以留恋的了,人生的梦就这样破灭了!

撒手长逝,是对这位不幸的老诗人的羸弱心灵一种最好的抚慰。他留下了《敬业堂诗集》。

（二）诗论

清初宗宋派的出现，通行的说法是由于"明人喜称唐诗，至国朝初年，嫌其窠臼渐深，往往厌而学宋"[187]。其实明末的钱谦益已开其端，生活在康熙年间的查慎行正是继承钱氏而又有所发展的。所以，慎行对钱氏有"生不逢时怜我晚"[188]之叹。从慎行的诗论可以看出，两人确有许多共同之处。

首先，他旗帜鲜明地表示：写诗应唐宋互参。

岭南诗人梁佩兰，"其诗从汉魏入，不借径三唐"[189]。慎行劝他："知君力欲追正始，三唐两宋须互参。"同时说明："拙诗与君不同调。"[190]这和钱谦益是相同的。当然，钱、查的唐宋互参，是沿着杜、韩、白、苏、陆这一路的，而慎行的创作，比起谦益，更明显地是由白居易而苏轼而陆游。

其次，慎行和谦益一样反对明七子和竟陵。他嘲笑宗唐派"熟从牙后拾王李，纤入毛孔求锺谭"[191]，这就显示出他的宗宋姿态来。值得注意的是，慎行要求诗必以学为根柢，也就是要求诗人之诗和学人之诗相结合。这一点，他多次谈到。如同上一诗中，他指出："文成有韵或吞剥，事出无据徒扯挦"，"橐驼马背所见少，自享敝帚矜善簪"，都是嘲笑学七子与锺谭者空疏不学，游谈无根。他说这种诗是"郑"，即郑声，于国际民生毫无裨益，也不能知人论世，"只取供近玩"而已，必须芟弃，转而崇尚雅音。而要做到这点，必须"得读书力"，"沉酣万卷"，做到"源流正变了指掌"。这样，"搜奇抉险富诗料，然后所向无矛钝"。

强调学力，这一观点，他早已提过："天资必从学力到，拱把桐梓视培养。"他指出："方今侪辈盛称诗"，仍然是"万口雷同和浮音响。或模汉魏或唐宋，……何曾入室溯流源，未免窥藩借依傍。"[192]反对模仿，主张创新，而这种创新不是架设空中楼阁，而是推陈出新，归根结柢仍在学力上。

"溯流源"是为了"明正变"。他说:"力欲追正始,旁喧笑淫哇。向来风骚流,泛滥无津涯。可传必有故,长松出樊柴。明明正变途,花叶殊根荄。须求作者意,勿使本分乖。"[193]要诗"可传",成为"出樊柴"的"长松",仍然在于"泛滥无津涯",即博学。只有这样,才能洞察"正变途",而深得风骚作者之意,即美刺之意。

他重视"学",而轻视"才",这也反映了他更重视学人之诗。他认为诗的成功在于"学"而不在于"才",所谓"诗关学不学,岂系才不才?"仅仅重视"才",作诗"只取供近玩","春华"而非"秋实",毫无实用。所以他叹息:"诗风日以盛,诗义日以乖。"什么是"诗义"?"义"就是上文说的"本分",就是"犁然见比兴,讽谕于焉托"[194]。而这要靠"学"。

第三,除了强调学力,还强调静观。他评论一位好友的诗:"苦吟诚乃疲,中有金石声。子诗人所怪,任意方孤行。自喜正在兹,焉能博时名?引我附同调,背汗颜亦赪。失学事惰游,东西无期程。古人传著述,多在名山成。涉猎得其粗,不如闭户精。……物理与天机,静观皆性情。愿子坚自信,后来有公评。"[195]这不是反对面对生活,一味内省,从他的创作实践完全可以证明。他这里以自己的"失学事惰游",来证明"不如闭户精",是说自己因家贫而奔走衣食,等于卖文为活,这样自然写不出真正的诗。所谓"近来尤懒惰,故步荒学殖。得钱了应酬,例取加粉饰。诋媸人挟喙,描写腕无力"[196]。所以,他提出"静观"。这和北宋理学家程颢《秋日诗》的"万物静观皆自得"有相通之处,与其师黄宗羲重理学的影响有关。

因此,他提出了"诗情在寂寥"这一观点。他说:"唐音宋派何足问,大抵诗情在寂寥。细比老蚕初引绪,健如强弩突回潮。闲来谨候炉中火,众里心防水面瓢。不遇知音弹不得,吾琴经爨尾全焦。"[197]所谓"寂寥",包含两层意思。最明显的一层意思是说,创作时必须静,即凝神构思。陆机所谓"其始也,皆收视反听,耽思傍讯,精骛八极,心游万仞"[198]。刘勰所谓"文之思也,其神远矣。故寂然凝虑,思接千载;悄然动容,视通万里"。又说:"是以陶钧文思,贵在虚静。"[199]刘勰所谓"虚静",即慎行所谓"寂寥"。慎行论诗法,既指出由"细"到"健"的过程,又指出功到自然成,切忌揠苗助长,浮薄无根。其另一深层的意思则是:"寂寥"同于苏轼说的"与可画竹时,见竹不见人。岂唯不见人?嗒然遗其身",一种超功利的创作态度。也是黄宗羲说的"甘寂寞",即不把诗当做钓取名利的工具。所以末二句说:"不遇知音弹不得,吾琴经爨尾全焦。"

总之,他认为作诗必须苦用心,不可苟作。而苦心的根本仍在于"学"。这"学",不仅指书本知识,也包括"物理"与"天机"在内。他像苏轼的博喻那样,一连用了八个比喻来说明这个道理:"吾观工画人,胸本蕴丘壑。云烟资变幻,山水赴脉络。又闻国手棋,惜子不轻落。翻新布奇势,全局如一著。良医去成见,因病施方药。巧匠先量材,运斤乃盘礴。羿射无诡遇,驺琴有醳擭。高僧厌苦空,八棒解拘缚。老仙出狡狯,九锁启囊籥。惟诗亦云然,众美视斟酌。神功须力到,佳境岂意度?人皆信手成,孰肯苦心作?"[200]从这博喻看,他的主张是:诗要作得好,首先得胸有成竹,其次要翻新出奇,第三是量体裁衣。总之,根本问题还是积学以养才。因此,他特别主张避熟就生。这也是"苦心"的一种表现,即上文所述翻新出奇。不过,"自笑年来诗境熟,每从熟处欲求生"[201],追求的是整个"诗境"的"生"。诗境,既指内容,又指形式,不但要力去陈言,连题材的选择、表现的手法,都不要老一套。这正是针对宗唐派的"窠臼"。

第四,他提出"豪健"二字作为诗的最高境界。这是以杜甫、韩愈为标准,而反对齐梁式的词华艳丽。"大雅世谁陈?斯人独歌咢。扰龙作家畜,遇虎以手搏。豪健力所胜,仰探俯奚怍?溯源杜韩氏,变化出矩矱。其质俨陶鲍,其文匪粉臘。羹鲭饱千窗,汤茗快一瀹。……不争屈宋艳,讵笑齐梁弱?自我畦径开,傍谁樊篱托?固宜与时背,方柄难入凿。"[202]他曾自叹:"我诗苦非豪,边幅守封洳。"[203]其后颇注意向白居易、苏轼诗风这方面发展,因而形成"格意清雄"的风格[204]。

第五,强调"学",却又主张白描。"插架徒然万卷馀,只图遮眼不缮书。诗成亦用白描法,免得人讥獭祭鱼。"[205]还说:"老夫新句亦平平,要与诗家除粉绘。"[206]清中期的袁枚特别欣赏他这一点:"他山书史腹便便,每到吟诗尽弃捐。一味白描神活现,画中谁似李龙眠?"[207]

而最为人们所称道的,是查为仁这一段话:"家伯初白老人尝教余诗律,谓诗之厚在意不在辞,诗之雄在气不在直,诗之灵在空不在巧,诗之淡在脱不在易,须辨毫发于疑似之间,馀可类推。"[208]这段话可说是上述五点的总结。他明确地提出了诗的美学标准:厚、雄、灵、淡。这四字包括了思想性与艺术性,是内容与形式的统一,不可截然分开。联系上述五点,可以说,意要厚,气要雄,主要靠诗人本身的修养,亦即"学力"。源流既辨,自然崇雅黜郑,物理天机,无不洞彻,性情自厚,发而为诗,其气自雄。如司马迁写《史记》,自有奇气。如果学无本原,徒事扯挦,其辞虽或丰缛,或雄迈,也只是装腔作势,外强中干。另外,希望诗不板滞,必须力求空灵,而不能企图以小巧词句来达到这一目的。诗要淡,一定要像陶渊明那样摆落世务,下笔自然超脱,决不能以为造句率易,不求工整,就是淡的诗境。

他的诗论实在是对其创作实践的不断总结。

(三) 诗作

查慎行作为清初宗宋派的一个代表,他的诗可以从下列三方面来考察其特色。

(1) 题材方面

第一,忧患意识强。

这一点最可以看出白居易、苏轼和陆游的影响。所以尽管他生活在康熙盛世,却完全和王士禛、朱彝尊诸人不同。特别可贵的是,整个《敬业堂诗集》以编年体编排,自始至终,即使是遭到惨酷的家难后,诗人也始终关注民生。这一点,特别体现出他对陆游那种韧性的继承。

正如他自己说的:"乃欲以诗鸣不平。"[209] 其诗集从卷一到卷三,是从军贵阳之作,着重反映了平定滇乱中"乱离兵革之惨,饥荒焚掠之馀"[210]的情况。难能可贵的是,诗人坚定地站在人民这一边,唱出他们的深沉痛苦:"……百夫并力上一滩,邪许声中骨应折。前头又见奔涛泻,未到先愁泪流血。脂膏已尽正输租,皮骨仅存犹应役。"最后诗人严正指出:"君不见一军坐食万民劳,民气难苏士气骄。虎符昨调思南(土司、府名,属贵州)戍,多少扬麾白日逃!"[211]诗人本身担任了军职,却把同情完全倾注在水深火热的人民身上。对少数民族他抱着一视同仁的态度:"猺兮亦民耳,在宥托覆载。牧之则牛羊,撄之则蜂虿。皇天本好生,赤子彼何罪?使君来抚字,兹理谅不昧。"[212]

统观他一生轸念生民之作,涵盖面非常广阔:或写农民流徙、田废村空;或写旱灾导致米珠薪桂;或写盗贼肆虐乡里;或写雹灾、霜灾、蝗灾;或写兵灾;或写挽运军饷之困民。这些题材,尽管前人反映已多,但慎行所写,都出于切身体会,具有深度,不同泛泛感慨。

值得注意的是他敢把矛头指向最高统治者,如讽刺康熙帝的南巡:"委巷争除道,残灯未拆棚。所难惟物力,最动是民情。白屋寒堆雪,红楼夜放晴。俗贫官不谅,箫鼓遍春城。"自注:"时万乘将南巡,州县承上官意,比户皆令张灯,起自十三,至十七夜,照耀如白昼,数十年仅见也。"[213]另一首指出:"人情动如潮,汹汹非一端。三农赴力役,百贾逐贸迁。因之惰游民,狂走成痴颠。至尊轸疾苦,玉食方风餐。肯以供亿繁,而为奸吏缘?柔能暨远迩,义在大雅篇。"[214]他还讽刺说:"栽松城石号花园,亭剪棕毛竹织樊。贪看御舟新样子,游人多出涌金门。"自注:"御舟以棕毛为亭,中植松竹,名花园船。"[215]

他写官府对民间的苛敛,也富有时代特色,而且指斥清廷的秕政:"……四野杂庄户,土著留孑遗。贵之办赋税,肉尽空腔皮。可怜牧民官,往往犹鞭笞。追呼力不任,窜身并归旗。……"[216]另一处又委婉地讽刺:"……迥与近畿风景别,田庄从此属农家。"自注:"八旗庄户至清苑而止。"[217]

他还讽刺贡物:"关吏逢迎堠吏哗,飞流一道走京华。纲船果熟盆池树,驿路香驰御苑花。长见名材充土贡,几闻中使出天家?荔枝龙眼随年例,笑指炎荒万里赊。"[218]

指斥贪官污吏的更多,如:"大府昨荐达,某官转高赀。分明驯雉歌,载在墨吏碑。"[219]又如:"作俑何人始?吾将罪李斯。如今山上石,多刻去思碑。"自注:"邹滕之间,丞尉以下,俱勒石颂德政。"[220]又如:"……不见道旁碑,去官碑辄坏?"[221]更有直斥其罪的:"水如沸兮山如焚,青天白日兮腾火云。雨师潜踪兮风伯避,爰有蝇蚋兮薨薨成群。晨餐兮废箸,夜无眠兮彻曙。半年传舍兮三易官,烦暑不随兮酷吏去!(自注:时吾邑署令将离任)吁嗟嘻!若教暑退吏尚留兮,二者相较其谁尤兮?我吟苦热热犹可支兮,世无凉土去此安归兮?"[222]又如"……民病思下泉,吏才贪上考。方征晋阳丝,肯藉琅琊稻!……"[223]又如:"稻根挛缩稻叶焦,宿里稂莠方骄骄。农夫告荒乞申愬,踏勘翻逢官长怒。催科之吏晨下乡,田今如此何云荒？直须野无青草木黄落,始信天殃魃行虐。"[224]又如:"稗是荒田稻,民间敢告饥？无肠怜若辈,多足自能肥。"[225]又如:"官仓征去粒粒珠,两斛米充一斛输。官仓发来半秕谷,一石才舂五斗粟。燃糠杂稗煮淖糜,役胥自饱民自饥。吁嗟乎！眼前岂无乐国与乐土,不如成群去作仓中鼠!"[226]

形成他这种深沉的忧患意识,因素是很多的。我们读他这类作品,总觉得他不是站在旁观者的地位,销售廉价的同情,而是站在受苦受难者这一边,发出愤怒的叫喊。其所以如此,主要一点,是由于他本身经常过着贫苦的生活,因而和人民感情相通。这就形成其题材的另一特点:

第二,心情恬淡。

他主张自食其力,认为这是人格尊严的表现。试看下诗:"杜陵客西川,种艺颇有园。清晨送菜把,乃感地主恩。兹事吾不取,恐为贪夫援。于世苟无求,食力稍自尊。英雄亦如此,无事且闭门。"[227]

这样于世无求,必然贫困,他却食苦自甘。如四十九岁时,他和表兄朱彝尊旅游福建,归来日,家人告米尽,他却表示:"箧空笑贮加餐字,吾老羞为乞米人。"[228]这年除夕,"一家悬罄丰年后",只能感叹:"米盐何物累衰翁。"[229]

他是士大夫,六十五岁退隐后,看农民插秧,他"身杂耕耰侣,心知稼穑劳。……偶倚孤藤杖,闲携半榼醪。劝农勤本分,抚己愧嬉敖。"[230]吃到新米,他的感觉是:"虽然营一饱,力恶不出身。……馀惭到僮仆,并作浮惰民!"[231]这种自责还表现在对待船夫上:"……老夫昏昏篷底坐,静听两旁风雨过。深惭作力役多人,成就垂绥一游惰!"[232]

他甚至把这种恬淡生活提到诗歌美学的高度,认为反映这种心境和生活的才是真诗,所谓"若向此中微领会,诗情原在寂寥间"[233]。这的确含有很深的哲理,试想如果他热中富贵,会有那处忧患意识吗?会尊重体力劳动而自责游惰吗?难怪他自我欣赏地说:"鱼无羡意钩宜直,棋少争心局自闲。"[234]就在刚到京城居官时,他已感到"弱羽宜退飞","初心尚依依"[235]。认为"雕盘钉肥烹,彼嗜非余慕",而坚持"瓶罂贮旨蓄,义取咄嗟具。天明有朝参,饱唉黄虀去"[236]。就在这前程似锦之际,他却表示:"……老境终思家。此时山中梅,苔枝应已花。吾方作归梦,街鼓幸缓挝。"[237]至于居官七年后,更表示:"笑把屠苏甘最后,白头何事肯先人?"[238]还表示:"宾戏客嘲从喳喳,人趋我步尽迟迟。枯枰三百多平路,莫斗新翻巧手棋。"[239]

守道安贫,这就是他的人生哲学,也就是他的诗歌美学。这表现了一种士大夫的高尚气节,正是从宋代诗人苏轼、陆游等人那儿继承过来的。

(2) 风格方面

第一,壮语。

敬业堂诗主要风格是平淡的,但和苏、陆一样,描写形胜也时有壮语,如:"舳舻转粟三千里,灯火沿流一万家。"[240]"出塞双雕盘远势,入关万马壮秋声。"[241]

最能表现诗人的豪情胜概的还有另一种,以古体言,如:"……俛今仰古气孰撄?长篇倚剑顷刻成。东将入海手掣鲸,嘲弄花月非人情。……君诗直压小谢城,如以六国当秦兵。耸肩雛颂作大声,煌煌高烛烧长檠。……"[242]

以律诗言,如《读白耷山人诗和恺功三首》:

> 亭长台边一酒徒,仰天故作大声呼。气骄星宿生芒角,手擘山川入阵图。急缚何人撄怒虎,丛祠有鬼托妖狐。眼

空江表衣冠族,摇笔犹堪杀腐儒。

人谓狂生本不狂,漆身吞炭事何常？乱馀宾客搜亡命,赦后英雄耻故乡。宝剑尘封三尺水,麻鞋寒踏九州霜。随身一掬澜翻泪,不哭穷途哭战场。

一卷频浮大白开,即论诗句亦雄才。到天峭壁千寻立,破浪长风万里来。石火光中亡国恨,铁函井底后人猜。可怜芒砀无云气,山色于今死若灰。

对阎尔梅的民族气节及其诗作的肯定,也反映了他的道德判断,而这又是和家庭与师训（黄宗羲与钱澄之）分不开的。清中期的袁枚对阎诗的评价,与慎行诗大相径庭,正说明了气节观念的变化。

第二,性灵。

凡是主张性灵的人都喜欢宋诗,因为宋人除了一部分喜欢用典外,也有不少人追求一种生活的情趣,用白描手法来表现,让读者受到启发,领会新意。这一点,杨万里最为突出,苏、陆也常有这种诗。慎行主张白描,正是这种手法的发展。试看如下一首:"分明写入画图工,倒影看来上下同。忽失水中山一半,浪纹吹皱日高风。"[243]全不用典,情趣宛然。又如下列一绝:"未到先愁出险难,忽惊片叶落奔湍。星流电转目未瞬,一道白光飞过滩。"[244]急景难摹,诗人却写得十分形象,把速度鲜明地表现出来。

慎行这种风格,下启随园,难怪袁枚欢喜赞叹不已。晚清的张维屏也极口称道:"初白先生诗极清真,极隽永,亦典切,亦空灵,如明镜之肖形,如化工之赋物,其妙只是能达。"[245]主要也是指他的白描手法所体现的性灵。

第三,警悟。

张维屏曾这样说:"查悔翁于人情物理阅历甚深,发而为诗,多所警悟,余每有味乎其言。"以下他例举说:"局外人不知局中之难,每好为议论。悔翁诗云:'事外易持议,引喙多激昂。设身处局中,唯阿无一长。'人每好炫己之长,消人之短,不知己所谓长,亦未臻其至也。悔翁诗云:'域内有名山,攀跻力可至。人皆造其麓,抑或半岭废。等是未登峰,毋为笑平地。'春阳之温,秋霜之肃,大造顺其气之自然,未必有心也。悔翁诗云:'开亦勿德雨,谢亦勿怨风。荣枯两适然,了不关化工。化工倘循物,无乃与物同?'形,薪也;神,火也。形未有不尽者,所赖者神存耳。立德立功,昭垂不朽,此神存之大者。即数卷之书,数字之诗,流传世间,在人心目,亦神之存也。悔翁诗云:'养生徒养形,木寇膏自煎。是形无不尽,薪尽而火传。'无我则公,有我则私,甚至知有我不知有人,则其患不可胜言矣。悔翁诗云:'胚胎互融结,大患缘有我。'崇高之地,荆棘生焉;宴乐之场,戈矛兴焉。阅世既久,乃叹清泉白石,冷淡中得大自在也。悔翁诗云:'早知世路隘,不及山中宽。'"[246]

诗的哲理化,正是宋诗的一个鲜明特色。慎行以《易》学专家而为诗人,加上他那种漫长的坎坷经历,在大量诗作中表现出这一特色,是顺理成章的。风格即人,他的为人与他的写诗正好说明这一点。

第四,多说理。

这也是和上一点相关联的。慎行继承了宋诗喜议论的传统,很多诗篇纯以议论行之,而且这种议论中往往多警悟语。如《闸口观罾鱼者》一诗,详细描绘了居民尽捕小鱼的情状后,篇末发为感叹说:"人穷微物必尽取,此事隐系苍生忧。一钱亦征入市税,末世往往多穷搜。"[247]这不是一般的咏叹,而是一种关系政治现实的议论,是发人深省的。又如《雨后》:"便从一雨望丰年,大抵人情慰目前。我比老农还计短,只贪今夜夜凉眠。"[248]这种纯议论的小诗,也反映了他对世情的体察,别有理趣。再看

《庭桂初开,邻人有来乞花者》,诗人"披衣揖使人,手折宁烦送"。其所以毫无吝色,是因为"譬如此根株,本自邻家种。我生无长物,有者皆可共"。他甚至认为"配花称主人,毋乃被嘲弄!"[249]把乞花小事提到哲学高度,反映了作者思想境界的崇高。《荞麦湾大雨》先写"云蒸雾气取境迷,泉挟雷声撼山动"。雨势之大,绘色绘声。再写自己"好游复好奇,衣沾履湿去不辞"。结尾出以议论:"人生行路难如此,偏在溪山最好时。"[250]这种诗真能合平淡与豪华为一体。《磨驴行》以"八百里牛千里骏",和山家磨麦的驴对比,得出一句结论:"等为人役莫相疑!"[251]这是庄子"不能自适其适"的诗化。《抱犊词》写老叟买到牛犊,抱之骑驴而归。"驴今驮翁复驮畜,步步施鞭毋乃酷!"最后叹息:"人情厚薄从占然,或加诸膝或隧渊。"[252]《鹊雏为邻猫所攫》一诗,写"邻家黑白猫"从"庭南老槐树"上攫去一只鹊雏,诗人斥责这猫一任鼠辈横行,不加捕噬,却捕杀鹊雏,是"于彼为养奸,于此戕无辜"。但是正要加以处分,这猫却"公然掉尾去,借邻以逃逋"[253]。这既是写实,又是寓言,反映出对现实政治的愤慨。

以上这类诗,是通过一件小事看出它的深刻意义。还有一种是由一件事引起,大发议论,如《渡淇水》,写了淇水清"鉴毛发",不像"黄流混混",然后说:"风尘有黧颜,夫岂水污尔?从衰旋得白,正坐不知止。逝者方如斯,于何观止理?寓形忌太沽,外垢庶可洗。"[254]这里提出了一对矛盾:衰老是因为"不知止",但客观规律是无"止理"的。结论是:为人既不可"太洁",又必须洗"外垢"。这是他的处世原则。

也有一些只是理语却乏理趣的诗,如卷十九的《野气诗》,卷四十六的《长至》、《古诗四章》,续集卷三的《题沈勉之春江待渡图》。这种诗下启赵翼,往往作纯理语的议论。不过赵翼的理语比慎行的不同,他完全是对天地事物提出别有会心的见解,充满机智,妙趣横生;慎行上列几首则未免沾染了一些宋儒的道学气。

注　释

① 郎廷槐《师友诗传录》
② 《怀麓堂诗话》
③ 《诗源辩体·后集纂要》卷之一(二)
④ 《明文授读》三七何氏《郑道奎诗序》
⑤ 《诗学源流考》
⑥ 《原诗·内篇上》之三
⑦ 《古欢堂诗钞小传》
⑧ 《石遗室诗话》
⑨ 《花随人圣庵摭忆》第364页
⑩⑮⑯ 《谈艺录》
⑪ 《兼于阁诗话》附录《杜与韩》
⑫⑯ 《论宋诗》
⑬⑭ 《分甘馀话》
⑭⑫ 王应奎《柳南诗文钞·西桥小集序》
⑮㊱⑰⑱⑲⑳㉕㉛㉝㉞㊻ 《清诗别裁集》
⑯㊺㊻ 《通志堂集》卷十四《原诗》
⑰⑲ 《池北偶谈》
⑱㊾㊿⑱⑯ 《清史列传》卷七十
⑲ 《愚山文集·送孙豹人舍人归扬州序》
⑳㉓㉔㉘㉜㉝㉞㉟㊸㊼㊽㊾㋣㋥㋧㋨㋩㋪㋫㋬㋯㋰㋲㋳㋷㋸ 《清诗纪事初编》
㉑ 《遗山诗钞小传》
㉒㊾㊾㊾ 《尧峰诗钞小传》
㉕ 陈维岳《湖海楼诗集跋》
㉖⑪ 《湖海楼诗钞小传》
㉗㊻㊿㊾⑩⑯⑲㉑㉗ 《清史列传》卷七一

㉙⑪⑤⑭⓪ 《漫堂说诗》

㉚ 《畏垒诗钞小传》

㉛ 《东江诗钞小传》

㉟ 《晚晴簃诗汇》卷三六（以下简称《诗汇》）

㊲ 《国朝诗话》卷二

㊳ 《楼村诗钞小传》

㊵ 《四库全书总目提要》《楝亭诗钞》（以下简称《提要》某诗集）

㊶ 《西林诗钞小传》

㊷⑯⓪ 《提要》《葛庄诗钞》

㊹ 《提要》《总斋诗钞》

㊺ 《滋兰堂诗钞小传》

㊾ 《提要》《今有堂诗集》

㊿ 《提要》《据梧诗集》

㋄ 《国朝诗话》卷一

㋍ 《南雷文定》后集卷三《雪蓑闵君墓志铭》

㋎ 《南雷文定》后集卷三《苏履安先生诗序》

㋏ 《田间诗钞小传》

㋐⑬③ 《诗汇》卷十六

㋑ 《石洲诗话》卷三

㋒⑬⓪⑮⓪ 《石洲诗话》卷四

㋓ 《西河诗话》卷五

㋔ 《尨书》别录甲第六一

㋕ 《澹园诗钞小传》

㋖ 《百尺梧桐阁诗钞小传》

㋗ 俞兆晟《渔洋诗话序》

㋘ 《香祖笔记》卷一

㋚ 《提要》《耐俗轩诗集》

㋛⑦⑧ 《提要》《塞村集》

㋝ 《提要》《山舟堂集》

245

㊴ 《提要》《偶存集》

㊵ 《说诗》

㊶ 《潜邱札记》卷五《与戴唐器》

� 《诗汇》卷二十

㊸ 《提要》《滋兰堂集》

㊸⑬⑬ 《浙派诗论》

⑨⓪ 《提要》《石川诗钞》

⑨② 《提要》《纬萧草堂集》

⑨③ 《提要》《眺秋楼诗》

⑨④ 《提要》《根味斋诗集》

⑨⑤ 《全浙诗话》卷四五引《湖墅诗钞》

⑨⑦⑩⑨ 计东《钝翁生圹志》

⑩① 《碑传集》卷五五顾栋高《御史龚公翔麟传》

⑩② 《西林诗钞小传》

⑩③ 《提要》《渔洋精华录》

⑩④ 《宋诗钞》提要

⑩⑤ 《诗辨坻》卷四《竟陵诗解驳议》

⑩⑧ 《南雷文定》后集一《姜山启彭山诗稿序》

⑪⑪ 储欣《在陆草堂文集》卷五《任王谷诗序》

⑫⓪ 《百尺梧桐阁集》凡例之二

⑫② 《袁中郎先生全集》卷二三《答梅客生开府》

⑫③ 《歇庵歌》卷十五《与袁六休书》

⑫④ 《尧峰文钞》卷三九

⑬① 《诗汇》卷三九

⑬⑥ 《曝书亭集序》

⑬⑦ 徐乾学《渔洋诗集序》

⑭③ 《诗汇》卷十七

⑭④ 《提要》《雄雉斋选集》

⑭⑤ 《杕左堂诗钞小传》

⑭　《清代诗史结论》,见《国专月刊》之卷一号
⑫　《诗汇》卷五八
⑭　《提要》《四香楼集》
⑯　《诗汇》卷三九
⑲　《莲坡诗话》下
⑫　《提要》《渔洋精华录》
⑬　黄宗羲所作志墓文,见陈敬璋《查他山先生年谱》引
⑭　《晚晴簃诗汇》卷三九
⑮⑱　方苞《翰林院编修查君墓志铭》
⑯⑱⑲⑮⑱　沈廷芳《翰林院编修查先生慎行行状》(以下简称行状)
⑰　《瓯北诗话》卷十
⑩　《敬业堂诗集》(以下简称诗集)卷十八《阅邸报,知揆恺功改官翰林院侍讲,喜寄二首》之一
⑪　诗集卷四二诗题
⑫　诗集卷三十《连日恩赐鲜鱼恭记》
⑬　诗集卷三六《李箕斋招集圣安寺纳凉,得火字》
⑭　诗集卷四十《客有笑余乘骡车者,赋此答之》
⑯　方苞在查氏墓志铭中自述其在南书房时,"中贵人气焰赫然者,朝夕至,必命事,专及于余,乃敢应,唯敬对,外此不交一言"。"诸内侍多窃笑,或曰:'往时查翰林慎行性质颇类此。'"
⑰　诗集卷四十《残冬展假,病榻消寒,聊当呻吟,语无伦次,录存十六首》之三
⑲　郑方坤《查编修慎行小传》
⑱　诗集卷三四《泰安州题壁》
⑱　顾真《查嗣庭案缘由与性质》,见《故宫博物院院刊》1984年第一期
⑫　《清世宗实录》卷五七
⑭　《德尹将赴谪籍,留别二章》之二
⑮　《渡江后舟中及初到家八首》之八

247

⑯ 《枕上偶拈》
⑰ 《清史列传·文苑传二》本传
⑱ 诗集卷十六《拂水山庄三首》之三
⑲ 《清史列传·文苑传二》梁佩兰传
⑲ 诗集卷四《吴门喜晤梁药亭》
⑲ 诗集卷十九《题项霜田读书秋树根图》
⑲ 诗集卷十一《酬别许旸谷》
⑲ 诗集卷十四《三月十七夜与恒斋月下论诗》
⑲ 诗集卷四十《题陈季方诗册》
⑲ 诗集卷二一《过岭老,与之论诗》
⑲ 诗集卷九《梁药亭以端溪紫玉砚赠行》
⑲ 诗集卷二八《得川叠前韵从余问诗法,戏答之》
⑲ 《文赋》
⑲ 《文心雕龙·神思》
⑳ 诗集卷三四《钱玉友有见寄长篇,极论作诗之旨,……》
㉑ 诗集卷二十《涿州过渡》
㉒㉓ 续集卷一《酬徐茶坪,兼题其诗集……》
㉔ 刘执玉《国朝六家诗钞·凡例》
㉕ 续集卷三《东木与楚生叠鱼字凡七章……》之二
㉖ 诗集卷二十《雨中发常熟,回望虞山》
㉗ 《仿元遗山论诗》
㉘ 《莲坡诗话》上
㉙㊷ 诗集卷一《题王璞庵南北游诗卷》
㉚ 黄宗炎序
㉛ 诗集卷二《麻阳运船行》
㉜ 续集卷一《南昌客舍赠别及门楼敬思赴广州理猺同知任》
㉝ 诗集卷二六《十七夜会城观灯》
㉞ 诗集卷二六《连雨不止,独居小楼,……》
㉟ 诗集卷二六《西湖棹歌词十首》之一

㉒⑯㉑⑨　诗集卷九《交河道中,闲人称河间县政绩之美……》

㉒⑰　诗集卷十七《祁阳道中》

㉒⑱　诗集卷十八《即目二首》之一

㉒⑳　诗集卷十九《峄山二首》之二

㉒㉑　诗集卷二十《永城县陈太丘祠》

㉒㉒　续集卷一《苦热吟》

㉒㉓　续集卷二《祷雨辞》

㉒㉔　续集卷二《勘荒词》

㉒㉕　续集卷二《食蟹有感》

㉒㉖　续集卷二《赈饥谣》

㉒㉗　诗集卷二三《种菜四章》之四

㉒㉘　诗集卷二五《闽中垂橐而归,家人适告米尽,口占二律》之二

㉒㉙　诗集卷二五《戊寅除夕》

㉒㉚　诗集卷四三《观插秧二十四韵》

㉒㉛　诗集卷四三《食新米》

㉒㉜　诗集卷四八《逆风上滩歌》

㉒㉝　诗集卷十七《次韵答恺功二首》之一

㉒㉞　同上题之二

㉒㉟　诗集卷二九《京师与德尹守岁……》之一

㉒㊱　同上题之三

㉒㊲　同上题之五

㉒㊳　诗集卷三七《次润木除夕感怀韵四首》之一

㉒㊴　同上题之二

㉒㊵　诗集卷一《京口和韬荒兄》

㉒㊶　诗集卷三九《同刘若千前辈、汪紫沧、钱亮功两同年登密云县钟鼓楼》

㉒㊷　诗集卷十四《初夏坐烟水亭望庐山二首》之二

㉒㊸　诗集卷二四《雨中下黯淡滩》

㉒㊹㊺　《听松庐诗话》

249

㉔⃝ 诗集卷九
㉔⃝㉔⃝ 诗集卷十三
㉕⃝ 诗集卷二一
㉕⃝ 诗集卷二八
㉕⃝ 诗集卷三四
㉕⃝ 诗集卷三七
㉕⃝ 诗集卷三五

第九章 饴山诗派

一 饴山诗派的产生

在王士禛执诗坛牛耳、神韵说风靡一世的时期,赵执信却打破诗派和地域的血缘关系,公开站出来和王士禛唱对台戏,从创作到理论,都和王氏针锋相对。这不但表现了他的理论勇气,而且对清代诗歌的健康发展起了积极的推动作用。

二 赵执信

(一) 生平

赵执信(1662—1744),字伸符,号秋谷,晚年自号饴山老人。山东益都县颜神镇人。康熙十八年进士,选翰林院庶吉士,散馆授编修。此时清廷正召试博学鸿儒之士,选拔其中五十人入翰林院。这些人以绩学雄文负海内重望,傲视以科举进身的。执信独以少年,旗鼓相当,不稍逊避。朱彝尊、陈维崧、毛奇龄等鸿儒都特相引重,订为忘年交。康熙二十三年春,任山西乡试正考官,二十五年升任右春坊右赞善,兼翰林院检讨,充《明史》纂修官,兼预修《大清会典》。二十八年,太学生洪昇所编《长生殿》传奇初出,风行都下,执信尤为欣赏。乃大集诸名士,宴饮看戏。当时清廷汉大臣中分为南北两派,南派为首的徐元文企图打击北派,乃使同当给事中黄仪以国恤(时康熙帝的佟皇后新薨,例应止乐)观剧劾奏,遍及同会诸人。执信在审讯时,独以自任,因而在座诸人只受薄谴,而执信被免职。从此息影田园,终身未再入仕。逝世时已八十三岁。在落职后的五十多年中,"尝逾岭南,再涉嵩少,五过吴阊、维扬、金陵间,栖寓颇久"①。

执信本来恃才傲物,免职后,更"纵情于酒,酣嬉淋漓,嫚骂四座,以发其抑郁不平之气"②。特别对他人的诗,"尤不轻以誉人"③。对不合意的,往往大肆讥评。有一个叫冯协一的,"殁后,其子检遗稿求正于秋谷。秋谷为之序,嘲诮百端"④。但是他同时又虚心服善。他曾写了一首《咏风鸢学江东体》的诗,讽刺某些小人"偶缘涂饰能成质,才有因依便入云"。友人王西涧见了,"病其一字,喜而易之",他"即席呈谢":"谁解攻吾短,平生君尚存。便应师一字,何减和千言。"⑤

执信极有骨气。康熙五十九年,由于家乡荒旱,他带了家属南游苏州。不料苏州也连年遭旱,为了维持生活,他只好公开卖字,同时接受旧时门生的帮助,以及亲戚的救济。在这样艰难处境中,他的儿女亲家冯躬暨告诉他有复职的机会,他却写出如下一首七律,表示拒绝:"行齐槐柳讵堪追,途迫桑榆合自知。叔达顾来宁有甑,相如免后更无赀。鲈鱼落手中吴好,黄犬回头上蔡迟。解道箫韵能引凤,何妨一鹤不来仪。"⑥康熙晚年,政务宽简,朝臣间党争更盛。执信深恶宦海风波险恶,故甘为张翰,不作李斯,宁为闲云野鹤,不作来仪凤凰。这种政治态度反映了他的思想境界。而这种思想境界,决定了他的诗歌理论和创作实践必然是现实主义的。也就是说,他必然关心和反映民生疾苦,而不愿为统治者歌功颂德,粉饰太平。

执信主要著作为《饴山堂集》,包括诗集二十卷,文集十二卷。诗论除散见于诗文中的,主要著作为《谈龙录》。

（二）诗论

执信最为人们议论的,是他的《谈龙录》。他写这本书,主要是批判王士禛的神韵说。

赞许他的,或认为他能不与王士禛合,"亦是豪杰之士"[7]。或认为他说的"'王爱好,朱贪多'二语实为二家定评"[8]。或笼统地说:"嫚骂颇有宜。"[9]

反对他的就多了,或说他不该忘恩负义:"阮翁以大木(指冯廷櫆)、秋谷诗合选,号《二妙集》,秋谷以此成名,故后人多议其攻阮亭为过也。"[10]或说他出于个人恩怨:"凡赵氏所致讥于渔洋者甚多,其词气愤懑,非尽由论诗之相失,恐自以蹉跌不振,由渔洋门下所挤故耶？抑以妇舅之亲,不能出气力相拔故耶？"[11]或责其性情偏激:"秋谷《谈龙》敢于集矢新城,至钝吟,竟欲范金事之,岂昌歜、羊枣,性各有偏嗜耶？"[12]"秋谷好恶拂人之性,其议诚不足辩矣。"[13]甚至说:"然集矢阮亭,而于海虞二冯服膺推崇,竟欲铸金以事,癖同嗜痂,令人莫解。岂以二冯持论偏刻,巧于訾议前哲,轻于诋訾时流,天性相近,故易于契合耶？"[14]

纪昀则为持平之论:"王以神韵缥缈为宗,赵以思路剗刻为主。王之规模阔于赵,而流弊伤于肤廓；赵之才力锐于王,而末派病于纤小。使两家互救其短,乃可以各见所长,正不必论甘而忌辛,好丹而非素也。"[15]又说:"明季诗庸音杂奏,故渔洋救之以清新；近人诗浮响日增,故秋谷救之以刻露。二家宗派当调停相济。"[16]

其实这些评论都没有接触到两家争论的实质。应该从两方面看。

一方面是政治作用。王士禛自觉地用神韵说引导海内士大夫超越社会政治现实,去探求闲适恬淡的生活情趣,由此而满足于清王朝所创造的盛世。这种诗歌理论和创作实践,既能使厌倦明末社会动乱的汉族士大夫获得心灵的休息,又能使他们在异族政权的严酷压力下,避免文字狱的迫害,自然会得到很多人的附和与追随。而清廷在民族矛盾还较尖锐的时候,也正需要从意识形态方面得到这种巧妙的帮助,因而康熙帝很赏识王士禛,称为"诗文兼优"[17],予以不次擢用。对这一点,赵执信是看得很清楚的,他曾讥讽地说:王氏由郎中改官侍讲,直至刑部尚书,是"以诗文致通显",特别指出是"以诗"[18]。

对于王士禛因此而拉帮结派,扩大影响,执信是十分反感的。他不止一次地指出:"阮亭于并时诗人,乐其推戴,而恶异己者。有俯首及门,誉之不容口,由是名日以高。"[19]又说:"奖掖后进,盛德事也。然古人所称引,必佳士或胜己者,不必尽相阿附也。今则善贡谀者,斯赏之而已。后来秀杰,稍露圭角,盖罪谤之不免,乌睹乎盛德!"[20]这并不是执信的私评,郑方坤也指出:"天下士尊之如泰山北斗,至于家有其书,户习其说。"[21]纪昀更具体指出:"当康熙中,其声望奔走天下,凡刊刻诗集,无不称渔洋山人评点者,无不冠以渔洋山人序者。"[22]他还直率地指出:"王士禛笼罩群才,广于结纳。"[23]可见王士禛这种以帮闲为帮忙的行为,已成历史公论。

因此,执信的坚决反对士禛,决非出于私人恩怨,而是一种政治态度。执信出身官僚,虽然大半生潦倒失意,本质上仍然是封建士大夫,他当然不可能从根本上去反对封建制度。但是,由于长期沦落,他日益接近下层,了解人民;同时对朝廷内各种政治集团的互相倾轧,他也深感憎恶和畏惧。因此,在诗歌创作和理论上,他自然而然地接受了儒家的文学功利观,特别对冯班与吴乔的诗论十分倾倒,从而提出自己比较系统的现实主义诗论来。

根据其诗文和《谈龙录》的有关言论,他的诗论内容主要有以下三点:

(1) 诗中有我,诗外有事。
(2) 转益多师,不立门户。
(3) 以意为主,语言为役。

每一条都是针对神韵说来的,而他自己的诗歌创作也是按这些原则进行的,同时也是用这套理论去指导同派作者的。

他不愿歌功颂德:"馆阁文章已尽删!"[24]而要揭露、批判现实的黑暗。

除了政治作用这一方面,执信和王士禛的争论还有另一方面,那就是诗歌的审美作用。有些学者认为,王士禛的神韵说有巨大的美学价值,而赵执信的诗论,相对来说,则对诗歌的内在特质(即审美作用)认识肤浅。我以为神韵说确对诗歌的意境美作了全面总结,有它的历史功绩,这是应该肯定的。但是,执信并没有忽视诗歌的内在特质,只是他理解得和士禛相反罢了。前人已经指出:执信的诗,"意境真切处固胜阮亭"[25]。而所谓赵诗"思路劌刻",实即写情入微。[26]所以,他的诗"劌刻清新,归于浑厚"[27]。这个问题,在下面"诗作及风格"中,我将详细说明。

(三) 诗作及风格

执信的诗作是其诗论的实践。我们进行检验后,会发现在《饴山诗集》中,反映民生疾苦的占了颇大一部分。如卷三的《纪蝗》、《后纪蝗》;卷七的《大堤叹》、《清江浦书事二绝句》;卷十的《碧波行》、《小舟沿葑溪至李莱嵩(煦)使君别业,对饮话旧,知王南村亦客此二首》之二"身从道殣遗"句下自注:"山左比岁大饥，人相食";卷十二的《刈麦二十韵》、《嘉苗叹》、《枕上闻雨口号》、《偶行淄岸，见病涉者，遂呼工伐槐树为桥于水上，既成，以诗落之》；卷十三的《村宿书所闻》、《闻故乡春雨沾足，山贼旋定》、《纪旱》、《祷雨坛》、《虻入城行》；卷十四的《水车怨》、《后祷雨坛》、《猛虎行》、《虎伥行》、《木偶人》、《吴民多》、《两使君》、《久旱》；卷十五的《丹阳舟中见蝗飞蔽天，为口号二首》、《郯城道中》；卷十七的《久旱喜雨》、《题山前破屋》、《诅雨师》；卷十八的《獍去谣》。

其次，讥刺时弊的，如卷一的《道傍碑》；卷十八的《所闻》。

第三，即山水诗亦往往涉及民生疾苦，如卷一《太行绝巅望黄河歌》、《仙居行》；卷十三《中秋细雨，夜泛虎丘》。

第四，反映农村生活，如卷十一《暮出溪上，口号二首》、《携酒溪头，酒尽雨至》、《晓起即目》；卷十二《微雨山行》。

第五，罢官之事，如卷三《感事二首》；卷十《与史生升衢（金跸）对酒话京师旧事》；卷十四《上元观演〈长生殿〉剧十绝句》。

执行曾指责士禛"诗中无人"[23]，尽管并不符合事实，但他所作的诗确实都表现了"我"，是黑格尔说的"这一个"。而表现"这一个"，主要就在于"思路劖刻"。什么叫"思路劖刻"？有人举过例子："予最爱诵国初赵秋谷宫赞《饴山堂诗集》中《弃妇词》，中有句云：'出门拜姑嫜，十步一回头。心伤旧履迹，一一来时路。''留妾明月珠，新人为耳珰。不恨夺妍宠，犹得依君傍。''宝鉴守故奁，上有君家尘。持将不忍拂，旧意托相亲。'云云，信乎宫赞之诗以思路劖刻为胜也。"[29]从这几个例句可以看出，所谓"思路劖刻"，就是写情入微。这种深刻细致的刻画，正与神韵派的流于"肤廓"（即空泛、浮浅）相反。只有深刻细致，才能显示出作者的独特感受，也才能"清新"。以《弃妇词》来说，它还怨而不怒，深合"温柔敦厚"的诗教，所以邓之诚称赵诗

"劖刻清新,归于浑厚"[30]。

但是,执信诗很多是违背诗教原则的,即以《感事二首》来说,试看其第二首:"戟矜底事各纷纷?万事秋风卷乱云。谁信武安作黄土,人间无恙灌将军!"[31]把朝廷内派系斗争比作"戟矜"(《史记》贾谊传《过秦论》作"棘矜",注:棘同戟。矜,戟柄),把徐元文比为武安侯田蚡,而自比为遭田蚡陷害的灌夫,正如邓之诚所说:"几于毒詈!"[32]现实主义诗人总是不隐蔽自己的爱憎的。执信自己也说:"诗之教,温柔敦厚,盖必人之天性近之。……余性好为诗,而性失之狂易,始官长安(借指北京)时,颇有飞扬跋扈之气,去之(指温柔敦厚的诗教)远而不自知。"[33]他的诗作,不论是反映民生疾苦的,还是讥刺时弊的,都是大声疾呼。如最著名的《甿入城行》:"村甿终岁不入城,入城怕逢县令行。行逢县令犹可,莫见当衙据案坐。但闻坐处已惊魂,何事喧轰来向村?银铛杻械从青盖,狼顾狐嗥怖杀人!鞭笞榜掠惨不止,老幼家家血相视。官私计尽生路无,不如却就城中死!一呼万应齐挥拳,胥隶奔散如飞烟。可怜县令窜何处?眼望高城不敢前。城中大官临广堂,颇知县令知赈荒。门外甿声忽鼎沸,急传温语无张皇:城中酒浓饽饦好,人人给钱买醉饱。醉饱争趋县令衙,撤扉毁阁如风扫。县令深宵匍匐归,如颜囚首销凶威。诘明甿去城中定,大官咨嗟顾县令。"[34]这样描写官逼民反的情状,难怪沈德潜责其奔放有馀,不取酝酿;[35]朱庭珍也说他"意主刻露,殊少含蓄酝酿之功"[36]。正统的诗论家总强调"温柔敦厚","怨而不怒",执信却正因此反对士禛,因为凡是真正的现实主义诗人总是"刻露"的。所以,他的诗作常常是喷薄而出,有如天风海涛,所谓"怡山喷薄敌胥涛"[37]。但也就因此被某些评论家指斥为"僄侻,却无馀味"[38];"篇外亦无馀味"[39]。

"劖刻"的好处,是"自写性真,力去浮靡"[40]。"浮靡"亦即

"肤廓",是神韵派的流弊。执信为矫其弊,必力去浮靡。惟有这样,才能写出真实个性来,成为"诗中有我"。

和神韵派的诗相比,他的诗确实显得"硬"、"直"。但他是"硬语能佳"[41],"直而不俚"[42]。连朱庭珍也不能不承认他"笔力锐入快出,直击鼓心,胜于阮亭"[43]。《人心叹》可以作为一个例子:"漫道人心如九疑,九疑自古不迁变。又道人心如辘轳,辘轳静夜不复转。指似明星耿耿光,须臾风起尘茫茫。伧父塞翁前失马,痴儿臧穀旋亡羊。神仙去人何近远,白日当天举头见。欲觅神山海水深,海水才可方人心!"[44]写人心深不可测,巧诈多端,出之以古谣谚的格调,音节慷慨,得"硬"、"直"之神。

执信所谓"诗中有我",不仅写一己的身边事、儿女情,还必须从一滴水看世界,这就是"诗外有事"。即以罢官一事而论,他所写的就不止是个人恩怨,而是反映出派系的斗争和朝政的黑暗。如《与史生升衢(金铧)对酒话京师旧事》:"相逢不暇揖,日暮且饮酒。一言惊叔向,越席执子手。子言昔在长安居,歌筵秋夕曾同娱。我闻审视恍记忆,当年子尚未有须。竹肉相宣沸华馆,枚马金张坐中满。周郎从道恋红牙,阮籍由来少青眼。广寒乐罢天未明,墙阴黄犬为人声,风吹北海尊前客,雨聚江南水上萍。江南空阔衔杯稳,试语存亡足悲哂。犹馀鸿鹄九霄飞,虚说龙鱼一网尽。史生史生为我斟,昔但识面今识心。信我历落还崎嵚,丈夫那复论升沉。升与沉,直一哂!持灯引酒照髭髯,莫使重逢总成雪。"[45]骂被徐元文嗾使的给事中黄六鸿是"墙阴黄犬",说他的告发是"为人声",嘲笑他们的迫害异己是"虚说龙鱼一网尽",对自己的长期被废置则慷慨地宣称:"信我历落还崎嵚,丈夫那复论升沉",还进一步表示:"升与沉,直一哂!"个人穷通,毫不在乎。这不是徒为大言,只要联系他后来对冯躬暨拒绝复官的表示,就可知这种心情他是蓄之已久了。

有人说他"敌体新城,语多枯淡"[46]。是的,他主张"以意为主,语言为役",确实不追求词采与用事,像王士禛那样"爱好"——着意修饰。但以"枯淡"二字概括赵诗风格,并不准确。不论是他的讽谕诗还是闲适诗,读者都可以触摸到他那颗真诚的火热的心。他热爱人生,并不追求枯寂的生活,即使退隐田园,也不像陶渊明那样"平淡"。试看其《夏日移居山庄四首》,前三首写"去人惟恐近,无事更图闲","北窗容倦卧,无暇赋闲居",极见高傲心态,似乎入山惟恐不深。而第四首却是:"厦庇心难遂,田畴计已成。沉吟身世事,惟有学躬耕。"[47]沉吟身世,收拾壮怀,此心何尝恬淡得下?

有一点值得我们注意:执信"诗法二冯,格律甚细"[48],"风致格律出自虞山冯氏"[49]。而二冯宗晚唐,虽"以心思尖巧见长"[50],却"风格平弱"[51]。赵诗并不平弱,而是"硬"、"直",原因何在?我以为二冯的"心思尖巧"影响执信的诗"劖刻",这是明显的,而更主要的影响是,冯班诗"原本《诗》、《骚》,务裨风教,又条缕体制,含咀《雅》、《颂》"[52],这正是"诗外有事"。除此之外,执信还吸收了历代现实主义优秀诗歌的精华,正如他自己说的:"余每论诗,非精于三百篇、十九首,名家宗派了然于心,难与俗人言。"[53]这样转益多师,然后自成一家。有人以为他不满宋诗,因为他说过:"诗之道至宋而衰。"其实那是指"凡由词臣而入殿阁者,人有一集,篇章杂糅以百千计,其传者百不一二"[54]。他倒是主张"守唐贤之矩矱,而掇宋、元之菁英"[55]。他称赞挚友冯廷櫆"古体取法青莲,极之昌黎、眉山"[56]。自己也是这样,"绝去雕饰,有初日芙蓉之目"[57]。人们认为他"长于古体"[58],其实他某些七律也以气胜,如《雨大甚,小舟不可前,野泊芦中,遥寄寓舍》:"湿烟争归蠡口树,斜照不开乌目云。风和雷电一时至,雨与天水难可分。篷席全收幄幕用,菰芦合策堂皇勋。行人此行幸安稳,破冢驰书相报闻。"[59]这固然是学杜甫的吴体,而其"硬"、"直",简直以文为诗,更近似宋人风味。

对赵诗的不足之处,前人提出了不少看法,如蒋士铨说它是"鼷鼠入牛角,边幅窘可嗤"[60],朱庭珍表示附和:"心馀讥其边幅窘狭,诚中其病"[61]。所谓"边幅窘狭",实即纪昀所谓"纤小",也就是上文已论述过的所谓缺少含蓄,没有做到言近而指远,有味外之味。蒋士铨在《说诗一首示朱绅》中较详细地说过:"秋谷撰《谈龙》,嫚骂颇有宜。及观《饴山集》,边幅亦可嗤。鼷鼠入牛角,束缚泯设施。空浮与窘迫,其失堪等夷。"以下用"李杜韩苏黄,芥子藏须弥,舒卷成波澜,比兴无支离"[62]相对比,可见所谓"束缚泯设施"、"窘迫",就是指赵诗太直太露,言尽意尽。

赵诗是否如此?康发祥就唱反调:"集中未始无沉著含蓄之作",甚至认为其"规模宏远处有胜阮亭"[63]。

谢章铤认为赵诗"刻削易入于槎枒"[64]。"槎枒",仍指赵诗"硬"、"直"。

上文已经分析过:"硬语能佳","直而不诡",正是赵诗的独到风格。

至于林昌彝仅凭执信两句话就大张挞伐,更不足信。林氏认为:"赵秋谷诗:'马足蹙时疑地尽,谿云多处觉天低',此袭岑嘉州诗'寻河愁地尽,过碛觉天低',居然点金成铁矣!'马足蹙时'岂成句法耶? 以此才訾謷当代人物,直谓'蜉蝣撼大树,可笑不自量'也。"[65]执信此诗见《饴山诗集》卷一,题为《山行杂诗四首》,此为其一。全诗云:"岭路盘盘行欲迷,晚来霜霰忽凄凄。林间风过犹兼叶,涧底寒轻已作泥。马足蹙时疑地尽,溪云多处觉天低。倦游莫讶惊心数,岁暮空山鸟乱啼。""地尽"、"天低"二句承上启下,正写出岁暮日晚、岭路盘盘、云浓涧深、客子惊心之状，非常贴切，与岑参诗写大漠景色完全是两回事，即使句式偶同，字面相似，也不过受到岑诗启发，并非雷同。再说与"地尽"、"天低"句式类似的，《饴山诗集》卷十七《送仲生南归六十韵》末尾有"地蹙沉三岛，天低碍八纮"二句，未必也是袭用岑的句式。总之，即使袭用，也各有千秋，无所谓点金成铁。"蹙"即缩，马足缩而不前，正写出云深路迷之景，何谓不成句法？林氏推崇王士禛，故意贬抑赵执信，讥笑《谈龙录》为蚍蜉撼树，很不公平。他还在一首论赵诗的七绝中说："录著谈龙颇自夸，诗章风味小名家。矜才到底伤轻薄，科第如开顷刻花。"⑥竟把执信说成有才无行的小人，甚至对其被罢官而终身潦倒加以恶毒嘲笑，认为这是轻薄之报。由此可见林氏识解之低。至于以士禛为大家，而以执信为名家中之小者，这种评价，不但我们今天不能赞成，就是康、乾时代的人，大多数也会投反对票。乾隆时代，刘执玉有《国朝六家诗钞》，以赵执信与宋琬、施闰章、王士禛、朱彝尊、查慎行并列，比之于唐之有李、杜，宋之有苏、黄，便是明证。

所以，公正的结论应该是：从创作到理论，赵执信都坚持了现实主义原则，廓清了神韵派的迷雾，对清诗的健康发展起了不可低估的作用。特别在理论上，对袁枚的性灵说和翁方纲的肌理说，都有所启发和影响，这也是值得肯定的。

三　流派及其影响

赵执信诗当时已成新体，影从者多。《饴山诗集》卷九《酬张孝廉日容（大受）招同朱竹垞及吴中诸名士燕集河上新斋见赠二首》之一"除却雄谈似焦遂，道余底事足流传？"句下自注："见赠有'十年秋谷流传体'。"

追随他的,如其门人吴剑虹明确指出:"斯人只讶为天上,今日方欣不路歧。"㊿显然是针对神韵派,认为执信以其创作和理论指导了正确的写诗方向。

执信最契重的门人仲是保,"为执信门人之冠,最为笃契"㊿。在执信的亲切指导下,"运意劖刻,纯用师法"㊿。

毕海珖,"与王孝廉洪谋并秋谷弟子,诗多经秋谷评定"㊿。

查曦,天津人,"赵秋谷、吴天章并以诗名,当康熙戊寅(三十七年)、己卯(三十八年)间,先后至津,称诗者翕然从之。汉客(查曦之字)与游,其诗日进"㊿。

其他弟子有秦崑雪、丁鹤亭、李经五、㊿谢文洽、㊿张坦。㊿

特别值得注意的是,乾隆年间岭南著名诗人黎简,"论诗进秋谷而退渔洋"㊿,这说明饴山诗派对后代的影响是很大的。

注　释

① ㊾　汪由敦《墓志铭》
② ㉟　《清诗别裁集》卷十三
③　《曝书亭集》卷三九《忆雪楼诗集序》
④　《国朝诗人徵略》卷九
⑤　俱见《饴山诗集》卷十三(以下简称诗集)
⑥　诗集卷十四《躬暨见示,以新例宏开,当有弹冠之兴,却呈四韵》
⑦　《老生常谈》
⑧　陈仪《诗林答问》,毛昌杰《君子馆日记》同。但梁章钜和姚大荣则认为所评不公允,见《归田琐记》及《梦苕庵诗话》
⑨ ㊻　《忠雅堂诗集》卷十八《说诗一首赠朱绀》
⑩ ⑭ ㉕ ㊱ ㊴ ㊸ ㊼ ㊽　《筱园诗话》卷二
⑪　《养一斋诗话》卷七
⑫　《榕城诗话》
⑬ ㊿　《筱园诗话》卷四

⑮㉒(68) 《四库全书总目》卷一七三

⑯ 《阅微草堂笔记》《滦阳消夏录》三

⑰ 《清史稿》本传

⑱⑲ 《饴山文集》(以下简称文集)卷十二《题王麓台画卷》

⑳ 《谈龙录》二六

㉑ 《带经堂诗钞小传》

㉓ 《午亭文编提要》

㉔(73) 诗集卷三《寄新诗与门人谢文洊编修,系以绝句》

㉖㉙ 《苌楚斋续笔》卷七

㉗㉚㉜ 《清诗纪事初编》卷六

㉘ 《谈龙录》九

㉛ 诗集卷三

㉝ 文集卷二《沈东田诗集序》

㉞(59) 诗集卷十三

㊲ 徐嘉《论诗绝句五十七首》

㊳(63) 康发祥《伯山诗话》

㊵ 陈恭尹《观海集序》

㊶ 《随园诗话》

㊷ 吴雯《并门集序》

㊹ 诗集卷十二

㊺ 诗集卷十

㊻ 汪国垣《近代诗派与地域》

㊼ 诗集卷十一

㊽ 《莲坡诗话》

㊾ 沈起元《饴山文集序》

(51)(65) 《海天琴思录》卷四

(52) 文集卷一《钝吟集序》

(53) 文集卷十二《书幼子庆赋稿》

(54) 文集卷二《田文端公遗诗序》

(55) 文集卷二《王竹村诗集序》

(56) 文集卷二《冯舍人遗诗序》

(60) 《忠雅堂诗集》卷二六《论诗杂咏三十首》之十四

(64) 《赌棋山庄集·课馀续录》卷四

(66) 《海天琴思续录》卷八

(67) 《饴山诗钞小传》

(69) 《苌楚斋续笔》卷四

(70)(71) 《晚晴簃诗汇》卷六三

(72)诗集卷十九《赠日照秦生崑雪(与其乡人丁鹤亭、李经五皆好学笃行者)》

(74) 诗集卷九《赠门人张逸峰(坦),因呈其尊人鲁庵(霖),且以为别,四首》

(75) 《晚晴簃诗汇》卷一〇七

第十章 浙　派

一　浙派的产生

清代乾隆时期,以厉鹗为代表的浙派产生得比较早,因而对同时或稍后的高密派、性灵派、桐城派、肌理派,都没有什么非议,只是对格调派作过较为含蓄的批评 。它的出现,主要是为了矫正"南朱北王"之失。正如厉鹗的好友杭世骏所说:"自新城(指王士禛)、长水(指朱彝尊)盛行时,海内操奇觚者,莫不乞灵于两家,太鸿(指厉鹗)独矫之孤淡。"[①]李既汸说:"樊榭之诗,能于渔洋、竹垞两家外,独辟蹊径,自成一派。"[②]

现代有的学者认为:"当时全国诗坛,正是为昌言盛唐的格调派所独霸,而厉氏却借径于宋人,由陈与义以上溯王、孟,刻琢研炼,幽新隽妙,对那种脑满肠肥的伪唐诗,有洗涤腥膻的作用。"[③]似乎浙派纯粹是为了矫格调派之失而产生的,这恐与事实不尽相符。据格调派的王昶说:"(樊榭)所作幽新隽妙,刻琢研炼,……撷宋诗之精诣,而去其疏芜。时沈文悫公(指沈德潜)方以汉魏盛唐倡吴下,莫能相掩也。"[④]从王昶的话看,倒是沈德潜要压倒厉鹗而不可能。再看袁枚说沈德潜:"先生诮浙诗,谓沿宋习败唐风者,自樊榭为厉阶"[⑤];李慈铭也说厉鹗:"其诗词皆穷力追新,字必独造,遂开浙西纤哇割缀之习,世之讲求气格者(指格调派)颇訾諆之,以为浙派之坏,实其作俑。"[⑥]可见主要是格调派攻击浙派,而非浙派明显非议格调派,更不能说浙派是为了对抗格调派而产生的。

那么,厉鹗究竟要矫正王士禛、朱彝尊两家什么弊病呢? 请看他的原话:"予尝谓渔洋、长水过于傅采,朝华容有时谢。"⑦"傅采"本为绘画术语,意即著色。"朱贪多,王爱好",两家都追求诗歌语言的藻丽;而一班靡然从风之徒,以为这就是学习唐诗的正轨。但是,正如厉鹗所说:"拙者为之,得貌遗神,而唐诗穷。"⑧因此,他要提倡学习宋诗,以"孤淡"来矫正那种流弊。

这里值得注意的是,他并不主张开宗立派,甚至可以说他根本反对建立诗派。他强调的是"诗之体":"诗不可以无体,而不当有派。诗之有体,成于时代,关乎性情,真气之所存,非可以剽拟似,可以陶冶得也。是故去卑而就高,避缛而趋洁,远流俗而向雅正。少陵所云多师为师,荆公所谓博观约取,皆于体是辨。众制既明,炉韛自我,吸揽前修,独造意匠;又辅以积卷之富,而清能灵解即具其中。盖合群作者之体而自有其体,然后诗之体可得而言也。"⑨他这段话非常重要,是有为而发的。简言之,即主张通过广泛学习前人遗产而独成一家,绝不从形式上模拟某一诗派。学习是为了创造,而创造必须是独具面目。他反对建立诗派,是因为"动以派别概天下之才俊,咻名者靡然从之"。结合到当时的实际,便是"或祖北地(指李梦阳)、济南(指李攀龙)之馀论,以锢其神明;或袭一二钜公之遗貌,而未开生面。篇什虽繁,供人研玩者正自有限。"⑩前一句隐指沈德潜为代表的格调派祖述前后七子的"诗必盛唐",后一句则指从形式上学习王士禛和朱彝尊的神韵、秀水两派的末流。总之,这样囿于诗派,只会成为"剽拟",决不会有"真气"。⑪

可悲的是,天下总有那么多跟聪明人把鲜花比美人的傻子,总喜欢步人后尘,拾人牙慧,于是又形成了浙派。

二 厉鹗生平及其诗论

厉鹗(1692—1752),字太鸿,号樊榭,浙江钱塘人。少孤家贫。内阁学士李绂典浙江试,录鹗。"试礼部,报罢。乾隆元年,浙江总督程元章荐应博学鸿词科。试日,误写论在诗前,又报罢,而年老矣。值部铨期近,思得薄禄养亲,复入京。行次天津,旧友查为仁留之水西庄,觞咏数月,不就选而归"[12]。他的入京就吏部铨选,是需次(候补)县令。就选目的是为了"以薄禄养母",结果却不就选而归。杭世骏对他这一思想作了深刻的分析:"樊榭少而孤露,奉太夫人之教,积学以至于有立,夫岂不知圭绂之可以荣亲,禄入之可以养老? 而顾杜门却轨,甘寂寞而就枯槁者,诚以仕宦之难,惟县令为最。其能久居其处者,大术有二焉。佞颜卑辞,骨节姻媚,伈伈睨睨,希宠而取怜:一矣。凭藉权势,擅作威福,色厉内荏,虐茕独而畏高明:又其一矣。樊榭之才,千诗百赋,郁怒遒紧,长输远逝,虽极之倾河倒峡,而不见其所止。若以其鸿朗高迈之怀,骩髊磊落之志,屈而与今之仕宦者相习,譬之方枘圆凿,龃龉而不相入,而谓其能呢呰粟斯,喔咿嚅唲,以为闪揄乎? 而谓其能逞妖作蛊,妄生眉眼,以绞訐而摩上乎?"[13]但是,厉鹗的内心是矛盾的,所以其文集卷一就是应鸿博的《授衣赋》,歌颂"我皇上⋯⋯犹恐一夫之不获,弥轸顾于宸情";《万宝告成赋》歌颂"圣人祈谷,嘉祥载歌"。《河清海晏赋》歌颂"我皇上""于万斯年,一人有庆"。而外曲卷下还有他填的《迎銮新曲次套》,歌颂乾隆十六年的南巡。献演时,"圣天子止辇而听之,每奏一篇,称赏不置"[14]。

因此,他并没有跳出封建士大夫的局限,远没有达到吴敬梓、曹雪芹的思想水平。即使最后确定了乞食江湖,仍然是萦情词馆（翰林院），只是不愿担任县令这种风尘下吏而已。基于这种思想认识，因而他的诗论便表现为如下四点：

（1）诗贵清

他认为"清之一字，为风骚旨格所莫外者"。"盖自廊庙风谕以及山泽之癯所吟谣，未有不至于清而可以言诗者。"如何做到"清"呢？他说："未有不本乎性情而可以言清者。"⑮所以他强调诗如其人："圣几（姓符，厉鹗的诗弟子）赋性幽淡，迥出流俗，见干进改错辈，视如腥腐，……故其为诗，澄汰众虑，清思窈冥，松寒水洁，不可近睨。"⑯也就因此，他欣赏"寒"字："气之游者，寒则敛；景之蒙者，寒则清；材之柔者，寒则坚。"从而他赞美寒人："其在人也，寒女有机丝，人赖其用；寒士有特操，世资其道。"⑰他赞美寒士的诗："（吾友程文石）迫于贫，无以养母，转客四方。……所资以为客者，亦在于诗，然得意之作，文石亦不肯轻以示人也。……今读其诗，天机所到，自然流露，如霜下之钟，风前之籁，应气则鸣，初无旬锻月炼之苦，而达生遗物，能使人忘去荣悴得丧所在。然后知文石之诗之进乎道，向之以诗人视文石，犹浅之乎言诗矣。"⑱

因此，他提出，诗不以穷达为从违。他几次提到浙江东南包括他的家乡的风气："吾里近称才薮，第工举场之文者，或鄙吟咏为闲家具。"⑲"往时吾乡士友专攻举子业，例不作诗。"⑳"往时东南人士，几以诗为穷家具。遇有从事声韵者，父兄师友必相戒，以为不可染指，不唯于举场之文有所窒碍，而转喉刺舌，又若诗之大足为人累。"但是，"及见夫以诗获遇者，方且峨冠纤绅，回翔于清切之地，则又群然曰：'诗不可不学！'"所谓"以诗获遇"，显然是指沈德潜以诗见知于乾隆帝事。这些人都是"以穷与遇为从违"的。厉鹗十分反对这种庸俗风气，他说："夫诗，性情中事也，而顾以穷与遇为从违！即为之而遇，犹未足以自信；

使其不遇,则必且曰:'是果穷家具!'而弃之惟恐不速。诗果受人轩轾欤?"他赞美朋友叶筠客:"是能不轩轾于诗者,欲不工于诗,乌可得乎?"他更公然表态:"若予非能工于诗,而性固痴绝,四十年来,未尝一日废诗。"㉑也就因此,他鄙视那班"诗而贾"的家伙:"噫!今世操不律为诗之士,少窥声病,即挟其技走四方,务妍悦人耳目,以要名取利。"㉒

总之,他认为,只有狷介绝俗的人,才能写出清邃出尘的诗。这种诗的风格就是"孤淡"。

(2) 书为诗材

和朱彝尊一样,他也主张必须多读书才能把诗写好。他说:"少陵之自述曰:'读书破万卷,下笔如有神!'诗至少陵止矣,而其得力处,乃在读万卷书,且读而能破致之。盖即陆天随所云:'鞔轹波涛,穿穴险固,囚锁怪异,破碎阵敌,卒造平淡而后已'者。前后作者,若出一揆。"但是,他不主张学人之诗,而主张诗人之诗,不过这种诗人必须做到学化为才。这其实是主张诗人之诗与学人之诗的统一。所以他说:"故有读书而不能诗,未有能诗而不读书。"因为"书,诗材也","诗材富而意以为匠,神以为斤,则大篇短章,均擅其胜"㉓。以主体的"意"(思想)与"神"(情趣)来运用一切适合做"诗材"的书本知识,就能写出好诗。这并没有排除生活这一创作源泉,因为思想和情趣是从现实生活中产生的。他"极嗜"的诗是"清恬粹雅,吐自胸臆,而群籍之精华经纬其中"㉔。至于他自己,则如后人所指出的:"樊榭多清疏窈眇之思,其博奥足以副之,自诸子百家杂出于神林鬼冢金石可喜可异之事,能令读者荡心震目。"㉕可见他所取的"诗材"有一定的倾向性,即必须能潜发他的"清疏窈眇之思"的。

(3) 反对模拟

厉鹗宗尚宋诗,主要是宋诗的瘦劲清切符合他本人的审美情趣。但他决不生硬模拟,而是强调自出新意。他指出:"夫诗之道,不可以有所穷也。诸君(指学唐的西泠十子)言为唐诗工矣,拙者为之,得貌遗神,而唐诗穷。于是能者参之苏、黄、范、陆,时出新意;末流遂澜倒,无复绳检,而不为唐诗者又穷。"㉖所谓"拙者"、"末流",是指学唐学宋而"得貌遗神",亦即纯粹从形式上模拟的。真正善于学习古人的,应该像他的诗友赵谷林那样:"格高思精,韵沉语炼,昭宣备五色,锵洋叶六义。胚胎于韦、柳、韩、杜、苏、黄诸大家,而能自出新意,不袭故常。"㉗他所以反对建立诗派,也是因为它容易形成模拟之风。因此,他特别指出:"有明中叶,李(梦阳)何(景明)扬波于前,王(世贞)李(攀龙)承流于后,动以派别概天下之才俊。啖名者靡然从之,七子五子,叠床架屋。"㉘明七子及其追随者这样模拟成风,是厉鹗所深恶痛绝的。他反对仿古,而强调学古,更强调学而能离,离而合古。他赞美其诗弟子汪沆的游历诗:"以坚瘦为其格,以华妙为其词,以清莹为其思。……绝去切拟,冥心独造,而卒无不与古人合。"㉙这是很不容易做到的。他说:"辞必未经人道,而适得情景之真,斯为难耳。"㉚他是特别在这方面下工夫的:"仆性喜为游历诗,搜奇抉险,往往有得意句,读之亦绝叫。"㉛这方面他确实取得了很大的成绩。

(4) 强调诗必近理

他说:"凡诗之难,难于锻炼情景,而尤难于近理。"这就把诗,尤其是游历诗提到哲学意蕴的高度了。就是说,要在"适得情景之真"的基础上,写出别有会心的哲理。他例举汪沆游历诗中如下句子,如"托根莫嫌孤,特立物所尚",这是寒士的自我认识和历史评价,却通过某一特定景物加以显示。又如"讵识快心地,人生有踽步"。这是对人生的辩证认识,你可以联想到王安石的"入之愈艰,则其见愈奇"。厉鹗并叹赏说:"如此诸句,披豁委琐,振醒痦聋。"[32]就因为他本人和汪沆一样从"羁栖流转、忧愁阅历之馀",领悟到人生这一哲理。

三　厉鹗的诗

厉鹗的诗集分为前集和续集,都是他自己订定的。前集所收,自二十三岁起至四十八岁止,一共26年,计五古204首,七古63首,五律119首,七律148首,七绝160首。后集所收,自四十八岁起至六十岁止,一共13年,为前集时间的一半,计五古127首,七古71首,五律118首,七律235首,七绝140首。前集总数为694首,续集总数为691首。他自己解释说,并非"中年以往之作工于少时"[33],然而结合他的诗论来看,他曾经说:"多作不如多改,善改不如善删。"[34]可见越到晚期,他的诗作越能符合自己的审美要求,越能表现自己诗作的风格特色。这种删择正说明他的精益求精,也表现了他的狷介性格。

另外,我们把上述各体分类统计,则五古共331首,七古共134首,五律共237首,七律共383首,七绝共300首。这也是符合他的狷介性格的。因为格律诗固然适合他的苦吟习惯,五古也要求字句精炼,而七古则不然,所重在气势,这不是后天的锻炼工夫可以达到的,而是首先要有豪放的性格,还要有开阔的眼界,雄伟的抱负,丰富的阅历。缺少这四者,书读得再多,"大篇"也不可能"擅其胜"的。所以袁枚早已指出:"樊榭短于七古,凡集中此体,数典而已,索索寡真气。"[35]宗唐的沈德潜和王昶只欣赏他的五古。沈说:"(樊榭)诗品清高,五言在刘眘虚、常建之间。"[36]王说:"(厉徵君)所作幽新隽妙,刻琢研炼,五言尤胜,大抵取法陶、谢及王、孟、韦、柳,而别有自得之趣。"[37]吴应和先指出:"归愚、兰泉两先生评樊榭山房诗固已确当;独赏五

271

古而不及七律,殆以七律不近唐音耳。"然后发表自己的意见:"(樊榭诗)参用性灵、书卷,自辟蹊径,诸体皆工,七律更耐寻绎。"㊳

究竟应该怎样认识厉鹗的诗呢？我以为重要的一点是从诗论到诗作,他都是非政教、超功利的,这是他领袖浙派的特色。因此,他很少触及现实的苦难,而完全在追求个人生活的艺术化。这种艺术化的生活,核心就是"孤淡",反映在诗作里,从内容到形式,都浸染着"孤淡"的情调。表现在选材上,他最喜爱的时节,是秋暮、月夜、雪天。最喜爱的景物,是古寺、疏林、晚钟、落叶。最喜爱的情趣,是孤独、清幽、冷僻、闲适。

不妨看些实例。二十四岁时的诗,企慕的是"夜泉孤月万松深"这样的"栖隐处"㊴。二十七岁时害眼病,他自幸能"养就疏慵学避人"㊵。他喜欢月夜泛舟,欣赏着"野桥迎月直,断岸见烟生"㊶；"月黑水深荷叶路,凉萤无数绕船飞"㊷。他还喜欢通宵泛舟:"故人襆被共出城,疏林明月唐栖(地名)行。悠悠徒抱文字癖,落落但话江湖情。四十五日夜方永,一百八声钟最清。朝阳初上睡翻著,船头已见含山(山名)迎。"㊸

即使是清晓,他喜爱的也是:"开门残月在,下见数峰雪。雪际生白云,窅映不可说。"㊹月、雪是白的,云也是白的,一片清寒,一片洁白,这是诗人人格的外化。

他欣赏"瘦",你看,"禅灯照影诗皆瘦"㊺；书法爱瘦的:"榜剩樗寮有瘦藤(自注：'湖山胜概'扁,张即之书)。"㊻石要瘦:"画石最数毕京兆,深坳浅凸瘦不肥"㊼；松也要瘦:"莱阳姜仲子,矫矫清节后。独持桑海身,画松只画瘦。"㊽这也是诗人人格的外化。

人们极口称赞厉鹗的山水诗(包括他的游历诗),特别是有关西湖的西溪的。王兰修说:"厉樊榭镂刻林壑,渲染烟霞,深于山水之趣。"[49]李慈铭也说："先生取格幽邃,吐词清真,善写林壑难状之境。其佳者直到孟襄阳、柳柳州,次亦不失钱(起)、郎(士元)、皇甫(松)。昔人评顾况诗为'禽轻清以为性,结冷汰以为质,煦鲜容以为词',先生殆可当之。"[50]陶元藻甚至评点说："樊榭《宝石山》云:'林气暖时濛似雨,湖光空处淡如僧',此真善于领略西湖也。"[51]这类评论都只涉及厉鹗山水诗的表层,而没有说出他的特殊风格。

他和王士禛都写了大量的山水诗,在风格上却是截然不同。王士禛"认为好诗产生于作者内心的平静","好诗应该排斥激情性的表现"[52]。这自然和他的仕途顺利又淡化政治有关。所以,他的内心是恬愉的,把这种心情外化于山水,总是选择那些气象骀荡冲和的,再表现为山水诗以自怡。

厉鹗则不然,他是选择山水之枯淡者用以安慰自己的坎坷,从而平其心气。他的内心是有一股抑郁不平之气的。三十三岁时,面对西溪的绿萼梅,已自叹"幽人与世实寡营,捷足织儿每工侮"[53]。三十四岁时更解嘲说："嬉游大好同队鱼,何必飞腾千万里。"[54]四十二岁时,报国院池上的修林清荫,澄水游鱼,使他感叹："一一适吾愿,讵似身世违?"[55]渐入老境后,他称赞朋友汪士慎："要将胸中清苦味,吐作纸上冰霜桠",又称赞汪："不事王侯恣潇洒",[56]其实也是他自吐心声。在红桥春游的繁华场中,他却欣赏"隔江山映残梅晚,招之不来殊偃蹇"[57],这是借梅花写自己。"桂气熏残日,梧声坠晚风。同时荣落意,吾欲问天公。"[58]同样的牢骚更直接表现在："长安秋述欲华颠,回首群公尽列仙。八月星河虚卖卜,三山风浪枉乘船。"[59]"万事豪华付公等,天公此段独吾私。"[60]突出其胸中不平之气的是食熊掌一诗："遐想深山中,是物最神王。倾崖恣咆哮,丰草供跌宕。拗树有馀怒,擘人定非妄。……是何鸡狗辈,碌碌齐得丧?雄姿堕鼎鬲，罢食为惆怅。"㉑这使我们想起陶渊明并非浑身静穆，而有其金刚怒目的一面。是的，厉鹗是有豪气的："我辈幸无世网缚，豪气岂受名流谩？"㉒只是生在文字狱空前严峻的时代，他只能是："胸中凌云气，欲吐谢不敏。"㉓

明白这个特点，对厉鹗的游历诗（包括山水诗）的意境内涵，就能获得深层次意义的理解。即以陶元藻所欣赏的"林气暖时濛似雨，湖光空处淡如僧"一联说，此诗首二句却是"山栖孤绝少人登，妙友同凭记昔曾。"而下四句为："画寻白石无残墨，榜剩樗寮有瘦藤。十四年来筋力减，峰头直上笑犹能。"㉔他追求的是这种"孤淡"的美。保尔·瓦莱里说："风格即自身。"莫洛亚解释说：风格是"气质、性格、情感，印在表现手法上的痕迹。"他又说："如果一个作者的作品反映了他自己特有的本性，他就具有一种风格。"他引述他的老师的话："因此，风格要求两个条件：行为中体现出来的优雅自如，与在作品中体现出来的这种行为本身带来的一种特性。"㉕厉鹗的"孤淡"风格来自于他的气质、性格、情感。而学习他这种风格的同时人和后来人，没有他那种气质、性格和情感，自然只能从形式上去摹仿了。

"孤淡"这种风格表现在艺术形式上，必然是兀兀独造，语不犹人。在这点上，他实在是和俄国形式主义者标举的"陌生化"不谋而合。"陌生化"的艺术能使我们对生活和经历产生新鲜感。什克洛夫斯基说：艺术把那些已经习惯成自然的事物陌生化。诗歌的效果就是使语言"迂回"、"难懂"、"婉转"、"扭曲"。㉖厉鹗总的艺术倾向正是如此。

首先，用心曲折，总比以往诗人深进一层甚至几层。如陈衍所激赏的《归舟江行，望燕子矶作》："石势浑如掠水飞，渔罾绝壁挂清晖。俯江亭上何人坐，看我扁舟望翠微？"㉗陈氏分析说：末二句"十四字中，作四转折。质言之，为看他在那里看我在这里看他看我也。"⑱应该说,厉鹗这样构思,受到杜甫《月夜》("今夜鄜州月")的启发,而写来情景融合得十分自然,似乎是妙手偶得,其实是苦心经营的,目的就是要"迂回"。

怀古,这是个老掉牙的题目,厉鹗却别出心裁。试看《自石湖至横塘二首》之一:"楞伽山顶湿云堆,嚛瘁桃花出废台。万顷吴波摇积翠,春寒来似越兵来。"⑲吴应和评云:"只是苏台吊古恒言,陪衬得好,便觉新警独绝。"⑳这是陌生化的"婉转"。

水和石,一动一静,截然相反,厉鹗却使静者动化:"画水最数孙知微,崩滩骇浪势欲飞。画石最数毕京兆,深坳浅凸瘦不肥。谁知石亦有水势,万松岭上见者稀。突如滟滪数间屋,险如盘涡掉蛟饥。轩然大波逼檐际,谛视始觉居岩扉。"㉑这气势多雄伟,难怪他选用七古体。厉鹗原不擅长此体,这首是例外。而他这种写法,确实给人一种新鲜感。

他的诗,用字也迥不犹人。请看,"夜轩杀明灯,秋虫啼四壁"的"杀"字㉒,"舟噎荒城下,舆鸣野水湾"的"噎"字㉓,"春入桃花烧客眼"的"烧"字㉔,不知经过几多次推敲,才落实到这几个动词上。有了它,全句都濯濯生新。

至于抛弃常见典故,大量使用宋、元人小书中的僻典,而又加上自注,这都是为了陌生化的缘故。

另外,他有一首这样的七绝:"返照深深入竹根,青鞋踏遍旧苔痕。好诗只在微茫里,付与栖禽自在喧。"㉕这使我们想起马尔洛所说"艺术恰恰产生于不可捕捉之物的魅力"。另一首末两句:"斜阳一抹风廊影,葵写圆花竹写梢。"㉖又使我们想起马尔洛所说"(艺术)产生于拒绝抄袭日常所见的场景"㉗。

他和宗唐的格调派的对立不是偶然的,格调派的诗太平庸了。难怪他说:"世有不以格调派别绳我者,或位置仆于诗人之末。"㉘这是自嘲,更是自信。对比起来,他和同样宗唐的王士禛、朱彝尊的对立,只是由于"傅采"和"孤淡"的审美取向的歧异,而和格调派的对立,则是对诗的本体认识的背离。

四 对浙派的评价

对浙派一笔抹杀的,是姚鼐和蒋士铨。姚鼐论诗,既不满性灵派的"浅易",又反对浙派的"险怪"。[79]他说:"今日诗道大为榛塞,虽通人不能具正见,吾断谓樊榭、简斋皆诗家之恶派。"[80]蒋士铨虽也宗宋,而取径与厉鹗异,乃由义山而杜、韩而苏、黄,[81]其诗"如神狮怒蹲,百兽慑服;如长剑倚天,星辰乱飞",[82]自然不满厉鹗的"孤淡",因此讥为"铿钉织古锦,方幅特板重。钝根学神仙,天马终难控。逐节写修篁,焉能集鸾凤?"[83]后来尚镕就批评说:"苕生论诗,于西江阿其所好,稍乖公允。至极推北地、信阳,力诋初白、樊榭,尤为持论之偏。"[84]

而对厉鹗及浙派加以丑诋的,则是"独以唐人为归"[85]的方贞观,这位格调派诗论家说:"近有作者,谓六经、《史》、《汉》皆糟粕陈言,鄙三唐名家为熟烂习套,别有师传,另成语句,取宋、元人小说部书世所不流传者,用为枕中秘宝,采其事实,摭其词华,迁就勉强以用之,诗成多不可解。令其自为疏说,则皆逐句成文,无一意贯三语者,无一气贯三语者,乃偭然自以为博奥奇古。此真大道之波旬,万难医药者也。但愿天地多生明眼人,不为其所迷惑,使流毒不远,是厚幸矣!"[86]

其他的人一般对厉鹗能持两点论,而归罪于其后学末流。如法式善说:"厉晚为广陵寓公,以标新领异为扬人倡,故江北之诗皆以疏瀹性灵为主,然气亦稍稍薄矣。"[87]陈仅说:"樊榭集中以五古为第一,七律亦源出中唐,流利清圆,醰醰有味。后人不学其古而好学其七律,又不善学学之,遂来浙派之消。樊榭有灵,不受过也。"[88]朱庭珍说:"浙派自西泠十子倡始,先开其端,至厉太鸿而自成一派,后来宗之。其清俊生新、圆润秀媚之篇,佳处自不可没。然病亦坐此,往往求妍丽姿态,遂失于神骨不俊,气格不高,力量不厚,无雄浑阔大之局阵篇幅,谐时则易,去古则远也。樊榭集中,工于短章,拙于长篇;工于五言,拙于七言,七古尤劣。其宗派囿于宋人,唐风败尽。好用说部丛书中琐屑生僻典故,尤好使宋以后事。不惟采冷峭字面及掇拾小有风趣谐语入诗,即一切别名、小名、替代字、方音、土谚之类,无不倚为词料。意谓另开蹊径,色泽新异别致,生趣姿态,并不犹人也。殊不知大方家数非不能用此种故实字样,大方手笔非不能为此种姿态风趣,乃不屑用,并不屑为,不肯自贬气格,自抑骨力,遁入此种冷径别调耳。……吴榖人等皆系此派门径,故洪稚存谓如画家学元人著色山水,虽施青绿,渲染韶秀,而气韵未能苍老,境界未能深厚,诚中其病。"[89]

对于厉鹗矫正神韵、秀水两派的"傅采",吴骞提出了自己的看法:"数十年来,吾浙称诗者皆推樊榭。然樊榭之作,虽长于用书,慎于造句,终不若渔洋之风华典丽而波澜洪阔,使人读之,皆能称快。"又引汪师韩跋樊榭集的话来评论厉诗及其后学之失:"(樊榭)先生之诗,搜讨精博,蹊径幽微。取材新则有独得之奇,使事切则无寡情之采。自成情理之高,不关身世之感。至若典僻而意或晦,藻密而气为伤。一丘一壑之胜,登临少助于江山;一觞一咏之情,怀抱勿观于今古。以云追汉魏而近风骚,岂其薄而不为?夫亦所谓幽人之贞,独行其顾者耶?然先生全集,要无一字一句不自读书创获,所以雄视一时。后人效之者不效其读书,而惟是割缀诗词内新异之字,以供临文之攒凑,望之眩目,按之枵腹。昔人云:'所作不可尽难,难便不知所出。'是又不得以学者之不根,而并咎作者之非法也。"[90]

阮葵生则更具体地描绘浙派末流创作的程式化:"以南宋为宗,自度学识不能及人,于是爱僻耽奇,一字片语,分门收拾,自诩碎金。每遇一题,则按类会拿,沿途差派。部署既足,然后别构一意,纡回勾缀以贯串之。气脉格塞,瘿疣遍体。题中无诗,诗中无人。此如杂剧中扮女道士之水田衣,零红剩碧,百衲千缀;又如酒市佣保之太和汤,酒阑人散,取万人唾馀汇成一器,当时岂不自以为鲜衣美食哉?"[91]

总观上述诸家的评论,对于厉鹗及浙派某些优缺点,也不乏谈言微中之处;但从总体来看,却并不准确和公平。如姚鼐和蒋士铨由于审美取向不同,法式善、方贞观、吴骞和朱庭珍由于以"唐风"和"大家"为评论诗歌价值的惟一准则,便对厉鹗的"标新领异"这种创新精神横加指责。这正是小农经济社会保守意识在士大夫文学观念上的反映;尽管他们都熟悉萧子显说的"若无新变,安能代雄",实际上却并不理解"创新"的真正内涵与历史功绩。

要正确理解厉鹗及浙派的历史价值,应该从主客体两方面去进行论析。

从客体方面说,厉鹗生活的时代是康、乾盛世;生活的地点是人文荟萃、山水清幽的杭州,中间又有较多年月生活在扬州。杭州和扬州不仅文化发达,而且经济繁荣。这就使厉鹗受到商业经济影响,初步具有市民意识。

从主体方面说,他生逢"盛世",却出身寒门,功名上又蹭蹬,因而缺乏雄伟的政治抱负,反而因为屡遭俗人白眼,更增强其傲岸不群的性格,这就使他抛弃道德伦理上的"善",继承并张扬了汉末以来"独善其身"一派士人的传统心态。他张扬个体意识,为己多于为人,忧生多于忧世,自赏多于讽时,从而全力追求艺术生活上的"真"与"美"。"杭州以湖山胜,扬州以园林胜。"[92]扬州园林固然是小巧玲珑,杭州湖山也都是山温水软。他终身浸润在这种环境里,傲岸性格却使他厌弃"销金锅"的红尘,而追求山水"孤淡"之美。杭州、扬州并非没有雄伟和高旷之美,而由于主体性的特殊,他偏嗜那些"孤淡"之美。这正表现了他的"真"。他的诗正是这种极富个性的审美情趣的外化。

至于浙派其他诗人,凡是能自树立的,大抵也和厉鹗一样具有同一审美情趣和艺术观点。而其所以如此,又和他们各人的气质、性格和生平遭遇大抵相似分不开。

如杭世骏,为诸生时,就喜放言高论。任监察御史后,竟奏请"朝廷用人,宜泯满、汉之见",几遭不测,后落职归,以摆地摊卖古董为生。[93]"诗格清老疏淡,逸气横流。"[94]

如金农,不应鸿博试,自称"予赋性幽敻,少耽索居味道之乐。……近交里闬二三能言之士,大抵多与予同其好。林壑间俊僧隐流、钵单瓢笠之往还,复饶苦硬清峭之思,相与抒发抉擿,尽取高车影缨辈所不至之境、不道之语而琢之绘之"[95]。

如吴颖芳,"幼赴童子试,为隶所诃,以为大辱,自是一志稽古,终身不复仕进"。"家素封,有桑竹园池之胜。客至,则探筒拈赏花、钓鱼、围棋、赋诗、鼓琴、吹笛等各一事,必尽欢乃去"[96]。

如丁敬,"家候潮门外,小楼三楹,酿曲糵自给,身杂佣保,未尝自异"。"意所不可,辄嫚骂。方制府观承爱其铁笔,有司欲求以媚制府,竟不可得"。[97]

如符曾,据王昶介绍:"余初入京时,即见春凫主人(符曾别号),时年已六十有馀。为户部郎,常以病假。所居韩家潭,令余直入卧内。床帏之外,书签、画卷、茗碗、香炉,列置左右,几案无纤尘,四时长供名花数盎。余笑谓曰:'入君燕寝,已如在断桥篱落间,使人不复忆西子湖矣!'其雅洁萧淡,非东华软香尘土中人所能企也。盖自少与樊榭、堇浦、玉几(陈撰)同学,故其襟情如此。"[98]

279

如陈撰,以布衣举鸿博,辞不赴。"厌弃流俗,如惊弦之雁,见机之鸥"[99]。"意思萧淡,屏绝人事"[100]。"与杭堇浦、厉太鸿、符幼鲁(即符曾)诸公相唱和"[101]。"诗格冲逸,高简古荡"[102]。"皆戛戛独造,如其为人"[103]。

　　如汪沆,"少从樊榭厉君学,得其诗法"[104]。"然厉之诗密栗洗削,幽峭孤迥;而先生之诗则淡沱透迤,丰容流美,其天性固自不同。其论诗务在抒胸展臆,自罄其性情之真"[105]。

　　如符之恒,其诗"清劲遒郁,破除俗言"[106]。"尤工五言,如'寒烟栖木末,活水啮城根','小桥连野水,虚室贮秋寒','鸥寒依苇立,山静见烟生',绝似咸平处士。又有句云:'几幅斜阳挂渔网,人家多住柳塘西',宛然一幅水村图也"[107]。

　　浙派诗人很多,流派延续时间也长。据陈衍说:直到清末民初始稍衰。[108]其实我国抗日战争时期,仍有作浙派诗的。[109]

　　诗歌史上任何一个流派的出现,都有其历史必然性。而要正确理解它,确应如丹纳所说:"要了解一件艺术品,一个艺术家,一群艺术家,必须正确地设想他们所属的时代的精神和风俗的概况。这是艺术品最后的解释,也是决定一切的基本原因。"[110]但只举出时代精神和风俗概况还不够,还要加上这些艺术家的主体的特殊性(主要是气质、性格与遭遇所构成的特殊的审美取向)。两者合一,才是"决定一切的基本原因"。

　　至于阮葵生对浙派末流的刻画,语虽刻薄,却实深中其病。大凡"显学"最后必成"俗学",这时它的生命力也就枯竭了。

注　释

① [104]　杭世骏《词科掌录》

②　李既汸《鹤徵后录》

③　钱仲联《三百年来浙江的古典诗歌》

④㊲ 《湖海诗传》卷二

⑤㉟ 《小仓山房文集》卷十七《答沈大宗伯论诗书》

⑥㊿ 《越缦堂读书记》卷八

⑦ 《樊榭山房文集》(以下简称文集)卷二《宛雅序》

⑧㉖㉞ 文集卷三《懒园诗钞序》

⑨⑩⑪㉘ 文集卷三《查莲坡蔗塘未定稿序》

⑫ 《清史列传·文苑》本传

⑬ 《道古堂文集·厉母何孺人寿序》

⑭ 杭世骏《樊榭山房集外曲序》

⑮ 文集卷三《双清阁诗集序》

⑯ 文集卷三《秋声馆吟稿序》

⑰ 文集卷三《余茁村诗集序》

⑱ 文集卷三《程文石诗序》

⑲㉔ 文集卷三《汪积山先生遗集序》

⑳ 文集卷三《无悔斋诗集序》

㉑ 文集卷三《叶筠客叠翠诗编序》

㉒ 文集卷三《蒋静山诗集序》

㉓ 文集卷三《绿杉野屋集序》

㉕㉚㉛ 《雪桥诗话》三集卷五

㉗ 文集卷三《赵谷林爱日堂诗集序》

㉙㉜ 文集卷三《盘西纪游集序》

㉝㊳ 《樊榭山房集·续序》

㊱ 《清诗别裁集》卷二四

㊳⑳ 《浙西六家诗钞》

㊴ 《樊榭山房诗集》(以下简称诗集)卷一《西溪月夜怀大涤山二首》之二

⑩ 诗集卷一《病目戏成》

㊶ 诗集卷一《月夜舟出北闸,同寿门作》

㊷ 诗集卷一《同程友声红桥夜泛》

㊸ 续卷六《月夜唐栖舟中同谢山作》

㊹ 诗集卷七《西溪晓起》

㊺ 诗续集卷六《宿南屏让公房，用东坡病中独游净慈韵》

㊻ 诗续集卷三《同寿门，敬身登宝石山天然图画阁……》

㊼ 诗续集卷三《诸公诗来，兼咏山石，……》

㊽ 诗续集卷二《题姜学在画松……》

㊾ 《国朝诗品》

(51) 《凫亭诗话》

(52) 日本《世界大百科事典》卷二一第317页

(53) 诗集卷三《西溪梅花已残……》

(54) 诗集卷四《人日同陈授衣、丁敬身、石贞石登吴山……》

(55) 诗集卷七《早秋同王麟徵……》

(56) 诗续集卷一《题汪近人煎茶图》

(57) 诗续集卷一《红桥春游曲……》

(58) 诗续集卷一《秋爽》

(59) 诗续集卷一《沈椒园侍御寄和移居诗，……》

(60) 诗续集卷六《晓次临平，风雪大作，……》

(61) 诗续集卷一《集小山堂，食熊掌作》

(62) 诗续集卷三《清明后一日鲁秋塍……》

(63) 诗续集卷五《马嶰谷半槎招集……》

(64) 诗续集卷三《同寿门敬身登宝石山……》

(65)(77) 《艺术与生活——莫洛亚箴言和对话集》

(66) 《当代国外文学理论流派》第一章《俄国形式主义》

(67) 诗续卷四

(68) 《石遗室诗话》卷十五

(69) 诗集卷七

(71) 诗续集卷三《诸公诗来，兼咏山石……》

(72) 诗集卷一《早秋夜坐……》

(73) 诗集卷七《游鹤林寺》

⑭　诗续集卷一《同少穆、竹田、敦复、南漪饮吴山酒楼……》
⑮　诗续集卷五《觅句廊晚步二首》之二
⑯　《觅句廊晚步二首》之一
⑲　《惜抱轩诗集》卷四《与张荷塘论诗》
⑳　《惜抱轩尺牍·与鲍双五》
㉑　《忠雅堂文集》卷二《学诗记》
㉒　袁枚《忠雅堂诗集序》
㉓　《忠雅堂诗集》卷二六《论诗杂咏三十首》之二三
㉔　《三家诗话·三家分论》
㉕㉖　《辍锻录》
㉗⑩⑩⑩　《梧门诗话》
㉘　《竹林答问》
㉙　《筱园诗话》卷二
⑩　《拜经楼诗话》卷四
⑪　《茶馀客话》卷十一
⑫　《扬州画舫录》卷六
⑬　龚自珍《杭大宗逸事状》
⑭　潘瑛、高岑《国朝诗萃》初集
⑮　《冬心先生集自序》
⑯　《清史列传》卷七一
⑰　《国朝杭郡诗集》
⑱　《湖海诗传》卷六
⑲　阮元《两浙𬨎轩录》
⑩　符葆森《国朝正雅集·寄心庵诗话》
⑩　《四库全书总目提要》
⑩　《雪桥诗话》馀集
⑩　《道古堂文集》卷三三《符南竹传》
⑩　《钱批樊榭山房诗一卷题识》
⑩　《兼于阁诗话》卷四
⑩　《艺术哲学》第一章

283

第十一章 格调诗派

一 格调说产生的原因

格调说出现在厉鹗为代表的浙派之后,从文学发展规律来说,它的产生,正是为了矫正浙派末流的缺点。明确指出这一点的是袁枚:"先生(指沈德潜)诮浙诗,谓沿宋习败唐风者,自樊榭为厉阶。"[①]沈德潜在《国朝诗别裁集》对厉鹗本人说得比较客气,只是指责:"今浙西谈艺家,专以饤饾挦扯为樊榭流派,失樊榭之真矣。"[②]其实浙派学宋,而格调派宗唐,后者之反对前者是必然的,包括厉鹗在内。所以晚清的李慈铭说:"世之讲求气格者(按:即格调派)颇訾之(指厉鹗),以为浙派之坏,实其作俑。"[③]

另外,对清初的神韵说,沈氏也有所补充,认为王士禛的《唐贤三昧集》,只取闲适淡远一种风格以为富于神韵,其实还应包括雄浑豪放的风格。[④]

同时,也针对新兴的性灵派:"自袁、蒋、赵三家同起,举世风靡,诗体一变,为讲格律者(按:即格调派)所集矢。"[⑤]从本质说,格调和性灵两种诗论势如水火,而格调派与浙派则仅为唐、宋门户之争。

也许有人会说,沈氏并不反对"性灵",他在《示书院诸生》之一中曾说:"闱墨人人费揣摩,性灵汩没滞偏颇。请看帆逐湘流转,九面衡山望里过。"[⑥]是的,这"性灵"指的是性情,可它和

284

袁枚所说的性情不同,专指符合封建伦理道德的思想感情。

二 沈德潜提倡格调说的主客观条件

从客观条件说,时代发展到乾隆年间,最高统治者需要教忠教孝、正面为封建统治服务的诗作。正如乾隆帝所说:"且诗者何?忠孝而已耳。离忠孝而言诗,吾不知其为诗也。"[7]因此,沈氏给自己选诗的大厅取名为"教忠堂"。乾隆帝在为沈氏诗集所作的御制序中,把沈氏比于高启、王士禛,是说他们的诗作都是"正声"、"正宗"。

沈氏之所以特尊盛唐,就是因为盛唐诗格高调响,是盛世元音,正好歌颂乾隆这个"太平盛世"。

因而沈氏继承明七子的格调说,而又加以改造,使其更好地为现实政治服务。

"格调",在明七子那里,本来属于形式范畴,如李梦阳说:"高古者格,宛亮者调。"[9]而到了沈氏手上,只留下"调"属于形式,"格"则变为诗的"本原",亦即"诗教",属于内容了。他这样做,也有根据,《文镜秘府论·南卷·论文意》:"意是格,声是律。意高则格高,声辨则律清。格律全,然后始有调。"

明七子的"格调"既是诗的形式,因而他们对形式的风格只要求一种:雄浑。这是主张"诗必盛唐"的逻辑结论,因为"雄浑"确是盛唐诗的主旋律。而沈氏则结合对王士禛神韵说的补充,认为不应独重雄浑,而应兼备众体。这就扩大了教忠教孝的范围。

再从主观方面说,沈德潜恰好充当了这"鼓吹休明"的吹鼓手,亦非偶然。

我们先看他的生平。

285

沈德潜（1673—1769），字确士，号归愚，长洲（今江苏苏州）人。乾隆四年，他六十七岁时才中进士。乾隆帝称为"江南老名士"，使和御制诗，称旨。五年间，屡迁至礼部侍郎。十四年，他七十七岁原品休致，仍令校《御制诗集》毕乃行。沈氏归，进所著《归愚集》，乾隆帝亲为作序，称其诗伯仲高（启）王（士禛）。三十四年九月卒，年九十七，谥曰"文悫"。

沈氏晚达，前大半生经常受人轻侮，《山中杂兴》之三云："有客城中来，仪容自举举。怜我山野人，应接寡言语。劝我读诗书，略识尧与禹。方今风教盛，珪璋满文府。多谢佳客言，赋质本朴鲁。鸦鹊占吉凶，草木识寒暑。历日且不观，焉能辨今古？"[10]

这就使他更加发愤，一面不断赴考，一面从事选诗工作，以张扬自己的诗名。他四十三岁选《唐诗别裁》，四十七岁选《古诗源》，五十三岁选《明诗别裁》，五十九岁作《说诗晬语》，都是中进士以前进行的。由这选诗的顺序，可以看出他的文艺思想。他接受前后七子的启示，推尊盛唐，所以先选《唐诗别裁》。然而他超出七子，由盛唐而上溯汉魏，于是选《古诗源》。然后下瞰其流，以明诗为"复古"，于是选《明诗别裁》。从他的诗学观点来说，诗道源流已经大备，宋、元都是"伪体"，等诸自郐，概在"别裁"之外。他认为，只有按他这种"别裁"去学诗，才能"亲风雅"。在这样认识基础上，于是他写出了他的诗论著作《说诗晬语》，大力宣传他的格调说。

他这份努力没有白费，碰到乾隆帝这位既炫武功又重文治的"圣主"，自然针芥相投，如鱼得水，不断赐诗，亟称"我爱德潜德"[11]。

而沈氏也极懂持盈保泰之道，皇上越是"稠叠加恩"，他便越是"诚实谨厚"。"以诗受高宗殊眷，下直萧然，绳扉皂绨，如训蒙叟。"⑫再看他《食豆粥》这首诗:"连朝缺粮粒,土灶煮豆粥。颇近田家味,取足充我腹。奴子心不然,见之起惭恶。谓我为达官,二品重章服。纵无五鼎养,何妨餍粱肉,自奉同监门,曷以处童仆?我为奴子言:尔勿轻麦菽。用物戒暴殄,节性淡嗜欲。抚时况艰虞,嘅焉起噸颇。"底下就叙述"连年山左荒"激起民变的情形,以及大金川一带边防重地"兵多急输粟"的惨状,然后说:"我曹得安饱,抚躬愧窃禄。""我今自食贫,庶免覆公悚。"⑬

沈氏平生严守程朱理学,谨言慎行,安分守己,九十岁还"夜梦少年时,严君大呵斥",说是"居心贵和平,尔未除荆棘;立身贵中正,尔尚流偏侧。"醒后自愧"九十既耄荒,无成犹夙昔"⑭。这种心理状态正反映了清廷文字狱的威胁。另一首《九十咏怀》说:"鲜水东偏老腐儒,生平动履总迂愚。"⑮另一首又说:"前途万事殊茫茫,安分之馀吾何有?"⑯九十多岁一次病后还说:"壮耻虚名同水涸,老坚拙性怕冰澌。何妨事事居人后"⑰,还责怪自己:"言多散漫周防懈,梦少齐庄功力疏。"⑱

正因为这样谨小慎微,所以碰上涉外事件,更是诚惶诚恐,生怕被人检举为里通外国。如《日本臣高彝书来,乞作诗序,并呈诗五章,文采可观。然华夷界限,不应通也,却所请而纪其事》:"……尊奉中朝孤忱悃,章明典礼慎防维。不教笔墨传荒远,怅望停云我所思。"(自注:远夷求文衡山笔墨者,公服朝服见之,不应其请。)⑲

以这样的驯良性格、忠诚品质,加上这种诗歌理论、"别裁"选本,自然最适宜担任吹鼓手的工作了。谥为"文悫",真是名副其实。

最使乾隆帝既愤怒又惊诧的是,这么一个"俊袭人"竟也靠不住:

287

（1）退休后，八十二岁时选《国朝诗别裁集》，居然以钱谦益诗冠首。经乾隆帝指正后，重刻本仍旧不改，以致传谕申斥。

（2）为徐述夔作传，称其《一柱楼编年诗》已付梓，并称其品行文章俱可法。而徐诗有"明朝期振翮，一举去清都"之句。乾隆帝怒斥："沈德潜于徐述夔悖逆不法诗句，皆曾阅看，并不切齿痛恨，转为之记述流传，尚得谓有人心者乎？"幸而沈已死，只夺其赠官，罢祠削谥，仆其墓碑。次年，御制《怀旧诗》，仍列沈氏于五词臣之末，诗曰："东南称二老，曰钱（指钱陈群）沈则继。并以受恩眷，佳话艺林志。而实有优劣，沈踳钱为粹。钱已见前咏，兹特言沈事。其选国朝诗，说项乖大义。制序正厥失，然亦无呵励。仍予饰终恩，原无责备意。昨秋徐案发，潜乃为传记。忘国庇逆臣，其罪实不细。用是追前恩，削夺从公议。彼岂魏徵比，仆碑复何日？盖因耄而荒，未免图小利。设曰有心焉，吾知其未必。其子非己出，纨袴甘废弃。孙至十四人，而皆无书味。天网有明报，地下应深愧。可惜徒工诗，行缺信何济！"[20] 总算皇恩浩荡，给他做了结论：只图小利，未必有心。但又骂他子孙不成器，是报应，天网难逃。真是切齿之声如闻。

（3）有人说，沈身后所以遭严谴，是因为写过《紫牡丹》诗，有"夺朱非正色，异种也称王"[21]之句，因而被乾隆帝剖棺戮尸。这说法很难成立。孟森《心史丛刊》三集《闲闲录案》，谓乾隆时举人蔡显作《闲闲录》，引古人紫牡丹诗此二句。柴萼《梵天庐丛录》卷十二谓为徐述夔所作。没有谁提到沈氏。[22] 根据沈氏的思想本质，可以断定决不会写这种民族意识很强的诗。

还有人认为获罪是由于写了《汉将行》："此诗作于雍正十年，盖纪年大将军羹尧事。……诗题曰《汉将行》者，年为汉军镶黄旗人。……霍光以大将军废昌邑王立宣帝，借以暗指年羹尧之拥立世宗。结尾"藏弓"一语，用意可知。归愚冒大不韪为此诗,并刻入《归愚诗钞》,安得不触高宗之怒?死后获咎,《黑牡丹》一诗,恐不过导火线耳。"[23]这只能聊备一说。

反正奴才要做得稳也是不容易的。

三 沈德潜诗的分析

格调说的内涵,无非是内容要关乎教化,出之以比兴手法,即使怨刺,也要力求温柔敦厚。

现在我们看看他的诗。

法式善说:"作诗翻案,恐伤忠厚。沈文悫公《昭君图》两首结句:'君王不好色,遣妾去和亲。''无金偿画师,妾自误平生。'俱觉温柔耐诵。"[24]计发也说:"沈文悫《明妃词》:'毳帐琵琶曲,休弹怨恨声。无金酬画手,妾自误平生。'评者谓其怨而不怒,为此题绝唱。"[25]

这是典型的"温柔敦厚"。它歪曲历史真实,教训弱者怎样心甘情愿地接受强者的统治。教忠,要忠到"臣罪当诛兮,天王圣明!"[26]教孝,要孝到"天下无不是底父母"[27]。中国的御用文学是强者调制的"孟婆汤",它使一切弱者迷失本性,迷失人的尊严。

这就是沈德潜的所谓"格高"。是的,"有第一等襟抱,第一等学识,斯有第一等真诗"[28]。上引沈氏咏王昭君的诗自然是"真诗",因为它表现了"第一等襟抱,第一等学识"。

他是力求意新格高的,如《漂母墓》:"进食不求报,母言规市恩。韩侯违此意,钟室竟沉冤。巾帼留祠庙,清淮照墓门。后来凭吊者,咤感饭王孙。"[29]这是说韩信不应以为自己有大功于汉,就要求汉高祖特别封赏。因此他后来钟室被诛,全怪他自己不能像范蠡、张良的功成身退。和《明妃词》一样,仍然是弱者的哲学,只为强者解脱罪责。

因此,统观他的"襟抱"与"学识",不过是一套腐朽的封建奴化思想。如《咏史》之七,先就说:"成败论古人,陋识殊未公。"而他的"第一等学识"不过是说:"天苟助伯符(指孙策),并魏除奸凶(指曹操与袁术相攻时,孙策欲入许昌迎汉献帝,未发,遇刺卒)。"然后骂孙权:"鄙哉孙仲谋,降曹拜下风。"㉚一派尊汉的正统思想。又如《六十初度》之一:"还思假我年,勿使终无闻。"他的有"闻",当然就是"闻达于诸侯。"之二:"显扬亦人情,贫贱与心违。"㉛希望取得富贵,以扬名声,显父母,这种"学识"如此庸俗,居然是"第一等"!再看其《咏桃花源》,完全阉割掉陶渊明"秋熟靡王税"的进步思想,却说:"境(指桃花源)在天地间,匪近亦匪远",只要你"寸心泯营竞",就"动履俱夷坦",㉜你就生活在桃花源里了。这不过是"知足常乐"论的翻版,仍然是为弱者说法的哲学。再看其《淮阴侯》:"淮阴贫贱时,甘受少年侮。如何既封侯,羞与哙等伍?能忍功有成,满假祸斯取。欹器贵挹损,此事鉴诸古。"㉝这是儒、道混合的处世哲学,取儒家的"满招损,谦受益"㉞,和道家的"富贵而骄,自遗其咎"㉟,仍然是向臣子教忠。

以这样的"胸襟"、"学识"酿造而成的"真诗",其价值也就可想而知了。难怪李慈铭破口大骂:"予尝谓国朝人有极无学识而妄得虚名者三人:沈归愚、刘才甫(刘大櫆)、朱梅崖(朱仕琇)也。三人于文字直一无所知,而名震当时,诸巨公皆为所惑,及今且百馀年,气焰犹未熄,可怪也!"㊱刘、朱姑置不论,仅就沈言,"于文字直一无所知",未免过甚其辞,而"极无学识"之评,却可说确凿无疑。评论更为持平的是管世铭和文廷式。文氏说:"管韫山《论文杂言》云:'近日(指乾隆年间)北方诗人多宗蒲城屈徵君悔翁(指屈复),南方诗人多宗长洲沈宗伯确士。

屈豪而俚,沈谨而庸,施(闰章)朱(彝尊)王(士禛)宋(琬)之风,于兹邈矣。'余尝谓自有归愚之说(指格调说),而诗家天趣、兴会皆索然殆尽,此以'庸'诋之,可谓助我张目者。"[37]对极了,平庸,彻头彻尾的平庸! 这种陈腐理论指导下产生的诗作,怎么会不平庸呢?

沈诗这样平庸,简直使人怀疑他缺乏写诗的才气。凡是诗才贫乏者,总是喜欢摹拟。有人说:沈在有新变的同时,遵守儒家根本原则,因而复古而不拟古。[38]我看并非如此,前引其《明妃词》,计发就指出是脱胎于清初魏宪咏此题的"无金酬画士,是妾误君王",并评论说:"自误误君,同一不罪画工意。第沈作绝句,所谓青出于蓝而碧于蓝也。"[39]又如沈氏一首七律:"十年三度返东吴,珍重通门送老夫。谓我就闲能养静,眠云弄月守夷途。多君行义缘求志,拜手扬休赞庙谟。别去相思寸心在,凭将尺素达冰壶。"[40]这是七律创格,第三句对第五句,第四句对第六句。然而实非创而为因,他是摹仿王安石《次韵酬朱昌叔五首》之二:"去年音问隔淮州,百谪难知亦我忧。前日杯盘共江渚,一欢相属岂人谋……"不过王诗以第一句对第三句,第二句对第四句,沈氏则略加变化而已。

所以,洪亮吉说:"沈文慤之学古人也,全师其貌,而先已遗神。"[41]文廷式说:"本朝诗学,沈归愚坏之,体貌粗具,性理全无。"[42]今人钱仲联也说:"沈归愚扬七子之焰,模古无新创,谭复堂(指谭献)所谓傫(同塑)谪仙而画少陵者也。"[43]

但是,作为一个流派的代表人物,他也有应予肯定的地方。

首先,关心民瘼,揭露时弊,而不是一味歌颂升平。这似乎和他的谨小慎微的处世原则相反,其实不然。应该肯定,出于巩固地主阶级统治的需要,出于他身家性命安全的考虑,他是一贯注视民生疾苦的。因此,在他僻处草莱之时,就学习杜甫、白居

291

易写了很多忧国忧民的诗篇。而在他发达以后,由于机遇好,碰上了喜欢了解民情的乾隆帝,就更是民瘼频陈了。

乾隆帝对自己的统治是充满信心的,所以他敢于"勤求民隐"。据昭梿《啸亭杂录》卷十说:"纯庙忧勤稼穑,每岁分,命大臣报其水旱,无不见于翰墨。地方偶有偏灾,即特旨开仓廪,蠲租税,六十年如一日。……后诸词臣有以御制诗录为简册以进者。朱相国珪录上纪咏水旱丰歉之作,名《孚惠全书》以进,上大喜,赐以诗扇,告近臣曰:'儒者之为,固不同于众也。'"㊹杨锺羲也谈到乾隆帝对沈德潜这方面的欣赏:"沈文悫以诗受知高宗,其所奏进,陈善纳忠,于闾阎息耗,四方水旱,归本辰居责成牧令补救之实,一见于诗,反覆尽意,不苟为虚美。上尝赐以诗曰'嘉尔临文不忘箴',又曰'当前民瘼听频陈'。公之所以被主知,固有在矣。"㊺

沈氏有这么几句诗:"生平喜咏诗,风旨别雅郑。仿佛秦中吟,传写民利病。"㊻这说的是他的老师,其实也是夫子自道。

在他还没有发达时,就写了很多反映现实的诗,从多方面揭露了社会的黑暗。其中最杰出的作品是《凿冰行》和《后凿冰行》。

先看前一首:

"月寒霜清水生骨,夜半胶黏厚盈尺。鸣金四野鸠壮丁,侵晓打冰双足赤。白桴乱下河腹开,一片玻璃细分坼。大声苍崖崩巨石,小声戈矛互舂击。水深没髁衣露肘,手足皴裂无人色。千筐万筥来河干,纳于凌阴(冰窖)成高山。琐碎琮琤响寒玉,白龙鳞甲池中蟠。腊月上弦逢甲子,明年海物填街市。共指冰山十丈馀,金钱堆积应相似。晚天飒飒号霜风,朝来冻合冯夷宫。"

如果不了解壮丁们为什么打冰,冰和明年海物、金钱有什么关系,那么,看了后一首就明白了。

"海氛既息海鲜盛,洋客贩鲜轻性命。舳舻载冰入沧海,冰贾(价)如金未能平(自注:去)。吴中窨户(藏冰之家)惯射利,岁岁藏冰互相庆。每当腊月河流坚,水平削平似明镜。五更号令鸠穷民,赤足层冰立难定。冲寒掊击裂十指,入水支撑割双胫。大声惊破天吴宫,百丈鳞鳞河腹进。岸旁观者谁氏子,锦服狐裘气豪横。欢呼拍手诧奇绝,水战水嬉无此胜。吁嗟观者何不仁,令我转益忧心怲。半死换得青铜钱,忘躯谋食岂天性?至今穷民多夭札,存者纷纷软足病。民生所天重籽粒,海物何堪劳饾饤!安得百室歌阜成,小户家家饭盈甑?时开茅宇迎冬暄,不向冰渊陷泥泞。……"⑰坦白说,看到这样的诗,我才捉摸到"归愚叟"那颗火热的心,认识到他的人道主义精神。这样学杜,才是学到了杜诗的精神实质。洋客、窨户对穷民的残酷剥削,旁观者的欢呼,已经激发读者的愤慨,而"穷民多夭札",勉强活下来的也"纷纷软足病",这可以看出作者的高度同情。读这样的诗,我自然而然想起"四人帮"横行时,我下放的那个农场,一个落雪天,为了招待上级,农场造反派头头竟命令几个年青的"牛鬼蛇神"(后来查明都是无辜的)赤身裸体下塘里去摸鲜鱼。这是我目睹的!

沈氏的诗,也有颇为幽默的,如《四知金》:"故人怀金至,谓是暮夜时。尔谓无人知,尔知我知天地知。古人品严正,后人量宽容。千万人知亦可受,却诸却诸为不恭。"⑱这是他退休后作的,显然反映了和珅当权时官场的贪污情形。

有的律诗精于琢对,如《溇川归舟即目》次联:"收网渔翁沽白小,持盐邻妪聘乌圆。"白小即银鱼,杜甫有题为《白小》的诗。乌圆为猫之别称。⑲

沈氏重格,也重调。他说:"诗以声为用者也,其微妙在抑

293

扬抗坠之间。"[50]所以他特别注意声调高朗和谐。为了达到这一要求,他很重视平仄的互叶。九十岁后作的《怀旧诗十三章》之十《曹震亭(学诗)》第三联:"文宗庾信工金玉,教被应璩作凤麟(自注:弟文埴庚辰传胪。应璩,应玚弟也。应,平声)。"[51]他所以特别注明"应,平声",即因"庚"为仄声。本来一、三可不论,他却全部要求协律。

四　格调派

沈氏早年在家乡结了诗社,经常以诗会友,那时就强调:"夙习嗜诗教,文雅防漂沦。"[52]吟朋及弟子已经很多。发达后,追随者更是遍及海内。休致后,晚年乡居,还经常用格调说指导后进。《答竹溪诸诗人》云:"诗教阅古今,温厚归一揆。诗何尝愚人,诗人自愚耳。苟且就浅易,黄茅与白苇。斗异矜幻荒,蛇神兼牛鬼。诗坛日以盈,谁欤究宗旨?……诸君能降心,退焉就条理。赠我新诗篇,愿言侍杖履。谓我识途马,旧本疾于驶。……发踪指前途,导引走千里。我为诸君言,……惟期遵旧轨。灵明为之舆,纪律为之轵。骎骎藉文华,运转凭驱使。盎然流神韵,粹然叶宫徵。功深不计功,温厚谐正始。"[53]这是沈氏用诗的形式对格调说所作的最后一次总结。

总而言之,这一诗派的成员都是倡诗教,尊七子,宗盛唐,薄宋调,即使出入唐宋,亦取宋诗之近唐音者。虽亦主张镕铸古人,自出面目,却又自诩于古大家无所不效,无所不工。特别令人注目的是此派末流如袁东篱,"其为诗上格律,一宗归愚",而平时"论文艺,论乡先贤掌故,论桑麻晴雨,而不及时政"。"(甲午)中日战起,海内之士抵掌谈变法",这位袁先生"闭口仍未尝及时政"[54]。这种冷血动物,比起沈德潜的关心民瘼,真是不肖子孙了。

五　对格调派的批判

格调说惟一的贡献，正如沈德潜自己说的："古来说诗者伙矣，而司空表圣、严沧浪、徐昌榖为胜，以不著迹象，能得理趣也。但从入之法，未尝指示，学者奚所循轨焉？"[55]因而格调派有一系列诗论专著，除沈氏的《说诗晬语》外，有薛雪的《一瓢诗话》、李重华的《贞一斋诗话》、乔亿的《剑溪说诗》、冒春荣的《葚原诗说》、周春的《杜诗双声叠韵括略》、胡寿芝的《东目馆诗见》、方世举的《兰丛诗话》等，都是以格调论诗，使学者有轨可循。所以当代学人有谓"格调论对于古典诗歌语言形式方面的审美规则，认识最称全面开阔"，"为后世留下一份博大的形式美学遗产"[56]。

但是这样纯粹从形式看问题，我以为并不能得格调说之全。倒不如张维屏早就说过的："沈文悫公论诗及所选别裁诸集，自好高爱奇者观之，或有嫌其近平熟者。抑知好高爱奇，或出于独嗜而失之偏，或暂足惊人而不能久。平心而论，究不若文悫所见为出于中正和平，使学者有轨辙可循，而流弊尚少也。"[57]他既指出了格调说内容上的特点——"中正和平"，又指出了它在诗歌形式上的作用——"有轨迹可循"。

前人正是从这两方面批评格调说和格调派的。如方薰说："余尝谓诗盛于唐，至宋、元以来，格法始备。论者（指沈德潜及其同派人）概以温柔敦厚、语意含蓄为法则，不悟三百篇亦惟二《南》有之，馀皆非一格矣。"[58]

朱庭珍说："沈归愚先生持论极正，持法极严，便于初学。所为诗，平正而乏精警，有规格法度而少真气，袭盛唐之面目，绝

295

无出奇生新、略加变化处,殊无谓也。"[59]其论诗绝句也说:"平生不喜归愚叟,真气全无少性情。"[60]

阮葵生更深入细致地介绍了"吴派"(即格调派)的所谓诗法:"谓以盛唐为宗,起承转合,法一成而不易:某处写景,某处写情,某处切地理时令,某处切姓氏官爵,某处必著议论,某处必加敦勉。如印纸门神,口鼻手足,衣冠剑佩,千张一律,但临时添润朱墨丹绿,以别贵贱,定低昂,辄自夸为汉官威仪。"[61]这段话把沈氏的"格调"诗法实质剖露无馀,语妙诙谐,使人失笑。姚鼐说沈氏"以帖括(即讲究起承转合的八股文)之馀,攀附风雅",也是这个意思。

嘉庆二十二年,沈文起为吴县许徐翀作传记,说与许氏"同时沈宗伯(指沈德潜)以诗名江左,力主盛唐,非是则为外道。其空疏末学,剽窃字句,敷衍故套,如粗行沙门演唱禅门日诵,便夸为曹溪正宗。徐翀出入唐、宋诸家,故当时不甚推重"[62]。由此可见格调派不但本身"转而成虚响"[63],而且富有排他性,这正是它"庸"的成因。

清诗许多流派都是表现出集大成的泱泱之风,惟有格调派特别显示出一种肤浅庸俗的帮派气。不但从理论上纷纷著书,还要用选本形式来别裁伪体,独标正声。其后继者更用《湖海诗传》来为格调说进行创作示范,强人从己,千篇一律,散发出官方文学观点的气味。

注 释

① 《小仓山房文集》卷十七《答沈大宗伯论诗书》
② 《清诗别裁集》卷二四
③ 《越缦堂读书记》卷八
④ 参看《重订唐诗别裁集序》

⑤ 《晚晴簃诗汇》卷九十

⑥ 《归愚诗钞馀集》(以下简称馀集)卷十

⑦⑪⑳ 《清史列传》卷十九沈德潜传

⑧ 《清诗别裁集·御制序》

⑨ 《驳何氏论文书》

⑩ 《归愚诗钞》(以下简称诗钞)卷六

⑫ 《新世说》

⑬ 诗钞卷七

⑭⑲㉙ 馀集卷五

⑮㊶ 馀集卷六

⑯ 馀集卷六《题蒋玉照复园图》

⑰ 馀集卷七《病起杂兴》之三

⑱ 馀集卷七《自咎》

㉑ 《清代文谳纪略》

㉒ 《国史旧闻》第三册六三八页

㉓㊸ 《梦苕庵诗话》

㉔ 《梧门诗话》

㉕㊴ 《鱼计轩诗话》

㉖ 韩愈《羑里操》

㉗ 《小学集注》卷五罗仲素语

㉘ 《说诗晬语》卷上第六条

㉚ 诗钞卷四

㉛㉜ 诗钞卷六

㉝ 诗钞卷五

㉞ 《书·大禹谟》

㉟ 《老子》上篇第九章

㊱ 《越缦堂日记》同治甲子六月十三日

㊲ 《纯常子枝语》卷九

㊳ 成复旺等《中国文学理论史》(四)四四六页

㊵ 馀集卷五《南还日,诸通门邮亭送别》

㊶ 《北江诗话》卷四

㊷ 《琴风馀谭》

㊹ 《啸亭杂录》卷十

㊺ 《雪桥诗话》馀集卷四

㊻ 诗钞卷七《呈陈体斋师》

㊼ 诗钞卷八

㊽ 馀集卷九

㊾ 馀集卷七

㊿ 《说诗晬语》卷上第四条

㊾ 诗钞卷九《诗社诸友渐次沦没,不胜盛衰聚散之感,作歌一章束诸同好》

㊼ 馀集卷七

㊾ 金天羽《天放楼文言》卷三《复斋先生遗集序》

㊾ 《剑谿说诗序》

㊾ 刘德重、张寅彭《诗话概说》

㊾ 《国朝诗人徵略》卷三十

㊾ 《方静居诗话》

㊾ 《筱园诗话》卷二

㊿ 《论诗》之四一,见《万首论诗绝句》一〇四九页

㊶ 《茶馀客话》卷十一

㊽㊾ 《雪桥诗话》三集卷十

298

第十二章 肌理诗派

肌理说这一诗论的创始者是翁方纲。

翁方纲(1733—1818),字正三,号覃溪,顺天大兴(今属北京市)人。十五岁中举人,二十岁成进士,官至内阁学士。有《复初斋文集》、《复初斋诗集》、《石洲诗话》。他是经史、金石、考据学家,又是书法家,还是诗论家,因此,《清史列传》把他归于《儒林》,《清史稿》却归之于《文苑》。

一 肌理说的"义理"和这一诗论产生的原因

一般有关肌理说的现当代文论著作,好几部都指出,翁方纲之所以要提出肌理说,并不是反对神韵说和格调说,而只是加以改造,"以实救虚"。这样做的目的,主要是对抗袁枚的性灵说。

但是我们通观翁氏的诗文集,只看到《格调论》、《神韵论》,以及对高密诗派的申斥,却没有找到一个字是正面直接批判性灵说的,反而不如桐城诗派的姚鼐、高密诗派的单可惠和何天根,对性灵派能直接指责。袁枚倒是写过诗,也在诗话和其他文字里嘲笑过他,他却没有一字回答。他是典型的卫道士,又最喜"使人同己",你看他批戴震,批汪中[注],连好友钱载和蒋士铨也挨过他的骂,何以对袁枚的讥嘲视若无睹?我认为这正反映了翁的卫道本质:他认为袁是放僻邪侈的小人,"不可与言而与之言,失言",他是"智者",决不"失言"。

那何以又知道他提出肌理说是以性灵说为主攻对象呢？这是因为他整个的理论体系就是和性灵说对立的。

他对格调和神韵的改造，都是"以实救虚"。所谓"实"，就是"肌理"。正如一般论者所说，"肌理"说着重的是"理"，而"理"即是"义理"与"文理"，前者属于内容，后者属于形式。他和袁枚的分歧，主要就在"义理"。

他曾说："为学必以考证为准，为诗必以肌理为准。"①又说："而考证必以义理为主。"②考证什么呢？他说："士生此日，宜博精经史考订，而后其诗大醇。"③原来他认为好诗就是精深的考据文字。

袁枚根本鄙视考据之学，他说："考据之学，枚心终不以为然。大概著书立说，最怕雷同，拾人牙慧。赋诗作文，都是自写胸襟，人心不同，各如其面，故好丑虽殊，而不同则一也。考史证经，都从故纸堆中得来。我所见之书，人亦能见；我所考之典，人亦能考。虽费尽气力，终是叠床架屋，老生常谈。……（考据之学），不过天生笨伯借此藏拙消闲则可耳，有识之士，断不为也。"④至于以考据入诗，他更加以驳斥："近日有巨公（指翁方纲）教人作诗，必须穷经读注疏，然后落笔，诗乃可传。余闻之笑曰：且勿论建安、大历、开府、参军，其经学何如；只问'关关雎鸠'、'采采卷耳'，是穷何经何注疏，得此不朽之作？陶诗独绝千古，而'读书不求甚解'，何不读此疏以解之？梁昭明太子与湘东王书云：'夫六典、三礼，所施有地，所用有宜。未闻吟咏情性，反拟《内则》之篇；操笔写志，更摹《酒诰》之作。"迟迟春日"，翻学《归藏》；"湛湛江水"，竟同《大诰》。'此数言，振聋发聩，想当时必有迂儒曲士以经学谈诗者，故为此语以晓之。"⑤另外，他还写了一首诗："天涯有客太诊痴，误把钞书当作诗。钞到锺嵘《诗品》日，该他知道性灵时。"⑥

其实,袁枚并没有认识到翁方纲提倡肌理说的甚深用心。

很显然,肌理说这一诗论充分反映出朴学学风的影响。如所周知,乾嘉时期,朴学学风所以大盛,是康、雍、乾三朝屡兴文字狱的缘故。士大夫为了避祸,不敢议论时政,昌言经世之学,于是遁而治经。而治经又不敢涉及微言大义,生怕会被说成借古讽今,于是竞相钻牛角尖,尽围绕名物训诂去打圈子。翁方纲要化这种消极因素为积极因素,因而他力持汉、宋之平,即主张考证与义理为一,亦即用汉儒的训诂考证方法考证经史,从而阐发宋儒所说明的义理,特别强调在此基础上实践孔孟的修齐治平之道。这就把考据学和程朱理学结合起来了。⑦这样做,当然极有利于清王朝的封建统治。所以,肌理说的"义理",其内容就是儒家伦理教化这一套。这一套,在散义方面,已有桐城派的"义法"说行之在前,现在诗歌方面,又有肌理说。它实在是在朝的诗学理论,翁方纲企图用它来对抗并打垮在野的性灵说。

二 从"文理"角度看肌理说的理论价值

肌理说作为一家诗论,"义理"部分固为糟粕,"文理"部分也是正误不等。

翁氏强调"实",亦即学问,要求"诗以义理为主",但他也知道诗的本质是言志缘情的,因而同样主张性情与学问的统一。他说:"夫诗,合性情、卷轴而一之者也。"⑧又说:"诗至竹垞,性情与学问合。"⑨但是他恰好不懂"学化为才"这个道理,竟以为学就是才。而且他不懂性情是人人各异的,他却企图把天下人的性情全框在"义理"里。而他的所谓"卷轴"、"学问",又都是指的儒家经典。这就是为什么他在理论上主张性情与学问合一,而创作实践却是"略嫌公少性情诗"⑩。

301

在这一点上，主张性灵的吴雷发说了一段很精辟的话："作诗须多读书，书所以长我才识也。然必有才识者方善读书？不然，万卷之书，都化尘壒矣。"[11]而同属性灵派的孙星衍，深知吟诗与研经属于两种不同的思维形式，所以才会写诗告诉袁枚："等身书卷著初成，绝地通天写性灵。我觉千秋难第一，避公才笔去研经。"[12]

翁方纲"性耽吟咏，随地有诗，随时有诗，所见法书名画吉金乐石亦皆有诗"[13]，诗集所收多达五六千首。又最喜欢和别人讨论诗法，文集中有《诗法论》，诗集中如《冯生执虞文靖诗来问，语多契微，予与粤士论诗七年，所未见也……》[14]、《前数日与鱼门、林汲同直论诗，意若有未罄者，……》[15]、《次答冶亭、阆峰二学士论诗之作》[16]、《斋中与友论诗五首》、《墨卿书来，云：先生春来日与莲裳、南山论诗，可羡也。……》、《论诗家三昧十二首》[17]、《与琴坞论诗，……》、《近人有仿张为主客图，……》[18]、《送乐莲裳南归》[19]、《论诗寄筠潭观察二首》[20]、《次韵筠潭与兰卿论诗二首》[21]。其他题无"论诗"二字而实为论诗之作还有很多。

但也正如吴雷发所说的："诗须多做，做多则渐生才识也。然必有才识者方许多做，不然，如不识路者，愈走愈远矣。诗须多讲究，讲究多，所以远其识、高其才也。然必有才识者方能讲究，不然，齐语楚咻，茫然莫辨故也。故知才识尚居三者（指才、识、学）之先。"[22]这简直完全说的是翁方纲。由于他一起步就认识错了（因为以学为诗是完全违背诗的审美本质的），所以步步都错，而且越走错得越厉害。

他的"文理"部分，主张讲求声律，即"喉咙必须宽松"[23]，就是要求大声鞺鞳，反对蚓窍蝇鸣。其所以如此要求，就因为他认为生于太平盛世，必须唱出天地元声，决不可出现明末锺、谭那种清吟冥语。从这里又可以看出,他虽推尊韩愈,却远没有韩愈的胸襟。"昌黎以沉雄博大之才发之于诗,而遇郊岛之寒瘦者,亦从而津津叹赏之。"[24]

他对诗法钻得很细,例如:"五字七字之句法,至要至难。句法要整齐,又要变化,全在字之虚实单双,断无处处整齐之理。能知变化,方能整齐也。"又说:"结语有用尖笔者,有用圆笔者,随势用之。"所谓"尖笔"、"圆笔",据说是从《诗经》学来的,即指"就本事近结"或"离本事远结"或"单句结"[25]。这些纯属形式技巧问题,但对诗学是有益处的。尤其可贵的是他特别强调"变化"。不但在《诗法论》中指出"法非板法也",要求做到"法之穷形尽变",而且在《格调论(中)》中指出:"凡所以求古者,帅其意也。师其意,则其迹不必求肖之也。"《格调论(下)》又说:"今编刻一集,其卷端必冠以《拟古》、《感兴》诸题,而又徒貌其句势,其中无所自主,其外无以自见者,谁复从而诵之?"[26]《唐人律诗论》又说:"若作诗则切己言志。……夫惟日与古人相劘切,日以古作者自期,而后无一字之袭古也。夫惟无一字袭古,而后渐渐期于师古也。"[27]

这样学古,虽然并非翁氏首创,应该说,它是正确的,即使对我们现在和将来的创作也都有指导意义。但也得指出,他这种"变化",归宿仍在"师古"。所以《诗法论》说:"夫惟法之立本者不自我始之,则先河后海,或原或委,必求诸古人也;夫惟法之尽变者,大而始终条理,细而一字之虚实单双,一音之低昂尺黍,其前后接笋,乘承转换,开合正变,必求诸古人也,乃知其悉准诸绳墨规矩,悉校诸六律五声,而我不得丝毫以己意与焉。"一切都是为了"求诸古人",从内容到形式都符合于古人。这样谈"诗中有我在也,法中有我以运之也",其实"我"并非此时此地具体的我,"我"只是"古人"的影子,"古人"才是真实的。

三　论翁方纲的诗

翁方纲主张学宋,所以"诗宗韩、杜、苏、黄"[28]。杜韩下启宋诗,苏黄是宋诗的代表,翁氏宗仰他们是自然的。

翁氏弟子吴嵩梁略有扩大,他说:"覃溪师论诗,以杜、韩、苏、黄及元遗山、虞道园六家为宗。"[29]那就是下及金、元了。

王昶则谓其"诗宗江西派,出入山谷、诚斋间"[30]。应该说翁氏生平最服膺的只有黄庭坚,杨万里是他斥为"诗家之魔障"的[31],不会从正面影响他。

法式善还指出:翁氏"于近人中颇许樊榭、萚石二家"[32]。这很易理解,浙派的厉鹗、秀水派的钱载,都是和翁臭味相投的。

需要指出的是,翁氏宗仰的前代诗人也好,欣赏的近人也好,他们的优点并没有被他吸收,倒是他反而带坏了钱载。

平心而论,《复初斋诗集》也不是毫无真诗。例如《淮上寄内》:"昔年曾和长卿诗,正是淮南落叶时。驿舍宛然寻旧梦,候虫似与话前期。城阴漠漠人来少,水气昏昏雁去迟。海岱回看又千里,暮云帘阁雨如丝。"[33]《听秋诗二首,于裕轩漫圃作》的第二首:"先生十年前,题叶为客赠。十年绿不褪,复此窗光映。此圃叶太劳,与人记名姓。又苦装作册,振拨诗人兴。往来倡和侣,题遍篱门迳。岂唯山气高,欲与秋相竞。芸芸大化中,人力乃战胜。煜黄烟绿转,萍块胃圆镜。语客且莫喧,小立待其定。圈枒与比竹,何者真入听?一笑对主人,依然竹几凭。"[34]其他如《密云村家,与慕堂并屋而寓,过谈有作》[35]、《赵北口堤上二首》[36]、《自热河归,瘦同、丹叔各以诗见投,次韵二首》之一[37],颇能写情,《宿村家二首》[38],又如《晓》:"驿马嘶残夜,村鸡叫曙天。草根清露响,树杪大星悬。戍远灯相应,林深梦尚圆。飞霞先日出,点破一溪烟。"㊴以上所举诸诗,都饶情趣,很有诗味。

可惜这类真诗太少了,五六千首中占百分之九十九的,正如陶梁所说,只有两种:"金石碑版之作,偏旁点画,剖析入微,折衷至当。品题书画之作,宗法时代,辨订精微。"㊵试问这怎么算诗呢?宋明理学家如邵雍、陈宪章、庄昶之流,以性理为诗,贻讥千古;翁方纲以义理为诗,大谈考据,两者都以学问为诗,实在是一丘之貉,都用得着刘克庄的那段话给他们作总结:"唐文人皆能诗,柳尤高,韩尚非本色。迨本朝则文人多,诗人少。三百年间,虽人各有集,集各有诗,诗各自为体,或尚理致,或负才力,或逞辨博,少者千篇,多至万首:要皆经义策论之有韵者尔,非诗也。"㊶世上没有"学人之诗",只有"诗人之诗与学人之诗的统一"。这道理,翁氏并非不懂。吴嵩梁说:"(覃溪师)全集多至五六千首,命余校定卒业。余请分编为内外集:性情、风格、气味、音节等得诗人之正者为内集,考据博雅以文为诗者曰外集。吾师亦以为然。"㊷吴嵩梁是诗人,他想仿照先秦诸子著作分内外篇方法,来给老师的诗集分一下类,翁氏本人也同意,可见他也是懂得诗的本义的。然而今本《复初斋诗集》完全是编年的,并没有分类。大概是实在无法分,一分,份量就太不均衡,等于承认自己所作绝大部分不是诗,岂非笑话?

"好使人同己"的人必然偏执。翁氏有一首七律,题为《滹沱河》,末二句为"俱非文叔经由处,怀古从来最易讹。"自注:"光武渡滹沱河,冰合处在饶阳、深州之间。深州即下博。"㊸以诗而言,还有一些诗味么?苏轼游赤壁,作《念奴娇》词,也知道此地并非当年孙曹鏖战之处,所以说:"人道是三国周郎赤壁",只这么轻轻一点,并不从正面大作考证文章,因为诗词都是抒情的。翁方纲却反其道而行之,而且坚持错误。"蒋士铨诗集有题焦山瘗鹤铭诗曰:'注疏流弊事考订,鼹鼠入角成蹊径。'方纲

为文斥之,谓考订之弊,何关注疏？因目士铨为乡学究。"㊹

如果说偏执属于认识问题,那么,他迎合乾隆帝以文为今体诗就是品质问题了。试看以下各例：

《洪稚存机声灯影图三首》之一第二联："日者梦魂犹侍侧,天乎想像不分明。"㊺

《哭竹君五首》之四第三联："凭谁散发骑鲸认,真个生天作佛乎？"其五第三联："何不写真随太乙,俄焉飞佩下蓬莱。"

《崇效寺看菊》第二联："冒雨客来开未晚,凌霜诗得气之先。"㊻

《次答鱼门足疾未瘳,八叠前韵》："(首句)怪尔神游以意行,……(第三联)印否从之追步捷,视其后者听鞭声。"㊼

《心畬见招不赴,赋谢》第三联："迦叶问花宾对主,醍醐与酒异耶同？"㊽

《未谷得醉乡侯旧铜印寄予云……》之一："竹君仲则俱黄土,日月堂堂逝酒浆。此印聊供诗料耳,侯乎勿以醉为乡。"㊾

《如村二首为裕轩赋》之二第三联："固应拈即是,岂曰仅名如？"㊿

《曾宾谷西溪渔隐图三首》之一首联："渔隐何如梵隐乎？志难写处写于图。"[51]

《蒋耐斋观察小照二首》之一第三联："至乐不关身以外,居安此即道之门。"[52]

《夜坐,书呈春圃、蓼堂二亲家》第二联："师用倍千源则一,渊名有九此其三。"

《曹棟亭思仲轩诗卷》第二联："以棟名亭矣,于槲意寓之。"[53]

《腊月六日,石君招同晓岚……》第三联："七旬以长差肩近,第五之名接唱馀。"[54]

《简芙初》第二联:"渺矣雅材稽传疏,慎之经诂订朱(长孺)陈(长发)。"⑤

《元旦》"向晨已觉岁华增,献瑞还于暖岁征,腊雪早占年有获,晓云都傍日之升。"

《仲春二日经筵恭纪》:"论政民之利,陈谟帝曰钦。惠而因益善,成以省弥森(自注:是日进讲《论语》"因民之所利而利之";《尚书》"屡省乃成")。都自躬亲践,宁于章句寻?……"

《赵北口二首》之二末二句:"是皆实景非虚颂,他日趋陪和御诗。"㊱

钱锺书曾挖苦说:"兼酸与腐,极以文为诗之丑态者,为清高宗之六集。萚石斋(指钱载)、复初斋二家集中恶诗,差足佐辅,亦虞廷赓歌之变相也。"㊲他又深刻地指出:"同、光以前,最好以学入诗者,惟翁覃溪。随园论诗绝句已有夫己氏'抄书作诗'之嘲。而覃溪当时强附学人,后世蒙讥'学究'㊳。以诊痴符、买驴券之体,夸于世曰:'此学人之诗。'窃恐就诗而论,若人固不得为诗人,据诗以求,亦未可遽信为学人。……《晚晴簃诗汇序》论清诗第二事曰:'肴核《坟》、《典》,粉泽《苍》、《凡》,证经补史,诗道弥尊',此又囿于汉学家见地。……宋学主义理者,以讲章语录为诗,汉学主考订者,以注疏簿录为诗:鲁卫之政也,不必入主出奴,是丹非素也。"㊴钱氏似乎没有注意到,翁氏是汉宋兼取,"义理"、"考订"并重的,这样的诗自然既酸且腐,不成其为诗。

钱锺书还提到,以文为诗去题咏书画并非不能写出好诗。他说:"(钱载)题咏书画,有议论,工描摹,而不掉书袋,作考证。……以文为诗,尽厥能事。"他很惋惜地指出:"及与翁覃溪交好日深,习而渐化,题识诸什,类复初斋体之如《本草汤头歌诀》,不复耐吟咏矣!"㊵

今人陈声聪也说:"诗道至广,翁氏之言肌理,在诗境上得一玄解。然诗究与文异,杜、韩胸罗万卷,其出之于诗也,仍如化工育物,天然妙丽。若必如翁氏于前人赠答议论之章,得证一二史事为乐,则又非诗之本义,此乾嘉时代考据家之一蔽,翁氏盖亦不免。"[61]

过去批评翁诗及其诗论的很多,刘声木的意见很有代表性。他先引与翁同时的施朝傒的一段话:"今之诗人,山经地志,铺陈诙诡;《说文》、《玉篇》,穿凿隐僻。方其伸纸挥毫,自谓综千年、包六合,而作者之精神面目,辽绝不属。是有文而无情,天下安用此无情之文哉!"[62]这是不点名地批评翁氏及其同派者。刘声木自己毫不留情地指责:"国朝诸儒,能言而不能行者,莫如大兴翁苏斋学士方纲。学士侈言理学,研究宋五子书,乃至跪求差使,见于《啸亭杂录》。……平生尤喜言诗,……独至其所自作之诗,极与所言相反。其诗实阴以国朝汉学家考证之文为法,尤与俞正燮《癸巳类稿》、《癸巳存稿》相似,每诗无不入以考证。虽一事一物,亦必穷源溯流,旁搜曲证,以多为贵,渺不知其命意所在。而爬罗梳剔,诘曲聱牙,似诗非诗,似文非文,似注疏非注疏,似类典非类典。……百馀年来,……《复初斋诗集》流传益罕,欲供插架而未能,岂非不行于世之明验乎?"[63]

但正如钱锺书所说囿于汉学家之偏见,有些人竟为翁诗喝采。

陆廷枢说:"自渔洋先生取严沧浪以禅喻诗,谓诗有别才,非关学也,于是格调流于空疏,神韵流于寥阒矣。吾友覃溪盖纯乎以学为诗者欤!自诸经传疏以及史传之考订,金石文字之爬梳,皆贯彻洋溢于其诗。"[64]《清史稿》翁方纲传即迻录其语。

凌廷堪为翁氏门人,是著名汉学家,为其师反攻袁枚:"何苦矜张村曲子,翻云胜得九成箫!"[65]

陶梁歌颂翁氏:"盖其学问既博,而才力又足以副之,故能洋溢纵横,别开生面,不可谓非当代一大家也。"⑥

张维屏说:"复初斋集中诗,几于言言征实,使阅者如入宝山,心摇目眩。盖必有先生之学,然后有先生之诗。世有空疏白腹之人,于先生之学曾未窥及涯涘,而轻诋先生之诗,是则妄矣!"⑥

徐世昌说:"覃溪以学为诗,所谓瓴甓木石一一从平地筑起,与华严楼阁弹指即现者固自不同。同时如惜抱、北江诸人每有微词,持之良非无故。然兴观群怨之外,多识亦关诗教。且其深厚之作,魄力既充,韵味亦隽,非尽以斗靡夸多为能事。遗山云:'少陵自有连城璧,争奈微之识碔砆!'读覃溪诗,亦作如是观耳。"⑥

缪荃孙说:"(讥之者)不知《石鼓》、《韩碑》首开此例,宋、元、明集,尤指不胜屈。正可以见学力之富,吐属之雅,不必随园之纤佻,船山之轻肆,而后谓之性情也。"⑥

以上议论,都是牵强附会,强词夺理,完全无视于诗的本质。"多识于鸟兽草木之名",是指比兴手法,藉以更微婉地言志,"多识"并非目的。韩愈的《石鼓歌》,有对"牧童敲火牛砺角","日销月蚀就埋没"的悲愤,有对"陋儒"和"中朝大官"的讥刺;李商隐的《韩碑》,表层意思是对唐宪宗和裴度的赞叹,深层意思却是为李德裕被唐宣宗贬逐鸣不平。这和翁诗的"有文无情"、"渺不知其命意所在",怎么可以相提并论呢?

至于南社诗人高旭说:"翁覃溪,乾嘉时有名之诗人。……余即谓欲为诗世界大人物,其必兼渔洋所拈之神韵二字、覃溪所拈之肌理二字而有之,斯可耳。否则终为一隅之见,非定论矣。……然余之论诗也,不分派别,必沟两界而通之,庶乎其为集大成也。"⑥意思不过是说诗应兼镕唐宋,亦即合诗人之诗与学人

309

之诗而一之,这当然是对的,他并非单纯为翁诗及其诗论张目。

四 肌理派诗人及其影响

肌理说和翁方纲的创作实践,虽然遭到不同诗派很多人的反对,但是因为它一方面反映了乾嘉时代朴学学风的影响,另一方面也反映了所谓承平盛世士大夫怡情于金石书画的雅趣,因而这一诗派代有传人,而且流风未沫,一直影响到清末民初。直到忧患频仍、国步艰难的现代,那两个条件渐渐消失了,这一诗论和创作实践也就从诗坛上销声匿迹了。

不过,就在它代有传人的时候,完全像翁方纲那样以学为诗的人也是极不经见的,他们比较注意化学为才,真正把学问同性情结合;同时也继承了翁氏"穷形尽变"以"求诸古人"的原则,力求从学古中变古,而且学古也不执一家。

翁氏的从游者很多,其中较突出的如谢启昆,江西南康人,官至广西巡抚,有《树经堂集》。王昶说他是翁氏"入室弟子,笃信师说。……为诗不名一家,而详于咏史,足资后来考证"[71]。张埙,吴县人,官内阁中书。与翁方纲游,喜考订金石书画。[72]翁树培,翁氏之子,官至刑部郎中,"诗多题咏书画金石之作"[73]。夏敬颜,江阴人。博学多闻,从翁氏校士江西与山东,"复初斋诗中屡有唱和,其诗派亦颇近覃溪"[74]。张廷济,嘉兴人,"诗多题咏金石书画,古藻新声,与覃溪伯仲"[75]。梁章钜,福建长乐人,官至江苏巡抚,兼署两江总督,"才学赡博,用笔生俊,喜选险韵,而能控制自如。翁覃溪言:门下诗弟子百十辈,茝林(梁章钜之字)最后至,而手腕境界迥异时流,不名一家,而奄有诸家之美云"[76]。吴重憙,山东海丰人,官至河南巡抚。"诗派出于覃溪,论古诸篇赅洽醇雅,他作亦藻韵兼具,不愧学人之诗"[77]。特别是阮元,仪征人,官至体仁阁大学士,加太傅,有《揅经室集》。"题咏金石之作,不因考据伤格,兼覃溪之长而祛其弊,才大故也"[78]。

总之,肌理诗派的影响是很大的。晚清的宋诗运动,倡导者为程恩泽,而程是凌廷堪的弟子,于翁为再传弟子。程的主张得到门人何绍基、郑珍、莫友芝等人的支持,在嘉庆间风行,形成"学士诗派",影响颇大,竟致改变了北方诗坛宗尚性灵及常州两诗派的诗风:"都下亦变其宗尚张船山、黄仲则之风,潘伯寅、李莼客诸公稍为翁覃溪。"[79]从而形成"南袁北翁"的局面。

张际亮(字亨甫)不满意这种局面,很想改变它:"张亨甫文集卷三《答朱秦洲书》略谓:'……欲救今日为诗之弊,莫善于沧浪'云云。亨甫所谓'今日诗弊',乃指南袁北翁而言(参观文集卷四《刘孟涂诗稿书后》)。一时作者,不为随园、瓯北之佻滑,则为覃溪、竹君之考订(卷三《与徐廉峰太史书》)。"[80]

但是,这局面并未立即改变。李详指出:"嘉庆诗人尚才气,大抵承随园馀习,以聪明俊快议论为诗,船山(张问陶)、兰雪(吴嵩梁)二派互为雄长。又有学浙派者横亘其际。道光朝,梅伯言倡学韩、黄,参以大苏,如黄树斋(爵滋)、孔绣山(宪彝)、朱伯韩(琦)、何子贞(绍基)、曾文正(国藩)、冯鲁川(志沂)、孙琴西(衣言),皆奉梅为职志。……(其后)潘德舆专宗杜陵,以禄位不能动人,虽有张亨甫(际亮)和之,风气迄不为变。……京师贵人改为学苏,或兼考据,近师覃溪。其下者仍不外船山、兰雪。……"[81]

由上文可以看出,桐城诗派在攻击性灵派的过程中,下启宋诗派,但性灵、肌理两派仍有其影响。

311

注　释

（注）　汪中《墨子序》谓兼爱无父为孟子污蔑墨子之词，因而翁方纲骂汪是"名教罪人"，主张"褫其生员"。汪中《与刘端临书》："欲摧我以求胜,其卒归于毁方以媚于世,是适足以发吾之激昂耳!"（《述学别录》）

① 《复初斋文集》(以下简称文集)卷四《志言集序》
② 文集卷七《理说驳戴震作》
③ 集外文卷一《粤东三子诗序》
④ 《小仓山房尺牍》卷七《寄奇方伯》
⑤ 《随园诗话补遗》卷一
⑥ 《小仓山房诗集》(以下简称诗集)卷二七《仿元遗山论诗》
⑦ 参看文集卷七《考订论》八篇,《理说驳戴震作》、《附录与程鱼门平钱戴二君议论旧草》
⑧ 集外文卷一《谢蕴山诗序》
⑨ 《退庵随笔》"学诗"二
⑩ 《北江诗话》卷一
⑪㉒㉔ 《说诗菅蒯》
⑫ 《随园诗话》卷十六
⑬㊉ 缪荃孙《重印复初斋诗集序》
⑭ 诗集卷七
⑮㉞㉟㊼ 诗集卷二五
⑯ 诗集卷三二
⑰ 诗集卷六二
⑱ 诗集卷六三
⑲ 诗集卷六四
⑳㊽ 诗集卷六八
㉑ 诗集卷七十
㉓㉕ 《退庵随笔》"学诗"一
㉖㉗ 文集卷八
㉘ 《新世说》

㉙㊵㊷(66)(68) 《晚晴簃诗汇》卷八二

㉚ 《湖海诗传》卷十五

㉛ 《石洲诗话》卷四

㉜ 《梧门诗话》

㉝ 诗集卷十九

㊱ 诗集卷二八

㊲㊳ 诗集卷二九

㊴㊸(56) 集外诗卷一

㊶ 《竹溪诗序》

㊹ 张舜徽《清人文集别录》卷八

㊺ 诗集卷二二

㊻ 诗集卷二四

㊽㊾ 诗集卷二六

㊿ 诗集卷二七

(51) 诗集卷四十

(52) 诗集卷四四

(53) 诗集卷五一

(54) 诗集卷五三

(57)(59)(60)(80) 《谈艺录》

(58) 《越缦堂日记补》同治二年正月二十四日引翁氏手批《戴氏遗书》,斥戴震"如杂剧内妆一带眼镜之塾师,妆作学者模样",因谓此"覃溪自写照"

(61) 《兼于阁诗话》附录《翁方纲肌理之说》

(62)(63) 《苌楚斋随笔》卷一

(64) 《复初斋诗集序》

(65) 《校礼堂诗集》卷七《绝句四首》

(67) 《国朝诗人徵略》卷三四

(70) 《愿无尽庐诗话》,见《太平洋报》一九一二年四月九日

(71) 《湖海诗传》卷二二

⑫　《湖海诗传》卷二九
⑬　《晚晴簃诗汇》卷九三
⑭　《晚晴簃诗汇》卷一一一
⑮　《晚晴簃诗汇》卷一一三
⑯　《晚晴簃诗汇》卷一一七
⑰　《晚晴簃诗汇》卷一六一
⑱　《晚晴簃诗汇》卷一〇七
⑲　《石遗室诗话》卷一
㊶　《药裹慵谈》卷二

第十三章 性灵诗派

一 性灵派产生的原因

性灵说出现在沈德潜的格调说之后。袁枚和沈虽然"乡会同年,鸿博同年,最为交好"[1],但两人的诗学观点完全相反。

沈氏贵古,实只宗唐,以为"格律莫备于古",亦即格律莫备于唐。袁枚贵今,认为"性情遭际,人人有我在焉,不可见古人而袭之,畏古人而拘之也"[2]。

沈氏主摹仿,主要要求学诗者写"杜少陵所云'鲸鱼碧海'、韩昌黎所云'巨刃摩天'者"[3],即格调雄浑之作。袁枚主创新:"唐人学汉魏,变汉魏;宋学唐,变唐。……使不变,不足以为唐,亦不足以为宋也"[4]。

沈氏主"诗贵温柔,不可说尽"。袁枚则认为孔子所谓"兴"、"群"指含蓄,而"观"、"怨"指说尽者。[5]

沈氏主诗"必关系人伦日用",袁枚则认为孔子所谓"'迩之事父,远之事君',此诗之有关系者也;曰:'多识于鸟兽草木之名',此诗之无关系者也"[6]。

如果说,前三点仅属于表现形式问题,后一点属于诗的内容,便更显示了他们的分歧。沈氏所谓"必关系人伦日用",亦即《清诗别裁集·凡例》所说:"诗必原本性情关乎人伦日用及古今成败兴坏之故者。"这里要特别注意"性情"一词。袁枚的"性灵"主要也是指性情,但那性情是指人人各异的真情。而沈氏所说的"性情",却是儒学化了的,即伦理道德规范化了而毫无个性的。所以《说诗晬语》一开始就说:"诗之为道,可以理性情,善伦物。"这就是说,诗的功能是完善人的性情,使人存天理(复性),灭人欲(窒情)。这样一来,伦物(封建的人际关系)就善了,即为臣能尽忠,为子能尽孝。

这才是他们两种诗论的根本分歧:袁枚强调的是诗的审美功能,沈德潜强调的则是诗的教化功能。

所以,说袁枚是为了矫正沈德潜的格调说之弊而提出性灵说,是完全符合历史事实的。

对厉鹗为代表的浙派,袁枚也是反对的。但他和沈德潜不同。沈氏反对浙派,是因为它"沿宋习,败唐风";而袁枚论诗不分唐宋,他反对浙派,是因为它"数典而已,索索然寡真气"[7]。所以郭麐说:"浙西诗家,颇涉饾饤,随园出而独标性灵。"[8]可见性灵说也是为矫正浙派之失而提出的。

袁枚更为坚决反对的是较后出的肌理说,原因是"赋诗作文,都是自写胸襟"[9],以考据为诗,完全汩没性灵。

袁枚也对早出的神韵说有所不满。他不否认神韵,曾说:"仆意神韵二字,尤为要紧。""神韵是先天真性情,不可强而至。"所以,他把"神韵"又说成"情韵"[10]。但又认为神韵"不过诗中一格耳。……诗不必首首如是,亦不可不知此种境界"[11]。因而不同意王士禛以偏概全。

袁枚曾列举他所反对的诗派加以嘲笑:"抱韩、杜以凌人而粗脚笨手者,谓之权门托足;仿王、孟以矜高而半吞半吐者,谓之贫贱骄人;……故意走宋人冷径者,谓之乞儿搬家;……一字一句自注来历者,谓之骨董开店。"[12]权门托足指格调派,贫贱骄人指神韵派,乞儿搬家指浙派,骨董开店指肌理派。他要高举"性灵"大旗,把它们横扫净尽。

那么,什么叫"性灵"呢?它包含两个方面:一是性情,亦即真情;一是灵机,亦即今人所谓"灵感"。性乃本能,是先天的;情乃感情,是后天的。先天的性自然是真诚无伪的,所以,袁枚"率性而行",如"食、色,性也",他就不讳好色,自制食单。在他看来,客体能符合主体的本能需求,主体的感情就表现为"喜"、"爱"、"欲",反之,则表现为"怒"、"哀"、"惧"、"恶"。所以这种情就是真。而反映在诗创作上,则要求把这种真情尽可能灵巧地表现出来。所以,一定要有感而发,决不可无病而呻,这就是新。

因此,性灵说的核心就是"真"与"新"。这和明七子一味摹仿古人,写"赝唐诗",固然判若水火,就是沈德潜的以礼教泪没真情,也是袁枚所坚决反对的。

二 袁枚及其诗

袁枚(1716—1797),字子才,号简斋,浙江钱塘(今杭州)人。乾隆四年进士,曾官溧水、沭阳、江宁等地知县,三十三岁即辞官,购置江宁(今南京)小仓山下的随园,从此闲居五十年,诗文皆极有名于时。"随园诗文集,上自朝廷公卿,下至市井负贩,皆知贵重之,海外琉球有来求其书者"[13]。世称随园先生。与赵翼、蒋士铨并称"江右三大家"。著有《小仓山房诗文集》、《随园诗话》等。

如果说,中国古典诗歌史上,出现过"以文为诗"的现象,那么,袁枚就是以通俗小说为诗。明清通俗小说的内容,追求的是新奇和风趣,语言风格则力求通俗和生动,而这几点正是袁枚"性灵诗"的特色。其所以有此特色,则因为袁枚本人重情欲,背传统,具有市民阶层的审美情趣。

（一）进步的思想意识

一般人常说袁枚的文艺思想深受晚明王门左派思想家的影响，确实，徐渭、汤显祖等大力张扬的以情反理，黄宗羲、唐甄、戴震攻击宋儒的"存天理，灭人欲"，是给了袁枚巨大的影响。然而他骂李贽和何心隐是"人所共识之妖魅"，"人所共逐之盗贼"[14]。这说明他独往独来，坚持自己的特殊见解。另外，以诗歌创作而言，与袁枚同时人已说他的诗像白居易，而他说："人多称余诗学白傅，自惭平时于公集殊未宣究。"[15]又有人说他的诗学杨万里，则今人钱锺书已言：袁枚于"诚斋篇什，鲜所援引，恐只看担上之花，拾牙馀之慧，实未细读"[16]。可见他对宋儒的抨击，对主情说的宏扬，以及和白居易、杨万里诗的风格相同，都是"阳货无心，貌类孔子"[17]。

其所以有这样的独创性，是和他特殊的思想意识分不开的。他自认为出入儒、道，所谓"大道有周、孔，奇兵出庄周。横绝万万古，此外皆蚍蜉"[18]。他对道家只取庄周，儒家的孔子也是经过他改造的通脱而顺乎人情的哲人。另外，他特别喜欢研读史籍。

正是孔子、庄子、史籍以及晚明迄清进步思想铸造出他特殊的思想意识，表现为一系列的惊世骇俗言行。他敢公开宣称："六经虽读不全信，勘断姬孔追微茫。"[19]"三百篇中嚼蜡者，圣人虽取吾不知。"[20]全然不怕卫道士们攻击他非圣无法。

强调真性情的必然导致民主平等意识。一次他旅游经过苏州，一位老友的三个仆人热情接待他，他赠诗云："一艇偶从吴下过，三贤齐道故人来。"[21]称三仆为三贤。对同一年去世的"福敬斋郡王"、"孙补山相国"、"和希斋尚书"，挽诗也说："底事三贤同岁去？"[22]可见袁枚世法平等。又一个朋友的仆人，喜欢读书,他极口称赞:"我见贵公子,见书如见仇。汝胡独不然,胸中有千秋?又见呼驺人,颇多安没字,汝胡又不然,觥觥有奇志?我闻吴皇象,为奴为大儒。又闻汉李善,官至上大夫。观汝所行为,非其俦匹欤?愿汝守初志,嗜学加精勤。芳草无夙根,名流无出身。"[23]他还能站在劳动者的角度看问题,如《马嵬》之二:"莫唱当年《长恨歌》,人间亦自有银河。石壕村里夫妻别,泪比长生殿上多。"

正因为他服膺孔子,所以虽然三十六岁就弃官闲居,而直到晚年,仍感歉疚。试看他六十八岁时写的诗:"茶亭几度息劳薪,惭愧尘寰著此身。输与路旁三丈树,荫他多少借凉人。"[24]懂得这点,就懂得为什么他不但早年即辞官之前写了大量反映民生疾苦的诗,而且晚年还写了《浙东野庙甚多,赛会甚盛,戏题一绝》、《两贤大夫诗》之二、《贵人出巡歌》。他实在是一个极有见识的人。最早指出这一点的是文廷式,他说:"袁子才诗:'其上威太神,其下气尽挫。君看汉武朝,贤臣有几个?'……语颇有识,不愧风人之旨。'[25]叶恭绰在这段话下面加了一段批语:"袁之旨,可于《司马相如赞》见之。其词曰:'天之生才,代不绝贤,何建元五十四年而竟寂然?此如骄阳当天,百草萎焉。或陷于法,或遁乎田。陷法遁田,名皆不宣。一式(指卜式)一长卿,独察机先,毁家家存,病身身全。一信乎君,而以危言谠论著;一忘乎世,而以高文典册传。较之汲生(指汲黯)之戆,曼倩(指东方朔)之仙,竟别开一径,而无愧色于其间。呜呼!欲知人,先论世,如二公,如其智,如其智!'据此,知清代人才埋没于趋避韬晦者多矣!"[26]应该说,后起的龚自珍在《明良论二》痛言"士不知耻,为国之大耻",又在《古史钩沉论一》直指君主"去人之廉,以快号令,去人之耻,以嵩高其身;一人为刚,万夫为柔,以大便其有力强武"。都是受到袁枚的启发的。

319

可是一般人并不能正确认识袁枚,例如钱锺书就说:"子才妆点山林,逢迎冠盖,其为人也,兼夸与谄。"㉗袁枚喜欢自誉,也常借他人之口以誉己,但如前所述,他实在有值得人们赞美的地方,谈不上"夸"。至于说"谄",更要具体分析。他确实写了不少歌颂达官贵人的诗,但正如古希腊的卢奇安所说:"赞扬总要有一个限度才好接受,在这限度内,受者还相信自己有所说的优点,过了这限度,他就起反感,看出是谄媚。"袁枚绝顶聪明,他懂得"歌颂者的目的只在于使真正存在的美更为突出"。所以,他"在夸张中严守适当的限度"㉘,决不说使对方起反感的谄媚话。最突出的一个例子是:乾隆三十四年,刘墉官江宁知府,风闻袁枚荡佚(即破坏封建礼法),要驱逐他出境。后经朱筠调解,前嫌尽释。次年刘调江西,袁在送行诗中,除了叙述由几乎被逐到互相交好的过程,还劝他以后当官,"宁可察之详,慎毋发之骤。猛如万钧弩,所贯无不透。但虑未中节,不愁不满彀。已褰贾琮帷,可免叶公冑。能为李横冲,何妨伏不斗?气敛理益明,业广福弥厚"㉙。从这可以看出,他不但不谄媚,反而很强项。实际上,他并不喜欢和一般达官交往:"寄语公卿休剥啄,名山尚不借青云。"㉚他是很懂得保持身份的。

(二)"性灵诗"的特色

我们看看袁枚的"性灵诗"是怎样追求新奇、风趣,而且表现市民阶层的情趣的。

(1) 表现市民意识,公然宣称自己好财好色。"解好长卿色,亦营陶朱财"㉛,这就是他的自白。直到晚年,他仍在持筹握算,孜孜为利,自称"老去持筹敢自夸"㉜。毫不隐讳地说:"心与木石交,家与老农居。山中刈薪禾,田中问菑畬。鲑菜二十七,庾郎常踟蹰。木奴三百树,樊侯算锱铢。人言君达人,胡为治区区？余岂不自知，万物多空虚。但念人为欢，须财与之俱。……诚恐不琐琐，安能常愉愉？"[33]他对财物的态度是："富徒悭守贫何异？"[34]怎样消费呢？"我有青蚨飞处好，半寻烟水半寻花。"[35]他认为："治生贵有道，行乐贵及辰。自活苟无才，何以活斯民？"[36]他说："有目必好色，有口必好味。戒之使不然，口目成虚器。"[37]他曾有"春风如贵客，一到便繁华"[38]之句，论者讥其俗，而不知这正是市民意识的反映。

　　看了上述诸诗，对比一下孔子说的"饭蔬食饮水，曲肱而枕之，乐亦在其中矣！""君子固穷"。"君子谋道不谋食"，"君子忧道不忧贫"。"士志于道，而耻恶衣恶食者，未足与议也。"董仲舒说的"正其谊不谋其利"，不会觉得袁枚真是封建社会母体中苦生的市民阶层的思想代表吗？在中国古代文学史上，有谁像他这样坦率、大胆地表白对财、色、繁华的喜爱？

　　（2）凡事（包括对历史人物的评论）都有新见解。正如他所自豪的：人人都"爱我神解超"[39]。他真是"理是口即言，往往翻前案"[40]。对历史人物，他完全违背传统看法，公然宣称：对于古人，"或佞我爱之，或贤我不喜"[41]。例如东汉人严光，一般人都说他"不事王侯，高尚其志"。袁枚却说，严光是因为西汉末年士风卑污，因而隐居不仕，以帮助光武帝振作东汉的士气，其功绩与创业诸臣相等："云台麟凤旁，渔者张一旗。果然东汉风，名节争扶持。相助为理处，于后乃见之。"[42]这未必是历史上的真严光，却正是市民意识中的功利观。对柳宗元的评价，更可看出袁枚立论，不是为新奇而新奇。他说柳宗元"当时所施设，聪明颇有馀。斥罢宫市弊，召还陆敬舆。问此诏令意，愚者能为欤？天命竟无常，负此心区区。万事论成败，千秋足嗟呼。依倚成功名，古贤亦有诸。倘使永贞永，未必愚溪愚"[43]。他从来反对以成败论英雄："成败论千古，人间最不公。苻坚窦建德，终竟

321

是英雄。"㊹他还认为英雄必然不拘小节:"跅弛才能立事功,规行矩步半笼东。请看王粲《英雄记》,不在三君八顾中。"㊺这是对宋儒的嘲笑,更是对清王朝官方哲学即程朱理学的讽刺。

除了对历史人物的评价特别表现出他的洞察力以外,他还有不少奇特的思想。如人生态度,他不但主张及时行乐,而且对行乐有高层次的理解,即追求将乐未乐的境界:"昨日之日背我走,明日之日肯来否?走者删除来者难,惟有今日之日为我有。消除此日须行乐,行乐千年苦不足。纵使朝朝能秉烛,烛残鸡鸣又喔喔。人生行乐贵未来,既来转眼又悲哀。昨日之事今日忆,有如他人甘苦与我何有哉?乐既不可遇,不乐又恐悲。安得将乐未乐之意境,与我三万六千之日相追随?君不见陶潜李白之日去如风,惟有饮酒之日存诗中。"㊻这和曹雪芹在《红楼梦》中借黛玉之口说的:"人有聚就有散,聚时喜欢,到散时岂不清冷?既清冷则生感伤,所以不如倒是不聚的好。"龚自珍《端正好》下片云:"月明花满天如愿,也终有酒阑灯散。不如被冷更香销,独自去,思千遍。"同一思想轨迹,却更超越一层,即超越悲观层次而进到乐观境界。因为他任何事都看得透,所以对儿子的教育也完全超出儒家轨范:"一儿能吟诗,不教其应试;一儿太愚蠢,但教其习字。责善最不祥,我岂为儿累?学礼与学诗,圣人亦写意。倘鲤不趋庭,或竟任嬉戏。高鸟自翔天,芳草自覆地。彼岂有爷娘,辛苦为儿计?"㊼

(3)善写琐事。如《理桂》:"偶然两眼明,看见桂上蛛。蛛丝如罗网,蒙密穷根株。桂也花将开,忧疑心不舒。我心疾如仇,不及呼园夫。持竿自搜剔,桂意始潜苏。桂离我不远,种在书窗东。我非忘桂者,桂死犹痴聋。不见虫为灾,翻疑桂不材。感激眼前事,使我心中哀。"㊽这不会使读者联想到楚怀王之于屈原,汉文帝之于贾谊,唐玄宗之于张九龄,宋神宗之于王安石吗？他还能利用七律这一形式来写琐事,如《留别苏州主人唐静涵》："君家久住竟忘家,儿女声同唤阿爷。借惯旧书多脱线,代栽新树暂停花。商量小食先呈谱,历乱飞棋更斗瓜。如此主宾能有几？戏将琐事记些些。"㊾性灵派后辈诗人王昙曾说：袁枚诗"惟七律为可贵,馀体皆非造极"。另一同派诗人舒位叹为知言,且申论云：杜甫七律盛且备,为一变；李商隐七律学杜而变面目,又为一变；陆游七律集此体大成,又为一变；袁枚又为一变,"虽智巧所寓,亦风会攸关也"㊿。七律为体,格式固定,规则繁琐,本不能容纳千变万化的内容,可是到袁枚手上,却写得极其生动活泼。这种"智巧"确实是由"风会"——市民意识昂扬的时代所形成的。

（4）善写异事。袁枚追求新奇,必然在题材上搜奇索异。如《佳儿歌,为李竹溪同年作》,写一个七岁的男孩,跟随长辈来随园给袁枚老母拜寿,言谈举止,俨若成人,"寒暄吐词媚","从容就宾位",引起满堂宾客的惊叹。"未几儿叔来,道儿能属对",把"芳草新堤翠"对上"梅花古岸香"。袁枚不信,亲自面试,他出"水仙卉",男孩对"罗汉松",于是袁枚极口称赞,并勉励他"毋忘山一篑"㉛。袁枚还描写了一个游侠人物徐椒林："徐公三十耻读书,原是长安杀人者。杀人何处敢横行？白日青天紫禁城。轻生如作暂时别,放归不感金吾情。"以下具体写他一件打抱不平的事："金吾逻骑欺少年,书券逼取青楼钱。公闻命召某某至,一重门入一重闭。觥肩在盘酒在樽,老拳如椎八十斤,请择于斯一任君。鼠子佝佝惊且奔,詟服三日声犹吞。"㉜写得真是有声有色。

（5）咏物诗别出心裁,饶有寄托。如《题武午桥相马图》,开头两句就是："天生良马无人相,牛羊日坐麒麟上。"概括了英雄失路小人得志的社会现实。更大胆的是说那位"午桥司马气不平",到处去寻找良马,他坚持自己的标准,"不将金马门前

323

式,划取骊黄以外才。……曾看天厩有龙无,摇手风前怕人问"[53]。这简直是把矛头指向了当朝皇帝。

(6) 想象丰富,比喻新巧。哥德说:"诗对想像力提出形象。"[54]袁枚最爱发挥想像力,通过比喻,创造出濯濯生新的形象。如《疟》,写发冷时,"初来头岑岑,须臾眼瞀瞀。投之深渊些,层冰剥肤膝。"转为发烧:"忽而醮鬼侯,焚烟相灼炙。襄阳水正淹,赤壁火复茂。"就这么"冰炭各争强,阴阳互掩覆。如潮不愆期,似箭必满彀。疑赐牵机药,足前头欲后。岂作木居士,火穿复水透?"[55]连用十个比喻,构成博喻,形象地写出了疟疾发作时的感受。

(7) 灵心妙舌,令人失笑。十六世纪意大利的斯卡利格说过:"诗人的大错莫过于一诗未终便令读者厌倦。……我所谓'生动活泼'指思想和语言上的一种效能或力量而言,它迫使人乐于倾听。"[56]袁枚四千四百六十五首各体诗,可说都是"生动活泼"的,它使你"乐于倾听"。这是因为他绝顶聪明,所以诗语妙趣横生。如画家沈南苹受日本国王聘去该国教画,袁枚赠诗,开头就说:"东阳隐侯画笔好,声名太大九州小。"又说:"眼惊红日初生处,画到中华以外天。"[57]真聪明人语!又如《答鱼门覆舟见寄》之一下半首:"长愿伊人歌宛在,何妨与世暂浮沉?水经注疏河渠考,此后输君阅历深。"[58]滑稽得很。又如毕沅为死友程晋芳料理丧事后,再将黄金百镒"交与桐城侠士章淮树,替主进,替营财,但许取子不取母,十年以后交儿手"。袁枚为此作《抚孤行》共八解。其第八解末尾说:"一叟(袁枚自指)无言搔白头,招阿迟(袁枚晚年所生子)来笑不休:而翁纵死汝无忧,汝不见毕尚书风义高千秋?"[59]料想毕沅当年读到此处,亦必大笑。

（三）"性灵诗"的语言

我们再看袁枚在诗歌语言方面怎样力求通俗。

（1）大量运用口语,而且俗得有趣。杜甫、白居易、杨万里、陆游等大诗人也会采用俗语,但都是化俗为雅;而袁枚恰好相反,是化雅为俗。如《归家》的"众面一齐向"[60];《水碓》的"帆借顺风春借水,也知乐得做人情"[61];《新正十一日还山》之五的"急抄诗与诸公读,省得衰翁说不清"[62]。以上所举,聊以示例,实际上四千多首诗,大都明白如话。

（2）极少用典,基本白描。如《儿鬘》写母爱:"手制羹汤强我餐,略听风响怪衣单。分明儿鬘白如许,阿母还当褓襁看。"[63]羌无故实,而至情曲曲传出。《还葵巷旧宅》:"儿时老屋喜重经,邻叟都疑客姓丁(用丁令威化鹤还乡一典)。学舍窗犹开北面,桂花枝已过西厅。惊窥日影先生至,高诵书声阿母听。此景思量非隔世,白头争禁泪飘零!"[64]五、六两句回忆儿时读书情状,刻画心理,惟妙惟肖。《还杭州五首》之二写年已七十的姊姊"闻声知弟至,迎出精神爽。絮语自知多,坚坐频教强"。之五写自己"趁此小住闲,忍负光阴寸？从前半面交,一一敲门认。儿时所踏土,处处双鞋印"[65]。全用白描,情辞婉转,真能状难写之情。至如《四月六日出门,六月五日还山》的"家居久自嫌,远归身忽贵","稚子各牵衣,争先兄妒弟","分明所厌餐,到口觉有味"[66]。任何读者都会嗟叹:真正善写人情！而这种诗恰恰最能体现性灵特色。

三 赵翼及其诗

性灵派另一著名诗人是赵翼。

赵翼(1727—1814),字云松,号瓯北,江苏常州府阳湖(今武进县)人。乾隆二十六年进士,殿试第三(俗称探花),授翰林院编修。后出知广西镇安府。时适清廷用兵缅甸,奉调赞画军事。擢贵西兵备道。以广州谳狱旧案降级,即乞养不复出,时年四十六。从此家居研究文史,直至去世。是有名的史学家和诗人。著有《二十二史札记》、《陔馀丛考》、《瓯北集》、《瓯北诗话》等。

在诗论方面,《晚晴簃诗话》以为其"生平宗旨,曰新曰切曰肌理"[67],我则以为应该是一情二新三自然。试分论之:

(一) 主张诗是抒发性情的

他既说"诗本性情,当以性情为主"[68];又说"诗本性情出"[69]。其所谓"性情",同于袁枚,而异于沈德潜和翁方纲。沈、翁从教化说的功利观出发,肯定诗的功能是"理性情"。而赵则反对教化说,认为诗是"无用物",它只是抒发感情,供人欣赏而已:"两间(指天地之间)无用物,莫若红紫花。食不如橡栗,衣不如纻麻。偏能令人爱,燕赏穷豪奢。诗词亦复然,意蕊抽萌芽。说理非经籍,记事非史家。乃世之才人,嗜之如奇葩。不惜钵肺肝,琢磨到无瑕。一语极工巧,万口相咨嗟。是知花与诗,同出天菁华。平添大块景,默动人情夸。虽无济于用,亦弗纳入邪。花故年年开,诗亦代代加。"[70]这种诗观强调的是诗的审美功能。

另外,他把性情和性灵视为一物,而且认为性灵的核心就是才气。例如杜甫,明七子中的李梦阳认为他纯乎学力,不像李白纯乎天才。赵翼认为这是耳食之论,因为"思力所到,即其才分所到,有不如是则不快者,此非性灵中本有是分际而尽其量乎?出于性灵所固有,而谓其全以学力胜乎?"[71]

正因为他强调才气,所以主张诗要新。

（二） 主张诗要新

他说："诗文随世运,无日不趋新。"[72]又说："李杜诗篇万口传,至今已觉不新鲜。江山代有才人出,各领风骚数百年。"[73]这是和格调派的仿古唱反调。这"新",是从内容到形式的全面要求："意未经人说过,则新;书未经人用过,则新。诗家之能新,正以此耳。"[74]赵翼的诗正是这样,你初读时,固然耳目一新,再三反覆,也是光景常新。

在求新时,又力避矫揉造作,为新而新,而是要求诗要做到自然。

（三） 做到自然

就是说,"新",必须一方面是"人人意中所有,却未有人道过;一经说出,便人人如其意之所欲出"[75]。另一方面,虽极人工之巧,却又显得天然浑成,毫不雕琢。正如他自道甘苦："枉为耽佳句,劳心费剪裁。生平得意处,却自自然来。"[76]"诗非苦心作不成,佳处又非苦心造。……但于无意为诗处,得一两句自然好。乃知兹事有化工,琢玉镂金漫施巧。"[77]他的结论是："称诗何必苦争新,无意为诗境乃真。"[78]

赵翼的诗,完全实践了他的诗论。分析起来,有如下五特点：

（1） 思想新颖,见解警辟

赵翼和袁枚一样受了晚明启蒙思潮的影响,思想也比较解放,而他比袁接触到更多的西方科技,诗集里写到显微镜："所以显微镜,西洋制最巧。能拓小为大,遂不遗忽杪。"[79]写到望远镜："再游观星台,爽垲勿勿罢。玻璃千里镜,高指遥天碧。"[80]写到自鸣钟："内有金声外针影,声影相随若素约。……神哉技乃至乎此,问是西洋鬼工作。"[81]生活用品方面他得到俄罗斯的海虎裘[82]。这些对他的思想开明有不可低估的影响,他屡次惊叹:"始知天地大,到处有开辟。域中多墟拘,儒外有物格。"[83]"乃知到处有异人,聪明各把混沌凿。"[84]

袁枚《鸡》诗云:"养鸡纵鸡食,鸡肥乃烹之。主人计固佳,不可使鸡知。"文廷式非常称赏。其实赵翼也有《观喂鸡者戏作》:"簸春馀粒撒篱间,咻咻呼鸡恣饱餐。只道主人恩意厚,谁知要汝肉登盘!"[85]这种理性思辨力的巧合,决非偶然,正说明性灵派诗人的"灵"性决非小聪明,而是大知识。

和洪亮吉一样,赵翼也提出了人口论:"遥山最深处,想必无人居。一缕炊烟起,乃亦有室庐。始知生齿繁,到处垦辟劬。虎豹所窟宅,夺之为耕畲。尚有佣丐者,无地可把锄。民生方愈多,地力已无馀。不知千岁后,谋生更何如?"[86]又有云:"万山深处都耕遍,始觉承平日已多。"[87]又有云:"太平生齿日增多,天亦难供可奈何? 何不教他饥疫死,却教狼藉死兵戈!"[88]又有云:"只为人多觉地褊,一人一亩尚难全。孟夫子若生今世,敢复高谈古井田?"自注:"承平日久,生齿日蕃,若人各百亩,安得有如许田也?"[89]又有云:"始知斗米三钱价,总在人稀地广时。"又有云:"海角山头已遍耕,别无馀地可资生。只应钩盾田犹旷(自注:见《天官书》),可惜高空种不成!"又有云:"更从何处辟遐陬,只有中郎解发丘。或仿秦开阡陌例,尽犁坟墓作田畴。"又有云:"勾践当年急生聚,令民早嫁早成婚。如今直欲禁婚嫁,始减年年孕育繁。"[89]结合当今世界大多数国家都号召计划生育的情形,更觉赵翼眼光之锐,而他的"人口论"还早于马尔萨斯的几十年。

对广西镇安府僮族青年男女通过对歌来自由选择对象,他在七古《土歌》中大力赞美:"始知礼法本后起,怀葛之民固未晓。君不见双双粉蝶作对飞,也无媒妁订萝茑。"⑨⑩

更令人惊讶的是他已朦胧地意识到阶级斗争的存在:"无贵贱何欷,无富贫何疚?君看饮啄禽,千古少争斗。人则等级殊,荣利百般诱。遂起贪忮心,智力角胜负。小则滋讼狱,大则兴甲胄。好丑两相耀,杀机遍宇宙。吾将问真宰:此害谁任咎?"⑨①

（2）敢于疑古,善于疑古

这是性灵派诗人的特点,袁枚和赵翼都喜欢研究历史,赵更是史学家,他们都疑古。赵说:"乃知青史上,大半亦属诬。"这一结论是有充分根据的。他从自己为人作"谀墓"之文,想到历朝国史皆据家传或墓志铭而成,而家传和墓志铭一定多虚美之辞,所谓"言政必龚黄,言学必程朱",而"核诸其素行,十钧无一铢"⑨②。这是早于鲁迅就揭穿了封建正史的瞒和骗的。

表现他的疑古精神的,如《读史二十一首》之二,认为秦始皇筑长城,隋炀帝开运河,当时虽然"以之召祸乱",但是这两项伟大工程"功及万世长"。之八指出郭巨埋儿、邓攸缚子,"事太不近情",后来的鲁迅也有同感。之十八论王安石变法,非为个人"荣利",而是"欲创富强治",从而认为其本怀"固与权奸异"⑨③。自从《宋史》斥王安石变法兆靖康之祸,南宋之亡,后来论者几乎众口一词,斥之为大奸慝,袁枚、郑燮亦未能免俗。赵翼此诗独具只眼,实在难得。他如《乾陵》的称赞武则天"英雄何必在男身";《马嵬坡》的"召乱何关一美人"⑨④,和袁枚一样打破"女色祸水"的偏见,都可看出李贽思想的影响。

（3）揭露时弊,关心民生

袁枚只在早期写了大量反映民生疾苦的诗,以后消极避世,遁入享乐主义。所以赵翼自称和袁诗相比,"相对不禁惭饭颗,杜陵诗句只牢愁"⑨⑤。的确,他一生都像杜甫那样恫瘝在抱。

《秤谷叹》写于广西镇安知府任上。猾吏秤谷时,"手握锤绳紧不撒",所收"无虑十加八"。"可怜穷黎不敢言",只有"张目熟视"。赵翼不"忍睹民膏尽被刮",下令"特从秤背穿一穴,贯以长绳挂锤钻","平准听民自权度,奸胥在旁眼空黚"[96]。《书所见》写五更就来赈厂等候施粥的饥民,"厂犹未开冷不支,十三人傍野垣宿"。为了取暖,他们"肩背相贴臂相抱"。"岂知久饥气各微,那有馀温起空腹"。"天明过者赫然骇,都作僵尸尚一簇"。诗人质问苍天:"灾来偏杀无罪人,更从何处论公道?"更惨的是"有人又剥尸上衣",而剥者也是饥民,"明知旋亦供人剥,且救须臾未死皮!"[97]《忧旱》写饥民踏水车的情状:"辘轳饥肠桔槔腿,枵战榨尽白汗浆。田高于河仅尺咫,饿不能舁成陵冈。"[98]他还每每进行对比:"满野流移似冻蝇,华堂犹列炬千层。临觞敢谓非豪举?如此荒年看舞灯!"[99]"竟月淋浪雨脚斜,麦苗萎尽泣农家。可怜儿女多情甚,一样伤心只惜花。"[100]"正是柴荒米贵时,龙舟仍复斗琴丽。满堂燕雀群嬉处,中有饥寒世未知。"[101]

(4) 常从小事悟出哲理

赵翼思想活泼,能透过现象看本质,想象力极强,所以每每从日常小事中悟出深刻的哲理。如"六尺匡床障皂罗,偶留微罅失讥诃。一蚊便搅人终夕,宵小原来不在多!"[102]又如"草花谁灌氿泉清,偶荷滋培倍发荣。始悟六朝中正品,用寒人转奋功名。"[103]又如"一骨抛投母不争,小庞因得饱馀烹。由来舐犊关天性,不但人情也物情。"[104]都是语简思深之作,极耐咀嚼。

(5) 饶有风趣

强调性灵的人,必然把诗写得很风趣。如《种树》之二:"胸中邱壑构何年?种树为园翠蔽天。看是豪奢却寒俭,省他六月搭棚钱。"[105]又如《授衣》:"九月霜清木叶飞,例修敝褐御寒威。

笑他儿女随年长,递换兄衣作弟衣。"[106]普通人家常有的事,赵翼第一个写入诗中,读之失笑。又如《儒餐》:"土锉煤炉老瓦盆,莫因鼎食羡侯门。儒餐自有穷奢处,白虎青龙一口吞。"自注:"俗以豆腐青菜为青龙白虎汤。"[107]又如《四月十一、二等日大寒,围炉就暖,偶书》:"五月披裘气自雄,我今四月拥炉红。天教寒士添佳话,不但冬烘夏亦烘。"[108]语妙诙谐。

四　张问陶及其诗

性灵派中还有一位著名诗人叫张问陶,年辈晚于袁、赵。

张问陶(1764—1814),字仲冶,号船山,四川遂宁人。乾隆五十五年进士,选翰林院庶吉士,散馆授检讨。累官御史、吏部郎中,出知莱州府。嘉庆十七年以疾辞官,侨居苏州虎丘,二年后病卒。

诗论特点如下:

(1) 反对肌理诗派

尽管他的诗集中有《题翁覃溪学士赠未谷竹根三赞画册……》[109],但以诗论而言,他是反对翁方纲的。如《论文八首之一》:"甘心腐朽不神奇,字字寻源苦系縻。"之五又云:"笺注争奇那得奇,古人只是性情诗。"之八又云:"文场酸涩可怜伤,训诂艰难考订忙。"[110]至于《论诗十二绝句》之三:"写出此身真阅历,强于钉饾古人书。"之八:"子规声与鹧鸪声,好鸟鸣春尚有情。何苦颠顸书数语,不加笺注不分明。"[111]问陶门人崔旭引了上述二首后说:"盖指覃溪而言。"(《念堂诗话》卷一)

(2) 反对格调诗派

其《论文八首》之七云:"诗中无我不如删,万卷堆床亦等闲。莫学近来糊壁画,图成刚道仿荆关。"[112]

(3) 强调新变、自然

"咸英何必胜箫韶,生面重开便不挑。"[113]这是强调新变的;"敢为常语谈何易,百炼功成始自然。"[114]这是强调自然的。这些观点都接近赵翼。

(4) 主张"响"

《论诗十二绝句》之二云:"五音凌乱不成诗,万籁无声下笔迟,听到宫商谐畅处,此中消息几人知?"[115]

(5) 主张灵感、空灵、言情,反对诗分唐宋

他主张写诗要有灵感:"凭空何处造情文,还仗灵光助几分。奇句忽来魂魄动,真如天上落将军。"[116]

又主张笔致空灵:"想到空灵笔有神,每从游戏得天真。"[117]"也能严重也轻清,九转丹金铸始成。一片神光动魂魄,空灵不是小聪明。"[118]

主张诗重在言情:"天籁自鸣天趣足,好诗不过近人情。"[119]"土饭尘羹忽斩新,犹人字字不犯人。要从元始传真诀,万化无非一味真。"[120]"下笔先嫌趣不真,诗人原是有情人。"[121]

反对诗分唐宋:"文章体制本天生,只让通才有性情。模宋规唐徒自苦,古人已死不须争。"[122]"规唐摹宋苦支持,也似残花放几枝。郑婢萧奴门户好,出人头地恐无时。"[123]

以上这些主张都和袁枚一致。他对袁枚,不但生前极为尊仰,在其死后也发为持平之论,如《袁简斋大令卒于随园》这一挽诗云:"身后讥弹腾众口,生来福慧自千秋。""一代传人传已定,莫凭遗行苦吹求。"[124]在一片倒袁声中,尤其在依附袁氏门墙者纷纷反戈一击之时,问陶作此挽诗,极可见其风骨。

(6) 强调识力

问陶尝书其门生崔旭诗卷云:"诗境已稳成极矣,此后惟须练识,识见一高,则笔墨羽化,方是真通人。"(《念堂诗话》卷三)

这和袁、赵的观点都是一致的。

(7) 主张化学为才

在学与才问题上,他和袁枚等一样都主张化学为才。《使事》一诗云:"书皆随笔化,心直与天谋","莫须矜獭祭,集腋要成裘"[125],最能说明他的观点。据说洪亮吉曾劝他多读书,他则劝洪少读书。[126]如能化学为才,多读书自然有益。然洪的多读书,表现为"经术湛深,工于考据"[127],而"凡攻经学者,诗多晦滞"[128],所以问陶劝洪少读书,本来不错。而后来的朱庭珍说洪亮吉:"诗初宗法《选》体,时能造句,本负过人才力。中年以后,身入词林,与西川张船山同馆交好,唱和甚密,降格相从,颓然放笔,纵恣叫嚣,前后判然如二手矣!"[129]与朱同时而稍前的李慈铭也说洪亮吉"可惜未除伧父气, 生多事友船山"[130]。都是主张仿古而反对创新。

总之,张问陶的诗论,集中到一点,就是强调独抒性灵。试看《颇有谓予诗学随园者,笑而赋此》之一云:"诗成何必问渊源,放笔刚如所欲言。汉魏晋唐犹不学,谁能有意学随园?"之二云:"诸君刻意祖三唐,谱系分明墨数行。愧我性灵终是我,不成李杜不张王。"[131]《冬夜饮酒偶然作》也说:"我将用我法,独立绝推戴。本无祖述心,忽已承其派。"他和袁枚的关系就是如此,虽然同属性灵派,却"我面非子面"[132]。

问陶的诗,自然是其诗论的形象化。不过,他所处的时代和袁枚不同,因而袁枚那种以游戏为诗的情趣,到问陶时已经消失了。反映在其诗篇中的,除了叹老嗟卑和流连诗酒的传统心态外,主要就是伤时骂座之作,勤求民隐之篇。而所有这一切,都有一个共同特色,即"好诗不过近人情"[133]、"我诗情深颇动人"[134]。

伤时之作,最突出的是他三十五岁时所作《戊午二月九日

333

出栈,宿宝鸡县,题壁十八首》[135]。戊午是嘉庆三年,这一组诗反映川、楚、陕三省白莲教起义的战事,著重指责负责征剿的大吏。这种反映和指责当然是站在地主阶级立场,但客观上却反映出起义军的浩大声势和群众基础,特别反映了起义军的公正态度。

"群盗如毛久未平"[136],"豺虎纵横随地有"[137],"大帅连兵甘纵贼,生灵涂炭已三年"[138],"寇过惟从壁上观","妖氛飘瞥送迎难"[139],"贼有先声如鹤唳","移营终岁避锋铓"[140],"饷道几难通剑阁,商船新已断夔巫"[141],"仓黄鬼蜮来无定,破碎峰峦望转遥。地险不闻由我据,城危几度看人烧"[142],"城狐中夜声相应,穴鼠空山技有馀"[143],"夔万巴渠鸟路长,通秦连楚斗豺狼"[144],以上这些诗句反映出起义军的浩大声势。起义军采用的是流动战,官军害怕被消灭,只敢合兵尾随,不敢分兵堵击,行动迟缓,观望避战。嘉庆四年正月上谕说说:"闻各路剿贼,名为绕截,其实畏贼远避。民间有'贼至兵无影,兵来贼没踪。可怜兵与贼,何日得相逢'之语。又闻有'贼来不见官兵面,贼去官兵才出现'一语。"[145]可见问陶上述诗句写出了历史的真实。

至于起义军的群众基础,则反映在"谁看鸿鹄犹扶莱,人佩刀鞭早卖牛"[146],"焚掠难归皆盗贼"[147]。

而反映起义军的公正态度的,如"贼能退舍尊廉吏"[148]。廉吏指刘清。他是四川全省惟一的清官,人称"刘青天","贼自为民时知其名,遇辄避之"[149]。

至于"嫠也横行起祸胎"[150]一首,写的是起义军襄阳黄号的首领王聪儿(齐王氏)。嘉庆二年上谕说她"尤为贼中首逆"[151],可见其英名远扬。她是嘉庆三年三月在湖北郧西的三岔河山沟里突围时壮烈牺牲的,问陶题诗在前一年。对这位女英雄,他虽摆脱不了阶级偏见,但主要还是肯定她的将才。"不贻巾帼先逢怒"一句,字面用诸葛亮贻司马懿以巾帼,与《诗·邶风·柏舟》的"逢彼之怒",句意为不必官军激她出战,早已遭到她锐不可当的进攻。"欲辨雄雌已自猜",比之为花木兰。"黄鹄特翻贞女调",用陶婴事。《列女传》四《鲁寡陶婴》:陶婴少寡,不再嫁,作歌云:"黄鹄之早寡兮七年不双,鹓颈独宿兮不与众同。"因名其歌为《黄鹄曲》。王聪儿在丈夫齐林牺牲后,没有改嫁,但也不是独守深闺,"不与众同",而是成为一员骁勇善战的女将,率领着大批健儿奋战沙场,所以问陶用"特翻贞女调"来赞美她。"白莲都为美人开",是说白莲教的教徒们纷纷响应她的号召,服从她的指挥,声势日益壮大。从这样的评价,至少说明问陶看问题还客观。

宝鸡题壁诗流传后,引起了很大的反响。或称其"力诋将帅养痈,与云松(指赵翼)《拟老杜〈诸将〉十首》同一忠愤"[152]。或称其"指陈军事,得老杜《诸将》之遗,传颂殆遍"[153]。或称其"痛深工部笔谈兵"[154]。由于这一组诗"一时盛传天下,高家堰开,有《淮阴题壁十八首》,末云:'题诗敢拟张公子,聊志飞鸿指爪痕',指船山言也。中云:'破格用人明主意,及时行乐老臣心','便死难偿沟壑命,偷生真是斗筲才',皆确有所指"[155]。可见问陶这一组诗起了先导作用,让更多诗人敢于正视现实,揭露黑暗。所以李文治《书船山纪年诗后》云:"满纸飞腾墨彩新,谁知作者性情真?寻常字亦饶生气,忠孝诗难索解人。一代风骚多寄托,十分沉实见精神。随园毕竟耽游戏,不及东川老史臣。"[156]

五 性灵派的影响及其历史评价

当时面对袁枚,广大的青年诗人热烈崇拜,靡然风从。这和性灵派健将宣传有关,如李调元说:"余得其《小仓山房诗

335

集》,……不忍释手。适余有粤东提学之命,因梓而行之,以为多士式。诸生勉乎哉！余诗不足学,诸生其学袁诗可也。"[157]更和袁枚本人喜欢广收弟子有关。据王昶说:"子才来往江湖,从者如市。太丘道广,无论贤郎蠢夫,互相酬唱。又取英俊少年,著录为弟子,授以《才调》等集,挟之游东诸侯。更招士女之能诗画者,共十三人,绘为《授诗图》,燕钗蝉鬓,傍花随柳,问业于前,而子才白须红焉,流盼旁观,悠然自得。"[158]刘声木说:"袁简斋明府枚当日以诗学号召后进,上自名公巨卿,下至贩夫走卒,贱至倡优,莫不依附门墙,竞言袁氏弟子。"[159]杨锺羲说:"从简斋游者多浮薄少年。"[160]他们所以乐从袁枚游,恽敬说是因为"乐其无检"[161],即不拘守封建礼法;黄培芳则说是"由其学轻浮,聪俊少年喜其易入。盖子才之诗,矜新斗捷,用功一旬半月,即与之相肖"[162]。以上这些说法,除李调元外,都是带着正统派的歧视眼光的。

面对"袁枚现象",卫道士及正统诗论家纷纷进行攻击,其中攻击得最尖锐而全面的是朱庭珍,他比章学诚还有过之而无不及。因为章只攻袁,而朱则攻袁而外,旁及赵、张诸人。现引其言如下:

> 袁既以淫女狡童之性灵为宗,专法香山、诚斋之病,误以鄙俚浅滑为自然,尖酸佻巧为聪明,谐谑游戏为风趣,粗恶颓放为雄豪,轻薄卑靡为天真,淫秽浪荡为艳情,倡魔道妖言,以溃诗教之防。一盲作俑,万瞽从风,纷纷逐臭之夫,如云继起。因其诗不讲格律,不贵学问,空疏易于效颦。其诗话又强词夺理,小有语趣,无稽臆说,便于藉口。眼前琐事,口角戏言,拈来即是诗句。稍有聪慧之人,挟彼一编,奉为导师,旬月之间,便成诗人;钝根之人多用两月工夫,亦无不可。于彼教自雄,诚为捷径矣。不比正宗专门,须有根柢

学力,又须讲求理法才气,屡年难深造成功,用力之久且勤也。是以谬种蔓延不已,流毒天下,至今为梗。

赵翼诗比子才虽典较多,七律时工对偶,但诙谐戏谑,俚俗鄙恶,尤无所不至。街谈巷议,土音方言,以及稗官小说,传奇演剧,童谣俗谚,秧歌苗曲之类,无不入诗,公然作典故成句用。此亦诗中蟊贼,无丑不备矣!

袁、赵二家之为诗魔,较前明锺、谭,南宋江湖、九僧、四灵、江西诸派末流之弊,更增十百,实风雅之蠹,六义之罪魁也!

至四川之张船山问陶,其恶俗叫嚣之魔,亦与袁、赵相等。……学者于此等下劣诗魔,必须视如砒毒,力拒痛绝,不可稍近,恐一沾馀习,即无药可医,终身难湔洗振拔也。

予固知今人多中彼法之毒,其徒如林,此论未免有犯众忌,将为招尤之鹄。然为诗学计,欲扶大雅,不能不大声疾呼,痛斥邪魔左道,以警聋聩而挽颓波。[163]

从这篇讨伐性灵派的檄文,可以看出这场斗争的激烈和持久,正统诗学和异端诗学就是这样地水火不相容。

这类正统诗论也深深影响着过去的日本汉学界。据伊豫长野确说:"王阮亭、袁子才论诗,各有得失。近日(日本)诗流喜子才者骂阮亭,学阮亭者排子才。所谓以宫笑角,以白诋青,不亦固乎?然阮亭之才学,非子才之所企及也,则我不得不左袒阮亭也。"他又说:"袁子才《随园诗话》,其所喜者只是香奁、竹枝,亦可以见其人品矣。子才意气欲驾渔洋而上之,然其才学不足望渔洋,何能上之耶?"[164]斋藤谦也说:"袁子才以诗文鸣于西土(指中国),但其言颇浮靡,伤风教者不少。"[165]

所以,陈廷焯干脆说:"小仓山房诗,诗中异端也。"[166]这一异端引起的反拨,是晚清的宋诗派。曾国藩"承袁、赵、蒋之颓

337

波,力矫性灵空滑之病,务为雄峻排奡,独宗西江,积衰一振"[167]。

但是,袁枚的影响并没有在围剿中消失,朱庭珍是同治、光绪年间人,他已说"今人多中彼法之毒,其徒如林"。而且直到民国,"潮汕饶有诗人,率宗随园"[168]。

当代有的学人首先断定性灵派没有产生伟大作品,然后分析其原因是:"中国的传统文学长期处在相对稳定的社会生活形态中,变化缓慢,质素一贯,形成了巨大的承传性。过分强调'新变',一切方面都追新逐奇,不是容易和传统精神脱节,就是流于浅薄地抒述'性灵'。文学上的创新,归根结蒂取决于社会生活的更新。当社会生活的'新质'尚不具备或不明显的时候,一味求新求变,反而会丢掉传统中本应该承继的东西,偏离了文学发展的康庄大道。"[169]

其实,晚明和清中期的性灵派,他们本身就是时代的产物;求新求变,也是社会生活发展到一定历史阶段才提出的。什么是传统精神中应该继承的?不正是反封建的个性解放吗?可见古今中外一般论者之所以鄙薄以袁枚为代表的性灵派,实在是因为站在传统的雅文化的立场,用封建士大夫"风人蕴藉之旨"作标准去衡量他们的诗,而没有从市民俗文化的立场去理解他们。公正的评价应该是充分肯定性灵派,尤其是袁枚的诗,因为它公开否定了传统人格,打破了人性的枷锁,号召人性的全面复归,实在代表了历史前进的方向,真正体现了其作为"清诗"的特色,对中国古典诗歌向近代以至"五四"新诗的发展,作出了划时代的贡献。

注 释

①⑦⑩ 《随园尺牍》卷十《再答李少鹤》
②④⑤⑥ 《小仓山房文集》卷十七《答沈大宗伯论诗书》

③ 《重订唐诗别裁集序》

⑧ 《灵芬馆诗话》卷八

⑨ 《小仓山房尺牍》卷七《寄齐方伯》

⑪ 《随园诗话》卷八

⑫ 《随园诗话》卷五

⑬ 《惜抱轩文集》卷十三《袁随园君墓志铭》

⑭ 文集卷十九《答戴敬咸孝廉书》

⑮ 《小仓山房诗集》卷三十《读白太傅集三首序》（以下简称卷数）

⑯㉗ 《谈艺录》

⑰ 卷二五《松下作》

⑱ 卷十五《陶渊明有饮酒二十首……》之七

⑲ 卷十五《子才子歌》

⑳ 卷二十《除夕读将苕生……》

㉑ 卷三六《翁云槎、徐守愚、王绍曾……》

㉒ 卷三六《再展和希斋》

㉓ 卷三十《明府有侍者张彬……》

㉔ 卷二九《茶亭》

㉕㉖ 《琴风馀谭》

㉘ 《画像辨——谈歌颂与诌媚》

㉙ 卷二二《送刘石庵观察之江右》

㉚ 卷十《闲写五绝句》之五

㉛ 卷十《秋夜杂诗》之五

㉜㉞㉟ 卷十三《咏钱》之六

㉝ 同㉛之十三

㊱ 卷十五《遣兴》之三

㊲ 卷十五《陶渊明有饮酒二十首……》之四

㉘ 卷二一《春风》

㊴ 卷三七《后知己诗·托公庸》

㊵ 卷三一《七十生日作》

339

㊶ 卷三一《遣怀杂诗》之六

㊷ 卷一《书子陵祠堂》

㊸ 卷三十《与振之公子游愚溪》

㊹ 卷三四《成败》

㊺ 卷三四《读史有感》之三

㊻ 卷七《对日歌》

㊼ 卷三六《恶老·八首》之五

㊽ 卷六

㊾ 卷二五

50 《瓶水斋诗话》

51 53 卷十六

52 卷二十《相逢行赠徐椒林》

54 《诗与真》

55 卷十二

56 《诗学》卷三第二十五章

57 卷十三《赠沈南苹画师》

58 卷十三

59 卷三一《抚孤行，为毕尚书作》

60 卷六

61 卷二八

62 卷三一

63 64 65 卷二二

66 卷二九

67 《晚晴簃诗汇》卷九十

68 《瓯北诗话》(以下简称诗话)卷四

69 《瓯北诗钞》(以下简称诗钞)五古二《编诗》

70 诗钞五古四《静观二十五首》之十七

71 诗话卷二

72 诗钞五古四《论诗》

⑦³ 诗钞绝句二《论诗》

⑦⁴ 诗话卷五

⑦⁵ 诗话卷十一

⑦⁶ 诗钞绝句二《佳句》

⑦⁷ 诗钞七古一《连日笔墨应酬，书此一笑》

⑦⁸ 诗钞七律七《称诗》

⑦⁹ 诗钞五古四《静观二十五首》之十七

⑧⁰⑧³ 诗钞五古二《同北墅、潄田观西洋乐器》

⑧¹⑧⁴ 诗钞七古三《西岩斋头自鸣钟……》

⑧² 诗钞绝句二《费筠圃相公远寄海虎珍裘……》

⑧⁵ 诗钞绝句二

⑧⁶ 诗钞五古三《山行杂诗》之四

⑧⁷ 诗钞绝句一《自贵阳赴威宁作》之二

⑧⁸ 诗钞绝句二《秦蜀》之二

⑧⁹ 以上各诗俱见诗钞绝句二《米贵》

⑨⁰ 诗钞七古二

⑨¹ 诗钞五古四《偶书所见》之三

⑨² 诗钞五古二《后园居诗》之三

⑨³ 诗钞五古一

⑨⁴ 俱见诗钞七律四

⑨⁵ 诗钞七律三《题袁子才小仓山房集》之一

⑨⁶ 《瓯北集》卷十六

⑨⁷ 《瓯北集》卷二九

⑨⁸ 诗钞七古五

⑨⁹ 诗钞绝句二《春舞灯》

⑩⁰ 诗钞绝句二《苦雨》

⑩¹ 诗钞七绝二《麦已歉收，雨犹未止，而龙舟之戏尚华艳如昔，感赋》

⑩² 诗钞绝句二《一蚊》

⑩³ 诗钞绝句二《草花略浇，辄欣欣向荣，乃知贱种尤易滋长也》

⑭ 诗钞绝句二《寓舍有二犬,余饭时,只一犬来,询知乃母犬让其子得残炙也,感赋》

⑮ 诗钞绝句一《种树》之二

⑯⑰⑱ 诗钞绝句二

⑲ 《船山诗草》(以下简称诗草)卷十二

⑳㉒ 诗草卷九

㉑㉕ 诗草卷十一

㉓ 诗草卷十一《论诗十二绝句》之一

㉔ 《论诗十二绝句》之五

㉕ 《论诗十二绝句》之二

㉖ 《论诗十二绝句》之四

㉗ 《论诗十二绝句》之六

㉘ 诗草卷十九《题屠琴坞论诗图》之八

⑲㉒ 诗草卷十一《论诗十二绝句》之十二

⑳ 诗草卷十九《题屠琴坞论诗图》之四

㉑ 诗草卷十九《题屠琴坞论诗图》之六

㉓ 诗草卷十九《题屠琴坞论诗图》之三

㉔ 诗草补遗卷五

㉖㉟ 《念堂诗话》卷三

㉗㉙ 《筱园诗话》卷四

㉘ 《随园诗话补遗》卷一

㉚ 《白华绛跗阁诗集》卷丙《论诗绝句》之四

㉛㉜ 诗草卷十一

㉝ 《论诗十二绝句》之十二

㉞ 诗草卷十七《寄答吕叔讷(星垣)广文代柬》

㉟ 诗草卷十四

㊱ 之一

㊲ 之二

㊳ 之三

342

⑬⑨ 之五

⑭⓪ 之七

⑭① 之十一

⑭② 之十二

⑭③ 之十四

⑭④ 之十八

⑭⑤ 《戡靖教匪述编》卷四

⑭⑥ 宝鸡题壁诗之十

⑭⑦ 宝鸡题壁诗之十四

⑭⑧ 宝鸡题壁诗之九

⑭⑨ 《清史稿》卷三六一《刘清传》

⑮⓪ 宝鸡题壁诗之十三

⑮① 《圣武记》卷九《嘉庆川湖陕靖寇记》二

⑮② 《三家诗话》

⑮③ 《清史列传》卷七二张问陶传

⑮④ 徐大铺《见真吾斋集·挽张船山太守》之三

⑮⑥ 《晚晴簃诗汇》卷一百六

⑮⑦ 《童山文集》卷五《袁诗选序》

⑮⑧ 《湖海诗传》卷七

⑮⑨ 《苌楚斋随笔》卷十

⑯⓪ 《雪桥诗话》馀集卷六

⑯① 《大云山房文稿》二集卷四《孙九成墓志铭》

⑯②⑰⓪ 《香石诗话》

⑯③ 《筱园诗话》卷二

⑯④ 《松阴快谈》,收于《昭代丛书》癸集萃编

⑯⑤ 《拙堂文论》卷一

⑯⑥ 《白雨斋词话》

⑯⑦ 《晚晴簃诗汇》卷一四二

⑯⑧ 《石遗室诗话》卷二九

⑯⑨ 陈伯海《传统文化与当代意识》第135至136页

第十四章　桐城诗派

一　桐城诗派的形成

一般人只知道桐城派是清代影响巨大的古文流派,却不知道它还是一个很有地位的诗歌流派。其实桐城诗派所取得的成就和所产生的影响是超过桐城文派的。

据姚莹说:桐城诗派的形成,由于"海峰出而大振,惜抱起而继之,然后诗道大昌,盖汉魏六朝三唐两宋以及元明诸大家之美无一不备"[①]。他以刘大櫆为桐城诗派的创始人,今人钱锺书则谓创始人应为姚范(字南青),他说:"桐城亦有诗派,其端自姚南菁(范)发之。"而"博雅如沈乙庵(指沈曾植),跋惜抱集,亦只谓惜抱'选诗讲授,一宗海峰家法',于馀子乎何尤?"[②]其实姚门高弟方东树已言:"近代真知诗文,无如乡先辈刘海峰、姚薑坞(即姚范)、惜抱三先生。"但他早已认为:刘大櫆"不能成家开宗,衣被百世"[③]。后来的徐世昌也说:"薑坞为惜抱世父,……惜抱恒言学所自出。"[④]所以,钱锺书的论断是可信的。据他分析,姚范的诗学观点是:既推尊黄庭坚的诗,又对宗唐的明七子"未尝尽夺而不予"[⑤]。而姚鼐就是这样"渊源家学",论诗兼取唐宋,并且有所创造,形成桐城诗派的特色。

二 桐城诗派的诗论

　　桐城诗派之所以在姚鼐时期形成,是有其针对性的。简言之,即为了矫正当时影响甚大的性灵派和浙派,而重点尤在前者。姚鼐的伯父姚范已对袁枚不满。两人同在翰林院,姚归田时,袁乞其留诗为念,姚竟不赠一言,⑥可见姚对袁的鄙薄。姚鼐"当居锺山书院时,袁简斋以诗号召后进",姚与"异趋"。他选《今体诗钞》,就因为"今日而为今体者,纷纭歧出,多趋伪谬,风雅之道日衰"⑦。这是不点名地指斥袁、厉两派。他还公开指出:"吾断谓樊榭、简斋皆诗家之恶派。"⑧其高弟方东树也不点名地指斥这两派:"近世有一二庸妄巨子,未尝至合,而辄矜求变。其所以为变,但糅以市井谐诨,优伶科白,童孺妇媪浅鄙凡近恶劣之言,而济之以杂博,饾饤故事,荡灭典则,欺诬后生,遂令古法全亡,大雅殄绝。"⑨又说:"如近人某某,随口率意,荡灭典则,风行流传,使风雅之道几于断绝。"⑩此外他还直斥:"立夫(指元代诗人吴渊颖)伧俗,乃开袁简斋、赵瓯北、钱箨石等派。"⑪又指出吴渊颖的《寒夜闻琵琶弹白鸰鹞》:"俗调,开赵瓯北、袁简斋等派。"⑫又指出吴的《寄陈生》:"'参手'以下伧俗,开袁简斋、钱箨石、赵瓯北俗派。"⑬可见双方针锋相对的争执,关键在于雅和俗。在桐城派诗人看来,性灵派固然俗滥,浙派如厉鹗的喜用僻典(姚鼐批评当时学人喜读人间未见书)⑭,钱载的"率然而作,信手便成,不复深加研炼"⑮,又喜用虚字,所作几不类诗,⑯也是不雅洁的。如所周知,浙派宗宋而趋于尖新,性灵派偏重宋诗而流于率易,桐城派则于唐宋兼取而标举雅洁,最恶俗滥,因而矛头特别指向性灵派。

　　分析一下桐城派的诗论,这问题便清楚了。

他们的诗论主要有如下六点：

(1) 反对以诗人自命

姚鼐说："古之善为诗者，不自命为诗人者也。其胸中所蓄，高矣，广矣，远矣，而偶发之于诗，则诗与之为高广且远焉，故曰善为诗者也。曹子建、陶渊明、李太白、杜子美、韩退之、苏子瞻、黄鲁直之伦，忠义之气，高亮之节，道德之养，经济天下之才，舍而反谓之一诗人耳，此数君子岂所甘哉？志在于为诗人而已，为之虽工，其诗则卑且小矣！"⑰这种说法，并非新创，韩愈早已说过："馀事为诗人"，陆游也说杜甫："后世但作诗人看，使我抚几空嗟咨。"但姚鼐学宗程朱，主张修己以安百姓，他提出这一论点，正是针对袁枚来的，认为袁枚窬闲荡检，不讲道德气节，反而用他的诗毒害天下人心。方东树也说："吾尝论古今学问之途，至于文辞，末矣！于文辞之中而独称为诗人，又其末之中一端而已。"⑱鄙薄之意可见。姚鼐另一门人陈用光更指出诗人不如文人："用光尝谓为古文辞者，非诗人所得同年而语也。诗人如沈(佺期)宋(之问)温(庭筠)李(商隐)，其行之佚荡浮薄不足道，然使挈李(白)杜(甫)韩(愈)欧(阳修)苏(轼)曾(巩)王(安石)诸君子，其亦有差次矣。何也？以其见诸实用者，李、杜为不足恃也。"⑲这就干脆把最辉煌的诗人俩也贬下去了。其所谓"实用"，指文可载道，诗则不能。结合当时现实来看，显然是说袁枚之流吟风弄月，无益身心，更无补于时政。程朱理学为清朝官方哲学，桐城派在这一点上和性灵派针锋相对，倒可以看出性灵派的思想价值。

对于程朱哲学，桐城派诗人是一致宗仰的。姚鼐批评当时的汉学家："门有吴越士，挢首自言贤。束带迎入座，抗论崇古先。标举文句间，所守何戋戋！诽鄙程与朱，制行或异旃。汉唐勤笺疏，用志诚精专。星月岂不辉？差异白日悬。世有宋大儒，江海容百川。道学一旦废,乾坤其毁焉。"[20]但当时汉学正盛行,因而他极感孤立,在另一诗中说:"我朝百年来,教学秉程朱。""竞言能汉学","圣学毋乃芜?""嗟吾本孤立,识谬才复拘。抱志不得朋,慨叹终田庐。"[21]所以后来方东树作《汉学商兑》,力辟汉学,大崇宋学,是势所必至的。

懂得桐城派诗人们的哲学思想,也就了解他们标举的"弃凡俗语"是什么意思了,姚鼐提出:"欲作古贤辞,先弃凡俗语。"而所谓"凡俗语",是"浅易询灶姬,险怪趋虬户。"前者指性灵派,后者指浙派。他说这两派是"小黠弄狡狯,窥隙日用鼠。不知虎视雄,一笑风林莽。哓哓杂市井,喁喁媚儿女。至言将不出,曩哲遭腹侮。"又感叹说:"嗟哉余病耗,奈此众簧鼓。弦上矢难留,蓄愤终一吐。……将扫妄与庸,略示白与甫。"[22]在另一诗中他又提出:"我观士腹中,一俗乃症痂。"[23]这里表面说公安和竟陵,实则指性灵与浙派。桐城派的反对"凡俗",实际还是鄙薄以诗人自命的性灵派与浙派。当然,由此也可见他们受到黄庭坚的影响。黄庭坚说过:"或问不俗之状,余曰:难言也。观其平居无以异于俗人,临大节而不可夺,此不俗人也。"[24]姚鼐正是这样的人:"鼐色怡而气清,接人极和蔼,无贵贱皆乐与尽欢,而义所不可,则确乎不易其所守。"[25]表现这种不俗品格的是进退取予之节。如姚鼐正当仕途顺利之际,却于四十四岁壮盛之年毅然引退,即使有"贤公卿与上共进退天下人材者"如东阁大学士兼户部尚书梁国治,"欲进诸门墙而登之清显",他却坚决拒绝,以"遭家不造","又身婴疾病"为藉口(诗集卷八《答客》:"盛世弹冠诚欲往,只怜衰发不胜梳",即咏此事)。真实的原因则是"仕非苟焉而已,将度其志可行于时,其道可济于众",才可出仕,否则就是"慕利"、"贪荣"。那么,他的壮年引退,显然是由于"道不行"[26]。后来的宋诗派如何绍基、郑珍等也深受这种"不俗"论的影响。当然,对姚鼐"弃凡俗语"也有作另一理解的,如叶景葵说:"读惜抱古体诗,无论五、七言均能遒健峭厉,具开合动荡之势,盖以古文义法驾驭诗才,宜其今体亦迥异凡俗。惜抱赠人诗有云:'欲学昔贤诗,先弃凡俗语',自道甘苦之言也。"㉗纯粹从写作方法看,恐非姚氏本意。

姚氏虽宗仰宋儒,为人却并不崖岸自高,相反,倒是极为宽容的。他对袁枚为人及其诗有看法,却仍然常与交往。特别是袁枚殁后,其家请姚作墓志铭,许多原先依附袁枚的人都力阻姚,姚却独排众议,为老友写了墓志铭,且收存文集中。㉘他和汉学的皖派大师戴震也有交谊,诗集中就收了《赠戴东原》七律一首。更可贵的是他的诗毫无理学诗的迂腐气,这是由于他主情实。

(2) 主情实

姚鼐曾说:"余尝譬今之工诗者,如贵介达官相对,盛衣冠,谨趋步,信美矣,而寡情实。"㉙这话脱胎于苏轼:"今乃使人具衣冠坐,注视一物。彼方敛容自持,岂复见其天乎?""情实"即"天",姚鼐要求的是作者的独特而真实的思想感情。所以他说:"若荀叔之诗,则第如荀叔而已。"㉚姚氏这一论点很重要,它保证了他的诗不会"以理制情",只反映"集体的无意识",而是有个性的。当然,这个性是儒学化了的,然而并不迂腐。例如:"子长千古士,被难身何穷!悲哉百年后,毁誉犹不公。孔子录《小雅》,怨诽君子风。美善而刺恶,史笔非不忠。"他为司马迁鸣不平,认为他的"怨诽"是正确的。另一个司马,"文园为令客,窃赀自临邛。将死劝封禅,佞谀以为工。"他认为司马相如只工佞谀,太可耻了。然而"文章两司马,擅为西汉雄。人君取士节,优劣安得同?如何永平诏,抑扬恣其胸?"永平,汉明帝年号。姚氏《与姚春木书》云:"永平诏,用班固《典引·序》内小

348

黄门传语,所谓迁以身蹈刑之故,为文刺讥,贬损当世,非谊士也。相如疾病,主上求取其书,竟得颂述功德,言封禅事,忠臣效也,贤于迁远矣!"最后他慨叹:"宜乎朝廷士,进者多容容。所以歌《五噫》,邈焉逝梁鸿。"[32]由此可见姚氏的思想多么明达。和他同时的章学诚却说:"后人泥于发愤之说,遂谓(《史记》)百三十篇,皆为怨诽所激发,……吾则以为史迁未敢谤上,……夫以一身坎坷,怨诽及于君父,且欲以是邀千古之名,此乃愚不安分,名教中之罪人,天理所诛,又何著述之可传乎?"[33]两相比较,可以看出姚氏有独特的个人思想感情,并且敢于反映在诗作中,他并不是头脑僵化的道学先生。这一点,他可能受了伯父姚范的影响。姚范跋《刘须溪集》,首云:"乾隆辛未春南巡",末云:"宋、元文儒值阳九百六之会,类身名泰然,可以想见当时涵濡之泽。后世有宇内承平,而网密如凝脂,利尽于敛狄,合天下之财力以快一人之私,使士夫憔悴阡陌,不复自存,亦昔之君子所不及睹而发其累欷太息者。"这是对乾隆帝南巡滥用民力和大兴文字狱的指责。由这两例,可见桐城诗派主情实的实质。明乎此,就知道尽管他们宗仰程朱,却绝非李光地、陆陇其一类理学名臣。

继承姚鼐的教导,方东树也说:"诗之为学,性情而已。"[34]又说:"修辞立诚,未有无本而能立言者。……凡居身居学,才有一毫伪意,即不实。"[35]姚门另一高弟梅曾亮作了进一步的发挥:"空而善积者,人之情也;习而善变者,物之态也。积者日故,变者日新,新故环生,不得须臾平,而激而成声,动而成文。故无我不足以见诗,无物亦不足以见诗,物与我相遭而诗出于其间也。今以百 人之身,俄而廊庙,俄而山林,俄而离居,俄而觞咏,将拘拘然类以居之,派以别之,取古人之所长而分拟之,是有物而不知有我也。若昧昧焉不揣其色,不别其声,而好为大,曰:

不则其境隘;好为庄,不则其体俳;好为悲,不则其体荡:是知有我而不知有物也。知有物而不知有我,则前乎吾后乎吾者皆可以为吾之诗,而吾如未尝有一诗。知有我而不知有物,则道不肖乎形,机不应乎心,日与万物游而未识其情状焉,谓千万诗如一诗可也。然则诗乌乎工?曰:肖乎吾之性情而已,当乎物之情状而已矣。审其音,玩其辞,晓然为吾之诗,为吾与是物之诗,而诗之真者得矣。"㊱这不仅强调主体和客体的统一,而且强调个性和共性的统一,这就把"情实"分析得更深入也更具体了。由于重情实,梅曾亮反对"矜尚奇博",因为那样反而失真。他说:"盖以吾之性情合乎唐贤之格调,而于世之标领新异、矜尚奇博者夷然不屑也。……吾非贵古也,贵古之能得其真。……今先生之诗,其登临游宦之所得,风俗利病之所经,触于情感于物者,人人之所同也,而独以其不为奇博新异者,适肖其情与物之真,而若忽然而得之。"㊲又说:"吾以是知物之可好于天下者,莫如真也。人之境百不同也,境同而性情不同,则其诗舍境而从心。心同而才力不同,则其诗隐心而呈才。境不同,人不同,而诗为之徵象,此古人之真也。境不同,人不同,而诗同焉,是天下人之诗,非吾诗也。天下人得为之诗,而吾代为作之,乌乎真?"㊳他就是这样强调诗的个性化。至于他反对的"奇博",那是有特定含义的。他说:"桑弢甫先生以孝义奇伟之性,发为诗文,高奇清旷,有自得之趣,非如同时诸人掇拾南宋后之偏词剩义为奇博者比也。"㊴原来他反对的是浙派步趋厉鹗的末流。

(3) 重学力

姚鼐论文,主张义理、考据、辞章三者合一;论诗主张冶唐宋为一炉,实即合诗人之诗与学人之诗为一手。所以,桐城派诗人一贯要求学力深厚,以为"学不力则诗不进"㊵。但是,桐城派重视的学力,和翁方纲肌理派仅仅强调经史考据不同,它在此基础上,还包括了宋儒的性理之说。

更可贵的,是他们和王士禛一样,明确了学力与性情的辩证统一关系。姚鼐指出:"以考据累其文则是弊耳。以考证助文之境,正有佳处。"[41]梅曾亮具体发挥了姚氏这层意思:"(考证与诗)兼之者惟顾亭林、朱竹垞而已。亭林不以诗人自居;竹垞于诗则求工而务为富者矣,然其诗成处多而自得者少,未必非其学为之累也。尝谓诗人不可以无学,然方其为诗也,必置其心于空远浩荡,凡名物象数之繁重丛琐者,悉举而空其糟粕。夫如是,则吾之学常助吾诗于言意之表而不为吾累,然后可以为诗。"对朱彝尊学为诗累的指出,梅曾亮是第一个。这可以看出桐城派是怎样正确理解诗人之诗和学人之诗的统一的。正如梅氏评论刘宝楠的诗那样,刘氏以《论语正义》蜚声汉学界,是典型的朴学家,"而其诗磊落直致,或跌宕清妙,怡人心神,凡生平之撰述一空其迹"。于是他赞叹说:"吾向知楚桢(刘宝楠之字)之为学人,今乃益知其为诗人也。"[42]可见桐城派是主张化学为才,反对在诗中卖弄学问,这显然又是针对当时的肌理派的。

(4) 重气势

刘大櫆提出神气说,认为"文章最要气盛;然无神以主之,则气无所附,荡乎不知其所归也。神者气之主,气者神之用"[43]。姚鼐则特重气势:"夫文以气为主,七言今体,句引字赊,尤贵气健。"[44]尤其偏重阳刚之气,形成一种阳刚之美。其所以如此,因为他们真正从主观上信仰程朱所宣扬的封建道德,身体力行,表现为一种主体精神,因而反映在诗作上就重气势。而为了使今体诗形成一种阳刚的气势,他们便"以古文之法通之于诗,故劲气盘折"[45];"遒健峭厉,具开合动荡之势"[46]。方东树公然提出:"诗莫难于七古,……须解古文者而后能为之。观韩、欧、苏三家,章法剪裁,纯以古文之法行之,所以独步千古。南宋以后,古

351

文之传绝,七言古诗遂无大宗。阮亭号知诗,然不解古文,故其论亦不及此。"[47]这一点影响到晚清的黄遵宪"用古文家伸缩离合之法以入诗"[48]。

特别值得注意的是姚鼐这一论点:"文之雄伟而劲直者,必贵于温深而徐婉。"[49]这就是兼镕唐宋的另一说法,也就是一般说的唐肌宋骨。这样的诗,既不像宋诗末流的槎桠,也不像唐诗末流的庸滥。如陈用光,"诗初学铅山蒋编修士铨,后亦以姚郎中(指姚鼐)为法,故气稍敛抑云"[50]。蒋士铨专学黄庭坚,未免粗硬,姚鼐兼镕唐宋,故蕴雄直之气于深婉的词句音节中。

在格律诗方面,桐城派以杜甫为法。林昌彝指出:"少陵近体,五言律四十字中,包涵万象;至数十韵、百韵,运动变化,如龙蛇穿贯,往复如一线。钱虞山杜诗笺,于杜诗长律转折意绪,都不能了,所笺亦极多谬论。惟桐城姚姬传五七言近体选,深知杜法。"[51]曾国藩也说:"姚惜抱最服杜公五言长排,以其对仗工,使典切,而气势复纵横如意也。"[52]方东树更指出:"七律束于八句之中,以短篇而须具纵横奇恣开合阴阳之势,而又必起结转折章法规矩井然,所以为难。"[53]而姚鼐"作诗亦用古文之法,七律劲气盘折,独创一格。曾文正、吴挚甫皆效其体,奉为圭臬"[54]。

五、七言古体重气势,早有定论,对格律诗尤其七律这样强调气势,却是桐城派独得之秘。

因为重气势,重阳刚之美,也就必定了。

(5) 重音律

桐城派无论诗文,都重视音律。刘大櫆论诗,主张通过格高调响,表现其神完气足。姚鼐为诗,也强调音律响亮,以表现气势的沉雄。刘大櫆说:"盖音者,神气之迹也。""神气不可见,于音节见之。""音节高则神气必高,音节下则神气必下。"[55]姚鼐也说:"故古文要从声音证入,不知声音,总为门外汉耳!"[56]

他这样说明气势和声律的关系:"意与气相御而为诗,然后有声音节奏高下抗坠之度。反复进退之态,采色之华。故声音之美因乎意与气而时变者也。"[57]方东树也说:"欲成面目,全在字句音节。"[58]七律更强调"声响律切高亮"[59]。"音响最要紧,调高则响。大约即在所用之字平仄阴阳上讲,须深明双声叠韵喜忌,以求沈约四声之说。同一仄声,而用入声,用上、去声,音响全别。今人都不讲矣。"[60]所以厉志称赞:"姚惜抱先生诗,力量高大,音韵朗畅,一时名辈,当无其匹。"[61]

王士禛也重音节,但他的诗偏于阴柔之美,所以方东树批评他:"王阮亭专标神韵,……导人作伪诗懦词,终生不见大家笔力兴象气脉矣。如山水清音、园中林下之秀,岂足尽天地之奇观乎?"[62]正因此,他们以反明七子者为愚妄。

(6) 对明七子的取舍

姚范深恶吴乔诋毁明七子,姚鼐也不满钱谦益的攻击七子:"近人为红豆老人所误,随声诋时贤,乃是愚且妄耳!"[63]但曾国藩认为:"姚惜抱氏谓诗文宜从声音证明,尝有取于大历及入七子之风。"[64]只从格高调响看,未免片面。桐城派有取于明七子,实在是认为这才是学诗的正确途径。"惜抱轩尺牍谓学诗须从明七子诗入手,不可误听人言,曾编明七子律诗选(原缺)卷,示之准的。"[65]方东树曾引姚鼐的话:"凡学诗文,且当就此一家用功,良久尽其能,真有所得,然后舍而之他。不然,未有不失于孟浪者。"[66]又说:"姚姬传先生尝教树曰:'大凡初学诗文,必先知古人迷闷难似,否则其人必终于此事无望矣。'都是说学诗当从摹拟入手。但桐城派对摹拟有远为深刻的认识,试看如下一段话:"大约真学者则能见古人之不可到,犹龙蛇之不可搏,天路艰险之不可升,迷闷畏苦,欲罢不能,竭力卓尔。否则无不以古人易与,动笔即拟,自以为似。究之,只是掉扯法耳,优孟法耳!

353

试执优伶而问以所演扮之古人,其志意怀抱,与夫才情因宜,时发适变而不可执之故,岂有及哉?"⑱ 确实,一般所谓摹拟,不过如西昆诗人之学李商隐,只是挦扯而成优孟衣冠。桐城派诗人却要深究摹拟对象的"志意怀抱,与夫才情因宜,时发适变而不可执之故"。这其实就是王士禛早已说过的:"善学古人者,学其神理;不善学者,学其衣冠、语言、涕唾而已矣。"⑲ 但王士禛仍不免偏重摹拟,潘德舆就指出过:"渔洋云:'沧溟(指李攀龙)、弇州(指王世贞)皆万人敌,惟蹊径稍多,古调渐失,故不逮宏(治)、正(德)作者。'是仍以弇州之不甚摹拟,沧溟虽摹拟而不似李(梦阳)、何(景明)之专笃为病也,误人不亦甚欤?"⑳ 神韵派和桐城派学诗都从明七子入手,是因为"明七子之诗,虽不免摹拟,而与唐人风骨相近,学诗者有脉络可寻,终为正轨"㉑。两派也都以学明七子为手段,翁方纲说:"渔洋先生则超明人而入唐者也。"㉒ 姚鼐也是"确守矩矱,由摹拟以成真诣,为七子所未有"㉓。桐城派之所以没有被后人讥为仿古,就因为他们虽然主张"因",却更主张"创",在"因"的基础上"创"。当时的周永年曾称赞桐城派古文:"有所法而后能,有所变而后大。"方东树特引以论诗㉔,并指出:"海峰诗文,深病在太似古人,能合而不能离,姚姬传先生以此胜之。"㉕ 又一再强调:"古人诗格诗境无不备矣,若不能自开一境,便与古人全似,亦只是床上安床,屋上架屋耳,空同(指李梦阳)是也。"㉖ "学一家而能寻求其未尽之美,引而伸之,以益吾短,则不致优孟衣冠、安床架屋之病。如空同之于杜,青丘之于太白,虽尽其能事作用,终不免于吞剥挦扯太似之讥。必如韩公、山谷,方是自成一家,不随人作计。古之作者,未有不如此而能立门户者也。"㉗

正因为他们这样理解"因"与"创"的关系,所以认为诗固有法而无定法。姚鼐就说:"自汉、魏、晋、宋、齐、梁、陈、隋、唐、赵宋、元、明及今日，能为诗者殆数千人，而最工者数十人。此数十人，其体制固不成，所同者，意与气足主乎辞而已。……鼐诚不工于诗，然为之数十年矣。至京师，见诸才贤之作不同，夫亦各有所善也。就其常相见者五、六人，皆鼐所欲取其善以为师者。虽然，使鼐舍其平生而惟一人之法，则鼐尚未知所适从也。"⑱

根据上述六点，可以看出桐城派诗论的实质。正如晚清的欧阳勋所说："伯言（指梅曾亮）论学诗之法：初从荆公、山谷入，则庸熟繁蔓无从扰其笔端。俟其才气充沛，法律精熟，然后上薄诸大家而融洽变化，以自成其面目。袁（枚）、蒋（士铨）、赵（翼）才力甚富，不屑炼以就法，故多浅直俚诨之病，不能及古，而见喜于流俗。"⑲归根结柢，还是要以雅洁医俗滥，其针对性是非常明显的。所以凡是推崇桐城诗派的，必然鄙弃性灵派。吴德旋这首七绝颇有代表性："渔洋逝矣更谁怜，转益多师后胜前。我自心钦姚惜抱，拜袁揖赵让时贤。"⑳

三 刘大櫆、姚鼐和方东树、梅曾亮的诗

我挑选这四个人，因为他们恰好可以代表桐城诗派发展过程中的三个阶段。

刘大櫆（1698—1780），字才甫，一字耕南，桐城人。雍正七年、十年两登副榜，竟不获举。乾隆元年，方苞荐应博学鸿词科，大学士张廷玉黜落之，后知为大櫆，甚悔。十五年，廷玉特举大櫆经学，又报罢，出为黟县教谕，数年告归，居枞阳江上不复出。四十五年卒，年八十二。

这是个"心比天高，命如纸薄"的文人。首先，经济上"贫"，田产很少："家世皖江侧，薄田十亩馀。"㉑住宅湫隘："敝庐在东鄙，老屋百年存。客或窨庖宴，鸡多上席喧。"㉒以致阻止朋友来

访。其次,政治上"穷"。姚范生前,大櫆已慨叹:"放逐汝能官屈宋,乾坤吾自老渔樵。"[83]到了晚年,更是叹息:"虽然我今年老矣,穷鸟投林聊至此。荒山野水终残年,自顾所馀惟一死。"[84]他本来性情豪迈,少年即有壮志,自称"赋性雄豪谁敢挫"?[85]"少年负勇气,志在立功勋。"[86]"却忆我年当少时,清风朗月为襟期。雄吞云梦可八九,走马横行十万师。"[87]到晚年自叹:"剧孟寻常是弟昆,几年落魄气空存。歌朋酒伴凋零尽,自策疲驴入蓟门。"[88]

这么一来,他的思想就表现为豪迈而怪诞。

豪迈之气是贯穿他一生始终的。有趣的是他的友人居然以卧龙相比:"昔闻诸葛公,偃卧茅庐中。高吟梁父抱两膝,自比管乐何雍容。向令先主了不顾,固将长为农父终。读公之传肃然起,岂弟十倍加曹氏?但恨生不并公时,径卖长鞭随马尾。故人积学为醇儒,百城自拥仓中书。胸罗武库未一试,折冲千里知有馀。文雅纵横气磅礴,翰墨嬉娱时作。手提咏史一篇诗,总撮隆中诸伟略。初观错愕不相让,谓君持此特自况。乃不自况况小人,拟不于伦非所望。三家之村童子师,每逢真儒辄忸怩。平生智不及老辈,胡乃高比卧龙为?知君有意发嘲弄,使我瓠落伤无用。他时走马渡长江,可许追尘蹑飞鞚?"[89]这里,他和友人都犯了时代错误。管仲、乐毅和诸葛亮都是割据时代的产物,刘大櫆等却生活在大一统王朝下,哪能有三顾茅庐的刘先主呢?但我们如果往深处一想,说不定他和那位友人尹亨中都有"汉贼不两立,王业不偏安"的思想,想为南明图恢复呢。试看他的另一首诗《孝廉种菜图,为谢香祖题》,诗前有序:"阳羡谢兼山先生,讳遴,别字啸庄,香祖之祖也。崇祯癸酉举人,与陈百史、龚芝麓同年。明亡,隐居芳砚村庄,种菜自给,足不履城市者垂二十年。"诗有云:"……招隐谁能更敦迫,芒鞋一两千金直(自注:

陈其年赠诗云:'芒鞋一两千金直,不踏城中二十年。')。诸公努力事勋名,老圃馀生依种植。忆昨边庭烽火惊,烧残汉帜轰雷霆。运去英雄丧首尾,天公恍惚难具明。陵岸沧田互迁递,神州仓卒黄云蔽。连翩走马三数公,进毕乘机据高位。孝廉从此歌命衰,神农既没将安归?……人情得陇每望蜀,富贵若个能知足?但勿求荣应远辱。君不见陈百史,宛转朝衣斩东市?君不见龚芝麓,尚书履声今不复?……"[90]这样热烈地歌颂明遗民,强烈地谴责贰臣陈之遴和龚鼎孳,现在读来,仍不能不惊叹作者的大胆,不能不承认他具有一定的民族意识。所以,晚清的方廷楷说他:"伤心曾把兴亡泪,洒向秦淮作暮潮。"[91]

明显表现他的思想不纯的是如下的诗:"忆昨与君俱少年,买酒不惜钱丨丁。酒酣恣意论往昔,排诋许务嗤渊骞。"[92]敝屣富贵的许由、务光,潜心仁义的颜渊、闵子骞,都是儒家树为榜样的先贤,刘大櫆却公然加以排诋、嗤笑。这就难怪他敢于骂皇帝了:"……深宫狎阿保,而闵百姓饥,岂非天使独,知临大君宜?吾闻晋帝言:何不食肉糜?中人数家产,流涕诵此辞。"[93]历朝皇帝,除了开国的,谁不是生于深宫之中,长于阿保之手?这就难怪大多像晋惠帝那样弱智,而像汉文帝那样爱惜物力的没有几个。这种弱智并非天生,纯为后天环境造成。"岂非天使独"这句,表面用《庄子·养生主》的"天之生是使独也",实际是说"深宫狎阿保"的结果。"知临大君宜"的"知"即"智","大君"即天子,全句是说,这样的弱智者坐在天子的宝座上,合适吗?刘大櫆之所以"流涕诵"汉文帝的"百金中民十家之产"这一段话,正因为一般皇帝是不会"闵百姓饥"的。

由于性格豪迈,他的诗作在表现形式上也就自然具有以下几个特点:

(1) 即目造语,不求出处

如《登东梁山绝顶》:"凭高一望暮云奔,烟树苍茫落照昏。俯视江流如蜥蜴,蚖行蠕动下天门。"[94]以蜥蜴比江流之蚖行蠕动,下语可谓兀兀独造。全诗也反映出一股豪气。又如《舟发鄖阳》:"旅馆初停梦寐惊,入舟回望不胜情。登墙窥我夭桃色,绕树争巢众鸟声(自注:时隔院桃花一枝斜压墙上,并鹰夺鸟巢,皆实迹也)。汉水分流劳远送,襄山如旧喜相迎。此生可有重来日?黯淡浮云暮自横。"[95]以"登墙"二句具体写出"回望不胜情"的内涵,赋而兼比。

(2) 用俗字

如"种豆种瓜皆事业,几时随着四婆裙?"自注:"宋人诗:'随着四婆裙子后',四婆者,盖其妻也。"[96]又如"尘土污人障不得,骡马日日穿衕衕"[97]。衕衕,今省作胡同,除了元曲中用,雅文学如诗是没有人这样用的。

(3) 用古文或虚字

如"君不见东家老翁夸析薪,而其子不能负荷,……乃知人以义方成,若非积习名教其安能?……新生许生富儒雅,有子生而不凡者。……"[98]又如"君家世世居南阳,自尔曾王父抗言极谏投南荒,……"[99]甚至五律也可以写成:"鹿门忽在望,秀绝未能攀。人说襄阳老,隐居于此间。问之无故宅,惟见水流闲。因诵夜窗句,凡诗欲尽删。"[100]还有用古文特有虚字的,如"我欲扁舟共还往,夫岂不如求仲羊仲为三人?"[101]夫岂,其他诗人极少用。

(4) 拗律一气流转

如:"山人骑马信马蹄,桃花李花开满蹊。正闻流水不知处,时有野鸠相向啼,鹘退鹏飞有力命,天空地阔谁端倪?青旗猎猎劝人饮,且复一醉官桥西。"[102]又如:"岁云暮矣客子悲,忽忆去年家居时,典衣沽酒友朋集,深夜草堂风雪吹。忽忽人生一大梦,疏疏我辈如残棋。死生穷达不相管,转荡漂流随所之。"[103]真是称心而言,别有古朴的情趣,也只有运用这种拗律,才能抒写出其勃郁的奇气。

不足之处也很显然。首先是粗率,如《宿山中古寺》结句:"此殆非人间,令余久动魄。"[104]《山中早发》结句:"遽尔舍之去,凄然伤我情。"[105]都缺少有馀不尽之致。又如《送张五二首》之二:"山堆淡碧水拖蓝,长忆高堂白发鬖。不尔但凭相爱慕,为君僦屋住江南。"[106]第三句太粗直。其所以如此,是因为径情直遂,不耐深思,诗心缺少曲折。

还有句式自重者,如"路经山折水回处,人在飘风骤雨间"[107];"岂知水态山容外,独及花黄麦绿时"[108];"偶当水抱山环处,聊作花潭叶屿行"[109]。朱彝尊评陆游诗所谓"句法稠叠,令人生憎"[110]。

还有律诗中四句句式全同者,如《北极阁眺望》的二、三联:"山川连楚越,世代历梁陈。龙虎开宫阙,风云攫缙绅。"[111]

还有仿古句式的,如《东归谣,为姜橡亭画像》有"朝市市鞍马,夕市市鞭缰。……泰山见尔归,白云相迎将;徂徕新甫见尔归,松柏翳翳参天长;远祖见尔归,有椒有馝登豆觞。……"[112]这是模仿《木兰辞》,也是方东树指出的"速化剽袭"[113],"其词又习熟滑易,多袭古人形貌"[114]。

其所以如此,仍然是方东树所说的:"徒恃才敏,轻心以掉。"[115]刘大櫆和王士禛相反,王是字字句句反复琢磨,而刘则不耐思索。方东树说:"海峰才胜阮亭,而功力不及。"[116]一点儿也不错。姚鼐曾称赞刘诗:"雄豪奥秘,麾斥出之。"[117]从诗的美学角度,可以说,桐城诗派主要就是继承刘诗的阳刚美。从诗的传统说,则是唐宋兼收(唐偏于韩愈,宋偏于黄庭坚),强调气势与音律。

359

姚鼐(1731—1815),字姬传,桐城人。少受业于同里方泽(字苎川),方泽谕学宗朱子,姚鼐深受其影响。稍长,伯父姚范授以经学,别受古文之法于刘大櫆。乾隆二十八年进士,选庶吉士,改礼部主事。历充山东、湖南乡试考官,会试同考官。四库馆开,充纂修官。书成,以御史记名,乞养归。相国梁国治嘱所亲语姚曰:"君若出,吾当特荐,可得殊擢。"姚婉谢之。其后主讲江南紫阳、锺山书院四十馀年。卒年八十五。

桐城诗派到姚鼐手上,才真正从创作和理论上定型。后来的吴汝纶这样评论刘、姚二人诗作的高下:"窃谓姚公所诣,过刘远甚。故姚七言律诗,曾文正定为国朝第一家。其七古,曾以为才气稍弱,然其雅洁奥衍,自是功深养到。刘虽才若豪横,要时时有客气,亦间涉俗气,非姚敌也。"[118]吴氏还说:"(姚)先生诗勿问何体,罔不清古雅健,耐人寻绎。"[119]和姚氏同时的洪亮吉则特别强调姚诗的"清":"姚郎中鼐诗,如山房秋晓,清气流行。"[120]什么叫"清"?宋末元初的方回曾说:"天无云谓之清,水无泥谓之清,风凉谓之清,月皎谓之清;一日之气夜清,四时之气秋清;空山大泽,鹤唳龙吟为清,长松茂竹,雪积露凝为清;荒迥之野笛清,寂静之室琴清。而诗人之诗亦有所谓清焉。"[121]明人胡应麟更具体解释:"绝硐孤峰,长松怪石,竹篱茅舍,老鹤疏梅,一种清气,固自迥绝尘嚣。……清者,超凡绝俗之谓也。"[122]姚诗正是超凡绝俗的。而这里的"凡"、"俗"的具体内涵,除功名利禄外,诗歌领域内则是性灵派的浮薄与浙派的尖新。姚氏是企图用"清古雅健"来横扫它们的。

大概地说,姚诗有三个特点:

(1)阳刚美

他偏重阳刚美,但力避槎枒粗犷之病,真正做到"以山谷之高奇,兼唐贤之蕴藉"[123]。以其七律为例,如《金陵晓发》:"湖海茫茫晓未分,风烟漠漠棹还闻。连宵雪压横江水,半壁山腾建业云。春气卧龙将跋浪,寒天断雁不成群。乘潮鼓楫离淮口,击剑悲歌下海濆。"[124]乾隆二十八年。姚氏考中进士,在京任职,次年请假归家省母,是年冬复入都,经过南京,继续北上,诗即作于此时。首联从视觉和听觉两角度写出题中的"晓"字。颔联通过写景点出题中的"金陵"。颈联写出时节,而写景之中,既寓有政治上的进取心,又反映了离别亲属的心情。尾联写出题中的"发"字。通首用对偶句,气象阔大,含意深沉。

他的七律还往往以正规的对句起,如《祝芷塘编修接叶亭图》首联:"人为碧海神仙侣,亭傍丛花丑石安"[125],更显得劲峭有力。《元宵曹习庵中允家燕集》首联:"声名座上逢前辈,灯火场中值令辰"[126],也是为了追求这种艺术效果。

最能显示其阳刚美的是《登永济寺阁,寺是中山王旧园》:"中山王亦起临濠,万马中原返节旄。坊第大功酬上将,江天小阁坐人豪。绮罗昔有岩花见,钟磬声流石殿高。凭槛碧云飞鸟外,夕阳天压广陵潮。"[127]此诗纯为逆写。诗的前半部分写永济寺的前身——明朝中山王徐达的府邸。一起便卓尔不群:徐达和明太祖朱元璋一样也是临濠人,他率兵破元大都(今北京)驱走元顺帝,奠定了明王朝的大业,因而为功臣第一。为了酬庸,太祖特赐第于大功坊。第四句才点到"阁"上,想象当年这位中山王坐在这小阁上眺望江天的情形。第五、六句由昔过渡到今:从眼前"岩花"的香艳,想象王府当年的"绮罗",而当年的"石殿"现在只能听到寺中的钟磬声了。尾联才点出作者的"登"。明明是无限兴亡之感,却只说自己傍晚凭阑,仰望到碧云飞鸟,空间是这样寥廓,耳边只听见长江浩荡的波涛声(大江东去,浪淘尽千古风流人物),时间又是这样的迅疾! 不言兴亡,而感慨自在景物中。这种写法,就是"以古文义法驾驭诗才",使诗"遒健峭厉,具开合动荡之势"⑫⑨。曾国藩曾手写此诗与友人并跋其后云:"惜翁有儒者气象,而诗乃多豪雄语。"⑬⓪这种诗的豪雄在于容量的深广,即空间和时间的旷渺,而不是故作大言,因而语言上绝不粗犷。

前人于姚鼐七古,或称其"雄厚"(袁枚)⑬①,或称其"雅洁奥衍"(吴汝纶)⑬②,或称其"晶莹华贵"(徐世昌)⑬③。试看其《钱舜举〈萧翼赚兰亭图〉》:"万壑千岩当坐起,断取越东山百里。世间不见永和人,长有春风流曲水。沧海日高开寺楼,楼上当窗僧白头。越僧世得锺张法,头白朝朝摹禊帖。扣门客坐轩槛风,茶香酒暖笑语同。致君有道尧舜出,访古无人羲献空。频说法书日西宴,萧郎缩手心无限。老僧抵掌僧雏睨,似谓慢藏旁欲谏,语卿且勿谏,怀璧不可居。御史称有诏,明日将登车。长安再拜陈玉除,欧虞俯首愧不如。年往运谢五百馀,钱生染笔中踌躇。石床闭绝昭陵夜,无复人间第一书。"⑬④因为是题图,所以开头四句先写唐初的兰亭。次二句写其时永欣寺僧辨才宝爱王羲之所书《兰亭诗序》。又次四句写萧翼伪装布衣士人来寺中行骗。其中"致君有道尧舜出,访古无人义献空"二句是诛心之论,却出之以微婉。明明是指责当时名臣房玄龄不该迎合唐太宗,要他派萧翼去行骗;萧翼如果耿直,也不该去行骗。这位贞观天子和两位大臣却干出这种丑事。姚鼐故意称房、萧为"致君有道",且称太宗为"尧舜"。"访古"句写太宗收尽世间二王真迹,以供一己玩赏。再下四句写萧翼骗出辨才所藏兰亭序真迹,绘影绘声,十分形象。"萧郎缩手心无限"一句,写萧翼企图攫取,却又一时不便,只好"缩手",但欲得之心却是扩张无限的。而辨才还蒙在鼓里,抵掌高谈,侍立的小沙弥却旁观者清。"慢藏"用"慢藏诲盗"语,斥太宗君臣为"盗",然出之以含蓄。以下事实用唐人何延之《兰亭记》。再下"语卿且勿谏"六句,用宋人桑世昌《兰亭考》,谓辨才取出兰亭真迹,萧翼即示以太宗诏札而取去。那就不是巧取,而是豪夺了。姚鼐合用两说,其憎恶之情可见。最后四句写宋代画家钱选(字舜举)画《萧翼赚兰亭图》,而兰亭真迹已不复存天壤间。五代时南唐温韬盗发昭陵,锺、王墨迹尽出,兰亭真本独遗失了。姚鼐却只写到太宗死时以兰亭真迹为殉而止,更见其自私之至。姚鼐后来在另一首七古《惠山寺观御赐寺内王绂〈溪山渔隐卷〉》中,又写到:"我闻贞观天子求僧室,暗槛《兰亭》一朝少,英主嗜好乃如此!"[135]对唐太宗又加以批评,语意较显,那是为了和乾隆帝对比,所以不像前一首的不恶而严。所谓"厚",所谓"奥衍",指的就是这种含意深厚,义蕴无穷。

(2) 以文为诗

如《沈椒园按察晚芝亭图》:"昔侍先伯居乡邑,四海贤人尝语及。清如冰雪沈御史,复有琼瑶好篇什。……生为后辈先之难,公至暮年名转立。郎君与鼐再世交,尚书礼曹先后入。"[136]《赏番图,为李西华侍郎题》:"启之辟之其怪居,……看人秉性岂异余?……陈图示客言既且,辽哉古放龙蛇沮。"[137]《新城道中书所见》:"从来休咎两难定,况何与此枯树耶?"[138]《岁除日与子颖登日观观日出,作歌》:"其下濛濛万青岭,中道江水而东之。"[139]《方天民次韵……用其病起韵答之》:"我弃良晚矣,子取非过欤?"[140]《寄叶书山十丈》之二:"叶刘年岁略相随,先伯同行又后之。"[141]《答朱石君中丞次韵》:"纵有随之推老马,其如后者未鞭羊。"[142]《又答硕士二首》之二:"蔑若众星真小说,学乎旧史似凭虚。"[143]《授经图,为汪孟慈题》:"仆昔遨游翰墨场,逢君先子在维扬。"[144]姚诗这种风格,从远处说,是受韩愈和黄庭坚的影响,从近处说,则可能受钱载的影响,也可能两人都受了乾隆帝御制诗的影响。在七古中来这么几句,倒也古朴可喜。在七律中这样造句,造得好确实老健超迈,否则终觉槎枒。这对晚清的宋诗派特别是同光体中的陈三立影响颇大。

(3) 学人之诗

姚鼐和翁方纲常相交往,因而也写过一些学人之诗,如《孔㧑约集石鼓残文成诗》、[145]《青华阁帖三卷,绍兴御刻,皆二王书,后有释文,余颇辨其误,复跋一诗》[146],虽然数量很少,但这种诗极少诗味,只是诗歌形式的学术论文而已。这自然是清代朴学之风的影响,从朱彝尊到同光体以及中晚唐派诗人,都有这类诗作,在诗史上并无价值可言。

方东树(1772—1851),字植之,桐城人,曾祖方泽曾为姚鼐业师。东树二十二岁至南京锺山书院,从姚鼐学古文。不久,考中秀才。又数年,补增广生。以后屡试不中,五十岁后就不再应考。历主庐州、亳州、宿松、廉州、韵州等处书院。八十岁时,祁门县令请他主讲东山书院,欣然往,抵祁两月而卒。其诗沉著坚劲,尤近谢灵运、杜甫、韩愈、黄庭坚。有《仪卫轩文集》十二卷,诗集五卷,诗论专著为《昭昧詹言》。

梅曾亮(1786—1856),字伯言,一字柏枧,江苏上元人。嘉庆初,读书钟山书院,为姚鼐门人,最受知。道光三年(1823)进士,官户部郎中,居京师二十馀年。后以弟病乞归,主讲扬州书院。有《柏枧山房文集》十六卷,续集一卷,诗集十卷,续集二卷。

时代不同了,姚鼐生活在所谓的乾嘉盛世,其诗作题材不过山水、行旅、赠答、游宴、咏史、题画之类;而方东树、梅曾亮生活在道咸之时,内忧外患相逼而来,所以,他们蒿目时艰之作为多。

首先,他们一生经历的是前史未有的忧患。作为封建社会末期的士大夫,志在兼济的传统心态,碰上这样的艰难时世,自然使他们从花月闲吟中跳出来,睁大眼睛张望这充满忧患的世界,提出救世的药方来。

方东树活了八十岁,但一直沉沦在士大夫的底层,他的贫困比之刘大櫆有过之而无不及。《述怀》题下自注:"去岁在真州作诗曰:'明年念陈迹,不死何处客……'今岁里居,家乏无以为生,乃赓去年诗曰:'首丘不可赋,欲客何处死?'呜呼!绎先师忧贫谋食之诫,有愧多矣!"诗曰:"米盐虽不亲,赢阙惟我恃。雏孙顾足慰,深忧困饥馁。生存且不保,他日复谁倚?……百端搅我肠,精眊骨干髓,……首丘不可赋,欲客何处死?"[147]《食贫》说得更惨:"食贫几许悲欢并,历历凄凉与目存。每感饥寒伤弟妹,欲将枣栗靳诸孙。……"[148]连最喜爱的孙辈一点零食钱都准备节省下来,其拮据已到了什么地步!

然而他却能跳出 家的小圈子,而对国家对民族充满忧患意识。《忧旱》云:"我无半亩田,心忧万家哭。"[149]《有自中州回者,言黑冈决口,灾甚剧,悯然赋此》:"……传道滔天高雉堞,顿令安堵化虫沙。绘图难写千家哭,……"[150]

对英帝国主义者侵略中国更是义愤填膺。道光十八年(1838),他在广州作两广总督邓廷桢的幕僚。"大臣请厉禁洋烟(即鸦片烟),下督抚议。先生(指方东树)著《匡民正俗对》,陈所以禁之之道,劝制军邓公覆奏,不从(道光帝不同意)。喷夷公司领事义律桀傲不受约束,居省城夷馆。先生劝制军陈兵斩之,制军虑启衅,谢不敏。然终反复生变者义律也。"[151]道光二十二年(1842),坚决抗英的林则徐、邓廷桢都被革职遣戍,方东树时已七十一,看到"夷人犯顺,东南数省皆被祸,方帅多退避,先生时时痛心切齿",因作《病榻罪言》,极论制夷之策,遣人上之浙江军门,惜方议抚(实为投降,签订了第一份丧权辱国的《南京条约》)",无人理会。[152]

这一时期,他痛苦地写了许多诗,如《闭户》之二:"几岁鲸波鼓怒蛙,南风不竞一长嗟。高牙城塞翩熊鸟,上国居民荐豕蛇。白简气消天亦远,黄金心竭士争哗。新诗吟罢同书愤,孤士忧时意转赊。"[153]他对官军失望了,回过头来,从自发抗英的"义民"中找到了力量,因而他大力歌颂。《回首》之二云:"鲸吞龟呿阻干戈,鬼难风灾奈若何! 上将威名班爵勇,通侯阀阆计功多。空闻晋鄙兵符合,长忆崔延壮士歌。惟有义民工草檄,挥毫不借盾边磨。"[154]《传闻》一诗前半部分说:"传闻夷舶震洋中,重桅危樯浪打空。须信海神无暴横,果然天道自明聪。"自注:"……粤中义民讨呋夷檄中有言其必被雷震风溺者,语剧痛快,今其言果中。《书》曰:'天视自我民视,天听自我民听,天聪明自我民聪明',岂不然哉?"[155]对人民的力量充满了热情的歌颂,表现了坚定的信心。"义民"事迹见《感钱江》题下自注:"自君客粤,少年锋气,倡募义民万馀人,布檄声讨呋夷,斩其酋首,撤其夷馆,呋夷惮之,不敢进粤内洋。乃竟以任事太锐得罪。"诗云:"怜君晚读留侯传,刚未摧柔难始屯。岂谓求婚翻利寇(自注:钱君上书当事诸公,求主画诺,御寇非为寇也),那知非罪竟危身。射潮枉费三千弩,脱剑同惭五百人。我欲要离穿近冢,无边魑魅若为邻?"[156]这里对钱江和"当事诸公"的爱憎是何等的鲜明。

他为好友姚莹坚守台湾抗击英国侵略者而欢呼,见诗集中《寄姚石甫观察台湾》[157]、《答寄石甫》[158]两诗。更为他因此获罪而极为不平。《寄钱石甫》题下自注:"石甫任台澎道四年,召募义勇三万馀人,挫败呋夷,呋夷惮之,不敢近。故连年浙、粤、江南皆丧地失守,而台独完。呋夷忌恶之,诬讦,致抵罪,被逮入都。"其诗第三联:"敌情知喜长城坏,民志虚殷卧辙思。"自注:"台民数千人签呈,日诉于大府行台,涕泣保留,不准。"[159]愤懑之情溢于楮墨。后又有《喜闻石甫释罪出狱……》[160]七律二首,

《石甫蒙恩释狱,诏发往四川以同知、知州补用,于甲辰二月由里赴蜀》[161]、《重送石甫,即用其留别诸韵》[162]。姚莹到四川后,表现出斗志衰退,他又"复寄二诗,用广其意以张之",劝他"试勒奇勋追汉使,莫希和德倚先贤"[163]。

在投降派日益得势的局面下,眼见浙江战场上裕谦战死,定海、宁波接连失陷,他失望了,写出了《愁绝》一诗:"屈平杜甫并王臣,蹇蹇由来事亦均。百代英灵虽共尽,千秋诗赋自常新。难求深隐招魂意,正值苍茫斗将辰。凭语老夫怀抱恶,不知愁绝为何因。"[164]

后来形势有了转变,邓廷桢由戍所赦回,他欣喜地写了《喜闻嶰筠先生赐还,感而赋此》。

方东树实在是陈亮、陆游一流人物。

梅曾亮也是力主禁烟的。林则徐奉旨赴广州禁烟时,他作诗相送,欢呼"禁烟新断阿芙蓉"[166]。后来邓廷桢和林则徐先后由戍所召回,他也作诗志喜。但是对整个鸦片战争,他的诗文集再没有只字提及,不像方东树那样对深重国难沸跃着爱国主义激情。

他倒是对内忧有更多的看法。"曾亮见川、楚教匪之乱,及嘉庆十九年林清之变",所以写了《民论》,以为"权出于士,而党锢清流之祸成;权出于民,而左道乱政之祸烈"。结论是应"以土者之权"而兴教化。所谓"教化",就是使民耕织而外,"有饮射之典,有傩蜡之礼,有月吉读法之令,奔走之、驰骤之,而不惮其劳拙。"这样做的目的,"在使民回易耳目,震荡血气,阳遂其鼓舞之情,而阴辑其静而思骋之意。其教如是而已。"[167]这是典型的《应帝王》,为当代皇帝巩固统治权而献的计策。可惜"药方只贩古时丹",这种儒家理想化的三代的治术,远远不能适应资产阶级民主革命的时代了。所以尽管其后太平军起,"陷江南，卒如其言"，他也是徒呼负负的。他是南京人，太平军攻占该城，建立天京，他只能哀吟："金陵一旦万家空，流落江村此秃翁。"[168]然而他竟不明白太平军这场中国封建社会中最后一次农民起义的暴发原因："呜呼！国家深仁迈丰芑（西周初期），宽租发租无时已，蜂屯蚁聚胡为起？"[169]杜甫早已指出："朱门酒肉臭，路有冻死骨"；陆游也指出过："富豪役千奴，贫老无寸帛"，梅曾亮却竟茫然。封建社会晚期的士大夫，竟比不上他们前辈的头脑清醒，这真是历史的悲剧！

梅曾亮诗集中只有少数反映社会现实的诗，如《途中即事》反映了乡村旅店中雏妓的悲惨生活[170]。《可叹》二首对北京冬夜三更的小贩叫卖，夏夜当街卖唱的歌女，表现了一定的同情。[171]《热车行》写京城豪门子弟的气焰："高车峨峨明六窗，车中年少神扬扬。车来如风热如火，行旅辟易触者僵。"[172]《东小市行》写前门广场黎明时的小市："买柑得絮皮得纸，马鞭鼠朴欺愚蒙"，"有时贱买方入手，贵价转卖如旋风"，简直是一幅北京社会底层的风俗画。[173]《偶出》写北京优伶的悲惨处境[174]。其他如《宣城水灾行》写水灾之猛，灾民之惨，绘影绘声，如闻如见。[175]《宣城归舟书所见》："大堤上，昔作行人路，今作居人室。男女持茅登屋极，龙骨牛衣支四壁。儿女怆怆日中立，人与鸡豚共牢湢，破甑短檠皆露集。回头却望田中居，空房无人水出入。"[176]纯粹写实，不著议论，而灾民之苦如见。《悲官圩》是反映水灾面积之广[177]。《归舟至江东门》："野老无船踏破扉，一篙敧侧傍墙隈。石头城上人如海，袚服新装看水来。"[178]对南京城上袚服新装欣赏大水的人们进行了辛辣的讽刺。另一方面，梅曾亮对亲民好官则大力称颂，如《过滕县作，时县令赵毓驹，贵州人》，写得相当口语化，对赵县令"榜示悬中衢"征求县人意见，共同办好县政，十分赞赏。"孰为官之虱，孰为民之蠹？愿

368

以告邑宰,邑宰敢不去! 何弊当速去,何利当速兴? 愿以告邑宰,邑宰敢不能!"作者为了证实,"旅食问主人:县官竟何如? 主人叉手言:乃是大好官。自从上任来,廉洁不受钱;时时审官事,告期不拖延。"[179]《栾城谣,为故邑令朱承澧作》[180],称美朱县令的种种德政。

在艺术性方面,他们俩有同也有异。同处是都表现出一种阳刚美,同时这种阳刚美的取得,都是由于学习黄庭坚为主的写作技巧。这正是桐城诗派的特色。陈世镕《题毛生甫岳生诗稿》之二自注:"君与植之论诗皆专宗山谷。"而梅曾亮自述学诗经过也说:"我初学此无检束,虞初三百恣荒唐。稍参涪翁变诗派,意气结约无飞扬。"[181]另外,更重要的是方东树"深得于谢(灵运)、杜、韩、黄之胜,而卓然自成一家"[182]。梅曾亮"论学诗之法",也是"初从荆公、山谷入","俟其才气充沛,法律精熟,然后上薄诸大家而融洽变化以自成其面目"[183]。"自成一家","自成其面目",也就是姚鼐说的从摹仿入而后加以变化,成为独创。因此,方诗表现为"沉雄坚实"[184],而梅诗亦"坚致古劲"[185]。

异处是方东树真能由摹仿而创造。梅曾亮曾经把自己和方作了对比:"观植之之诗,妙在字字有凹凸,步步有吞吐,国朝诗人无此境界。且大段读去,已自成为植之之诗,不似亮等忽唐而忽宋也。"[186]这不是梅的客套话,他曾自评其诗:"千金狐裘饰羔袖,汉冠晋制兼唐装。吾文所病亦在此,自成一家今未尝。"[187]可见梅诗还未能达到独创的地步。

方东树对自己的诗,评价是很高的。陈世镕《题毛生甫岳生诗稿》之一:"方干自信空千载",自注:"桐城方植之自誉其诗旷绝千载。"方宗诚也说方东树"平生自信其诗特深,以为逾于文。上元梅伯言曾亮、宝山毛生甫岳生、建宁张亨甫际亮皆推尊之,以为不可及。"[188]

其实方之不可及处,一是"身虽未仕,常怀天下忧,凡遇国家大事,忠愤之气见于颜色,或流涕如雨"[189]。另一是其诗能做到"无不尽之意,无不达之辞"[190],对误国群小敢怒敢骂。所以读他的诗,很容易为他的激情所感染。梅诗则不然,"神锋内敛"[191],"得诗教敦厚之指"[192]。所谓"敦厚",就是"怨而不怒",就是"依违讽谏,不指切事情"[193]。他自己也说:"凡诗阅一二字可意得其全句者,非佳诗也。文气贵直,而其体贵屈。不直则无以达其机,不屈则无以达其情。为文词者,主乎达而已矣。"[194]所以戴森说他:"绝诧西江宗派内,分向俎豆祝樊南。"[195]正指梅诗既学黄庭坚,又学李商隐,而李诗是"只恨无人作郑笺"的。

方东树诗的艺术特色有如下四点:

(1) 任何事物都会联想到国难

这主要表现在鸦片战争时期,如《闭户》写自己本来"闭户馀生日抱残",却念及"只应南海需疆理,倐想经纶壮召翰"[196]。庭前忽生萱草,开花甚茂,他觉得"平生郁郁无欢事,老见幽花暂解颜",而解颜不是为了小我,"别馆北堂两无预,甘心也欲免忧患",只希望国家太平[197]。本已"七十残年百念枯",却无法忘记"南海兵戈气",可是吾谋不用,只好"发书陈箧汰阴符"[198]。重九登高,他叹息"风景不殊今古气",产生"举目有山河之异"的预悸[199]。朋友们游冶父山归来,谈到此山可能是春秋楚群囚处,他"世事悲歌想壮猷",希望中国有爱国志士"便作夷吾起江左,休教对此泣累囚"[200]。他"服勤早起",由于家贫,室人交谪,他却甘学痴聋,一心只想到"时危兵甲忧方大"[201]。

(2) 常以比兴手法写个人的性格和遭遇

如咏红梅花,而叹息"眼明翻讶看者少,孤士忤俗难与伦"[202]。称赏小孤山的奇峭:"有如贤豪勇致身,青云不藉阶梯起。"[203]又如榕树,"人言此木百无用",他却欣赏"榕生连天荫十亩","连林不觉无郁陶",免得"路上行人多渴死"[204]。他说荔枝"至味从来少真赏",又说"岂有至味甘如醴,涊然徒被凡口辱?……嗟尔怀奇幸无闷,古心泯泯皆不传";又说:"中原无人知尔味,南士噉与常果俱,身虽不藏美终晦。"[205]值得注意的是,这种比兴手法的运用,给读者创造了诗人这么一个自我画像:遭遇越坎坷,性格越兀傲,而越来越兀傲的性格,则促使他的遭遇更加日益坎坷。

(3) 语熟而意新

如咏沧浪亭,因苏舜钦的困阨而得出一个规律性的概括:"古来豪俊人,不朽半以厄"[206],于古人所谓"三不朽"之外,另立新解,而又确凿无疑。又如读孟郊诗,竟感到"文章与踢跶,天地共吟呻"[207]。真州城东观荷,前半部分写观赏荷花的高情雅致,后半部分却通过"主人前致词",说:"岂慕制荷衣,聊同种姜芋。但指花可卖,食利比千户。"作者虽宗理学,却非不言利的君子,他能"哀世为生难,敢陋齐民务"。[208]这已经反映出市民意识了。

(4) 风趣而又贴切

《廉州(今广西合浦县)盐大使厅廨,九月,盆梅盛开。友人有为作图者,大使范君请余作诗》:"谁道莱芜甑生尘,酒香炙美能留宾,人言官冷气如春。火维气偏嗟地远,野卉蛮花无早晚,玉艳奋起开秋本。故人粉墨写作图,戏君何时逃五湖,搂载西施来海隅?"[209]诗分三层,一韵一转。前三句写范大使宴客赏梅。首二句用《后汉书·范冉传》的"甑中生尘范史云,釜中生鱼范莱芜",既切大使之姓,又誉其虽为官清廉,却热情好客。三句的"官冷",指苞苴不行,门庭冷落;"气如春"则回应其好客。中三句写九月盆梅盛开。"火维",用韩愈诗,此指廉州。"玉艳",用李商隐诗,此指白梅花。梅本早春开花,此盆梅九月即盛开,故曰"奋起开秋本"。这几句很生动,用拟人手法写梅花要压倒凡艳。末三句写友人作图,自己作诗。"戏君"二句以范蠡比范大使,以西施盆比盆梅,很风趣地说这白梅是他带来的。咏物诗写得这样亲切有味,从另一侧面反映出方东树的性格,他确非道貌岸然、不苟言笑的道学家。

梅曾亮诗的艺术特色又不同。他写诗更步趋姚鼐,曾有诗云:"瓣香自愧无馀子,流别争传有大师。定论漫期千载后,喜君先已辨渑淄。"[210]

梅诗的阳刚美(即豪雄语)往往表现在形式上,如"世间万事那有此,万口饥民无一死。世间奇事谁肯创,十万官粮一朝放。官身散米官偿银,民身得活官身贫。蔡子说此不容口,一笑忻州吾旧友。忻州李侯精权奇,高驰亦厌络头丝。……"[211]这样两句两句一转韵,层层逼进,起伏跌宕,分外有气势。

另外,以文为诗,也构成了其诗的阳刚美。如《题徐廉峰问诗图》:"……而人其间一虚舟。任耳所触皆相谙,能者乃以六凿收。借我十指如过筹,或为雅颂为欯讴,问之其人不自由。无主可答宾谁诹?道不可问矧可偷,安处无是此两叟,问者莫向图中求。"[212]又如《六月二十一日,欧公生日,……》:"……已往者韩未来苏,艰哉一手公耘锄。我思其时执鞭趋,或从水涯伴山砠。子美曼卿介与洙,不彼弃或辱收余。……公有至言非自谀:惟文字者无穷欤!若使后人嗜好殊,今亦谁复知公乎?……众宾一笑有是夫。……"[213]这样以古文的词语或句式入诗,自然古拙劲峭。因而他在《题桐城张之道诗稿》中直言:"以文为诗古有之,拟经拟子斯尤奇。"[214]

梅诗另一特色,是学人之诗与诗人之诗的结合,如七律的对偶句,他喜欢这样制作:"时追苦县光和体,不奏甘泉泰畤篇。"[216]"即今楚国先贤地,正待齐民要术书。"[217]"宁编荆楚岁时记,不读司空城旦书。"[218]这样属对,分外典雅。

梅诗还有一个特色,就是叙事善于绘影绘声,如:"李君好诗兼好酒,官学瘦马时寻友。青铜三百不肯留,却笑财房空两手。除夕准衣苦留客,客多屋小时被肘。一客煮鱼踞灶觚,一客哦诗拈敝帚。醉呼联吟声达旦,债客惊咤窥返走。……"[219]又如"有客有客端为谁?揽衣蹑屦起欲窥。君入一笑书帷披:吾更名耳子勿疑。……"[220]又如:"磬折方延宾,三子适来憩。骇此初筵色,破帽欲辞避,主人拊掌笑:作达殊未至。岂闻竹林人,有物能败意?径入别室中,吟啸无所忌。谓余'君可出,无复与君事。童奴吾自呼,饮啖吾自计。'此不须主人,安觉客为累。须臾送客入,二醒一已醉。笑言'有馀杯,明日可见诣。'"[221]很生动地描绘出晚清士大夫"作达"的魏晋风度。

四　流派与影响

刘大櫆、姚鼐在诗的方面传人很不少,除上述方东树、梅曾亮外,还有吴德旋、朱孝纯、疏枝春、陈用光、鲍桂星、周有声、姚莹、姚椿、张裕钊、姚濬昌、张亨嘉、王必达、朱琦、曾国藩、范当世等。

其中如鲍桂星,初"学诗于同里吴澹泉。澹泉为刘海峰高弟,其论诗严于格。凡不入乎格,其工者骈文耳,其奥者古赋耳,其妍者词耳,其快者曲耳,其朴直者语录耳,其新颖者小说耳,其纤曲委备者公牍与私书耳,皆不得谓为诗"。桂星笃守师法,"有一字一句点窜十数过而犹未已"[222],可见桐城诗法之严。"中年后师事姚姬传先生,于为诗力守师说。……其所为诗,姬传先生尝称之曰:'是能合唐宋之体而自成一家者也。'"[223]

又如姚椿,"最服膺姚惜抱,故学派近之。……诗尤雅正醇懿,才锋俊拔,而以酝酿出之,迥异浮响,盖能矫袁(枚)赵(翼)

373

末流者也"㉔。

又如范当世,自认为桐城诗派的成员,其《赠阳湖张仲远婿庄心嘉》一诗云:"桐城派与阳湖派,未见姚(鼐)张(惠言)有异同。我与心嘉成一笑,各从妇氏数门风。"因当世为姚濬昌之婿,而濬昌为姚莹之子,姚范之五世孙。故吴闿生编《晚清四十家诗钞》,以桐城派诗人为主,而其中选范当世诗一百馀首。

沈曾植、张之洞、郑孝胥虽非桐城诗派中人,而皆于姚鼐诗有深契。沈氏《海日楼札丛》有《惜抱轩诗集跋》云:"私以为经纬唐宋,调和苏杜,……抱冰翁(指张之洞)不喜惜抱文而服其诗,此深于诗理,甘苦亲喻者。太夷(指郑孝胥)绝不言惜抱,吾以为知惜抱者莫此君若矣。"

总之,桐城诗派最直接的影响,一方面是使性灵派逐渐消失其影响,另一方面是导引出清后期的宋诗派(包括同光体),而这两方面又是互为影响的。宋诗派特别强调学人之诗与诗人之诗的统一,他们的影响越扩大,就越使人(主要是封建士大夫)感到性灵派轻佻浅薄,远远背离了儒家诗教的传统。

另外,桐城派宗仰程朱,自方东树后,该派诗人更重视理学修养。这被曾国藩接过去,加以宏扬,变成镇压太平天国革命的精神武器。

注　释

① 《中复堂全集·桐旧集序》

②⑤⑯ 《谈艺录》

③ 《昭昧詹言》卷一第一条

④ 《晚晴簃诗汇》(以下简称诗汇)卷七七

⑥ 《苌楚斋随笔》卷六

⑦㉓ 《太乙舟文集》卷三《姚先生行状》

⑧　《惜抱轩尺牍·与鲍双五》

⑨　《昭昧詹言》卷一第九八条

⑩　《昭昧詹言》卷一第四七条

⑪　《昭昧詹言》卷十二第四一二条

⑫　《昭昧詹言》卷十二第四一八条

⑬　《昭昧詹言》卷十二第四二〇条

⑭㉕　《清史列传》卷七二姚鼐传

⑮　《湖海诗传》卷十四

⑰　《惜抱轩文集》卷四《荷塘诗集序》

⑱　《仪卫轩文集》卷五《徐荔庵诗集序》

⑲　《太乙舟文集》卷五《答宾之书》

⑳　《惜抱轩诗集》卷二《述怀二首》之一

㉑　《惜抱轩诗集》卷五《题外甥马器之长夏校经图》

㉒　《惜抱轩诗集》卷四《与张荷塘论诗》

㉓　《惜抱轩诗集》卷五《硕士约过舍……》

㉔　《书嵇叔夜诗与侄櫆》

㉖　《昭昧詹言》卷六《复张君书》

㉗㊻㉙　《半庵札记》

㉙㉛　《惜抱轩文集》卷四《吴荀叔杉亭集序》

㉚　《苏轼文集》卷十二《传神记》

㉜　《惜抱轩诗集》卷一《漫咏三首》之三

㉝　《文史通义·史德》

㉞　《昭昧詹言》卷一第一条

㉟　《昭昧詹言》卷一第七条

㊱　《柏枧山房文集》卷五《李芝龄先生诗集后跋》

㊲　《柏枧山房文集》卷四《朱尚斋诗集序》

㊳　《柏枧山房文集》卷五《黄香铁诗序》

㊴　《柏枧山房文集》卷四《桑弢甫先生集序》

㊵　《太乙舟文集》卷六《家仰韩兄文集序》

375

㊶㊻㊽63 《惜抱轩尺牍·与陈硕士》

㊷ 《柏枧山房文集》卷七《刘楚桢诗序》

㊸㊺ 《论文偶记》

㊹ 《今体诗钞·序目》

㊺ 曾国藩语,见《晚晴簃诗汇》卷九一“姚鼐”下引

㊼⑯ 卷十第一条

㊽ 《人境庐诗草自序》

㊾ 《惜抱轩文集》卷四《海愚诗钞序》

㊿ 吴德旋作陈用光神道碑铭,载《太乙舟文集》首

51 《海天琴思录》卷一

52 《题王定安蜕斁斋稿》

53 《昭昧詹言》卷十四第一条

54 《晚晴簃诗汇》卷九一

57 78 《惜抱轩文集》卷六《答翁学士书》

58 《昭昧詹言》卷一第五五条

59 《昭昧詹言》卷十四第二条

60 《昭昧詹言》卷十四第九条

61 《白华山人诗说》卷二

62 《昭昧詹言》卷一第八五条

64 《续古文辞类纂》卷十一《致吴敏树书》

65 71 《苌楚斋随笔》卷一

66 《昭昧詹言》卷一第二四条

67 《昭昧詹言》卷一第九八条

68 《昭昧詹言》卷一第一五三条

69 《蚕尾文》卷一《晴川集序》

70 《养一斋诗话》卷六

72 《石洲诗话》卷四

73 79 183 《雪桥诗话》馀集卷八

74 《昭昧詹言》卷一第九七条

⑦⑤ 《昭昧詹言》卷一第一四五条

⑦⑥ 《昭昧詹言》卷一第一五一条

⑦⑦ 《昭昧詹言》卷十四第一七条

⑧⓪ 《初月楼诗集·杂著示及门诸子》

⑧① 《海峰诗集》卷二《田居杂诗二首》之一（以下简称卷数）

⑧② 卷五《姚大南青将过访,止之以诗》

⑧③ 卷七《怀姚南青》

⑧④⑧⑦ 卷四《寄姚姬传》

⑧⑤ 卷一《药裹叹》

⑧⑥ 卷二《感兴十首》之五

⑧⑧ 卷六《自嘲》

⑧⑨ 卷二《酬尹亨中》

⑨⓪ 卷三

⑨① 《习静斋论诗百绝句》

⑨② 卷三《送倪九司成归高嵌山》

⑨③ 卷三《杂感十一首》之十一

⑨④⑨⑤ 卷三

⑨⑥ 卷三《归思》

⑨⑦ 卷二《送姚道冲归里》

⑨⑧ 卷四《教子图,为许萃和题》

⑨⑨ 《东归谣,为姜橡亭画像》

⑩⓪ 卷七《鹿门山次韵》

⑩① 卷三《题许比部竹人图》

⑩② 卷五《山人》

⑩③ 卷六《岁暮》

⑩④⑩⑤ 卷二

⑩⑥ 卷八

⑩⑦ 卷七《均州晚泊》

⑩⑧ 卷七《穀城道中》

377

⑩⑨ 卷八《春日杂感十一首》之二

⑩⑩ 《曝书亭集》卷五二《书剑南集后》

⑪⑪ 卷八

⑪⑫ 卷四

⑪⑬ 《昭昧詹言》卷一第一四四条

⑪⑭⑪⑮ 《昭昧詹言》卷一第一四五条

⑪⑰ 《刘海峰先生传》

⑪⑱ 《惜抱轩尺牍·与萧敬甫》

⑪⑲ 姚永朴《惜抱轩诗训纂·前言》引

⑫⑳ 《北江诗话》卷一

⑫㉑ 《桐江集·冯伯田诗集序》

⑫㉒ 《诗薮》外编卷四

⑫㉓ 《惜抱轩诗训纂》前言引梅曾亮语

⑫㉔⑫㉓ 《惜抱轩诗集》卷六

⑫㉕⑫㉖⑫㉗ 《惜抱轩诗集》卷一

⑬㉚ 《惜抱轩诗训纂》卷六此诗下姚永朴题解

⑬㉛⑬㉜ 《惜抱轩诗训纂》前言引

⑬㉝ 《晚晴簃诗汇》卷九一

⑬㉞ 《惜抱轩诗集》卷一

⑬㉟⑬㊱⑭㊽⑭㊻ 《惜抱轩诗集》卷五

⑬㊲ 《惜抱轩诗集》卷二

⑬㊳⑬㊴⑭㊺ 《惜抱轩诗集》卷三

⑭㊶⑭㊷ 《惜抱轩诗集》卷七

⑭㊸ 《惜抱轩诗集》卷九

⑭㊹ 《惜抱轩诗集》卷十一

⑭㊼⑭㊽⑭㊾⑮㊿⑮㊾⑮㊾⑮㊾⑮㊾⑮㊾⑮㊾⑯⑯⑯⑯⑯⑯㊾㊾㊾㊾㊾㊾ 《仪卫轩诗集》卷五

⑮㊿⑮㊾ 年谱

⑯㊾ 《柏枧山房诗集》卷六《林公少穆以钦差大臣使广东,作此呈送,

时两广总督为邓公嶰筠》

⑯ 《清史列传》卷七三梅曾亮传

⑱ 诗续集卷一《癸丑春避地居王墅村……》之二

⑲ 诗续集卷一《村居……作六无叹》

⑰⑲⑱ 《柏枧山房诗集》卷三

⑰⑰⑰⑰⑫ 《柏枧山房诗集》卷五

⑰⑰⑰⑱ 《柏枧山房诗集》卷四

⑱⑱ 《柏枧山房诗集》卷五《澄斋来,讶久不出,因作此,并呈石生、明叔》

⑱⑱ 《方仪卫先生年谱》末

⑱⑲ 《射鹰楼诗话》卷八

⑱ 《仪卫轩诗集·题辞》

⑱ 《仪卫轩诗集》目录后附记

⑲ 苏惇元《仪卫方先生传》

⑲ 《仪卫轩文集·自序》引管同语

⑲ 《晚晴簃诗汇》卷一百三十

⑲ 《礼记·经解》孔疏

⑲ 《柏枧山房文续集·舒伯鲁集序》

⑲ 《论诗绝句》之二六

⑳⑳⑳⑳⑳ 《仪卫轩诗集》卷一

⑳⑳⑳ 《仪卫轩诗集》卷三

⑳ 《柏枧山房诗集》卷八《答邵位西读惜抱轩集见赠》

⑳ 《柏枧山房诗集》卷五《赠李榆村》

⑳⑳ 《柏枧山房诗集》卷八

⑳ 《柏枧山房诗集》卷二《赠钮非石》

⑳ 《柏枧山房诗集》卷七《和鲁川见赠韵》

⑳ 《柏枧山房诗集》卷十《赠张仲沅之任武昌令》

⑳ 《柏枧山房诗集》卷七《监利王子寿去刑部主政归,作诗寄之》

⑳ 《柏枧山房诗集》卷五《赠李莲舫》

379

⑳　《柏枧山房诗集》卷六《赠陈小松》
㉑　《柏枧山房诗集》卷七《即事呈伯韩、小坡、鲁川》
㉒　《太乙舟文集》卷八《詹事鲍觉生先生墓志铭》
㉓　《晚晴簃诗汇》卷一一四
㉔　《晚晴簃诗汇》卷一二三

第十五章 高密诗派

一 高密诗派兴起的原因

高密诗派基本上是一个地区性的诗歌流派,它的兴起原因,有如下四种说法:

(1) 为了矫正虞山派和神韵派的流弊。近人汪辟疆指出:"清初诗学以虞山、渔洋为主盟,天下承风,百年未替。然末流之弊,崇虞山者则入于饾饤肤廓,宗渔洋者则流于婉弱空洞。"于是高密三李"精研中晚唐人格律,而救以寒瘦清真,一洗百年以来藻绘甜熟之习"①。汪氏之言,出于《雪桥诗话》:"当虞山、渔洋主盟之后,(三李)独能奋袂其间,声气门户之说一举而空之"②。

(2) 为了矫正神韵派的流弊。张昭潜指出:"山左自渔洋先生以明丽博雅为诗坛圭臬者百年,其后流弊所至,以獭祭为工,以声调为谐。高密李石桐怀民以张、贾之律救之,一时学者奉为宪令,遂成风气。"③

(3) 为了矫正性灵派的流弊。何家琪指出:"昔随园氏才恢张,坐令诗教流俳倡。当时崛起高密李,兄弟力以清真瘦削之笔回澜狂。"④何是高密诗派的后辈,在另一文中也指出过:"自袁简斋以来数十年,诗人半沔于轻薄游戏之习。"⑤高密诗派另一成员单可惠也说过:"钱塘袁简斋诗贵缘情,绮靡已甚,纵其才情所如,不复求之古人风骨。……学者化之,乃为诗厄。"⑥

（4）为了矫正格调派的流弊。李宪乔致函袁枚,认为沈德潜论诗,"以温柔敦厚四字训人","遂致流为卑靡庸琐",希望与袁"起而挽之"。⑦

应该说,以上几种原因都有。例如袁枚和李宪乔的通信,就反映出双方诗论的分歧。宪乔主张"体格",实即格律,袁枚则主张"神韵",实即性灵。至于"卑靡庸琐",正是性灵派给高密派的总体印象,不过宪乔作为晚辈,不便直说,只好托之于沈德潜和查慎行而已(参看袁致李函)。

二　高密派的诗论

高密三李,主要是老大李宪噩和老三李宪乔起作用,高密诗派的核心人物是他们兄弟俩。更准确地说,诗派开创者是李宪噩,而扩大诗派影响的则是李宪乔。

"宪噩尝曰:'唐法备于中、晚,所谓格律也。学律而不入格,唐音邈矣。'"于是他"依张为《主客图》例,搜集元和以后诸家五言律诗,辨其体格,奉张籍、贾岛为主,而以朱庆馀、李洞以下客焉"⑧。其《重订中晚唐诗人主客图》自序:"以为张籍诗天然明丽,不事雕镂,而气味近道,学之可以除躁妄,祛矫饰;贾岛诗力求险奥,而气骨凌霄,学之可以屏浮靡,却熟俗。"⑨躁妄,针对虞山派末流;矫饰,针对神韵派末流;浮靡、熟俗,针对性灵派和格调派。宪噩"又谓中晚唐人得盛唐之精髓,无宋人之流弊。尝举梅宛陵发难显之情于当前,留不尽之意于言外二语,以为道尽古今诗法"⑩。

但是宪噩和宪乔同中又有异。同处是反对媚俗。宪噩说:"不顾俗情恼"⑪,宪乔也说:"吾画不能悦人如吾诗矣。"⑫

异处是宪噩专学贾岛。他订中晚唐诗人《主客图》既成,题卷末五律二首。其一云:"古来耽此道,清味本酸寒。思入如中病,吟成胜拜官。物生皆不隐,情动即教看。未识成何用,凭将鬓发残。"其二云:"前生应有罪,天谴作诗人。但见无双士,常膺不次贫。青山穷道路,白首役精神。独为求知己,淹留万古身。"正如论者所说:"大类长江之苦吟。"[13]也如祝德麟题宪噩诗册说:"诗能摹贾岛。"[14]宪乔虽"受诗于其兄石桐先生(即宪噩)",而"规模较阔,出入唐宋诸大家"[15]。袁枚说他"酷摹韩杜"[16],宪乔亦自称:"我诗槎枒多苦语。"[17]

其所以有异,是由于宪噩终身为诸生,政治上毫无出路,所以特别欣赏清寒瘦削的诗风。而宪乔"乾隆丙申召试举人,官归顺知州",很关心民生疾苦。又"性狷介,不能随俗俯仰"[18],因而自然喜爱杜韩及其他唐宋大家。

至于老二李宪暠,汪辟疆说:他"自负其经世之学,诗似为其馀事,故体格孤峭,上不及乃兄;骨格开张,下不及阿弟。且涉猎较广,独不喜规橅形似,无以定其专主,然意兴固自超也。以故二百年中,言高密诗派者必首二李,而鲜及叔白(宪皓之字)焉"[19]。汪这段话来自李宪乔。宪乔为其二兄《定性斋集》作序说:"先生于为诗从《选》入,他如庾信、徐陵、杜审言、沈佺期、陈子昂、李白、王维、白居易、韩愈、李贺皆尝究涉,独不喜规橅形似,故张、贾门下人无以定其专主。"[20]

从上述情况来看,真正表现高密诗派论诗主张和创作实践的特色的是宪噩和宪乔两人。他们的追随者可以分为两类。一类是围绕二李转的山东人,所谓"一时青、齐间称诗者翕然从之"[21],"密之旁邑数百里间,言诗者咸宗焉"[22];另一类则是宪乔游宦粤西时的求教者。

三 李宪噩与李宪乔

李宪噩,字怀民,后以字行,号十桐,山东高密人,诸生,有《十桐草堂诗集》。"其诗体格谨严,词旨清朗,时时有独到语,不堕当时风气"[23]。单绍序其《石桐诗钞》云:"先生天姿高妙,而措词安雅,不事藻绘,其萧然闲放之趣,有非他人才力所能仿佛者。"张际亮称其"生于渔洋、秋谷之后,而能自辟町畦,独标宗旨,可谓岸然自异,不肯随人步趋者。其五言朴而腴,淡而永,苦思而不见痕迹,用力而归于自然。五字中含不尽之意,五字外有不尽之音"[24]。

宪噩特别强调五律的写作,在《重订中晚唐诗人主客图》中,"一一指示其用意造句之法,以圈点别之。"《二客吟》是他和宪乔所作五律的合编本,他也自加圈点,"其篇中命意着眼处,识以墨点;一字关键处,字旁识以双圈;其神理融洽处,句旁识以连圈"[25]。

他的五律,从选材来看,不外是隐士和贫士的清苦生活,景物则往往是荒寒的雪景和夜景。试看下列三首:

食尽门前树,先生空忍饥。只应到死日,始是不贫时。古性原无怨,高情独有诗。即今三日雪,坚卧又谁知?

《子乔自县中来,言单书田先生贫至
食木叶,邀叔白各赋一首为赠》

风色向林际,冷吟还水边。夕阳晴照雪,归鸟暮沉烟。树远分高寺,山昏合冻天。仍怀北城下,灯火独萧然。

《雪后晚望寄子记》

翳翳荒烟合,村家近晚餐。犬偎日阳短,鸟啄木声乾。暗牖寂已暝,茅檐低正寒。闲愁方岁晏,触次亦无端。

《冬暮村居杂咏寄叔白七首》(选录其二)

钱锺书曾嘲笑永嘉四灵所作五律，"开头两句往往死死扣住题目"，"诗里的警联常常依傍和模仿姚合等的诗"[26]。杨慎早已指出贾岛诗派主要对于后联写景用工锤炼[27]。胡震亨也指出：这派诗人用白描手法"说眼前景，说易见事"[28]，却能状难写之景如在目前。只要仔细研味，就可以看出宪曛的五律正是这样做的。高密诗派正像永嘉四灵一样"捐书以为诗"，这和虞山、渔洋、归愚、随园都是完全不同的。《晚晴簃诗话》说他"不堕当时风气"，正是指此。他和他那一伙都是"苦吟"的，"专以炼句为工，而句法又以炼字为要"[29]。因而他们的诗作，不仅字句洗炼，意象浑成，而且情含景中，意在言外。如"只应到死日，始是不贫时"，造语质朴，却写出了这位贫士极端高洁的品格，这种"独到语"正是"苦吟"的结晶。《冬暮村居杂咏寄叔白七首》，论者甚至说："姚合《武功县中作》三十首，较此当觉后生可畏。"[30]

李宪乔，字子乔，号少鹤，乾隆"乙酉（三十年）选贡高第，年十九。高宗见其年幼，罢归。陈文恭（指陈宏谋，时为东阁大学士，卒谥文恭）慰之曰：'君名臣（宪乔父元直，号愚村，雍正时为御史，疏劾用事诸大臣，直声震天下）子，终当以科第起家。'丙申（乾隆四十一年）召试，赐举人"[31]。官归顺知州。有《少鹤内集》、《少鹤外集》，又有《鹤再南飞集》、《龙城集》、《宾山续集》。

少鹤受诗于其兄宪曛[32]，故法式善谓"子乔学阆仙，其体洁"，与其兄"各臻妙境"[33]。如《和王荆公昼寝》："百年萧散迹，强半此中居。淡意云能学，迟情日不如。画收四壁静，琴在七弦虚。自觉清凉甚，非关潦倒馀。"又如《海上访法迂叟评事坤宏》："先生临海居，八十意翛如。半路中逢鹤，单身外即书。应门童亦拙，绕屋树还疏。潮落暂须住，前滩同钓鱼。"[34]

正如汪辟疆所说："少鹤五言近贾为多，正与石桐骖靳，故有张、贾门下二客之称。惟五七言古体,则尝出入韩、苏,气体稍大,与石桐专事峭刻者不同"㉟。大抵在家乡倡和时,和宪噩同宗张、贾,而宦游粤西后,则出入唐宋诸大家。所以袁枚游粤西,见宪乔诗,才会赞叹:"今之苏子瞻也!"㊱

他的特点是不一味摹仿,而注意变化。因此,论者或称其"出入唐宋诸大家",而"能运以己意,虽巉刻,不伤真气"㊲。或称其"诗出入唐宋诸大家,而能空所依傍,盖有真意以运之也"㊳。或称其"汇冶诸家,独师怀抱,才雄而气峭"㊴。意思一样,都是说他师古而又能变古。

他困守家园时,并不甘心过诗酒流连的闲适生活,而是希望在政治上有一番作为,《不朽》一诗就表现了这种思想:"古人志不朽,到今朽者半。何况本无志,其朽宁须问?少小尚奇伟,盛壮转庸漫。未夕求安寝,才晓思美膳。不知竟百年,役此得无倦?喧喧车马会,沸沸丝竹宴。相看如聚沙,转眼已风散。问我何挟持,中夜常感叹。早达输邓禹,固穷愧原宪。不朽藉文字,所托良有限。若更逐靡靡,已矣何足算!"㊵

登上仕途后,虽是微官末秩,他却以亲民自快,非常关心民瘼。"少鹤官峤西,有与秦小岘诗,以国家设民牧,将以养民,而顾残酷之,是非以养民,适以残贼民。小岘答书,谓'边峤少诗人,足下以易直子谅之心,发而为诗;而学于足下者,得所指授,皆能为诗,夷犹悦怿,平其心,和其志,以庶几乎风人之旨。'比之柳子厚之在柳州。"㊶其《修堠谣》写官府修建烽堠(军事设施),勒令各村"一丁出百砖,十户供万瓦",已经使农民"典尽儿女衣"了,却还"更驱自转运",以致妨碍农功:"田秧虽得插,废弃如枯菶。秧枯即绝食,饿死行可必。"㊷俨然张(籍)、王(建)乐府的嗣响。

而最感人的是《民顽一首呈镇安李太守》:"'民顽不知恩',

不仁哉此语！为恩知有几？为害已莫数。此州（指所任职的归顺州）属极边，夷民纷杂处。旧以犷悍闻，未往神先沮。试为布心腹，告其兄与父：'因利固有待，先除昔所蠹。庶各安尔业，讼狱莫予苦。'此来未云久，民已三泣予。某实心愧之，而证前闻误。勤勤贤太守，怨吏不怨民。某既证所信，还举以相闻。"[43]此诗不但如论者所言"语语真朴，于陶、韦非貌似者也"[44]，而且应该说，宪乔对人民的认识已高出陶、韦之上，所以他和治下的人民才有那样深厚的感情（见其《将去归顺，和乐天杭州二诗》）。陶潜能够教子："今遣此力助尔薪水之劳，此亦人子也，可善视之。"[45]在士族当权的六朝，这种人道主义思想自然是可贵的。韦应物能"自惭居处崇，未睹斯民康"[46]，这种内疚自责也是很难得的。然而他们都还没有像李宪乔这样一心一意为民兴利除弊，而且总是自责未能尽职。特别可贵的是他认识到："为恩知有几？为害已莫数"，这对封建官吏虐民的实质作了很深刻的揭露。

宪乔这种方正品格的形成，首先来自父教。其父贵为御史，却被同僚呼为"憨李"[47]，刚正清廉可知。另外，杜甫、韩愈、张籍、苏轼，他们的为民请命精神，嫉恶如仇性格，对他更有深刻影响。宪乔那些反映现实的诗，都写得像张籍的那样"天然明丽，不事雕镂"。

四　二李的追随者

宪噩终身为诸生，宪乔早年也株守故园，但因生于世家，"所居待鸿村，在胶水西涯，有沙水树石之观。侧近知名士时相过从，与纵游海上诸山，流连唱酬，诗日以富"[48]。

最先信从二李诗论的是王克绍，字薪亭。他是胶州人，诸

387

生。"当石桐兄弟订唐诗主客图以倡后进"时,他"首尊信之,与弟克纯(字颖叔)、兄子夏(字蜀子)、高密王万里(字希江)、王宁暗(字子和)同受学焉。少鹤集中所谓'薪、蜀、希、颖、和王氏五子'是也。尝以春秋佳日,与诸学子聚石桐家,刻烛分韵,竞奇斗捷,若不自知其老者。诗格清超,晚益臻闲旷,洵能传桐、鹤之嫡派者也"[49]。

除了王氏五子,经常和二李唱和的平辈朋友,有单襄荣、单可惠等,都是高密人。

单襄荣,字子记,监生。宪乔序其《梦筑堂诗初集》,称其"与石桐先生研究《主客图》,诗律益细"。老"多病,不出里门。诗无异题,题无异格,不谈理,不涉事,惟即目前景物,舒其恬淡性情而已。初阅若浅弱,熟复乃觉深厚,其境不易也"[50]。

单可惠,号芥舟生。贡生。"高密自李十桐、少鹤兄弟以诗名于时,学子争效之。芥舟稍后出,颇极抑郁磊落之致"[51]。"明经屡困场屋,穷巷萧然,环堵不蔽风雨,故其抑郁磊落之气,悉发之于诗,使读者恍遇伊人于清泉白石间也"[52]。试看其《访李五星诒经》:"客行深巷曲,犬吠竹篱根。住近城西郭,幽于岭背村。秋声来远树,草色闭闲门。余亦谢时事,言寻静者论。"[53]读这种诗,真是"恍遇伊人于清泉白石间",一片冷趣。

还有后辈一大群,其中首先是"后四灵"。其所以得此名,是因为永嘉四灵专学姚合、贾岛,现在李诒经、王宁焜、王宁烶、单烶四人紧跟二李专学张籍、贾岛,所以宪噩以此名之。其中如李诒经,字五星,"工诗,喜孟郊、贾岛之为人,而诗肖之"[54]。他终身为布衣。刘松岚题其诗卷云:"性与时人异,平生惟苦吟。耳中无世事,身在少名心。……"[55]童毓灵《寄呈李五星》:"住处四时冰,前身何洞僧?经年长不出,五字有谁能?看积众峰雪,坐残孤壁灯。宁知万里外,梦见骨崚嶒。"[56]由此可以想见其

388

诗和人简直合而为一，彻底的孤高冷峻。张昭潜称之为二李高足，“品高望重，领袖清流”(57)。

除了高密一带人，还有福山的鹿林松、邱县的刘大观等，也以晚辈身份向二李请教诗法。

鹿林松，字木公，号雪樵，福山人。诸生。《买春诗话》谓其“诗学李少鹤刺史兄弟，所谓高密派也。如‘满村花酿酒，一寺树悬钟’；‘但见云舒卷，不知山浅深’；‘一磬鸣烟寺，千岩散夕阳’，皆佳句也。”《射鹰楼诗话》说：“韩冬郎‘已凉天气未寒时’七字最耐人寻绎。福山鹿木公先生林松《立秋夜同星船先生》云：‘露坐入深夜，不知秋已生。感人先以气，到树尚无声。’‘感人’十字微妙处正与冬郎同，非真得秋气者见不到说不出耳。若立秋夜闻秋声，便是众人笔下所有。”林昌彝这一分析，可以帮助我们了解高密派“苦吟”的特色，所谓“语不犹人”，就是这个意思。

刘大观，字松岚，邱县人，历官山西河东道署布政使。“初在岭外，学诗于李子乔。子乔谓其为《才调集》所误，三十后从新作起。又曰：‘格律不合，色相不配’，又火之。得其指授，一以清瘦峻削为宗。《得李子乔书》云：‘想见寄时难，离愁有万端。经年始能到，隔日又重看。积雪在枯树，薄帷生峭寒。那能辽水上，一夕振轻翰。’他如‘马因行部瘦，民自下车肥’；‘血枯平虏后，家散拜官秋’，皆类长江一派。”(58)汪辟疆说：“松岚官位较达，且躬任为二李校刊遗书者也，高密诗派流播之广，松岚与有力焉。”(59)

除了刘大观传下一支如朱道衍外，还有单为鏓传下一支。何家琪有这么一段诗：“昔随园氏才恢张，坐令诗教流俳倡。当时崛起高密李，兄弟力以清真瘦削之笔回澜狂。同里继作单夫子（原注：伯平先生。按：即单为鏓）。薪传吾师王莱阳（芷庭先生。按：王兰升，字芷庭，莱阳人）。小子侍师年未冠，颇闻绪论窥门墙。……左揖沧江（靖侯大令。按：郭绥之，字靖侯。潍县人）右柳（子琴茂才。按：柳晋，字子琴，蓬莱人）翟（式文茂才。按：翟熙典，字式文，掖县人），大风郭五（苁卿刑部。按：郭翊，字苁卿，济南人，官刑部主事，其集名《大风楼》）齐雁行。荣城（孙佩南。按：孙葆田，字佩南，荣城人）不死亦云幸，天以硕果麈冰霜。陈君（凤五工部。按：未详）初识诗亦好，传君（少隅孝廉。按：未详）佳句遥寄将。学士吾师之贤嗣（爵生学士。王塃，字爵生），汝南玉尺才亲量。刘君（子秀孝廉。按：未详）试院来襄校，标以钜集纷琳琅。……由来师古在神不在貌，百代宗派犹瓣香。"⑥⑩

以上是围绕高密二李转的一群及其传人。

另一类则是李宪乔游宦粤西时的从游者。

一是朋友。如李秉礼，号松圃，江西临川人。单绍序其诗云："（少鹤）与江西李松圃秉礼友，松圃从受诗法，以风节相砥砺。"⑥① 如朱依真，字小岑，桂林人。"少鹤与小岑多所倡和"⑥②。依真有《赠李石桐并送其北归》诗云："喜识胶东叟，居然稷下贤。诗如人瘦健，心与古周旋。一字严南董，终身奉阆仙。剧怜相见晚，何况是离筵！"又有《寄十桐、少鹤兄弟》云："石叟擢修干，卓然如石介。说诗用秦法，弃灰者抵罪。纷纷柳下季，常苦伯夷隘。鹤也万夫雄，自负本领大。鹍鹏不受缚，溟渤供育怪。椎成示敦朴，刳犀见锋快。于法不苟同，于古两不背。其音即非至，要亦梅（尧臣）苏（舜钦）辈。世耳不易悦，奸声复相害。譬张咸池奏，勿与巴里对。譬赍章甫冠，毋向荆蛮卖。斯文有代兴，相期百祀外。"⑥③

另一是向宪乔学诗的弟子。如童毓灵，广西归顺人。宪乔"两牧归顺"，毓灵"从之游，奉中晚唐主客图为准的"，其诗"冷峭得少鹤之一体"[64]。如童葆元,毓灵之弟,"亦少鹤门人",所作"于二李可称具体"[65]。如袁思名,"从少鹤学诗,专师贾长江,刻苦幽峭"[66]。如叶时暂,柳城人,"师事少鹤,执弟子礼"[67]。还有黄鹤立、曾传敬、农日丰、唐昌龄等皆向宪乔问诗法,形成了广西的高密诗派。

李秉礼以二李诗法传其子宗瀚,以后江西人亦多传主客图,于是江西也有高密诗派。[68]

所以汪辟疆作结论说:"高密二李之诗派垂二百年犹未绝也。"[69]

五　对高密诗派的评价

高密诗派和永嘉四灵微有不同。"四灵名为晚唐,其所宗实止姚合一家,所谓'武功体'者是也"[70];而二李则宗张籍与贾岛,宪乔且"规模较阔,出入唐宋诸大家"。即以张、贾而论,二李意在融会张的雅正和贾的清苦,形成自己的艺术特色。从上述二李及其追随者的情况看,这派诗人本有用世之心,但大都处于士这一底层,因而虽生于所谓乾嘉盛世,他们个人却充满一种萧索冷落的情怀。这些人又都很狷介,有的竟唱出"甘死不甘媚"的诗句。所以,在对社会现实失望以后,便自然挑选清苦的贾岛、雅正的张籍,用这两家诗作为自己的"安身立命处"(李宪乔语)。他们苦吟,他们锤炼,他们细细吟味自己的感情波澜和艺术结晶。这种诗人的思想自然是正统的,所以都鄙视袁枚的"逾闲荡检"和把诗歌作为羔雁,写成搢绅谱;也不赞成肌理派的一味钻书卷,搬故实;更不满意神韵派末流的矫饰、肤廓。

袁枚和李宪乔、李秉礼、朱依真都是诗友,所以没有正面批评高密派,只是举了二李几联五律中的对偶句,说"二人果有贾、张风味"[71]。

义形于色地对高密派再三加以指责的是肌理派的翁方纲。他写了三篇文:《刘松岚诗序》和《书李石桐重订主客图后二首》;又作五律四首:《近人有仿张为主客图,取张司业、贾长江以下五律成集者,赋此正之四首》。三篇文和四首诗说的都是一个意思:五律只能学杜甫。一定要学晚唐的,那就学杜牧和李商隐,因为他们俩的"五律初不袭杜,而能造其微处"。所以二李奉张、贾是错误的。错就错在一个"窘"字,凭窘步是不能追攀骚雅的。《石洲诗话》评永嘉四灵也是这个意思:"四灵皆晚唐体,大率不出姚合、贾岛之绪馀,阮亭谓'如袜材窘于方幅'者也。"[72]

应该说,翁氏的话既正确又荒谬。说它正确,因为高密派确实较窘。说它荒谬,则因翁氏身为显宦,只从自己的审美情趣出发,一味欣赏有声光气焰之作,不允许穷而在下者用自己喜爱的题材和形式,来表达内心的真切感情;甚至责怪高密派的"律句趋平弱",追随者众,危害人心和学术,和乾嘉盛世大不相称。这和钱谦益、朱彝尊的谩骂竟陵派为亡国之妖不是如出一辙吗?

延君寿完全附和翁方纲的意见,认为"五律终当以杜为宗"。他虽然承认二李诗法"亦五律入门正法",却又说:"但山东学者多为此本所囿,洋洋大国之风几乎息响。"[73]朱庭珍也说高密派"颇行于齐鲁间,卑陬浅弱"[74]。边浴礼斥高密派名为"尊唐,实则皮传于残宋"[75]。

其实凡能成为流派,总有它的独到之处。高密派综合张、贾诗歌的艺术特色,结合自己的实际,加以发展,形成自己的流派特色,和四灵、江湖不同,怎么是"皮传残宋"?要知道这种前无古人,正是它独立开派的原因。

注　释

① ⑲ ㉕ ㉟ ㊼ ㊾ ⑥⑧ ㊹ 　《话高密诗派》，《中华文史论丛》第二辑

② ⑧ ⑫ ⑬ ㉚ ㊽ 　《雪桥诗话》初集卷六

③ 　《无为斋文集·澹园先生墓志》，见《山东通志》卷一四五《澹园诗选》下

④ ⑥⓪ 　《天根诗钞》卷一《重遇潍县刘子秀孝廉汝宁……追述师友感赋长歌》

⑤ 　《天根文钞》卷一《赵月槎诗序》

⑥ 　《射鹰楼诗话》卷三引单氏《张灯曲》自序

⑦ 　《小仓山房尺牍》卷八《答李少鹤书》、卷十《再答李少鹤》

⑨ ⑩ ㉒ 　《清史列传》卷七二李怀民传

⑪ 　《十桐草堂诗集·熙甫考功自都门索画，为模工司农笔》

⑭ 　《雪桥诗话》三集卷八

⑮ ⑱ ㉜ ㊱ ㊲ ⑥① 　《国朝山左诗续钞》引单绍序

⑯ 　《小仓山房尺牍》卷八《答李少鹤书》

⑰ 　《随园续同人集·寄怀类》李宪乔《寄酬简斋先生》

⑳ 　《山东通志》卷一四五《叔白诗钞》下

㉑ ㉓ ㉞ ㊵ ㊷ ㊾① ㊾③ 　《晚晴簃诗汇》卷九八

㉔ 　《山东通志》卷一四五《石桐诗钞》下

㉖ 　《宋诗选注》"徐玑"下

㉗ 　《升庵诗话》卷十一

㉘ 　《唐音癸签》卷三二

㉙ 　《四库全书总目》卷一六二《清苑斋集》提要

㉛ ㊶ ㊸ ㊹ ㊾⑤ ㊾⑧ ⑥③ 　《雪桥诗话》续集卷六

㉝ 　《梧门诗话》

㊴ ㊾⑥ ⑥② ⑥④ ⑥⑤ ⑥⑥ ⑥⑦ 　《雪桥诗话》三集卷八

㊺ 　萧统《陶渊明传》

㊻ 　《全唐诗》卷一八六韦应物一《郡斋雨中与诸文士燕集》

393

㊾　《山东通志》卷一四五《闲云南中集》下
㊿　《山东通志》卷一四五《梦筑堂诗》初集下
㉜　《山东通志》卷一四五《白羊山房诗》下
㉝㊼　《山东通志》卷一四五《卓然诗稿》下
⑰　《四库全书总目》卷一六五《云泉集》提要
○71　《随园诗话》卷十第六九条
○72　《石洲诗话》卷四第一〇二条
○73　《老生常谈》
○74　《筱园诗话》卷二
○75　《雪桥诗话》馀集卷六

第十六章 常州诗派

一 常州诗派的产生

过去的文学史上,只有常州词派,没有常州诗派,然而实际上后者是存在的。

常州诗派的诗论家是洪亮吉,他几乎对本朝前期或同时的各大诗派都深致不满:

"诗至今日,竞讲宗派。至讲宗派,而诗之真性情、真学识不出。尝略论之:康熙中,主坛坫者,新城王尚书士禛、商丘宋尚书荦。新城源出严沧浪,诗品以神韵为宗,所选《唐贤三昧集》,专主王、孟、韦、柳而已,所为诗亦多近之:是学王、孟、韦、柳之派。商丘诗主条畅,又刻意生新,其源出于眉山苏氏。游其门者,如邵山人长蘅等,亦皆靡然从风。同时海盐查编修慎行亦有盛名,而源又出于剑南陆氏:是又学苏、陆之派。秀水朱检讨彝尊,始则描摹初唐,继则泛滥北宋:是又学初唐北宋之派。博山赵宫赞执信复矫王、宋之弊,持论准常熟二冯,以唐温、李为极则:是又学温、李之派。迨乾隆中叶,长洲沈尚书德潜以诗名吴下,专以唐开元、天宝为宗,从之游者,类皆摩取声调,讲求格律,而真意渐漓:是又学开元天宝之派。盖不及百年,诗凡数变,而皆不出于各持宗派。何则?才分独有所到,则嗜好各有所偏,欲合之,无可合也。"①

从"至讲宗派,而诗之真性情、真学识不出"这两句话,可见洪氏是反射树立宗派的。但也可以看出,他和他的同志们是主张以诗来表现真性情、真学识的。何况他也承认,各种诗派的产生,是由于才分不同导致嗜好各异的结果。因此,我们把他们这一群体称为常州诗派是可以的,关键是理解他们的理论内涵和创作实践究竟有什么特色。

他们首先反对神韵派。如洪亮吉说:"蚕尾山人绝世姿,聆音先已辨妍媸。何应一代才名盛,只办唐临晋帖诗?"[2] 又说:"窘于篇幅师王孟",斥之为"伪体",[3] 以王士禛诗与明七子之规仿汉魏三唐同列[4],并说:"假王孟诗不看",因为它不能"自写性情"。[5] 黄仲则则在诗创作上"大变渔洋之风"[6]。同是常州人的吕岳自,"诗宗王士禛,然不以自重。同时黄景仁、洪亮吉诸人方以能诗噪邑里,而未尝与之争鸣"[7]。可见常州诗派反神韵派的效果。

其次是反对学宋派。洪亮吉说:"假苏诗不看",原因也是它不能"自写性情"。[8] 他特别憎恶邵长蘅,即因他前期学唐,"作意矜情,描头画角,而又无真性情与气也。晚年学宋荦,更不足观"[9]。又嘲笑学宋派:"略具才情仿陆苏,学古未成留伪体。"[10] 在《苏文忠公祠,二首,即呈秦同年瀛(祠即秦所创)》之一中说:"长篇千首恨雷同(自注:近时学公诗者极多,不无流弊),不敢师公只慕公。"[11]

第三是反对格调派。洪亮吉指出:"诗文讲格律,已入下乘。然一代亦必有数人,如王莽之摹《大诰》,苏绰之仿《尚书》,其流弊必至于此。明李空同、李于鳞辈,一字一句必规仿汉魏三唐,甚至有窜易古人诗文一二十字,即名为己作者,此与苏绰等亦何以异?"[12] 又说:"沈文悫之学古人也,全师其貌,而先已遗神。"[13] 又在《包文学家传》中说:"时长洲沈尚书德潜方以诗名吴下,从之游者,类皆研摩格律,剽取声调,以求合于唐开元、天宝诸巨公。而貌合神离,千首一律,其弊至以前人名作窜易数字冒为己有者。(包士曾)先生虽为尚书所激赏,而意趣不同。尝与同辈论诗曰:'诗为心声,吾之诗,必肖吾之心然后可。若转而求肖古人,纵极天下之工,亦古人之诗,非吾之诗也。'"[14]

第四是反对肌理派。洪亮吉说:"翁阁学方纲诗,如博士解经,苦无心得。"[15]又在误传翁卒时,作挽联说:"最喜客谈金石例,略嫌公少性情诗。"自注:"盖金石学为公专门,诗则时时欲入考证也。"[16]又在论诗绝句中说:"只觉时流好尚偏,并将考证入诗篇。美人香草都删却,长短皆摩《击壤篇》。"[17]

第五是反对性灵派。洪亮吉评袁枚诗:"如通天神狐,醉即露尾。"[18]这是说,袁的所谓"性灵",并非"真性情",就像通天神狐不可能修成正果,只是玩弄狡狯,蒙蔽读者而已。其表现:(1)太巧。洪氏说:"诗固忌拙,然亦不可太巧,近日袁大令《随园诗集》颇犯此病。"[19](2)格卑。洪氏说:"近湖北张明经本,有《题袁大令小仓山房集后》云:'奄有众长缘笔妙,未臻高格恨才多。'"[20](3)轻佻。洪氏说:"商太守盘诗似胜于袁大令枚,以新警而不佻也。"[21](4)淫艳。洪氏说:"袁大令枚诗,有失之淫艳者。"[22]洪氏对性灵派领袖人物有一个总评:"其诗虽各有所长,亦各有流弊。……平心论之,四家之传,及传之久与否,亦均未可定。……其故当又求之于性情、学识、品格之间,非可以一篇一句之工拙定论也。"[23]

第六是反对浙派。洪氏说:"近日浙中诗人,皆瓣香厉鹗《樊榭山房集》。然樊榭气局本小,又意取尖新,恐不克为诗坛初祖。"[24]

那么,常州诗派和上述各派不同之处是什么呢?我们可以看看该派的诗论。

二　常州诗派的诗论

常州诗派的诗人,大抵受儒家正统思想影响很深,实践忠、孝二字,都想一展修齐治平的抱负。人人生性鲠直,嫉恶如仇。然而并不迂腐,往往纵情声色,富于豪气,都是些圣贤豪杰二者欲兼的人物。刘禺生《世载堂杂忆》曾记述说:"乾隆朝和珅用事,常州诸老辈在京者,相戒不与和珅往来。北京呼常州人为戆物。孙渊如、洪亮吉,其领袖也。孙渊如点传胪,留京,无一日不骂和珅。其结果,传胪不留馆,散主事,和珅所为,人尽知之。渊如为人题和尚袈裟画,有'包尽乾坤赖此衣'句。和珅为銮仪卫包衣旗出身,有人献此诗以媚和者,遂衔之次骨。"洪亮吉也说:"吾里中多瑰奇杰出之士,……是时年少气盛,读书多,不甚知世事,各负其兀傲之志,视古今无不可及之人,天下无不可为之事,以为他日当各有所建树,不负知己也。"㉕

反映在诗论上,便有如下几点:

(一) 强调作者性情、学识、品格,认为这是其诗作传与不传的决定因素

洪亮吉指出:"诗文之可传者有五:一曰性,二曰情,三曰气,四曰趣,五曰格。"

性指天性,毕沅《吴会英才集》称洪氏"至性过人";王豫《群雅集》称洪氏纯孝,守礼,又引《荻汀录》称为孝子。王昶《蒲褐山房诗话》说:"稚存少孤失怙,为母夫人守节教养而成,是以刻意厉行,艰苦自持。"黄景仁亦至性过人,其《别老母》诗云:"搴帷拜母河梁去,白发愁看泪眼枯。惨惨柴门风雪夜,此时有子不如无!"末句从母亲方面设想,比直写自己别母之悲苦更深切;

然非至性人,亦不能有此设想。洪亮吉认为:"写景易,写情难;写情犹易,写性最难。若全椒王文学厘诗二断句,直写性者也。'呼奴具朝餐,慰儿长途饥;关心雨后寒,试儿身上衣。''儿饥与儿寒,重劳慈母心。天地有寒燠,母心随时深。'实能道出慈母心事。"㉖

情指人情,主要是"友朋"与"夫妇"之情。毕沅《吴会英才集》说洪亮吉"笃于友谊。及黄(景仁)客死,素车千里,奔赴其丧,世有巨卿之目。故其赠友诸什,情溢于文"。洪亮吉十分欣赏沈德潜《七夕感事》中一联:"只有生离无死别,果然天上胜人间。"即因沈"时悼亡期近",善写夫妇之情。㉗另外,他对任大椿《送友》一联:"无言便是别时泪,小坐强于去后书。"也因为是"情全之语,余时时喜诵之"㉘。

气指正气,亦指豪气。康发祥《伯山诗话》说:"阳湖洪稚存亮吉《更生斋诗》,颇有雄直之气。"张维屏《听松庐诗话》:"洪北江诗有真气,亦有奇气。"乾隆末年,和珅用事,朝廷酿成贪懦之风。洪氏有诗云:"师臣者三王,友臣者五伯(霸)。逮兹秦汉后,视下比厮役。长孺前正论,天子辄变色。惜哉公孙宏,其性本便辞。庸儒师国柄,何事足裨益?田蚡及卫霍,半又起外戚。当日严惮人,庶几惟汲直。"㉙和珅被诛后,他作《自励》诗云:"宁作不才木,不愿为桔槔,……俯仰随汝曹。"㉚又云:"宁作无知禽,不愿为反舌。……岂翳果无声?无乃事容悦。依依檐宇下,饮啄安且吉。"㉛正因为他要学汲黯,所以在乾隆帝崩、嘉庆帝亲政之初,他即"反复极陈时政数千言",以致撤职流放伊犁,几乎丧命。

以上性、情、气三者偏于作者的素质和品德。从洪氏看来,有了至性、真情,自有正气、豪气。所以他评论同派诗人钱维乔的诗,特别提到自己流放伊犁前夕,"时余在请室中,缧绁遍身,役车又敦促上道,匆猝未暇念及妻子也,独割谳案纸尾,疾作书,寄季木(钱维乔之字)与孙兵备季仇(孙星衍之字),与之诀别。闻季木得余书,痛哭失声,时时走余家问消息。及余抵戍所甫一日,即得季木书于患难中,申之以婚姻,所以慰戒之者无不至。在戍所三阅月,凡三得季木书,而余已蒙恩旋里矣。季木于友朋死生离合之际,不忍相负如此,然后知季木诗之工,季木性情之挚为之也。乌乎!人惟性情不挚,故遇事辄持两端,甚或幸人之急而排挤之,讪笑之,以自明涉世之工;否则自诩为深识远见,以为固早虑其有此。此其人亦何尝不为诗文,然要皆揣摩世故之谈,与影响游移之语。"[32]不但入世的士大夫应有真性情,就是出世的僧人,"虽以空虚为主,寂灭为宗",他也欣赏他们"值俗家父母兄弟之疾痛,所居所游历之州县水旱疾疫,皆于诗见之"。结论是:"然后知方外之诗亦未尝不以性情为重也。"[33]

所谓趣,有三种:"有天趣、有生趣、有别趣。"他认为庄子、陶渊明、元结和韦应物的诗文有天趣,就是对宇宙自然的层次的审美认识。生趣的例子是东方朔的《答客难》、枚叔的《七发》、阮籍的《咏怀诗》、郭璞的《游仙诗》,是指想象丰富的浪漫主义作品。别趣的例子是王褒的《僮约》、张敏的《头责子羽文》,以及鲍照、江淹的涉笔成趣的俳谐诗。强调趣,诗便不腐,否则容易堕入理学诗恶道。

格是格律,也是格调。洪氏论诗强调高格,即因标举"情"、"趣"二字容易堕入性灵派的轻佻,所以矫之以高雅的格调。

(二) 主张奇而入理

常州诗派中人,毗陵七子之一的吕星垣,"诗好奇特,不就绳尺"。曾用七阳全韵作柏梁体赠洪亮吉,多至三四百句。末二句云:"乾坤生材厚中央,前后万古不敢望。"颇极奇肆。然而洪氏认为"古人无此例",因而赠以长句,末四语云:"识君文名已三载,才如百川不归海。银河倒注弱水西,努力沧溟欲相待。"[34]寓规于奖。洪氏认为卢仝、李贺的诗,是"奇而不入理者"[35]。如李贺的"酒酣喝月使倒行",他认为"语奇矣,而理解不足"[36]。韩愈的《此日足可惜》内"甲午憩时门,临泉窥斗龙",是"奇而太过",因为"岂此时门复有龙斗耶?"[37]

他认为奇而入理的,是岑参的《游终南山》及《走马川行奉送出师西征》。[38]尤其欣赏郑所南的"翻海洗青天",认为"语至奇而理亦至足,遂为古今奇语之冠"[39]。对同时人《咏西瓜灯》的"蓝团卢杞脸,醉刿月支头",也认为"可谓奇而入理"[40]。

其实洪氏自己作诗就很好奇。据潘清《把翠楼诗话》说:"吾乡洪稚存亮吉太史作诗好为奇异,当时有'黄人一去三千年,白兔乘云飞上天',状其好奇之过。"

(三) 反对俗与滑

洪氏认为"怪可医,俗不可医。涩可医,滑不可医。"他指出:"近时诗人喜学白香山、苏玉局,几于十人而九,然吾见其俗耳,吾见其滑耳。非二公之失,不善学者之失也。"[41]其实白居易本人的诗,他认为就有俗的,如"草绿裙腰一道斜","则纤巧而俗矣"[42]。

(四) 认为诗必有珠光剑气,始不磨灭

据吴嵩梁说:"稚存先生与余论诗:诗必有珠光剑气,始为不可磨灭。自谓其诗有剑气七分,珠光三分;余诗有珠光七分,剑气二分。持论奇妙。"[43]所谓"珠光",指诗作艺术形式,尤其是诗作语言表现为珠圆玉润,光艳照人。所谓"剑气",则指诗歌思想内容,着重表现对理想事业的追求和对黑暗现实的鞭挞。

401

"剑气"也就是"雄直之气"[44]。洪氏曾自评其诗"如激湍峻岭,殊少回旋"[45]。别人则称"太史诗如风樯阵马,勇不可当"[46]。其实都是指洪诗有"雄直之气",亦即"剑气"。

(五) 主张多读书

张问陶弟子崔旭在《念堂诗话》中说:"洪稚存劝船山师多读书,船山师劝稚存少读书。二人各有见,洪氏似长。"这反映了常州诗派和性灵诗派创作论上的观点分歧。袁枚虽不废学,但他说过"学荒反得性灵诗",所以张问陶也受到这种影响。常州诗派的人,如孙星衍、洪亮吉等都是经术湛深的学人,因而强调作诗要表现真性情、真学识。清代乾嘉之际,是朴学最繁荣的时代,士大夫重视学问,诗坛也大多强调学人与诗人的统一,所以,性灵派的崔旭也以"洪氏为长"。

三 常州诗派的杰出诗人黄景仁

常州诗派中,最优秀的诗人,自然要数黄景仁。前面介绍此派诗论时,主要依据洪亮吉的看法(因为黄没有系统的诗论)。同一流派的诗人,主要是诗学主张、创作风格的基本一致,黄景仁在这些原则问题上,是和洪亮吉一致的。现为论析如下:

(一) 性

性指天性,实即亲子之情。这方面的诗,黄氏或直叙,或托喻,表现出一种平民的感情,写得特别深切感人。如:"衰亲望子心,未必非甘旨。首务以力养,百事尚根柢。"[47]立意平实。又如:《高淳,先大父官广文处也。景仁生于此,四岁而孤,至七岁始归。今过斯地,不觉怆然》的"当日白头犹哭子,而今孤稚渐成人"⑱;《春感》的"道旁知几辈,家有白头亲"⑲;《得稚存、渊如书,却寄》赞美洪的"自餐脱粟厚养亲"⑳;《闻稚存丁母忧》其一的"故人新废蓼莪篇,我亦临风尺涕悬。同作浪游因母养,今知难得是亲年";其二的"为抚孤雏力已殚,与君两小识辛酸"㉑;《移家来京师》其一的"暂时联骨肉,邸舍结亲庐";其三的"长安居不易,莫遣北堂知。亲讶头成雪,儿惊颔有髭。乌金愁晚爨,白粲困朝糜。莫恼啼鸦切,怜伊反哺时"㉒;《都门秋思》其四的"一梳霜冷慈亲发"㉓;《与稚存话旧》其一的"纵使身荣谁共乐?已无亲养不言贫"㉔;《移家南旋,是日报罢》的"朝来送母上河梁,榜底惊传一字康。……最是难酬亲苦节,欲笺幽恨叩苍苍"㉕;《鲍叔祠》的"能知有母真良友,若解分财已古人"㉖。而最沉痛的是二十三岁作的《别老母》(前已论析)。以上是直叙的。还有托喻的如《饥乌》的"向人不是轻开口,为有区区反哺私"㉗;《乌岩图歌,为李秋曹威作》的"尔今反哺,尔乐何只且!"㉘

(二) 情

情指人情,主要是朋友和男女之情。黄诗写朋友之情的极多,现举几个知友为例。先看关于洪亮吉的。《泗州喜洪大从姑孰来》:"故人青霞侣,嗜好昔所亲。""相乐傲行路,依依似形影响。"㉙《稚存从新安归,而余方自武陵来新安,相失于道,作此寄之》:"君饮新安水,我客钱塘城。风岩水穴每独往,此间但恨无君行。君下岩陵滩,我上富春郭。日日看山不见君,咫尺烟波已成错。卸装孤馆开君书,知君去才三日馀。君行尽是我行处,一路见我题诗无?吴山越水两迎送,今夜追君惟有梦。"㉚

又如关于汪中的。两人未识面时,即相知名。汪于乾隆三十五年即作诗六首赠黄,其中有云:"宾客徒满堂,不见所思

403

人。"可见其目无馀子,相契独深之概。次年两人才在安徽太平州知府沈业富署中相识。黄在《和容甫》之二说:"气吐相感激,长揖如生平";之三说:"众中独我奇。"㉑正是两人一见如故的写照。两人都怀才不遇,有共同的不平:"麟麎(獐子)雉凤世莫别,萧蒿(两种恶草)蕙茝(两种香草)谁能名?"因而黄表示:"愿从化作横江鹤,来往天门采石间。"㉒这年十二月,黄归故里,解剑赠汪,并有诗:"知君怜我重肝胆,赠此一片荆轲心。"㉓汪是著名的经学家,又对子书极有研究,因而常劝黄多读书。黄在《送容甫归里》三首之二说:"疗饥字少怜予陋,劝学言温鉴尔真。"就是写这事。同诗之三有云:"寄书寄剑是生平。"句下自注:"以所携剑赠容甫,容甫亦以书寄予,今归之。"可见两人相交之深。汪中是著名的狂生,"于时彦不轻许可,见负盛名者,必讥弹其失"㉔。黄景仁也是"慕与交者,争趋就君,君或上视不顾"㉕。然而这两位狂生相互之间却是这样倾倒备至。黄不但以得交于汪为幸,还为好友徽州程厚孙作介绍,有《赠程厚孙,时为厚孙作书与汪容甫定交》诗,有云:"我识江都汪,投分差可恰。匪特经无双,群言工贯插。平时气炎炎,可望难可狎。论文忽幽渺,境拟月寒硤。遂与俗殊尚,狂名纷喋喋。"非相知之深,不能为此言。

黄景仁不但对好友充满深情,而且对劳动者也充满同情。如《客冬从滁州肩舆至瓜步,舆夫老壮各一。今过此,壮者复昇余行。问其同伴,则去年从瓜步归,病死于道矣。为之怆然赋诗》:"崎岖风雪里,送我渡江行。健语因贪醉(喝醉了酒,话特别多),逢山每报名(殷勤作导游)。遽看筋力尽,能免涕洟横!尔(指壮者)尚曾相识,前途酒共倾。"㉖他为死者哭,又把生者当做老朋友,邀他一块儿喝酒,这都反映了黄的平民感情。据《京尘杂录》说:"黄仲则居京师,落落寡合,每有虞仲翔青蝇之感，权贵人莫能招之，日惟从伶人乞食。"可见他对社会底层的人有一种特殊的好感，对老轿夫死亡的"涕洟横"是出于自然的。

黄氏认为友情的最高标准是"死友"。他有一首七古《蒋心馀先生斋头观范巨卿碑额揭本》即咏此事。范巨卿名式，事迹见《后汉书·独行传》。所谓"死友"，即朋友之间，可以托妻寄子，生死不渝，如范式之于张劭、陈平子。黄氏此诗紧紧扣住"死友"二字来写。先说这墓碑额"直是生平死友心，上作星芒坠为石"。心化为石，这种想象十分突兀。后面又说："郅君章与邢子贞（按：邢应作殷），欲为死友适得生。张元伯后陈平子，纵不生交亦堪死。"最后表示："惭愧平生结交游，山阳空听笛声愁。南归定下坟则拜，埋骨期分土一丘。"[67]黄氏赠汪中以所携剑，就是"赠此一片荆轲心"。"荆轲心"是"士为知己者死"，正是"死友"的另一说法。而后来黄氏三十五岁将病殁于山西运城时，飞书寄洪亮吉，促其速来以嘱后事。洪闻耗，借马疾驰，日走四驿。抵运城后，黄已前卒，河东盐运使沈业富移其柩殡于古寺中。洪哭奠，日三临（哭吊），并为文以告殡，始偕其柩以归，葬于黄氏先坟之侧。[68]此正洪《与毕侍郎笺》中所谓"龚生竟夭，尚有故人；元伯虽亡，不无死友"。常州诗派这两位诗人正是以行动体现了他们的生死交情的，这是一首放射着"真性情"光辉的诗篇。

再看关于男女之情的。黄曾称赞孙星衍："寄我新成《病妇》诗，不特才豪亦情种。"[69]的确，孙星衍和其妻王采薇，是一对天成佳偶。黄没有娶到一位娴于吟咏的夫人，因此，他的《别内》诗说："几回契阔喜生还，人老凄风苦雨间。今夜别君无一语，但看堂上有衰颜。"[70]抒发的只是贫贱夫妻的感情。

黄的情诗对象是另外的少女。集中最早的一首情诗是《秋

405

夕》,当时诗人只有十六七岁。从诗的内容看,对方身份是个良家女子,究竟是大家闺秀还是小家碧玉却看不出,但可以肯定不是《绮怀》十六首的表妹,因为性格不合。很可能是他十七岁在宜兴氿里读书时的一次艳遇。

《感旧》四章编于《秋夕》后,从其一的"匆匆觉得扬州梦",其二的"禅榻经时杜牧情",其三的"多缘刺史无坚约",可见这四首诗所写的是一位绮年玉貌而又多情的风尘少女。从其三的"岂视萧郎作路人","难换罗敷未嫁身",其四的"他时脱便微之过,百转千回只自怜"来看,则黄重游旧地时,这少女已从良了。据年谱,黄初游扬州在乾隆三十一年冬,才十八岁,尚未娶亲(次年才娶赵夫人)。二十一岁那年夏天又游扬州,《感旧》四章应作于此时。

《感旧杂诗》四首,从其二的"别样烟花恼牧之",其三的"柘舞平康旧擅名",可见对象也是妓女。但和上述《感旧》那位扬州少女不是一人,因为这位"越王祠外花初放,更共何人缓缓行"的,应该是杭州的一位少女,而且也已出嫁了。因为这两句诗用的典故是:"吴越王妃每岁春必归(母家),临安王以书遗妃曰:'陌上花开,可缓缓归矣。'"[71]黄十九岁、二十岁、二十一岁这三年中,多次游杭,可能是这段时间的一次艳遇。

《绮怀》十六首,研究者根据其四的"中表檀奴识面初",定为这一组所写对象是黄的表妹。据我看,前十首是写他和表妹的一段恋情,第十一首写的应是一个侍女。因为"买得我拌珠十斛",用石崇以珠三斛买绿珠为妾的典故;"怕歌《团扇》难终曲",用王珉与嫂婢有情,婢善歌,为作《团扇歌》事;"但脱青衣便上升,曾作容华宫内侍",更说明了是婢女。其馀各首恍惚迷离,都难实指。从最后一首的"结束铅华归少作,屏除丝竹入中年"看,这一组诗实在是对以往一切爱情遭遇的总结。

《岁暮怀人》之十九、二十作于三十一岁时,这时黄在北京,不知他怀念的是两位什么样的少女。

情诗就是以上这些。由于他和妻子是没有爱情的婚姻,所以他特别怀念早期的情人,正如"婚姻不幸福的拜伦却多年怀念他早期的爱人玛丽"[72]那样。而正如恩格斯所指出的,"现代意义上的爱情关系,在古代,只是在官方社会以外才有"[73]。因此,我们对于他在沇里、扬州、杭州和北京等地的艳遇,不论其为妓女、表妹还是婢女,都是可以理解的。他是天才诗人,爱情上又是受压抑的,因而他成为"一只夜莺,栖息在黑暗中,用美妙的歌喉唱歌来慰藉自己的寂寞"[74]。他的情诗全是抒写相思之苦和爱情的幻灭的:"心如莲子(谐'怜子')常含苦,愁似春蚕未断丝(谐'思')。"最后竟表示:"判(拼)逐幽兰共颓化,此生无分了相思!"[75]除了一同死去,否则这一辈子只有永远沉沦在相思的苦海里。《感旧》四首描写了从前两情欢洽的情形:"风前带是同心结,杯底人如解语花。"但更多的是刻画自己由此而更增相思之苦:"别后相思空一水,重来回首已三生";"泪添吴苑三更雨,恨惹邮亭一夜眠。"[76]《感旧杂诗》四首,同样是写别离之恨,相思之苦:"牵袂几曾终絮语,掩关从此入离忧","经秋憔悴为相思","自古同心终不解,罗浮塚树至今哀。"[77]《绮怀》十六首,有写表妹未嫁时和自己相爱的情形,也有写某一侍女的情态的,而更多的是写离愁和相思:"检点相思灰一寸","绿叶成阴万事休","缠绵丝尽抽残茧,宛转心伤剥后蕉。"最后只有说:"茫茫来日愁如海,寄语义和快著鞭!"恨不得一死了之。

黄生前"尝戏谓亮吉曰:'予不幸早死,集经君订定,必乖予之指趣矣。'"[78]指的就是这些闲情之作不可删除。后来翁方纲为黄景仁选编《悔存诗钞》,果然认为"其有放浪酣嬉,自托于酒筵歌肆者,盖非其本怀也",把绮语之作全部芟弃,以致洪亮吉

407

也不能不指出:"删除花月少精神。"自注:"诗为翁学士方纲所删,凡涉绮语及饮酒诸诗,皆不录入。"[79]还是哥德说得对:"一件艺术作品是自由大胆的精神创造出来的,我们也就应尽可能地用自由大胆的精神去观照和欣赏。"[80]后来黄诗全部刻印,而且不断增补残佚,使其大备,正说明人心所向,是卫道士们所无可奈何的。

(三) 气

包括正气和豪气。先谈正气。卷十一的《何事不可为二章》作于二十七岁,时主讲寿州正阳书院,刚刚辞职,准备北上进京。此二诗托名"咏史",实为刺时。那些"甘心谓人父"的无耻之徒,目的是为了"披金而佩紫"。"必欲呼人师"的,也是"市道均无疑"。"市道"用廉颇客语:"夫天下以市道交。君有势,我则从君,君无势,则去。此固其理也。"[81]这显然是对当时的官场丑态作辛辣的讽刺。黄不幸潦倒下僚,英年早逝,否则出仕朝廷,一定也会像孙星衍、洪亮吉那样不阿权贵、犯颜直谏的。

卷十四的《圈虎行》,作于三十二岁,时居北京。此诗共四十二句,前三十一句描写驯虎表演的种种场面。孙星衍特别欣赏其中"似张虎威实媚人"这一句,评为"奇句精思,似奇实正"。就因为老虎的种种表演,看起来是大发虎威,不可一世,实际是摇尾乞怜,希望博得观众的欢心,多讨到几个钱而已。这仅仅是说老虎吗?世上各种人又何尝不是这样?甚至缩小到诗人本身,频年乞食江湖,卖文为活,看起来,"权贵人莫能招致之",实际上,朱筠、王昶、毕沅,哪一个不是权贵人?不过他们是主持风雅的权贵人而已。自己被他们赏识,和老虎的"依人虎任人颐使"何殊?他们因此而得到"礼贤下士"之名,又与"伴虎人皆虎唾馀"何殊?所以后十一句发议论,先就说:"我观此状气消沮",认为老虎应该"决蹯"、"破槛",还我自由,不再依附任何人,也不让任何人利用自己。这说的自然还是人,还是诗人自己。但是,网罗是那么容易冲决的吗?这是黄景仁极大的矛盾和苦闷。但也由此表现出他的浩然正气,这种正气是常州诗派的成员所共同具有的。

再谈豪气。卷九《别稚存》:"莫因失路气如灰,醉尔飘零浊酒杯。此去风尘宜拭目,如今湖海合生才。一身未遇庸非福?半世能狂亦可哀。我剩壮心图五岳,早完婚嫁待君来。"尽管失路,不必灰心,风尘之中,自有奇才,因为时代需要。这是何等的自信。然而"一身未遇",居然以为是"福",就因为"义不苟合"。如果被权奸所赏识,岂非自隳名节?所以,即使一生不遇也无妨。我等候你安排好儿女婚嫁后,像向平"与同好北海禽庆俱游五岳名山"[82]一样去漫游。向平不就因为拒绝王莽的徵辟才隐居的吗?——全诗就是这样充满着正气和豪气。

卷十的《大雷雨过太湖》说:"人忧中渡有焱警",他却认为"平生涉险轻性命,况乃风便时难逢"。竟以过太湖时遇大风为不世奇遇,其豪气真是古今罕见。而当"舟空帆足半掠水,或出或没疑游龙"时,同船的吓得要死,他却"此时狂喜呼绝倒",认为"一霎快意天所供"。下面写到惊雷闪电,竟说:"天如念我有奇癖,忽然大笑电目眈。东西闪烁云四结,如波荸荸如霞封。俄兼墨色变深紫,半天赫赫垂噴容。遂闻雌雷转水底,飞廉(风神)屏翳(雷神)驱相从。鞭驰百怪起狂斗,列缺(闪电)吐焰遥传烽。"在这种狂风巨雷闪电交加之际,"此时我舟助颠簸,如山巨浪相撞冲"。而诗人呢,"我张空拳奋叱咤,欲与霹雳争其锋。暗中不识神鬼至,时有赤蛇飞贴胸"。等到雨收云散,他却想到:"《易》占冬雷有明验,验必地震年斯凶。果尔微躯讵足惜,行且累及千吴侬。"总之,面对惊涛骇浪,迅雷烈风,他"不知怖心落何许,反快一洗平生庸"。这种豪情胜概,求之古人集中,吾见亦罕;至于微躯不惜,但恐地震年凶,累及吴民,更是老杜"广厦万间"的伟大襟怀。

（四）趣

黄氏因生世不谐,所以语多苦趣。如卷九的《响山潭》:"三呼而三应,高下随所饷",从而感叹:"十年走尘中,高唱无人赏。得此为同声,苦心殊未枉。"使人读了不禁苦笑。又如卷十一的《初更后有携酒食至者,欣然命酌,即用前韵》:"痴童睡醒惊抹眵,似有神厨运倐忽。主人定梦羊触蔬,坐客休惊犬争骨。"写书僮睡眼朦胧,不知酒食何来,其惊诧状已使人发笑;而由此推测贫穷的主人一定是梦到"羊触蔬",更使人忍俊不禁,因为这里用了一个典故。据侯白《启颜录》:有人常食蔬茹,忽食羊肉,梦五脏神曰:"羊踏破菜园!"而主人家的狗从来难得在饭桌下找到骨头,因而现在相争之猛,弄得座客都大为吃惊。这写得多么风趣! 又如卷十四《余伯扶、少云昆仲、施大雪帆消寒夜集,分赋》写自己招待三位友人夜饮:"薄具当侯鲭,错列只蔬葴。脂肠鲜（眇）花猪,实核惭韭卵。苦酒倾百升,不醉腹转果。"除了几盘蔬菜,荤菜只有韭菜炒蛋。而喝下大量的水酒,人倒没醉,肚子却膨胀了。说得多滑稽。又说:"棋劣胜固欣,诗好拙亦哿。即此足相於,那觉在尘堁!"也是苦中作乐。《即事》写北京冬暖,正月还"暄暄似微暑"。他挖苦说:"可惜多裘翁,挥汗强服御。"而与此同时,南方却"官河彻底冰,大雪十日五"。他说这是因为南方人"柔脆太楚楚",所以天公要"炼以冰雪威,骨健可揩拄"。这使得"听言客听然（笑貌）",可见其风趣。

(五) 诗有剑气

表现其剑气的,可以卷二十二《读史偶书》为例。他指出秦始皇以诈力统一中国,"起视六合间,喘伏皆愚民",似乎威风凛凛,不可一世。可是实际上他一辈子都是"受侮茫无津"的。首先,"生缘洛阳贾,死役齐东人。弄汝在掌上,而汝不得嗔。"其次,"赵高斩汝祀,于赵为忠臣。窜匿在左右,而汝引与亲。"嘲笑了秦始皇一通以后,笔尖刺向后代:"后世举相效,伎俩如埃尘。或盗等狗行,或媚如狐群。取之孤寡手,辗转相轮巡。屠贩偶窃据,颂德皆放勋。即以诈力计,何啻祢与孙?"这比黄宗羲的《原君》还更尖锐。特别是此诗最后两句:"而况圣心法,安能至今存?"所谓"圣心法",即儒家所谓尧舜禹汤文武诸圣王相传的心法:"人心惟危,道心惟微,惟精惟   ,永执厥中。"⑧黄当然知道阎若璩的《古文尚书疏证》已宣判了伪孔传的死刑,然而清王朝是把程朱理学作为官方哲学来宣扬的,这十六字心法正是宋儒大力鼓吹,以为圣帝明王就是以此治天下致太平的。黄指出它"安能至今存",也就是说,包括清朝皇帝在内,也都是以诈力取天下的,什么"圣心法",全是骗人的。结合皇太极的运用反间计以除袁崇焕,多尔衮的利用吴三桂以"为明复仇"为名而巧夺明朝天下,则黄此诗的痛斥秦始皇及所谓"祢与孙"的尚诈力,项庄舞剑,其意何在,不是十分明白的吗?

在乾隆朝文字狱最繁时,黄敢写出这样的诗,胆识实在惊人,也正体现了常州诗派以诗表现"真学识"的主张。历来论者只把他看成落拓不羁的穷愁诗人甚或浪子,真是浅之乎视黄仲则矣!

现在,我们来赏析黄诗的艺术风格。

黄的友人万黍维曾说:"仲则天才轶群绝伦,意气恒不可一世,独论诗则与余合。余尝谓今之为诗者,济之以考据之学,艳之以藻绘之华,才人学人之诗,屈指难悉,而诗人之诗,则千百中不得什一焉。仲则深韪余言。"[84]

什么叫诗人之诗？黄受洪亮吉、汪中、翁方纲等人的影响,也写过一些近似学人之诗的篇什;同时,他也矜才使气,作的诗往往采撷精英,典丽风华。但正如张维屏对"天才"所作的解释:"亦用书卷,而不欲炫博贪多,如贾人之陈货物;亦学古人,而不欲句摹字拟,如婴儿之学语言。"[85]这正是诗人之诗异于学人、才人之诗的关键所在。

常州诗派的诗强调写"真性情",突出一个"真"字,不过这"真"必须符合儒家的"则",即儒家的伦理道德准则。这是此派和性灵派(主要是袁枚)本质不同的地方。性灵派也强调"真性情",但却蓄意要跳出儒学的圈子。黄景仁在行为的逾闲荡检方面,颇近似性灵派,所以写了不少的情诗。孙星衍和洪亮吉也纵情声色。但在忠孝大节上,他们却坚持儒家的原则。黄由于终身潦倒,更富有平民精神,因而他的诗特别能写出自己性情之"真"来。

被当时人们称为天才诗人,黄确实富于诗人气质,强调诗的美学意义,即超越一切实用的功利目的。这点他在童年就表现出来了。据说,他"九岁应学使者试,寓江阴小楼,临期犹蒙被卧。同试者趣之起,曰:顷得'江头一夜雨,楼上五更寒'句,欲足成之,毋相扰也!"[86]

长大以后,一直到死,他的诗主要都是歌吟自己的贫贱生涯,然而他也是把贫贱生涯当做一种审美对象来吟味,亦即歌唱出贫贱的美来。他的诗歌特色是"悲",而"悲"也是一种审美快感。王充说:"悲不共声,皆快于耳。"[87]爱杜阿德·汉斯立克说:"即使它把整个世纪所有痛苦作为它的题材,我们也还是感到内心的愉快。"[88]但是这种"悲"之所以具有审美快感,关键还在于"真"。庄子说得好:"真者,精诚之至也。不精不诚,不能动人。故强哭者虽悲不哀。"[89]福克纳获诺贝尔奖致答词时说:"唯有人的内心冲突才能孕育出佳作来,……占据他创作室的只应是心灵深处的、亘古至今的真情实感,爱情、荣誉、同情、自豪、怜悯之心与牺牲精神。"(《诺贝尔文学奖全集》第28卷)黄诗的艺术魅力正在于此,他真正把生命的经验进行了和谐而完美的艺术表现。

因此,黄诗表现在形式上,便是多用白描手法,如《都门秋思》之三的"全家都在风声里,九月衣裳未剪裁",毕沅称为可值千金,这两句没有用典,词句也十分朴素,然而它却直觉地触及人类感情最深沉的部位。

黄诗从不在用典上炫耀自己,所以,即使用典,也是常见的。如卷四的《客日春感》:"只有乡心落雁前,更无佳兴慰华年。人间别是消魂事,客里春非望远天。久病花辰常听雨,独行草路自生烟。耳边隐隐清江涨,多少归人下水船!"首句是变化隋代薛道衡《人日思归》的"人归落雁后,思发在花前"。第三句用江淹《别赋》的"黯然消魂者,唯别而已矣!"第四句用汉乐府《悲歌》的"远望可以当归"。然而这些典用得使人浑然不觉,即使读者不知道这些出处,也完全可以理解作者思乡的心情。后四句全是白描:独客他乡,何况久病,花辰而常听雨,究竟是雨是泪?偶然病愈散心,却又只能独行。草路生烟,令人想起李后主《清平乐》的"离恨恰如春草,更行更远还生"。而末二句写"清江涨",正好开"下水船",因而"多少归人"纷纷还乡,自己却有家归不得,两相对比,其苦痛忧郁之情为何如?这样的诗,最能感动有同样生活经历的读者。潘飞声说他"最善言情,悱恻芬芳,寻味无穷"[90],正是指这一类诗。

性情之真,同样表现在他的情诗里。《秋夕》的"羡尔女牛逢隔岁,为谁风露立多时?"《绮怀》的"如此星辰非昨夜,为谁风露立中宵?"机杼相同。黄为什么特别喜欢这种句子?前两句以牛郎织女一年才相聚一次为可羡,见得自己和情人比牛女还不如,竟是终身无再见之期。然而明知不能再见,却仍然在曾相会处,不畏风露砭骨,痴立多时,等待奇迹——也许她会再一次翩然出现。后两句的上句用李商隐《无题》的"昨夜星辰昨夜风,画楼西畔桂堂东"句,谓已非昨夜欢会之时,而仍伫立中宵,不畏风露,可见其一往情深。这两联都用了常见的典故或出处,然而它们成功之处不在用典与有出处,而在于借此加倍写出自己对爱情的执著、坚贞,其感人处正在此。陈衍说他"精警处非渔洋、樊榭所及"[91]。王、厉都有悼亡诗,然而写的都没有黄的深沉,原因就在于黄具有刻骨铭心的爱情,而且坦率而深刻地把这份真情表现出来了。

至于表现他与学人之诗不同,"亦用书卷,而不欲炫博贪多",可以《读史偶书》的"赵高斩汝祀,于赵为忠臣"为证。这两句并非他突发奇想,而是有出处的。《随园随笔》卷二十七杂记类第四条《赵高为赵报仇》说:"古逸史载赵高为赵之公子,抱忠义之性,自宫而隐秦宫中,为赵报仇。"然而黄用这书卷时,挥洒自如,完全不像是用事。

四 常州诗派及其影响

黄景仁和洪亮吉、孙星衍、赵怀玉、杨伦、吕星垣、徐书受互相倡和,称为"毗陵七子"。袁枚很称赏他们,在《仿元遗山论诗》中有一首说:"常州星象聚文昌、洪顾孙杨各擅长。中有黄滔今李白,看潮七古冠钱塘。"自注:"稚存、渊如、蓉裳、立方、仲则。"而常州这批诗人对袁却抱着"和而不同"的态度。正如姚椿《樗寮诗话》所说："毗陵人士多能自重，……不肯游随园之门。而洪稚存、黄仲则虽与过从，亦未尝列北面。"这最可以看出常州诗派和性灵诗派的不同。

洪亮吉中年入词馆后，与性灵派诗人张问陶唱和甚密，引起后来许多论者的不满，李慈铭、朱庭珍都说洪受张影响，染上叫嚣粗率恶习。钱锺书也同意这种看法。《暇日校法学士式善、张大令景运近诗，率赋一篇代束》(见《卷施阁诗》卷十一)，是李慈铭斥为"尤叫嚣，集中最下作也"(《越缦堂诗话》)。据我看，此诗失处在于抽象议论太多，而且有些句子不是诗的语言，如"若夫一身之内理更该"，"不能已于心，乃复出诸口"，简直是八股文。朱庭珍说得对：这样"不囿绳墨"是"入魔"。但是一分为二来看，作为一篇论诗的诗，他的见解还是可取的。如作诗"不可为有我而有我"因为"为天地立言，于我亦何有？""为山水写照，而我何容心"，这是说"诗中有我"不是用诗表达自己的错误观点，对客观现实的反映应力求真实，不可歪曲。这种认识是对"诗中有我"这一命题的深化，非常有价值。至于诗应写得惊天地、泣鬼神，那也是要求反映真性情，从而极大地震撼读者的心灵。我们不必一笔抹杀。总之，洪亮吉的诗是充分实践了他的诗论的。

孙星衍在中年转向朴学研究以前，所作诗最善言情，如《夜坐咏月》："一度落如人小别，片时圆比梦难成。"比拟巧妙而清新，使人读了有悯悯不尽之致，和黄景仁的抒情诗可谓异曲同工，都显示了一种纤柔之美。但孙更可贵之处是"抱慈惠之心，守耿介之操，凡一事之有利于人者，无不为也；凡一事之有蠹于国者，无不革也。百姓爱之若父母。"其《芳茂山人诗录》中反映社会现实之作很多，仅从其《残灯》一首也可见其恫瘝在抱之情："残灯明灭隔书帷，门外霜风动地吹。淅沥雨声愁不断，呻吟病骨痛难支。永怀茅屋将颓夕，还忆扁舟涉险时。我拥温衾坐深阁,也须矜恤漫嗟咨。"

洪、孙不足之处,施山认为,他们"天禀皆高,观古人诗时,意气已压其上,不暇沉思。非惟观时贤诗如是,即于汉唐亦莫不然,故其诗锤炼者鲜"(《薑露庵杂记》)。张维屏也认为洪诗"未免失之太快"(《听松庐诗话》)。

赵怀玉,"诗不随流俗"[92]。其诗有云:"立身稍自爱,人已目为迂",表现了常州派诗人的戆气。

杨伦,诗学杜甫,有《杜诗镜铨》行世。反动袁枚的言诗不分唐宋。洪亮吉说他的诗"临摹画幅,稍觉失真"[93]。徐世昌据洪语推论:"或持论高而自作未能副欤?"

吕星垣,在七子中年辈稍后,诗尚奇险。洪亮吉说他"穷老不遇,……所遭益无聊赖,则自命益不凡。自命益不凡,则所为诗文益放而不可捉摸"[94]。

徐书受,"诗悱恻缠绵,意由心发"[95]。所以洪亮吉说:"袁君爱巧(袁大令枚)徐爱真(徐大书受)。"[96]

除毗陵七子外,常州派诗人中较著名的还有杨芳灿,"虽为袁简斋及门,诗实不相袭也"[97]。钱维乔,诗"有豪宕感激之风"[98]。馀人尚多,《毗陵名人小传》可供参考。

至于影响,如道光时著名诗人蒋湘南,河南人,其诗"气奇语壮,骨采飞腾,颇近洪北江"[99]。又有蒋曰豫,亦阳湖人,生咸、同时,"承常州学派,以北江、渊如、皋文(指张惠言,阳湖派古文的创始人)为矩矱。……诗雅健喜效北江"[100]。黄景仁(仲则)诗的追随者则更普及全中国,直到"五四"时期的郁达夫,作旧诗还深受其影响。

注　释

①⑭　《卷施阁文甲集》卷十

② ⑩ ⑰ 《更生斋诗》卷二《道中无争,偶作论诗绝句二十首》之四

③ 同题之八

④ ⑫ 《北江诗话》卷二第一条(以下简称卷数条数)

⑤ ⑧ 卷四第四九条

⑥ 《老生常谈》

⑦ 《清代毗陵名人小传稿》卷四

⑨ 卷二第七二条

⑪ 《卷施阁诗》卷十九

⑬ 卷四第四十条

⑮ ⑱ ㊺ ㊳ 卷一第十条

⑯ 卷一第三四条

⑲ 卷一第十六条

⑳ 卷一第五八条

㉑ 卷二第七一条

㉒ 卷三第四四条

㉓ ㉘ 卷五第二条

㉔ 卷一第五六条

㉕ ㊾ 《卷施阁文甲集》卷一《吕广文星垣文钞序》

㉖ 卷二第三四条

㉗ 卷四第三二条

㉙ 《卷施阁诗》卷二十《偶成二十首》之十二

㉚ 《卷施阁诗》卷二十《自励》之一

㉛ 同题之二

㉜ 《卷施阁文甲集》卷一《钱大令维乔诗序》

㉝ 《卷施阁文甲集》卷一《三山僧诗合刻序》

㉞ 卷一第二八条

㉟ ㊳ 卷五第六条

㊱ 卷五第十五条

㊲ 卷六第八条

㊴ 卷五第十五条

㊵ 卷五第四条

㊶ 卷一第十四条

㊷ 卷三第四二条

㊸ 符葆森《国朝正雅集》引《石溪舫诗话》

㊹ 康发祥《伯山诗话》

㊺ 潘瑛、高岑《国朝诗萃》二集

㊻ 《两当轩集》卷七《左二过饮，赠诗一章》（以下简称卷数）

㊼㋂ 卷八

㊽㊾ 卷十二

㊿㋀㋁ 卷十三

㋂ 卷十四

㋃㋄ 卷十五

㋅㋆ 卷十

㋇ 卷八

㋈ 卷九

㋉㋐ 卷三

㋊ 卷三《借容甫登绛雪亭》

㋋ 卷四《以所携剑赠容甫》

㋌ 《清史稿》本传

㋍ 洪亮吉《……黄君行状》

㋏ 卷十四

㋐ 《萧寺哭临图赞跋》见黄逸之《黄仲则年谱》引

㋑ 卷十二《得稚存、渊如书，却寄》

㋐ 《分类东坡诗》十四《陌上花引》

㋒ 莫达尔《爱与文学》第二五页

㋓ 《家庭、私有财产及国家的起源》

㋔ 雪莱《为诗辩护》

㋕㋖ 卷一《秋夕》

418

⑦ 卷二

⑱ 《卷施阁文乙集》卷六《出关与毕侍郎笺》

⑲ 《卷施阁诗》卷十八《侍学三天集·刘刺史大观为亡友黄二景仁刊〈悔存轩集〉八卷工竣,感赋一首,即柬刺史》

⑳ 《哥德谈话录》1827年4月18日

㉑ 《史记·廉颇传》

㉒ 《后汉书·逸民传》

㉓ 《尚书》伪孔传《大禹谟》

㉔ 《味馀楼剩稿序》

㉕ 《国朝诗人徵略·听松庐文钞》

㉖ 汪启淑《鹿菲子小传》,收《续印人传》中

㉗ 《论衡·自纪篇》

⑱ 《论音乐中的美》

㉙ 《庄子·杂篇·渔父》

㉚ 《在山泉诗话》

㉛ 黄曾樾《陈石遗先生谈艺录》

㉜ 符葆森《国朝正雅集》引《寄心庵诗话》

㉝ 《晚晴簃诗汇》卷一百三

㉞ 《卷施阁诗》卷八《董生诗赠董上舍达章》

㉟ 《听雨楼随笔》

㊳ 《梧门诗话》

㊴ 《晚晴簃诗汇》卷一三八

㊿ 《晚晴簃诗汇》卷一五九

第十七章　龚自珍

龚自珍和顾炎武一样，本身并不代表一个诗派。但本书在清前期要以专章评介顾炎武，是因为顾诗最早表现出清诗的特色——学人之诗与诗人之诗的统一，对后此各流派都有其巨大的影响。而在清后期即近代，以专章评介龚自珍，则不仅因为他的诗仍然表现了学人之诗与诗人之诗的统一这一特色，而且因为他"开风气"，仅以诗而言，就开了近代诗的风气。也可以说，在新形势下，龚自珍恢复并发展了顾炎武"经世致用"的文学思想。

历史沿着正、反、合的轨道前进：清前期的"经世致用"思想，到了清中期，由于政治上的高压，变质为脱离现实的训诂考据之学，而到了清后期，鸦片战争前后，由于空前的内忧外患，加上清王朝高压力量的削弱，士大夫们蒿目时艰，不能不起而研究经世致用之学。而最早开扩这一风气的，正如前人所说："近数十年来，士大夫诵史鉴，考掌故（指典章制度），慷慨论天下事，其风气实定公开之。"[①]

一　生　平

龚自珍（1792—1841），字璱人，号定庵，更名鞏祚，又名易简，字伯定，号羽琌山民，浙江仁和（今杭州）人。早年从外祖父段玉裁治《说文》，二十八岁从刘逢禄治公羊学。嘉庆二十三年

(1818)举人,官内阁中书。道光九年(1829)进士,奉旨以知县用,呈请仍归中书原班。十五年擢宗人府主事。十七年改礼部主事。十九年乞养归。二十一年春,暴卒于丹阳。有《龚自珍全集》。

二 诗 论

如果说,清前期和清中期,各个诗派的相继出现,都是对前此某一个或某几个诗派的补偏救弊,那么,龚自珍的出现,就是对前此一切复古诗风的扫荡。从他开始,古典诗歌逐渐起了质变,尽管这种质变是隐形的,是潜在的,不像后来"诗界革命"时期表现得那样清晰,然而它毕竟在变。可以说,没有龚自珍,就没有后来的"诗界革命"。

当然,变,总是社会性的,因而作为一种舆论(诗论也是其中的一部分),与龚自珍同时的潘德舆已提出新的性情说。潘氏针对性灵派"诗本性情"的说法展开批评。因为袁枚指责翁方纲以学问为诗,而强调抒写性情,于是潘氏指出:"诗积故实,固是一病,矫之者则又曰诗本性情。予究其所谓性情者,最高不过嘲风雪、寻花草耳;其下则叹老嗟穷,志向龌龊;其尤悖理,则荒淫狎媟之语,皆以入诗,非独不引为耻,且曰:此吾言情之什,古之所不禁也。呜呼!此岂性情也哉?吾所谓性情者,于三百篇取一言,曰:'柔惠且直'而已。此不畏强御、不侮鳏寡之本原也。老杜云:'公若登台辅,临危莫爱身',直也;'穷年忧黎元,叹息肠内热',柔惠也。乐天云:'况多刚狷性,难与世同尘',直也;'不辞为俗吏,且欲活疲民',柔惠也。两公此类诗句,开卷即是,得古诗人之性情矣。舍此而言性情,诗之螟螣也。"[②]这就是说,诗歌所反映的诗人的性情,应该是杜甫、白居易那样的和国计民生息息相关的思想感情，也就是要求诗人们必须发扬现实主义精神，用诗歌来反映时代的风云、人民的呼声，一味缠绵在个人小圈子里，抒发那种所谓"性情"，是写不出好诗的。这显然是新的时代风雷惊醒了潘德舆等开明的士大夫，因而提出这样的观点。

基于这一观点，他赞美刘基和顾炎武的诗。他说："明开基诗，吾深畏一人焉，曰刘诚意；明遗民诗，吾深畏一人焉，曰顾亭林。诚意之诗苍深，亭林之诗坚实，非以诗为诗者。"他又说："吾学诗数十年，近始悟诗境全贵'质实'二字。盖诗本文采上事，若不以质实为贵，则文济以文，文胜则靡矣。"他又解释"质实"二字："或言诗贵质实，近于腐木湿鼓之音。不知此乃南宋之质实，而非汉、魏之质实也。南宋以语录议论为诗，故质实而多俚词；汉魏以性情时事为诗，故质实而有馀味。分辨不清，概以质实为病，则浅者尚词采，高者讲风神，皆诗道之外心，有识者之所笑也。"③

这不是他个人的意见，和他同时而行辈稍后的鲁一同，持论也和他一样。鲁一同认为："凡文章之道，贵于外闳而中实。中实出于积理，理充而纬以实事，则光采日新。文无实事，斯为徒作，穷工极丽，犹虚本也。"其弟子周韶音说："昔持此论以窥古今之诗，陶、杜而外，其逮此者，唐之昌黎韩氏，明之青田刘氏、亭林顾氏三数人耳。由先生之论以读先生之诗，然后知诗之工拙，不徒争声律，穷雕镂，侈伟博也。"④

而鲁一同对潘德舆的诗作也是按这一准则来评论。他说："潘丈四农尝以其诗见正，余拱手曰：君诗不患不高，不患不深，但当纬以实事耳。"什么是"实事"呢？他指出：在鸦片战争暴发和太平天国起义的前夕，"斯时海内承平，讴吟之士，发愤感慨，而常苦于事实之不彰，言不足以称吾情也。"这是说，当时老大帝国表面太平,其实有识之士已看到它的腐朽本质必然会引发内忧外患,可是忧患仅仅是一些预兆,因而有识之士发出忧危之声,反被一般庸人斥为多事。而现在不同了,外患如鸦片战争,内忧如太平天国,都已爆发了。"曩令当时诸诗人稍延数年之算,睹海宇之骚然,伤公私之耗竭,亲见覆军杀将之惨,民生流离斩艾剥割之状,其诗之烦冤沈痛,必数倍于畴昔"⑤。可见他要求潘德舆作诗要"纬以实事",就是要求他像杜甫、顾炎武那样忠实地反映现实。

通过上述几种诗论,可见顾炎武"经世致用"的文学思想已被重新认同了。

龚自珍小于潘德舆七岁,而大于鲁一同十三岁,他们是同时人。然而潘和鲁都还是向中国传统文化借动力,而不像龚在哲学上达到了更高的层次,从而在诗论和诗作上表现为浪漫主义的。

表现其哲学更高层次的是:"其道常主于逆。"即魏源所指出的:"小者逆谣俗,逆风土,大者逆运会。"⑥中国传统文化心态是主张中和之美的,其哲学根据为统一、和谐。而龚氏则标举对立、对抗,这就使他在政治思想上充满忧患意识和强烈的批判精神,而在文学思想上则表现为充满理想光辉的浪漫主义精神。

只有从这一高度去认识,我们才能理解他的诗论。

概括地说,他的诗论可以分为四点:

(一)"尊情"

情和诗的关系,在中国传统诗论中,已经是个老话题了。但同是一个"情"字,在清代,既有沈德潜、翁方纲的封建伦理化的情,也有袁枚的非伦理化的情。具体到龚自珍身上,则把这情提到更高的高度,不但是非伦理化的,而且也不是抒一己之哀乐的,而是反对封建专制要求个性解放的。尊情,即尊重个性解放的要求。从《宥情》一文看,所谓"一切境未起时,一切哀乐未中时,一切语言未造时",此"情"指的是童心,即未受伦理观念束缚时的自由个性。他在《长短言自序》中说:"情之为物也,亦尝有意乎锄之矣。"何以要锄?即因封建专制制度不允许个性解放。然而"其道常主于逆",他却以反抗态度出之:不但不锄,反宥之;不但宥,反尊之。他的诗词,都是自由个性的流露。

"情"在先秦解为"实",亦即"真"。龚氏论诗最重"真"。他说:"诗欲其真,不欲其伪。最初为真,后起非真;信于己者为真,徇于人者非真;足于己者为真,袭于人者非真。是故读书有真种子,作文有真血脉,而作诗有真气骨。得其真,则一花一木,一水一石,一讴一咏,皆有天趣,足以移人;失其真,则虽镂金错采,累牍连篇,吾不知其中何所有也。古今论诗有二:曰性情,曰格调。性情,真也,袭格调而丧其面目,伪矣。格调,亦真也。离性情而饰其衣冠,伪矣。此在杜少陵所以有'别裁伪体'之说也。"又说:"诗至汉魏古矣,而伪汉魏何如真齐梁?三唐美矣,而伪三唐何如真两宋?初盛唐高矣,而伪初盛何如真中晚?推之伪李杜不若真元白,伪王孟不若真温李,此其得失较然,不待智者而后知也。"⑦他所强调的"真气骨",就是个性解放的要求。

(二)"诗与人为一"

这也是个老话题,在他之前,赵执信标举吴乔《围炉诗话》的"诗之中,须有人在"。袁枚也指出:"性情遭遇,人人有我在焉,不可貌古人而袭之,畏古人而守之也。"⑧以后朱庭珍指出:"近代诗人,又多误会其旨,反益流弊。"表现为"不论是何题目,其诗中必写自家本身,或发牢骚,或鸣得意,或寓志愿,或矜生平"⑨。没有谁能像龚自珍把问题提到那样的高度:"诗与人为一",即"人外无诗,诗外无人,其面目也完"。"何以谓之完也?……所欲言者在是,所不欲言而卒不能不言在是,所不欲言而竟不言,于所不言求其言亦在是。要不肯捃摭他人之言以为己言"。⑩这一论点所以卓越,不但因为它主张独创,反对仿古,而且更主要的是他所谓"人"是"勇于自信"的有远见卓识之士,是"九州同急难"的爱国者,是"有阴符三百字"的反帝的先进的中国人。

(三) 出入说

为了透彻地揭露封建专制的本质,必须"善入"。他解释说:"何谓入?天下山川形势,人心风气,土所宜,姓所贵,皆知之;国之祖宗之令,下逮吏胥之所守,皆知之。其于言礼、言兵、言政、言狱、言掌故、言文体、言人贤否,如其言家事,可谓入矣。"要对封建社会的礼乐刑政、国计民生,熟悉得如同了解家务一样,这才叫"入"。那么,"何谓出?"他说:"天下山川形势,人心风气,土所宜,姓所贵,国之祖宗之令,下逮吏胥之所守,皆与有守焉,而皆非所专官。其于言礼、言兵、言政、言狱、言掌故、言文体、言人贤否,如优人在堂下,号咷舞歌,哀乐万千,堂上观者,肃然踞坐,眄睐而指点焉,可谓出矣。"原来他的所谓"出",就是在深入生活的基础上,又能高于生活。他分析说:"不能入则非实录,垣外之耳,乌能治堂中之优也耶?"而"不能出者,必无高情至论,优人哀乐万千,手口沸羹,彼岂复能自言其哀乐也耶?"⑪从感性认识入手,全面掌握对象后,又能透过现象看本质,写出其带规律性的东西来。这确实是辩证的创作方法。

王国维痛斥龚自珍"凉薄无行",而又不嫌雷同地也提出了出入说。他在《人间词话》中说:"诗人对宇宙人生,须入乎其内,又须出乎其外。入乎其内,故能写之;出乎其外,故能观之。入乎其内,故有生气;出乎其外,故有高致。"在内涵和表达上完全一致。

(四) 诗有原

与"出入说"相呼应的是他的"诗有原"论。他说:"夫诗必有原焉,《易》、《书》、《诗》、《春秋》之肃若沉若,周秦间数子之缜若岬若,……于是乃放之乎三千年青史氏之言,放之乎八儒三墨、兵、刑、星气、五行,以及古人不欲明言,不忍卒言,而姑猖狂诙诡以言之之言,乃亦搌证之以并世见闻,当代故实,官牍地志,计簿客籍之言,合而以昌其诗,而诗之境乃极。"总之,他认为诗是"以受天下之瑰丽,而泄天下之拗怒也"[12]。"拗"即"逆","怒"则直接反对诗教的"怨而不怒"。这都可以看出龚氏个性主义的思想,他确实已经超越了传统文化的圈子,而表现为近代的。

三 龚诗的悲剧意识

龚诗的风格特色,可以用他自己的诗句来标示:"少年哀艳杂雄奇。"[13]他追求过陶潜式的"平澹",然而他始终做不到,因为他一直到死都是"少年"——充满理想光辉的少年,充满悲剧意识的少年。

正因为龚诗主要反映了他的个性解放的要求,所以,他的诗采用了浪漫主义的创作方法。浪漫主义以个人理想的表现和个人情感的抒发作为基本特征,龚自珍,这位浪漫主义诗人,就是通过对自由的讴歌,反映了个性解放的要求。有人指出,他"有与'五四'后现代个性主义相近的思想气质"[14],确实是这样。

"国家治定功成日,文士关门养气时。乍洗苍苍莽莽态,而无懵懵徊徊词。"[15]《尔雅·释训》:"懵懵恛恛,惛也。"这首七绝从反面说明封建统治最强有力时,即使是杰出的文士们也只能被迫得"万马齐喑","人心混混而无口过也,似治世之不议"[16]。然而要求个性自由的声音是窒息不了的:"平生进退两颠簸,诘屈内讼知缘因。侧身天地本孤绝,矧乃气悍心肝淳。欹斜谑浪震四座,即此难免群公嗔。"这就惹得"贵人一夕下飞语,绝似风伯骄无垠"了。他在这种高压下,"纵有噫气自喷咽,敢学大块舒轮囷"[17],于是戒诗了。然而一而再、再而三地戒,又一而再、再而三地破戒,终于大声疾呼:"九天生气恃风雷,万马齐喑究可哀!我劝天公重抖擞,不拘一格降人材。"[18]

无庸讳言,他的"天公"是指清王朝的当权者,因而他总是以"落花"自喻。当他三十八岁打算"俯首就选,投笔出都","宁化异物做同知"时,他想到吴伟业的"《圆圆曲》云:'错怨狂风飏落花,无边春色来天地',以此自祝"。[19]这和他四十八岁时因才高动触时忌,乞养归,出都时所写的"落红不是无情物,化作春泥更护花"[20],含义是一样的,都是表示对理想的坚持,即反封建专制、求个性解放、实现其变革的理想。

最强烈地反映出这一思想,而且充满悲剧意识的,是他的《西郊落花歌》。此诗作于丁亥(道光七年,他三十六岁),是他会试不第,有与妻偕隐之志的次年,也是大量从事金石考订、以琐耗奇的一年。明了这个背景,就懂得为什么他要一反常情,大赏落花。"如钱塘潮夜澎湃,如昆阳战晨披靡,如八万四千天女洗脸罢,齐向此地倾胭脂。奇龙怪凤爱漂泊,琴高之鲤何反欲上天为?玉皇宫中空若洗,三十六界无一青蛾眉。又如先生平生之忧患,恍惚怪诞百出无穷期。"这些形象的比喻,其实就是描绘着"无边春色来天地"。整个诗是"其道常主于逆"的哲学观点的反映(中国传统文化心态一直都是把落花象征美好事物的毁灭,因而凡咏落花,必定表示伤悼),也是"以受天下之瑰丽,而泄天下之拗怒也"。是的,这就是龚自珍的悲剧意识。

当代有的学人认为,中国传统文化里是不可能产生悲剧精神的,因为"所谓悲剧精神,就是人们认识到:人与自然,人与社会,人与人,人与自己,是永远对立和分裂的;作为个体的人永远在内心的痛苦和冲突之中存在着;人无法选择一种价值,而陷于惶惑;人的理智与情感激烈地对杀着,而使人身心疲惫;人的一生,是苦苦寻找的一生,沉重的失落感直至他瞑目前的顷刻;似有似无的忧郁,追随着人的灵魂,使他根本无法欢乐起来;种种似乎无法解释的力量,随时突然降祸于人;可歌可泣的生命之火总是被冷若冰霜的伦理道德围困着;人不过是在一片漫无涯际的荒漠上孤独行走的哑默的行者;人没有目的,空虚和寂寞压迫着他,使他陷入一种莫名的恐怖;人走着,以为走向一个极乐的世界,但经过九死一生的跋涉,却发现自己仍然站在出发的废墟上;人不惜用青春和生命去追求正值,但就当他心满足时忽然发现,他竟在荒凉贫瘠的负值领域里徘徊,……总而言之,人作为存在,根本上就是悲剧性的"[21]。

非常精彩,拿这一段话,和龚诗(尤其是《己亥杂诗》)相印证,我们不会感觉到两者在实质上完全具有一致性吗?"其道常主于逆",因而他和一切都是"永远对立和分裂"的,这是形成悲剧意识的基础。理智与情感的激烈对杀使他身心疲惫,他不断地呻吟:"网罗文献吾倦矣,选色谈空积习存";"少年揽辔澄清意,倦矣应怜缩手时";"促柱危弦太觉孤,琴边倦眼盱平芜";"师友凋徂心力倦,羽琌一记亦荆榛";"空山徙倚倦游身,梦见城西阆苑春"。他迷茫地吟唱着:"偶赋凌云偶倦飞,偶然闲慕遂初衣,偶逢锦瑟佳人问,便说寻春为汝归",这正反映一种没有目的的空虚和寂寞,信奉尼采哲学的王国维居然不了解这一点!

是的,龚自珍十分清醒地认识到自己是一个历史性的悲剧人物,因此,他以悲壮的声调高唱着:"安得树有不尽之花更雨新好者,三百六十日,长是落花时。"他认识到改革事业的极端艰巨性,他渴望着有无数为理想而献身的后来人(所以他"但开风气不为师")。他坚信,经过长期的韧性的战斗,一个民主的共和国必将出现在亚洲的地平线上。

四　龚诗对近代诗的影响

张之洞在戊戌维新运动后作了一首题为《学术》的七绝:"理乱寻源学术乖,父仇子劫有由来。刘郎不叹多葵麦,只恨荆榛满路栽。"自注:"二十年来,都下经学讲《公羊》,文章讲龚定庵,经济讲王安石,皆余出都以后风气也,遂有今日,伤哉!"[22]虽然是从反面进行攻击,却也证明了龚自珍的诗文在开风气方面所起的巨大作用。

何绍基属于宋诗派,也是龚的好友,他称赞龚诗"为近代别开生面"[23]。当然,他对"近代"一词的理解,和我们今天特指鸦片战争到"五四"这一特定历史阶段有所不同。

清末民初的李详(审言)既反对宋诗派,又反对龚自珍。他说:"道、咸以降,涪翁派漫延天下,又以定庵诙奇鬼怪,瞉乱聪明子弟,如聚一丘之貉,篝火妄鸣,为详为制,至于亡国。声音之道,不可不正也。"[24]他反对宋诗,仅仅因为它"伤于径直",而对代表进步力量的龚自珍,则戟指痛斥,竟至诬为亡国之妖。这也从反面证明了龚诗巨大的启蒙力量。

正确地指出龚诗对近代诗的影响的,是丘炜蔃。这是一位富有维新思想的诗人。他在《题龚定庵诗集后》说:"哀乐无端绝迹行,好诗不过感人情。定公四纪开新派,赢得时贤善继声。"他指出龚诗有"开新派"之功。"新派"即"诗界革命派",其代表诗人是黄遵宪。正如有人分析的,龚自珍"论诗的精神、理想,得黄遵宪而有了大张旗鼓、理直气壮的发扬"[25]。

但是,龚诗不仅仅"开新派",只对资产阶级改良派的诗界革命派产生了影响,而且对资产阶级革命派——南社许多诗人也产生了很大影响。正如前人指出的,龚氏"能开风气,光绪甲午(光绪二十年,1894)以后,其诗盛行,家置一编,竞事摹拟"[26]。

龚诗的魔力究竟何在呢?除了追求个性自由,深刻揭露时弊,呼唤改革风雷,坚持反帝斗争等思想足以震聋发聩外,其诗歌风格非唐非宋,别开生面,确实也对万千读者,尤其是少年而"才多意广"[27]者,具有极大的吸引力。人情总是追求新异,唐诗和宋诗长期万口传诵以后,"至今已觉不新鲜"[28]了,忽然出现一编非唐非宋的龚诗,大家自然感到耳目一新了。

表现其为非唐非宋的,主要是他的《己亥杂诗》,正如前人所指出的,杂诗"为古来未有之格"[29]。尽管南宋末汪元量《湖州歌》、《越州歌》已开巨型七绝组诗的首唱[30],而浙派的金农《怀人绝句三十首》"取势铸词,于定庵《己亥杂诗》不啻先河"[31],但《己亥杂诗》在广泛吸取前人精华的基础上,仍能做到"不从俗熟矜奇句"[32],亦韵亦散,真是"不拘一格"。它的特点有如下几点:

有时,他会打破诗词的界限,如第一九三首、一九四首:"小婢口齿蛮复蛮"、"女儿魂魄完复完",是用唐人王丽真的词《字字双》的格式写的。王词"床头锦衾斑复斑……"见《唐五代词选》。

七绝属格律诗,应合平仄,韵脚应为平声。他却不管这些,三百一十五首《己亥杂诗》里,用仄声韵的就有二十八首。这还不算前无古人,因为前人七绝间或也会用仄声韵。但既作为七绝,就一定要合平仄,而龚氏这二十八首却全不讲规矩。仄韵七绝第三句应平收,他却好几首用仄收,如第二九六首:"天意若曰汝毋北,覆车南沙书卷湿。汶阳风雨六幕黑,申以东平三尺雪。"有时一首四句全用平声韵,如第二三九首:"阿咸从我十日游,遇管城子于虎丘。有笔可橐不可投,簪笔致身公与侯。"

他可以在一首七绝里,两句叠用一韵,如第一一三首的"公子有德宜置诸,有德公子毋忘诸";第七四首的"登乙科则亡姓氏,官七品则亡姓氏"。

而最大的特色是诗的散文化。本来唐人的诗,除杜甫有少数拗体,韩愈诗奇崛(但他的格律诗仍然规范化)以外,一般都是遣词造句和散文完全不同。到宋人手上,很多的诗散文化了,"以议论为诗",因而明人提出"诗必盛唐",这是对宋诗的反拨。到了清代,不管是主神韵的,主格调的,还是主性灵的,都只在形式或风格上争奇斗巧。只有龚自珍,"蒿目时艰,用心经世,既不得用,乃发于诗。虽山水游燕,而非摹山范水,乃感美非吾土;虽吊古咏史,而非抒怀旧之蓄念,乃抑扬有为之言。……思深虑远,骨力坚苍。每于咏叹之中,时寓忧勤之感"[33]。由于他的诗具有非常丰富的政治内容,便要求打破旧框框,从内容到形式都来一个大解放,形成了一种新体诗。正像后来黄遵宪等人在诗歌创作上所实践的,梁启超所概括的:这种诗,什么词语,什么句调,都可以用。试看《己亥杂诗》,不少绝句是极端散文化的,有的干脆运用古书的成语或成句。这种例子简直触目皆是,随便举几个例子:"勇于自信故英绝,胜彼优孟俯仰为!"(第二九首)"各逮汝孙盟不寒。"(第三十首)"北方学者君第一,江左所闻君毕闻。"(第四十首)"本朝七十九科矣。"(第五四首)"吾将北矣乃图南。"(第二二八首)"江淮狂生知我者,绿笺百字铭其言。"(第一〇二首)"与吾同祖砚北者,仁愿如兄竟早亡。"(第一六三首)这些句子一点不使你感到不伦不类,而是觉得它们用得恰到好处,别饶古趣,咀嚼起来,馀味无穷。特别安排在一个巨型组诗里,更使你感到它们各得其所,相得益彰。

较后于龚氏的李慈铭曾说:"定庵文笔横霸,然学足副其才,……诗亦以霸才行之。"[34]这说到了点子上。唐宋诗人,无论大家名家还是小家,写起诗来,始终是循规蹈矩的。只有龚自珍,无法无天,在诗的领域里横冲直撞。但他决不是一味雄奇,而是有时风狂雨骤,有时燕舞莺啼。试看他的"卷帘梳洗望黄河"(第二五二首),上四字多么风光旖旎,下三字却又多么意境阔大,可是两种境界融为一体,却给读者一种特殊的美感。这样的奇句不是一般躲在象牙塔里的诗人所能想象出来的。时代要求诗人拥抱祖国的壮丽河山,因此,即使他仕途失意,壮志成空,"甘隶妆台伺眼波"时,他的"风云材略"也没有真正"销磨"。诗写得很灵妙,明明是他提高了那个风尘知己的认识,使她不忘国家忧患,诗却反过来说,她"为恐刘郎英气尽",于是"卷帘梳洗望黄河"了。这就把打击他的当权者的见识卑下和毫无心肝这层含意,让读者从言外得之。举这一句为例,可以说明,龚自珍才气横溢,是由于生活的磨炼。当然,和他极深的文学修养也分不开。正因为他具备这两个条件,所以,古今中外,诸子百家,无不可供驱使,这就形成了他的独特风格。

龚氏弟子陈元禄,与龚氏同时和稍后的孔宪彝、蒋湘南、杨象济、程秉钊、江标、戴望、黄遵宪、康有为、谭嗣同,一直到南社诸人,他们竞学龚体,主要就是摹拟《己亥杂诗》。"定庵之诗,清末以来,为人扢撏殆尽"[35]。扢撏的主要就是《己亥杂诗》。

以《南社丛刊·诗选》为例,如卷一刘国钧《辛壬之间杂诗》之七:"高谈谁识五侯宾。"陈鼎《病中……》之一:"空山听雨独徘徊";之二:"宋玉魂归不可招";之三:"来叩深山百尺楼"。卷二傅尃《丁未生日述怀》之一:"古愁莽莽成长恨";之二:"中年哀乐寄筝琶";《落日》之二:"我马玄黄我仆痛";之四:"壮年心事托冥鸿";《感秋八首……》之五:"新蒲新柳三年大";之八:"多谢故人频问讯";《次韵答今希见过……》之一:"渺渺春魂不可招";之七:"长吟藉遣英雄气"。黄钧《锦城纪游十首》之二:"百卷诗成公倦矣";之五:"重整吟鞭一驻车";之六:"万里摇鞭一挥泪"。刘谦《哭太一诗》之八:"煞劳傅柳损宵眠"。孔昭绶《东游仙诗……》之三:"有人催唤木兰船"。卷三沈厚和《辛亥春杂感》之一:"扪心猛忆儿时事";之二:"一编重纪梦回初";之三:"少年历劫堕华鬘,惜誓吟成涕泪潸,……商量深浅到眉弯";之四:"阅历词场悟性情,无端歌哭亦心声";之六:"压线频年事可哀";之七:"千秋谁为妥贞魂,赖有雄文石室存。写得离忧毫末否?许侬持与梦中论。"卷四谢英伯《苏州道中阻雨》之二:"未能料理太湖船。"吴沛霖《春尽日寄林三金陵》之一:"倘许一缄重报我。"蔡有守《晦闻嘱题蒹葭图》:"我所思兮渺何许?"卷六景耀月《无题八首》之三:"月痕叱出海红帘。"黄侃《题刘仲邃〈瑞龙吟〉词后》之三:"已分飘零过此生,幽情宛转总难明。红笺满写珍珠字,今日谁能喻此情?"卷七丁以布《湖上即席酬春航、静庵》:"南北依稀屹两峰,如撞大吕应黄钟。"周亮《悼程蕴秀女士……》之五:"壮绝东南十万兵";之十:"大陆风潮动地来。"沈砺《再叠前韵示剑华》:"胸中海岳一翻飞。"黄葆桢《张星伯席上……》之 .:"六九雄心尚未销";《自杭归台……》之三:"镜里河阳鬓已丝。"邵瑞彭《北行杂诗》之五:"万人无语看焦山";《留别上海》之一:"江天如墨鬓如丝";《题亚子分湖归隐图》之三："相携同上木兰舟"。卷八周实《赠钝剑》之二："与子消沉文字海"；《碎红词……》之八："伤心难傍玉棺眠"。包公毅《味莼园赛珍会……》之七："心底秾春亦夙因。"卷九庞树柏《寒食……》："谁更摇鞭入山去。"俞锷《岛南杂诗》之十五："惹得阿娘怀抱恶。"姚光《题龙丁华书伉俪春愁秋怨词一首》："浩荡情怀不可收，英雄迟暮住温柔。"卷十蔡寅《丁未岁除》之四："黄金华发任飘萧。"王德锺《书感十章》之五："此身输与钓屠宽"；之十："感卿为我说荆轲，……忍向妆台伺眼波。"凌景坚《寄十眉》："应被故山猿鹤笑。"顾无咎《立夏后四日……》："吟鞭东指沪江滨。"

其中集龚诗的也大量存在，如卷一宁调元《感旧集定庵句》十二首，《集定庵句柬鹓雏、楚伧》七律一首。卷二傅尃《三怀诗集定庵句》三首。余其锵《悼亡妻淑娟集龚句》二十首，《题夷峙纪遇诗册后集龚》四首，《集定公句赠芷畦》四首。杨铨《感事十绝集定庵句》十首。高燮《闻曼殊将重译〈茶花女遗事〉。集定公句成两绝寄之》二首。

而最令人惊讶的是南社巨擘柳亚子，他的《磨剑室诗词集》中诗的部分。从1903年到1951年，也就是终其一生始终反映出他对龚自珍的崇拜。我粗略地统计了一下，他仿龚的诗句共有四百六十二句之多。其中第一辑（1903—1912）六十五句，另外集龚诗七绝二十二首。第二辑（1913—1922）一百一十句，另外集龚诗七绝六首。第三辑（1923—1929）三十三句。第四辑（1929—1940）八十三句。第五辑（1940—1942）十七句。第六辑（1942—1944）五十九句。第七辑（1945—1948）二十四句。第八辑（1949）十九句，另外集龚诗七绝一首。第九辑（1950—1951）五十二句，另外集龚诗七绝一首。

从南社诗人所仿龚句来看，完全是采摘哀艳与雄奇这两种风格的,也就是充满浪漫情趣的。由此也可以看出前人所说:"光绪甲午以后,其诗盛行,……自尚宋诗,群遂厌弃"[36],并不符合实际。可笑的是,直到现在,有的人一方面承认龚诗"非唐非宋",一方面却还在用唐诗或宋诗作标准来衡量龚诗。其根据是李慈铭说过:"其诗不主格律家数","诗亦以霸才行之,而不能成家";[37]谭献说过:"诗佚宕旷邈,而豪不就律,终非当家。"[38]而不想一想,所谓"格律"、"家数",都是唐宋诗的范畴,怎能用这些条条框框来套非唐非宋的龚诗呢?这不是自相矛盾么?

问题倒在于仿龚的人,不论是《新民丛报》的,还是南社的,他们这类诗作,看来看去,不免使人有"画虎不成"之感。我很同意沈其光的话:"定庵诗原本《风》、《雅》,极命《庄》、《骚》,有太白之才,昌黎之诡,温、李之性情,乃成此一家之言。今人好言学定庵,太觉轻易。"[39]最后这四个字非常冷隽。

不过他只指出龚氏的诗学源流,其实龚诗之所以如此"声情沈烈,恻悱遒上"[40],还由于他"于经通《公羊春秋》,于史长西北舆地,……以周秦诸子、吉金乐石为匡郭,以朝章国故世情民隐为质干"[41],他真是最富有诗人的气质、学人的素养,思想家的高度思辨力的结晶体!后世学龚的人,缺少这些因素,只在字、词、句上模仿,自然不可能成功。

注　释

① 这段话,引者或谓为张维屏语,或谓为程裕钊语,皆非,乃佚名之言,见《定庵文集后记》三篇之二

② 《养一斋诗话》卷十

③ 《养一斋诗话》卷三

④ 《通甫诗存·跋》,附《通甫类稿·通甫诗存》卷四后

⑤ 《通甫类稿》卷三《孔宥函诗序》

⑥ 《定庵文录序》

⑦㉓ 《射鹰楼诗话》卷十

⑧ 《答沈大宗伯论诗书》

⑨ 《筱园诗话》卷一

⑩ 《书汤海秋诗集后》

⑪ 《尊史》

⑫ 《送徐铁孙序》

⑬ 《己亥杂诗》以下简称杂诗之一四二

⑭ 王富仁《开放过程中的文化：从龚自珍到洋务派》，见《中国文化》1990年12月第三期

⑮ 《吴市得旧本制举之文……》之三

⑯ 《乙丙之际著议第九》

⑰ 《十月二十夜大风,不寐,起而书怀》

⑱ 《杂诗》之一二五

⑲ 《与吴虹生书》（二）

⑳ 《杂诗》之五

㉑ 曹文轩《思维论》第一三八页

㉒ 此诗作于丙申（光绪二十二年，1896），见《张文襄公全集》卷一二七诗集四

㉔ 《拭觚》

㉕ 徐中玉《略论中国近代诗词理论的发展》，见《文艺理论研究》1992年第二期

㉖ 《晚晴簃诗汇》卷一三五

㉗ 《石遗室诗话》卷三

㉘ 赵翼《论诗》之二

㉙ 肝若《琴声剑气楼诗话》；张一麟《定庵诗集跋》

436

㉚ 钱仲联《全宋诗序》
㉛ 钱锺书《也是集》
㉜ 江标《题定庵诗集》
㉝ 汪国垣《近代诗派与地域》
㉞ 《越缦堂诗话》卷中
㉟ 钱锺书《谈艺录》
㊱ 《石遗室诗话》卷一三五
㊲ 《越缦堂读书记》
㊳ 《复堂日记》
㊴ 《瓶粟斋诗话》
㊵ 程金凤《〈己亥杂诗〉书后》
㊶ 魏源《定庵文录序》

第十八章　宋诗运动和同光体

一　产生的原因

广义的宋诗派，在清代可谓源远流长。自钱谦益、黄宗羲、朱彝尊（晚期）、吴之振、查慎行、厉鹗到钱载、翁方纲，都是偏爱宋诗以至宗宋的（当然家数派别不尽相同）。本文所谈的宋诗运动和同光体，是狭义的宋诗派，专指道光、咸丰以来的程恩泽、祁寯藻、何绍基、郑珍、莫友芝、曾国藩、江湜等，以及稍后的陈三立、郑孝胥、陈衍、沈曾植等先后组成的诗歌流派。

宋诗运动是怎样产生的呢？民国初年的石维岩在《读石遗室诗集，呈石遗老人，八十八韵》一诗中谈到这问题："有清一代间，论诗首渔洋。渔洋标神韵，雅颂不敢望。归愚主温厚，诗教非不臧。然或失而愚，字缺挟风霜。是皆傍门户，终莫拓宇疆。"在这种形势下，以祁寯藻和曾国藩为代表的宋诗运动产生了。可见石氏认为宋诗运动是为矫正神韵、格调两派之失而产生的。同时他还指出："诸公（指祁、曾以及程恩泽、何绍基、莫友芝、郑珍）丁世乱，雅废诗将亡。所以命辞意，迥异沈与王。"[①]这是说，王士禛和沈德潜生当康、乾盛世，所以词意和平；而宋诗运动诸人则生际乱离，诗多哀音。

石维岩这首诗的论点其实是复述陈衍的意见。陈衍曾说："有清二百馀载，以高位主持诗教者，在康熙曰王文简，在乾隆曰沈文悫，在道光、咸丰则祁文端、曾文正也。文简标举神韵，神韵未足以尽风雅之正变。风则《绿衣》、《燕燕》诸篇,雅则'杨柳依依','雨雪霏霏','穆如清风'诸章句耳。文愨言诗,必曰温柔敦厚。温柔敦厚,孔子之言也;然孔子删诗,《相鼠》、《鹑奔》、《北门》、《北山》、《繁霜》、《谷风》、《大东》、《雨无正》、《何人斯》以迄《民劳》、《板》、《荡》、《瞻卬》、《召旻》,遽数不能终其物,亦不尽温柔敦厚,而皆勿删。故孔子又曰:'诗之失愚。其为人也,温柔敦厚而不愚,则深于诗者也。'故言非一端已也。文端学有根柢,与程春海侍郎为杜为韩为苏黄,辅以曾文正、何子贞、郑子尹、莫子偲之伦,而后学人之诗与诗人之言合而恣其所诣。于是貌为汉魏六朝盛唐者(指以王闿运为代表的汉魏派),夫人而觉其面目性情之过于相类,无以别其为若人之言也。"[②]

在《近代诗钞》中,他又一次指出:"诸公(指程、祁、何、郑、莫、曾)率以开元、天宝、元和、元祐诸大家为职志,不规规于王文简之标举神韵,沈文愨之主持温柔敦厚,盖合学人诗人之诗二而一之也。"

林纾在翻译小说《旅行述异·画征》识语上也说:"至于今日(指同光体盛行时),则又昌言宋诗,搜取枯瘠无华者,用以矜其识力,张其坛坫,其视渔洋、归愚,直同刍狗。"

但宋诗运动以至同光体不仅矫正神韵、格调两派之失,还针对袁枚为首的性灵派。正如今人钱仲联所说:"乾嘉诗风,浓腻浮滑,到了极敝",于是"出现清苦幽隽的流派"。[③]而陈衍亦早已指出:由于宋诗运动出现,"都下亦变其宗尚张船山、黄仲则之风"[④]。

通过上述各种意见,可以归纳为三点:

(1)时代变了,帝国主义的侵略,太平天国的起义,构成了宋诗运动诸人所说的"乱世"。他们再也没有闲情逸致像神韵

439

派那样寄情山水,像性灵派那样娱心风月,更无法像格调派那样歌颂升平。总之,"乱世"不能为"盛世"之音。⑤所以,他们批评"神韵未足以尽风雅之正变",批评格调派主温柔敦厚而失之愚,都是指这两派的诗不能反映乱世,创作出变风变雅的诗歌。如果生于乱世,而仍写那种"盛世"之诗,就表现不出诗人的"面目性情","别其为若人之言"。

(2) 狭义的宋诗派标举学人之诗与诗人之诗合而为一,实指兼取唐宋。然其取于唐者为杜、韩,取于宋者为苏、黄,实偏重于宋诗,亦即偏重于学人之诗。其所以如此,不仅因受乾嘉学派的影响,而且是用以矫正性灵派的空疏,神韵派的浮响,格调派的庸滥。另外,其强调学问,除继承朴学传统外,还隐含清初王、黄、顾三先生经世致用之意,如郑珍就很重视改革农具和发展工业生产。但他们和龚自珍、魏源"师夷长技以制夷"不同,只是企图改良自然经济以对抗新学(又称西学),从而恢复康乾盛世。

(3) 狭义的宋诗派只提神韵、格调两派,是把自己和这两派并列正统。特别在同光体诗人心目中,这三派都是以达官为领袖力求维护清王朝的封建统治的。我们今天论定他们同属复古的文艺思潮,也是符合历史事实的。在狭义宋诗派看来,王士禛、沈德潜所以宗唐,是因为唐音和平(主要指盛唐),适合表现他们生活的康、乾时代;而狭义宋诗派宗宋,则因宋音萧杀,适合反映他们生活的道、咸以至同、光时代。(并不宗宋的潘德舆就说过:"唐诗大概主情,故多宽裕和动之音;宋诗大概主气,故多猛起奋末之音。"⑥)宗唐固然是"以鸣国家之盛",宗宋也是希望能回到康乾盛世。三派诗人所追求的,都是那种承平时代士大夫的风雅闲适的生活情趣。

二 狭义宋诗派的诗论

从狭义宋诗派的理论渊源看,它不仅从纵向受到翁方纲肌理说强调学人之诗的影响,而且从横向受到桐城诗派推崇黄庭坚的影响,在诗风上还受到厉鹗为代表的浙派的"孤澹"风格的影响(汪国垣《赠胡诗庐》诗云:"同光二三子,善与古澹会")。

道、咸间宋诗运动的理论家是何绍基,而郑珍、莫友芝也有这方面的论述,不过系统性都不强。同光体的理论代表则是陈衍,他有《石遗室诗话》和《近代诗钞》的评语,但也只是继承宋诗运动的论点而加以发挥。

先看宋诗运动的,它的诗论有两个特点,一是重视人品,二是重视学问。而人品尤在学问之先。

郑珍说:"固宜多读书,尤贵养其气。气正斯有我,学赡乃相济。"又说:"从来立言人,绝非随俗士。"⑦又在另一文中发挥这个论点:"余谓作者先非待诗以传,杜、韩诸公苟无诗,其高风峻节,照耀百世自若也。而复有诗,而复莫逾其美,非其人之为耶?故窃以为古人之诗,非可学而能也。学其诗,当自学其人始。"⑧因而他认为:"文质诚彬彬,作诗固馀事。"⑨

莫友芝也说:"古今所称圣于诗,大宗于诗,有不儒行绝特,破万卷、理万物而能者耶?"⑩

何绍基说得更详细:"诗文不成家,不如其已也。然家之所以成,非可于诗文求之也,先学为人而已矣。……立诚不欺,虽世故周旋,何非笃行?至于阴阳刚柔,禀赋各殊,或狂或狷,就吾性情,充以古籍,阅历事物,真我自立,绝去摹拟,大小偏正,不枉厥材,人可成矣。于是移其所以为人者,发见于语言文字。不能移之斯至也,曰:去其与人共者,渐扩其己所独得者,又刊其词义

441

之美而与吾之为人不相肖者。始则少移焉,继则半至焉,终则全赴焉,是则人与文一。人与文一,是为人成,是为诗文之家成。伊古以来,忠臣孝子,高人侠客,雅儒魁士,其人所诣,其文如见。其人之无成,浮务文藻,镂脂剪楮,何益之有?"⑪

很有意思,何绍基在这里提出了"人与文一",龚自珍也提出过"诗与人为一",⑫表面上完全相同。但是实质截然相反:龚氏的"人"是"勇于自信"的有远见卓识之士,是"九州同急难"的爱国者;是"有阴符三百字"的反帝的先进的中国人;而何氏则纯以"忠臣孝子,高人侠客,雅人魁士"为"人"的标本。所以,问题不在于"人品"的要求,而在于"人品"的内涵。

宋诗运动理论家在上述基础上,对诗的要求还提出了一个标准:"不俗"。

何绍基说:"顾其用力之要何在乎?曰:'不俗'二字尽之矣。"何谓"不俗"? 他说:"直起直落,独来独往,有感则通,见义则赴,是谓不俗。"他补充说:"前哲戒俗之文多矣,莫善于涪翁之言曰:'临大节而不可夺,谓之不俗。'欲学为人,欲学为诗文,举不外斯恉。"⑬落足点还是停在前述两点(人品与学问)上。

另外,在创作实践中,宋诗运动理论家强调独创,力避摹拟。

何绍基谈移其所以为人者于为诗,强调"绝去摹拟"。郑珍说:"李王与王孟,才分各有似。羊质而虎皮,虽巧肖仍伪。"也是力戒仿古。所以他指出:"言必是我言,字是古人字。"⑭就是说,语言形式是旧的,内容却一定要充分反映独特的时代和作者的个性。

这跟前一点是有联系的,人不俗,诗不俗,自然不会去仿古,仿古正是"俗"的一种表现。发展到同光体,就明确提出学人之诗与诗人之诗的统一,更加强调避熟避俗了。

这是宗宋的合乎逻辑的结论:既然反对神韵、格调两派的宗盛唐，就必然转而宗杜、韩以及北宋。杜、韩属唐，而杜的伟大诗篇，风格属于中唐，和韩一道导启宋风。叶燮曾经指出：中唐之"中"，"乃古今百代之中，而非有唐之所独"。[15]这实在是说：中唐以前，诗主情，重意境；中唐以后，诗主理，重气骨。主理必然强调读书和阅历，所以宗宋者无不强调学问。但郑珍和陈衍诸人比翁方纲高明，懂得不能以学为诗，而要尊重艺术规律，所以强调学人与诗人的统一。这样一来，也就必然提出避熟避俗的主张，因为只有学人才能避熟避俗。

陈衍首先指出："诗也者，有别才而又关学者也，少陵、昌黎其庶几乎！"[16]这是标举杜、韩为学人与诗人合一的榜样，以见己派取径之正。

然后指出："诗最忌浅俗。何谓浅？人人能道语是也。何谓俗？人人所喜语是也。"[17]前一句，显示了学人之诗的高深；后一句，则显示了此派诗人的孤寂清高的心态，但也是传统心态的发展，因为前人已言"俗人犹爱未为诗"，"诗到无人爱处工"。具体到同光体诗人，他们生于末世，而又不能像龚自珍、魏源、黄遵宪等人那样积极前行，自然只有远离现实，自甘寂寞，向内心咀嚼冷寂的情味。所以，陈衍明确指出："诗者，荒寒之路，无当乎利禄，肯与周旋，必其人者贤者也。"这种诗人，具有与众不同的敏感："一景一情也，人不及觉者，己独觉之；人如是观，彼不如是观也；人犹是言，彼不犹是言也；则喧寂之故也。清而有味，寒而有神，瘦而有筋力。己所自得，求助于人者得之乎？……柳州、东野、长江、武功、宛陵以至于四灵，其诗世所谓寂，其境世所谓困也。然吾以为有诗焉，固已不寂；有为诗之我焉，固已不困。"[18]

于是他们对达官贵人的审美取向表示异议："张广雅（指张之洞）论诗，扬苏抑黄，略谓黄吐语多槎牙，无平直，三反难晓，读之梗胸臆,如佩玉琼琚,舍车而行荆棘;又如佳茶,可啜而不可食。子瞻与齐名,则坦荡殊雕饰,受党祸为枉。亦可见大人先生之性情,乐广博而恶艰深,于山谷且然,况于东野、后山之伦乎?"[19]陈三立比陈衍更趋极端,"伯严论诗,最恶俗恶熟,尝评某也纱帽气,某也馆阁气"[20]。也是针对张之洞一流官僚而言。

这就难怪他们标示的审美取向是:"宁艰深,勿流易;宁可憎,勿可鄙。"[21]

而他们盛推为学人之诗与诗人之诗相结合的沈曾植,是既"博极群书,熟辽、金、元史学舆地",所作诗又"雅尚险奥,聱牙钩棘中时复清言见骨,诉真宰,荡精灵"。[22]

为什么会选择这种审美取向?这是因为此派诗人具有一种共同的心理因素:他们企求回复到康、乾盛世,因而对当时糜烂的社会风气,腐朽的官僚政治,表现了很大的不满。思想感情上不愿同流合污,表现在诗的艺术形式上,便是"艰深"、"可憎"、"险奥"、"清言见骨"。而且同光体诗人比宋诗运动诗人更自觉地探求诗创作的艺术技巧,特别注意表现形式的曲折性和多层次。陈衍就强调:"浅意深一层说,直意曲一层说,正意反一层侧一层说",这就避免了直露的毛病。一般人批评诗界革命派和南社某些人的诗叫嚣喧豗,语无馀味,而同光体的诗特别深婉拗峭,富于诗味,极耐咀嚼。即使政治思想和他们异趋的人,也非常欣赏其诗,甚至十分倾倒,如梁启超晚年拜同光体诗人赵熙为师,常和陈衍、陈三立诸人唱和;南社的宗宋派朱玺、姚锡钧、胡先骕等甚至因为推崇同光体而和宗唐的柳亚子发生内讧以至决裂。关键完全在艺术性的强弱。诗歌以审美为中介,单是重视内容而忽视形式,必然失去诗的魅力,结果连内容也被人们淡忘了。晚清诗坛上代表前进方向的本来是诗界革命派和后来的南社,它们的影响反而比不上同光体,而且这种反差越来越大,这个教训是很有意义的,值得后人注意。

三　两位代表诗人

通过有代表性的诗人所作的诗,我们可以领会到狭义宋诗派的创作特色。现从宋诗运动选出郑珍,从同光体选出陈三立,对他们的诗进行剖析。

(一) 郑珍

郑珍(1806—1864),字子尹,晚号柴翁,贵州遵义人。道光十七年(1837)举人,以大挑二等选荔波训导。咸丰五年(1855),苗民起义,攻荔波城。知县蒋嘉穀病剧,郑珍代为治军,开城门指挥作战,苗军败退,郑珍亦辞官归。同治二年(1863),大学士祁寯藻荐于朝,特旨以知县分发江苏补用,终不出。有《巢经巢诗集》。

郑珍精经学与小学,其著作已刊行者有《仪礼私笺》、《考工轮舆私笺》等七种,已成而未刻者有四种,另有史部及子部著作数种。[23]

由于他是学人而兼诗人,特别是他的诗和乾嘉学派经生之诗截然不同,在诗作上具有自己的特色,因而获得诗界很高的评价。

首先指出这一特点的,是他同时人翁同书:"古近体诗,简穆深厚,时见才气,亦有风致。其在诗派,于苏、黄为近。要之,才从学出,情以性熔。"[24]这"才从学出"四字,就是指他的诗兼有学人之诗与诗人之诗的长处。

民初的清室遗老陈夔龙甚至说:"所为诗,奥衍渊懿,黝然深秀,屹然为道、咸间一大宗。近人为诗,多祧唐而祢宋,号为步武黄(庭坚)、陈(师道),实则《巢经》一集,乃枕中鸿宝也。"[25]这就是说,自同、光以至民初,宗宋的诗人其实都是学郑。这可见郑诗影响之大。狄葆贤就具体指出:"今能效子尹者,则惟陈伯严(即陈三立)耳。"[26]

现当代学人胡先骕、钱仲联都推郑诗为清代第一。胡氏说:"纵观历代诗人,除李、杜、苏、黄外,鲜有能远驾乎其上者。"[27]钱氏说:"郑子尹诗,清代第一。不独清代,即遗山、道园亦当让出一头地。世有知音,非余一人私言。"[28]

现当代几位学人一致指出:郑诗的最大特色是"白战",亦即白描。

胡先骕说:"其最足令人注意之处,即其纯用白战之法,善于驱使俗语俗事以入诗也。"又说:"皆以日常俚俗之事语,为前人所未道之辞句,而以新颖见长者也。然其诗虽故取材于庸俗,而绝非元、白颓唐率易之可比,盖以苏、黄、韩、杜之风骨,而饰以元、白之面目者,故愈用俗语俗事,愈见其笔力之雄浑,气势之矫健。"[29]

钱仲联说:"子尹诗之卓绝千古处,厥在纯用用白战之法,以韩、杜之风骨,而傅以元、白之面目者,遂开一前此诗家未有之境界。"[30]

钱锺书说:"(程恩泽、郑珍两家诗),妙能赤手白战,不借五、七字为注疏考据尾闾之泄也。"[31]这就指出程、郑诗不同于翁方纲的肌理派。

缪钺说:"郑珍的诗不大用典故与辞采,多是白描,有时候大量用口语白话,但是都经过提炼熔铸,使人读起来,感到清峭遒劲,生动有力。"又说:"(郑珍)学习了韩愈、孟郊的盘曲瘦劲,白居易的平淡自然,苏轼的机趣横溢,加以浑融创造,成为他自己的风格。"[32]

不过,"白描"仅仅是郑诗风格的主导面,它还有相反的一面,即陈田所说:"(子尹)通古经训诂,奇字异文,一入于诗,古色斑烂,如观三代彝鼎。"㉝

我以为,"白描"与"奇奥"这两种风格的形成,都出于避俗的审美需要。郑珍之前,清代各派诗人,都知道不应一味仿古,而应学古加以变化,成为独创。这已经形成一种共识。而郑珍则在此基础上,更进一层求得避俗的审美效果。

如一般诗人以用典为雅,浙派尤以用僻典为雅,郑珍则以此"雅"为俗,因而采用"白描"手法。

又如肌理派以堆积故实、炫耀学问贻讥于世,郑珍则多用俗事俗语;

又如朱彝尊、王士禛两家诗喜"傅采",郑珍则屏弃词藻。王士禛主含蓄中见馀味,郑珍则于尽言中显馀情;

又如性灵派主灵妙中见风趣,郑重则于厚重中见机智与情趣。

总之,由于其性格具有冷热两面,因而他的诗也就有两种表现。

他冷于个人的功名富贵,所以诗饶劲气,硬语盘空;却热于国计民生,所以诗多苦语,善道人意中事。当然,这不能截然分开,因为苦语属于内容,硬语属于形式,两者是辩证统一的。

表现其"冷"的诗,诗集中很多,这里只举三首。如《度岁澧州,寄山中四首》之四:"……如今倘便决,求田事耕凿。尽力得逢年,或胜虚俸薄。何必父母身,持受达官虐?弟辈不更事,望我践累若。焉知妻妾羞,百倍衣食恶!且当练勤俭,晚食而早作。"㉞"逢年",遇到丰收年,用《史记·佞幸列传》所引谚语:"力田不如逢年。""累若",用《汉书·石显传》的《牢石歌》:"印何累累,绶若若邪!"意为依附权贵而兼官据势。"妻妾羞",用

《孟子·离娄下》齐人乞墦间祭馀而骄其妻妾的故事,说明"人之所以求富贵利达者,其妻妾不羞也而不相泣者,几希矣!"全诗只用了一个古词语和两个典故,都是常见的。而最深刻的诗句:"何必父母身,持受达官虐?"羌无故实,纯用白描。全诗于尽言中显馀情,令人深长思之。

又如《郡教授独山莫犹人(与俦)先生七十六寿诗》有云:"世人解艳大官耳,安知此道非穷通。"㉟"此道"指"文章品业"。诗意说大官未必有文章品业,其藐视之情可想。

又如《书遣知同以十七日归五首》之二:"自我来镇远,不撤惟菽乳。佐之菘波陵,蕧儿及芹母。每食数必备,鲜鲜照寒俎。于我已有馀,放箸腹如鼓。门斗辄相笑:天生菜园肚,惯吃犒农饭,称作种田户。一笑谢善祷,吾岂如农圃?顿顿此盘餐,倘获天长与。何论老广文,卿相吾不取。"㊱这是他在贵州镇远府作训导时写的。知同,其子名。"菽乳"即豆腐乳。"菘波陵",两种菜:"菘"即青菜,"波陵"即菠菜。"蕧儿"即小萝卜,用苏轼"莱蕧生儿芥有孙"语。"芹母"即芹菜。他每餐吃得这样清苦,引得儒学中的公役都笑他。他却不但非常满足,还自愧"吾不如老农","吾不如老圃",㊲甘愿过"广文先生官独冷","广文先生饭不足"㊳的生活,而不肯选择卿相的道路。全诗几乎全是白描,特别是"惯吃犒农饭,称作种田户",纯为俗语。"天生菜园肚"用了一个俗典,据《启颜录》记:"有人常食蔬,忽食羊,梦五脏神曰:'羊踏破菜园!'"全诗也是于尽言中显馀情。

表现其"热"的诗,诗集中更多,这里也只举三首。

如《抽厘哀》:"东门牛截角,西门来便著!南门生吃人,北门大张橐!官格高悬字如掌,物物抽厘助军饷。不论儳侬十取一,大贾盛商断来往。一叟担菜茹,一叟负樵苏,一妪提鸡子,一儿携鲤鱼。东行西行总抽取,未及卖时已空手。主者烹鱼还沦鸡,坐看老弱街心啼。噫吁嚱!贸束布者不能得一匹赢,售斗盐者亦不得赢一升。厘金大抵恃商贩,欲入闭门焉可行?村民租铢利有几?何况十钱主簿先奉已,纵得上供已微矣!乃忍饲尔饿豺以赤子,害等丘山利如米!呜呼!贯率括率有时可暂为,盍使桑儿一再心计之?"㊴

"儳",行商税。"欻",住商税。见《周礼·地官·廛人》:"廛人,掌敛市欻布、总布、质布、罚布、廛布,而入于泉府。"注:"布,泉(钱)也。郑司农云:'欻布,列肆之税布。'杜子春云:'总,当为儳,谓无肆立持者之税也。'""菜茹",蔬菜的总称。《汉书·食货志上》:"菜茹有畦。"注:"茹,所食之菜也。""樵苏",原为砍柴割草,此指柴草,用《史记·淮阴侯列传》:"樵苏后爨。""租铢",以钱代实物纳税,见《汉书·食货志下》:"除其贩卖租铢之律。"注:"租铢,谓计其所卖物价,平其锱铢而收租也。""十钱主簿",指贪官污吏。《魏书·宋宝传》:"庆智为太尉主簿,事无大小,得物后判,或十数钱,或二十钱,府中号为'十钱主簿'。""贯率括率",指苛捐杂税,《唐会要》卷八十八《榷酤》:"元和六年,北兆府奏榷酒钱,除出正酒户外,一切随两税青苗钱据贯均率,从之。"这是"贯率"。《通鉴》卷二百八十四《后晋纪》:出帝开运元年四月,"大理卿张仁愿为括率使,至兖州,赋缗钱十万"。这是"括率"。"桑儿",对桑弘羊的蔑称,借指当时聚敛之臣。《汉书·食货志》:"弘羊,洛阳贾人子,以心计,年十三,侍中。""心计",本指心算,此谓深思熟虑苛捐杂税的危害性。㊵

全诗深刻揭露了厘金的病民,用了很多俗事俗语,也用了不少古词语与典故,却结合得浑融一体,充分体现出学人之诗与诗人之诗相结合的郑诗特色,于尽言中显馀情。

又如《秋雨叹》:"获者秉烂纷纵横,未获者倒如席平。绵绵雨势来未已,但望稍住不望晴。晚来月见星照湿,走呼邻助约晨集。及朝雨随人下田,老农止抱破蓑泣。"㊶这是白描的诗,也是能"道得人心中事"的苦语。

又如《糠头火》:"烧残生米树,爇到籭糠皮。亦复令人暖,宁徒解我饥?乍然光不起,忽暗口频吹。踽守仍夸富,无舂讵得兹?"自注:"俗言一贵人不知米所出,以为必珍木实也。临终,或问所愿,曰:'惟思得生米树作棺耳。'"㊷这种诗是诗人带着含泪的微笑写出的,它厚重而又风趣,有讽刺,也有自嘲。"生米树"即稻秆,用的是俗典,充分讽刺了那班高等寄生虫。籭,音范,《说文》:"小舂也。""爇"即"燃"。末二句自嘲:寒士居然夸富,因为家里还有舂谷的器具。这是五律,也纯用白描,而且屏弃词藻,因为诗的内容正需要这种质朴的形式。

现存的郑诗,不但内容丰富,更可贵的是,不但能深刻揭露时弊,他还积极地计划发展生产,以裕民生。如《黎平木,赠胡生子何(长新)》㊸,鼓励门人胡长新大片植林以致富,并慨叹:自己虽对家乡人大力宣传植林的好处,而信行者很少。又如《遵义山蚕至黎平,歌赠子何》㊹,表现了"货恶弃地不必己,衣食在人何异吾"的进步思想。上句用《礼记·大同》的"货恶其弃于地也,不必藏于己";下句与陆游"功成在子何殊我"同一开阔襟怀。长歌还说:"昔我与妇论蚕事,本期博利弥黔区",这更表现出他的崇高理想。我想,如果他不是踽守在僻远的贵州,而是长期生活在北京或江、浙,时常接触新思想和新事物,未必不会成为龚、魏一流人物。

(二) 陈三立

陈三立(1852—1937),字伯严,号散原,江西义宁州(今修水县)人。光绪十五年(1889)进士,官吏部主事。二十一年,康有为在北京成立强学会,又在上海设分会,发行《强学报》,提倡变法图强,三立曾列名会中。这年,三立之父陈宝箴为湖南巡抚,创行新政,提倡新学,大力支持变法运动。三立协助其父,多所擘画。变法失败后,与其父同以"招引奸邪"罪被革职,永不叙用。乃侍父退隐南昌西山,筑崝庐。传说陈宝箴终被慈禧太后派人秘密"赐死",故三立《崝庐述哀诗五首》之一写其父殁情状,语极迷离,如:"犹疑梦恍惚,父卧辞视听。儿来撼父床,万唤不一应。"⑮父殁后,常往来于南京的散原别墅和南昌的西山崝庐之间。清亡后,以遗民自居,对袁世凯政权及军阀混战情况极为不满。民国二十六年,日军侵占华北,三立时居北平,日方派人胁诱,他坚持民族气节,拒任伪职,绝食三日而殁。以他和郑孝胥私交之挚,以及对清室之忠,而能反对儿皇帝的小朝廷及其主子日本侵略者,尤为难能可贵。所以南社诗人柳亚子1940年《赠陈寅恪先生伉俪》一诗云:"少愧猖狂薄老成,晚惊正气殉严城。"自注:"散原老人与海藏(指郑孝胥)齐名四十馀年,晚节乃有薰莸之异。余少日论诗,目郑、陈为一例,至是大愧。"这可算是盖棺论定了。三立有《散原精舍诗》二卷,续集三卷,别集一卷。

如果说宋诗运动的代表是郑珍,那么,同光体的代表就是陈三立。两人之间自有其承传关系。狄葆贤早已指出:"(郑子尹学孟郊,)今能效子尹者,则惟陈伯严耳。"⑯

一般论者都认为散原诗主要学韩愈和黄庭坚,林纾则指出它似孟郊。据杨声昭说:"散原诗源出退之、鲁直,人所共知,惟林畏庐亟称其似孟,见所为《怀伯严》诗及《诗庐记》,盖言诗骨也。韩诗豪而孟诗坚,散原莽苍排奡中独饶气骨,异乎世之貌为豪肆者,故畏庐以上接贞曜许之。"⑰

说散原诗效郑珍,只能从两家诗都像孟效诗"独饶气骨"这一角度看。陈三立可贵之处,正在于他根据自己性之所近来学习前人,因而他学杜、学韩、学孟、学黄,乃至学薛季宣,学高心夔,学郑珍。但学是为了不学,学古不是仿古,而是为了创新,成一家言。试看他的诗论。据吴宗慈说:"其论为诗曰:应存己。吾摹乎唐,则为唐囿;吾仿乎宋,则为宋域。必使既入唐宋之堂奥,更能超乎唐宋之藩篱,而不失其己。"[48]他所追求的是"成一家言"。据陈诗说:"先生尝诲予曰:近人作诗,多喜广博无垠,每到漫无归宿处。子勿尔,宜竭其才力,成一家言,他日自可永存也。"[49]

三立这样做的结果,是招致了一些批评。如林庚白一方面承认他"虽囿于古人之藩篱,犹能屹然自成其一家之诗"[50];一方面又说他"方面太狭"[51]。金天翮也说他是"狷介之才,自成馨逸"[52],钱仲联发挥说:"如欲朝诸夏,抚万方,南面而王诗国,成大一统之业,则其力犹有所未逮也。"[53]

应该说,这些批评都是中肯的,但这也正是历史的必然。

一方面,中国已进入半封建半殖民地社会,三立在政治思想上,由积极进取转为消极悲观,"凭栏一片风云气,来作神州袖手人"[54],思想感情和时代步伐的距离越来越远。面对着汹涌前行的革命浪潮,他只看到表面的混乱现象,而不能从本质上去认识革命的历史必然性和它的伟大前途,于是他日益退缩到心造的枯寂幻境中去,孤芳自赏。出于这种心态,他的诗作,内容只能是荒寒萧索,形式必然力求避熟避俗。试问,他还能像处于盛唐和中唐之交的杜甫那样,充满恢复贞观、开元之盛的希望吗?杜甫正因为始终抱有这种信念,所以表现在诗作上,才能够"尽得古今之体势,而兼人人之所独专"[55],成为诗国之王。而陈三立是清醒地认识到前途无望的诗人,作诗对于他,正如柳宗元所说:"余虽不合于俗,颇以文墨自慰"[56],借以自我发泄而已,他根本没有开疆拓土、独立为王的雄心。至于景从者日多,影响力日大,以至名动中外,连印度诗哲泰戈尔来华,也要找他合影,这却是辛亥革命后外患日剧,内乱日深,使得知识阶层日益失望的一种反应。他们当中相当一部分人,从散原诗中找到了共同的心声,特别欣赏这种心声的表现形式,认为它十分耐人寻味,于是竞效其体。岂但改良派士大夫入民国后十分不满,革命文学团体南社的成员,不也有很大一部分,对民国初年现状日益悲观失望吗?这才是散原诗影响巨大的现实基础。

另一方面,鸦片战争后,西方的思想和文化(包括文学)的影响力,取代了中国古代文化的传统,逐渐成为文学发展的主要推动力,形成文学世界化。[57]旧诗发展到同光时代,要继续向前发展,只有在继承古典诗歌优良传统的基础上,大力吸收西方先进文化(包括诗歌)的养料。而一种异质文化的传入,必然要经过本民族文化的过滤与筛选,因此,一定要走民族形式、民主内容、大众方向这条路。三立不可能走这条路,仍然只能向传统借力,也就只能走复古的道路。这是他和他这一派诗人的悲哀。所以,三立是中国旧时代的"最后一位诗人",却不可能是"新时代的最初一位诗人"[58],根本无法"朝诸夏,抚万方"。

这"最后一位诗人"的诗歌风格,是有他的特点的:

(1) 音调低沉

陈衍指出:"所谓高调者,音调响亮之谓也,如杜之'风急天高'是矣。《散原精舍诗》则正与此相反。"[59]言为心声,戊戌变法后绝望者的呻吟,自然是呜咽欲绝的。所以,范当世说他"加以戊戌后变法至痛,而身既废罢,一自放于文学间,襟抱洒然绝尘,如柳子厚也"[60]。柳宗元遭贬谪后的诗文,自然是"长吟哀歌,舒泄幽郁"[61]的,其音调不可能高昂或雍容。

(2) 荒寒萧索

陈衍说:"散原为诗,不肯作一习见语。于当代能诗巨公,尝云:某也纱帽气,某也馆阁气,盖其恶俗恶熟者至矣。……而荒寒萧索之景,人所不道,写之独觉逼肖。"[62]一切景语都是情语,在中国古典诗歌中,景物从来都是诗人感情的外化。荒寒萧索,其实是三立的心情,也是他的审美情趣,反映在创作与诗论上,便是"恶俗恶熟至矣"。本来,"恶俗恶熟",作为诗论,早已见于黄庭坚,明人王逢更明确指出:"凡作诗忌俗,欲清;忌熟,欲生;忌肉,欲骨。骨去露,生去怪,清去薄。本之六义,参诸经史百氏,诗道备矣。"[63]三立则在此基础上趋向极端,这也可以看出他的审美情趣,其内涵纯粹是冷寂、空虚。当时年少气盛的柳亚子,作为一名热情澎沛的时代弄潮儿,自然要斥之为"枯寂无生趣"。今天我们如果不满足于皮相,应该能体悟出,散原诗其实正如苏轼之论陶诗:"所贵乎枯淡者,谓其外枯而中膏,似淡而实美。"[64]何况散原诗的字句还不像陶诗那样乾枯清癯。柳亚子的著眼点当然是指散原诗缺乏革命激情,但缺乏革命激情并不等于"无生趣",下文将要论述的三立的爱国心和西学影响,充分证明散原诗的生趣。三立正如陶渊明、柳宗元,虽然对面临的社会现实和本身遭遇十分不满,但是对民族的命运、国家的前途、人生的意义,并没有绝望。据吴宗慈说:他逝世前,在病榻上,"辄以战讯为问。有谓中国终非日本敌,必被征服者,先生愤然斥之曰:'中国人岂狗彘不若,将终帖然任人宰割耶?'背不与语"[65]。这就是"生趣"之所在。

据我个人的看法,散原诗有如下几个特点:

(1) 爱国

统观全集,近代大事,从八国联军的疯狂侵略,日俄战争的可耻中立,到北洋军阀的鱼肉百姓,无不写进他的诗篇,表现了中国人民的正义愤慨。尽管他错误地把辛亥革命比作东汉末的黄巾,而把自己比为管宁,然而他对祖国是热爱的。民国十年(1921),他作《挽严几道》一诗云:"死别犹存插海椽,救亡苦语雪灯前。埋忧分卧蛟龙窟,移照曾开蠛蠓天。众噪飞扬成自废,后生沾被定谁贤?通人老学方追忆,魂湿沧波万里船。"⑯首句言严复虽死,其译著将长存。次句特别突出严复的《救亡决论》,也就是主张救亡必须研习西学,启发民智。三句指严复爱国有心,埋忧无地,本想像屈原那样自沉。四句称赞严复以译著参与救亡图存活动,其所译《天演论》、《原富》、《法意》诸书尤其震动了当时中国的学界。五句惋惜他列名筹安会,是政治上的堕落。六句又转为恕词,肯定他输进西学对后世的历史功绩。七句写包括三立在内的"通人老学"一致悼念他一片救亡图存的苦心。八句写他魂如有知,应记早年留学英伦,睁开眼睛看世界,如今壮志成空。通过全诗,可以看出他对袁世凯集团的憎恶,对严复译介西学的称颂,这也就反映了他的深沉的爱国心。

(2)西学影响

陈三立和郑珍不同,他已初步接触了西方哲学和社会科学的知识。早年侍父于长沙官署,曾与郭嵩焘来往:"绮岁游湖湘,郭公牖我最(自注:郭筠仙侍郎)。其学洞中外,孤愤屏一世。先觉昭群伦,肫怀领后辈。"⑰郭嵩焘曾任中国首任出使英国大臣,后又兼驻法国大臣,一贯主张学习西方科技以求富强,被保守派官僚骂为"汉奸"。三立此诗作于郭氏身后,对他表示极大尊敬,特别感谢他对自己的教导。这里实在包含着一种深刻的政治因素。据今人刘梦溪说:"义宁父子是稳健的改革者,主张渐变,反对过激行动,尤其不喜欢好出风头的康有为,而与博闻通识的郭嵩焘相契善,寄希望于稳健干练的张之洞出面主持全国的改革。所以然者,是由于明了能否把改革推向全国,关键在握有实权的西太后的态度,没有慈禧的首肯,什么改革也办不成。应该说,这是义宁父子的深识。"刘氏还指出:"可是历史没有按照郭嵩焘、陈宝箴、陈三立的预设发展,相反走了一条从激进到激进之路,致使百年中国,内忧外患,变乱无穷。回观这段历史,我们没有理由把散原看作一个'封建遗老'。"⑱我以为,刘氏这段话是很深刻的,能帮助我们真正理解三立何以戊戌变法后会那样痛苦、绝望,何以以死抗拒日帝的胁诱,不肯和郑孝胥一样依附小朝廷。

除了郭嵩焘外,三立后来又受到严复的影响。反映在诗作中的,如"民有智力德,昊穹锡厥美。振厉掖进之,所由奠基址。列邦用图存,群治决症痏。雄强非偶然,富教耀历史。"这是严译《群学肄言》(英人斯宾塞尔著)一书中"其教人也以瀹智慧、练体力、厉德行三者为之纲"的影响。同诗中还有"天道劣者败",这是严译《天演论》的影响。类似的还有"天物间仍竞","挟以御物竞"。又如"渐欲从周依鲁叟",自注:"季廉学派不倚卢骚、孟德斯鸠诸说。"还有题为《读侯官严复氏所译英儒穆勒·约翰〈群己权界论〉,偶题》的诗,赞美"卓彼穆勒说,倾海挈众派。砭懦而发蒙,为我斧天械"。从而感到"挑灯几摩娑,起死偿夙快"。还有题为"读侯官严氏所译《社会通诠》讫,聊书其后》,则反映他受了甄克思和严复错误观点的影响,反对孙中山的民族主义(反清革命)。

因为受了西学影响,所以他的诗和郑珍不同,用了大量新名词,如"洲显椭圆形","希腊竺乾(即印度)应和多","传贤贸君权","人权公例可灌输","教育在厘正","抚汝支那病","手摘海王星","主义侈帝国,人权拟天赋","今代汽船兴","国人倘解太和魂","环海群雄像铸铜","方今倡民族","张氏营实业,……范氏专教育","限权立宪供揶揄,……地方自治营前模"。以上都是三立前期诗句。诗集卷下就只有"暂凭跳舞警蹉跎","西摹埃及碣,……天演人尸之","罗马名师不可攀"。以后(包括诗续集卷上中下)就不再用新名词,完全向中国传统文化借创作动力,原有的西方影响似乎消失了。

以上两点是从散原诗的内容看;而从艺术形式看,可以分别就其语言风格与意境美两方面进行分析,从而理解散原诗的艺术魅力。

先看语言风格,这可以从三方面来论析。

(1) 炼字

由于三立论诗恶俗恶熟,有些论者便认为他走入魔道。如李明志说他:"乃或过矜,贪于字句精深,惟饶奇致。闻其作诗,手摘新奇生崭之字,录为一册。每成一篇,辄以所为词句,就册中易置之,或数易乃已。故有时至极奥衍不可读。"⑩刘禺生也说:"陈散老作诗有换字秘本,新诗作成,必取秘本中相等相似之字,择其合格最新颖者,评量而出之,故其诗多有他家所未发之言。予与鹤亭(指冒广生)在庐山松门别墅久坐,散老他去,而秘本未检。视之,则易字秘本也。如'骑'字下,缕列'驾'、'乘'等字类。予等即掩卷而出,惧其见也。"⑩

其实这是很肤浅的看法,散原诗在艺术性上能有这么高的造诣,决非靠换字这种手法。他确实特别注意炼字,但那是围绕一个原则,即选择一些狠、重的字眼,来显示残酷的现实对自己的心境造成的压抑感,以及自己蔑视这种压力的超脱态度和自我欣赏中的孤独感。

如"压"字,这是他常用的,有"饭了晴云压女墙","压场冠佩影嵯峨","啸墙梧槚压云凉","压檐烟液笼华烛","园株压雪尚模糊","压湖楼阁眼中明","子有讴歌压蹇驴","笼日拖烟压客装","渐上晴云压屋山","西山剩压一痕青"。这些"压"字分量都很重,反映了作者内心的感受。如"西山剩压一

457

痕青",客观事实是:西山杳远,望去只见天边淡青的山影,和苏轼"青山一发"意同。但三立此句却完全是个人情感的外化,使物象染上了浓重的感情色彩:天,压得西山只剩下一线青色了。

如"撼"字,有"车轮撼户客屡过","隔宵撼榻车音熟","醉吟突兀撼虚帏"。以第一句而言,轮声撼户,而且多次,这对"楼屋深深避世人"来说,自然是可厌的,无怪听觉特别敏锐了。

如"葬"字,有句云:"自葬幽忧亲死蠹"。本来汉人仲长统已说过"埋忧地下",历代诗人都用这个词。三立变"埋"为"葬",不仅由于平仄关系,也不仅为了避熟,而是觉得以"亲死蠹"(读古书)来消除幽忧,幽忧何曾真正消除,不过是压抑它使不外露而已。这就使他联想到《礼记·檀弓》的"葬也者,藏也。藏也者,欲人之弗得见也",因而选用这个"葬"字。

如"烹"字,有"骤觉梦遭烹","火云烹雁万啼浮"。以第一句说,题为《立秋后五夕,暑烈不寐》,全诗云:"秋炎宵愈炽,反侧向残宵。摩簟知蚊殉,挑灯见鼠狞。小疲鼾欲动,骤觉梦遭烹。起羡暗蝉适,移枝风露清。"疲倦得刚要睡着,猛然又被热醒了。用"梦遭烹"来描写,简直像卢仝的句子,力透纸背。

如"护"字,有"嫩晴闲护短丛芽","歌呼万象护茅亭","东关歌吹护翎毛","蚌珠夜护双湖月","蔽亏城堞护长烟","天外蛟螭护蛰雷","暗吹松气护晴尊","微缀亭栏护酒颜","笑护花窗一炷烟","风暖炊烟护墟落","翻凭沉醉护幽忧","镜中楼观护纤埃"。以最后一句说,题为《中秋对月》,其上句为"鬓底轮蹄喧叠浪",谓已对月时,耳边但闻车轮与马蹄的响声,如阵阵波浪轰鸣,十分聒耳;因而下句"镜中楼观护纤埃",以镜喻月,谓月中宫阙高寒,一尘不染。用一"护"字,意为禁御,不但字面濯濯生新,而且上下两句相对称,特别显示作者对尘世的超脱感。

如"媚"字,除个别外,一般与"自"联用,如"孤吟自媚空阶夜","望古襟期归自媚","世有万年归自媚";个别的如"坐媚秋光抱闲味"。这些"媚"字都深透地写出了诗人自我欣赏中的孤独感。

仔细吟味这类字眼,就知道全是三立苦吟的结果,决不是从换字本上可以翻到的。

(2) 句式

为了变平易为拗峭,三立在其七律中,往往喜欢运用这么一类句式:有的是主谓结构,如"剥霜枯树支离出,沉雾孤亭偃蹇存","广厦千间尊底定,联床二客梦中来";有的是主谓宾结构,如"吟边溪壑孤尊在,乱后儒生硕果如","玩世深杯佣保伴,凭阑馀语梦魂寻","乍丝寒雨魂灵出,照古孤襟物论齐";有的是动宾结构,如"偶逢残岁馀情满,携看邻园小水围","已叹死生琴操绝,自分形影药炉支"。不管是哪种句式,都特别注重第七字的安排,都是动词(或同动词),例如"乱后儒生硕果如",按语法顺序,本为"乱后儒生如硕果",后三字一移位,顿觉劲健。又如"携看邻园小水围",本为"携看小水围邻园",也是为了句健,才这样倒置。

韩愈固无此种七律句式,就是杜甫的"惯看宾客儿童喜,得食阶除鸟雀驯"[71],黄庭坚的"问安儿女音书少,破笑壶觞梦寐同"[72],也没有三立这类句式的拗峭(当然,他们有着承传关系,但是后出转精)。三立正是通过这种兀兀独造,酿成了散原七律的独特情味。

(3) 以文为近体诗

韩愈以文为古体诗,黄庭坚并用于近体诗,如"会合乃非人力能","舞阳去叶才百里,贱子与公俱少年",皆是。三立七律学黄而加以变化,如对偶句之"累卵之危今至此,两言而决恐皆

459

难""公之好事胜怀宝,坐使暗香生满廊""公知吾意亦何有,道在人群更不喧""苍茫余亦自兹去,九道江流相与喧""子自寻源移痦瘵,天其有意起癃癀""乡国此士憖可取,羁旅遂死吁谁伤""阽危国势遂至此,浩荡心源焉所穷""老夫所殉与终古,当世犹称善属文""南斗之旁存此老,庐峰相视更无穷";至如"尔祖光辉动乡国,后生传述不能忘。风流儒雅又孙子,囊箧襟裾对莽苍",更是一气直下,下二句对如不对,使全诗极富高古疏宕之美。

他如散句之"往者范生宿此楼,日日面山如有求。……至今风雨阑杆上,使我凭之泪双流"。"古之道术今安在？钜子畴人别有科","一亭望作海山上,采不死药于其间","十九年归公老矣","盖棺殉以穷愁味"。

不管偶句或散句。都是运用古文的句式。这种古文,不仅不是桐城派或阳湖派的,也不是唐宋八大家的,而是经籍、子书、前四史尤其是《后汉书》的。除句式外,词语也大多运用经、子、史的。这就使得三立的七律散发出一种极其古朴、高雅而又浑厚的气势。由此可见其避俗避熟到了何等程度,他简直把《诗》、《骚》、汉、魏的古体以至唐、宋、元、明、清一切"律诗"的格调,词语尽量摆脱,或者化腐朽为神奇,独创其学人基础上的诗人之诗。最有意思的是,他决不使自己的律诗成为质木无文的纯学人诗,而是恰到好处地敷以诗的词采,如"暗香生满廊"、"苍茫"、"痦瘵"、"乡国"、"羁旅"、"风雨"、"阑杆"、"穷愁味"之类。

七律定型于唐初,称颂功德,模写宫苑,力求秾丽深婉,故称"今体"、"近体",用它来"叙景言情,远不如古诗之曲折尽意","造句"也"近于流俗"。[73]杜甫始开扩大七律题材,感喟古今,挥斥天地,无事不可曲入毫端。黄庭坚更发展杜甫拗律,独得瘦硬之神。陈三立在杜、黄基础上,运古入律,化庸熟为高古。郑孝胥称散原诗为"越世高谈,自开户牖"[74],以评三立之七律,尤为切合。而其所以给人以"高古厚重"的印象,关键即在于以古文为七律。而且可以看出,三立的七律,较之山谷,更觉高古厚重。因为山谷"诗伤奇"[75],"只知奇语之为诗"[76],"专求古人未使之事,又一二奇字缀葺而成诗,……故句虽新奇,而气乏浑厚"[77]。而三立一般不用僻典与奇字,全靠巧妙地运古入律。因为他涵茹于经、子、史(主要是句式、词语)者深,所以自然如王谢子弟,吐属不凡。本来七律的古文化,分寸掌握不好,极易显得质木无文。三立则注意到既有古文的浑厚气息,又有律诗的韵味,做到通体谐适,极耐咀嚼,这是极难达到的境界。

以上所谈是语言风格的三个方向。

现在再就他一首七律来分析它的意境美。

《真长、晓瞰见过》

黄鸡啄影女墙隈,酝酿晴秋绣石苔。
二客偶然看竹到,一亭无恙据梧缞。
玄言摆落人间世,往事凄迷溪上杯。
各有风怀写孤愤,江山绵丽起骚才。

首句纯为写景,并非用典,因为"黄鸡"他在别的诗中也用过,如"上树黄鸡谙早暮","山中酒熟黄鸡贱"。用"啄影"的句子有"群鸟啄树影","明霞万片鸟啄影"。"女墙隈"也有"啼乌只在女墙隈"。所以,这句"黄鸡啄影女墙隈",只是写即目所见。所见景物很多,开头就写这么一个景色,作为一个意象,显然是要写出晴秋的一角僻地。秋和僻地是冷色调,晴和鸡啄则是暖色调。两种色调的融合,表现为冷中有暖。这是写鸡呢还是自我写照?"与其说,文学作品体现一个作家的实际生活,不如说它体现作家的'梦'。或者说艺术作品可以算是隐藏着作家真实面目的'面具'或'反自我'。"[73]显然,啄影墙隈的黄鸡是诗人的"面具",隐藏着他的一种情趣——冷寂中蠕动着对生活的追求。次句"酝酿晴秋绣石苔"也一样。上句"啄影"的"影"已逗出此句的"晴",而这个"晴秋"是经过由凉变暖的渐变过程的。阴凉,所以石上才长苔藓,晴明,则阳光下苔色苍翠如绣。这句暖色调更深。然而这两句所写都是自家小园(散原别墅)的幽静宜人,于是引出第三句"二客偶然看竹到",不仅点题,而且写出了两位客人的魏晋人风度。看竹,用王子猷看竹不问主人的典故,特加"偶然",更见其但凭兴之所至,初无成心。这就和第四句的自写相对。自己虽然退隐,却一直萦怀国事,而这同惠施"欲辩非己所明而明之,故知(智)尽虑穷,形劳神倦……据梧而瞑"[79]一样。第五句因而明写主宾双方同坐茅亭,相对谈玄,这是用王濛谓何充语:"望卿摆拨常务,应对玄言。"[80]第六句"往事凄迷溪上杯",与"一亭无恙"呼应,见得二客对此小园已是旧游。这凄迷往事包括主宾双方在内,说明欲忘世而未能,故末联干脆说明,各有孤愤,以诗出之,抒其风人(诗人)之怀抱。而其所以如此,是祖国大好江山所激发的。

  这是一种什么样的意境美呢? 唐诗的意境,美在情韵;宋诗的意境,美在气格。散原诗主要学韩愈和黄庭坚,其意境美偏于气格。这实际是一种刚健人格的反映。所谓"刚健",具体地说,就是黄庭坚说的"临大节而不可夺"。从宋诗运动到同光体的诗人,都是以此为"不俗"的内涵。具有这种刚健人格的人,必然存在一种狷介的心理。生于末世的陈三立,戊戌变法失败后,内心十分沮丧,因而其诗作几乎如庾信暮年诗赋,"惟以悲哀为主"。然而他并不像晚唐诗人那样如实表现沮丧心理,而是出之以耿介健举的形式,表现出一种刚健的人格力量。所以,表现在这首七律中的,便是高古浑厚的气格。他和好友们企图"摆落人间世",因而诗的前半部分尽量表现出一种闲适恬愉的情调;然而"往事凄迷","孤愤"难平,面对"江山绵丽",仍然不能不通过诗歌"发愤以抒情"。不是"悲",而是"愤",这就是"气"的核心。有了这种"气",才会有高格。而格的高就表现在高古浑厚的气格上。气格是内容在形式上的反映,如颔联两句,按照句意顺序,本为"二客偶然来看竹,一亭无恙缆据梧",他把两句末三字改为"看竹到"、"据梧缆",顿变平易为拗峭。其馀各句,语序虽顺,立意却很劲健。如首联以黄鸡啄影为酝酿晴秋的一个剪影,可谓构思奇巧。又能化熟为生,如"风怀",本指男女情爱,此诗却用作"风人之怀",涵义为对祖国的深沉的爱。

总之,散原诗的气格,形成一种高古浑厚的意境美,首先表现在立意高,即非个人的叹老嗟卑,而为对祖国命运的真挚关注,其次表现在语言坚实,屏弃一切纤丽浮词。最后,三立长于古文,"其为文章,沈博宏丽,出入范书(指范晔《后汉书》),如骖与靳"。陈衍至称"陈散原文胜于诗"。而黄庭坚"未尝知古文",只是"死力造句,专在句上弄远。成篇之后,意境皆不甚远"[81]。三立虽"原本山谷家法",然而"意境奇创",非山谷所能囿,[82]原因即在于以古文之法谋篇,也就是运用了史家常用的"奇正相生"法。如此诗首联第一句写空间,第二句写时间,都是小范围的。颔联第三句写宾,第四句自写,都是浅层次的(表面忘世)。颈联第五句承上,实从反面说(仍欲忘世);第六句从正面说(不能忘世),从而把前五句的忘世态度一扫而空。于是尾联第七句宾主合写,较之颔联为深层次的(皆极关注国家命运);第八句又写空间与时间以回应首联,但却是大范围的(主宾目光皆从晴秋小园移注于绵丽江山与继起骚才)。这样奇正相生地写,就使得诗意由浅而深,曲折有味。

四　结　论

宋诗运动和同光体的诗人,他们的诗风有一个共同的特点,那就是厚重、劲峭。这和神韵派的淡远,格调派的雅正,完全不同。这是时代造成的,也是不同时代的诗人们,由于个人遭遇所形成的审美观互异,因而形成这些不同的风格。我们通过对郑珍和陈三立两人诗作的分析,就能具体而深入地了解宋诗运动和同光体这种诗风所由形成的时代风云和诗人们本身的审美观,以及该派诗作的艺术魅力所在。

注　释

① 《石遗室诗话》卷二九
② 《近代诗钞集》
③ 《论"同光体"》
④ 《石遗室诗话》卷一
⑤ 郑孝胥《散原精舍诗序》:"世事万变,纷扰于外,心绪百态,腾沸于内;宫商不调而不能已于声,吐属不巧而不能已于辞。若是者,吾固知其有乖于清也。思之来也无端,则断如复断,乱如复乱者,恶能使之尽合?兴之发也匪定,则倏忽无见,惝恍无闻者,恶能责以有说?若是者,吾固知其不期于切也。"亦即此意。
⑥ 《养一斋诗话》卷四
⑦⑨⑭ 《巢经巢诗集》卷七《论诗示诸生,时代者将至》
⑧ 《巢经巢文集》卷四《邵亭诗钞序》
⑩ 《巢经巢诗序》见《巢经巢诗集》卷首
⑪⑬ 《东洲草堂文钞》卷三《使黔草自序》
⑫ 《龚自珍全集》第三辑《书汤海秋诗集后》

⑮　《已畦文集》卷八《百家唐诗序》
⑯　《石遗室文集》卷九《瘿庵诗序》
⑰　《石遗室诗话》卷二三
⑱　《石遗室诗话》卷九《何心与诗序》
⑲　《知稼轩诗序》
⑳　《石遗室诗话》卷一
㉑　《石遗室诗话》卷九《重刻晚翠轩诗序》
㉒　《石遗室诗话》卷九《沈乙庵诗序》
㉓　凌惕安《郑子尹年谱》卷八
㉔　《巢经巢诗文序》
㉕　《遵义郑徵君遗著序》
㉖　《平等阁诗话》
㉗㉙　《读郑子尹〈巢经巢诗集〉》
㉘㉚　《梦苕庵诗话》
㉛　《谈艺录》
㉜　《读郑珍的〈巢经巢诗〉》
㉝　《黔诗纪录后编·郑徵君传》
㉞　《巢经巢诗集》卷四
㉟　《巢经巢诗集》卷五
㊱㊶　《巢经巢诗集》卷九
㊲　《论语·子路》
㊳　《杜诗详注》卷三《醉时歌》
㊴　《巢经巢诗》后集卷四
㊵　对《抽厘哀》的注释,参考了白敦仁《清代贵州厘金及郑子尹的〈抽厘哀〉》,见《明清诗文论文集》
㊷　《巢经巢诗》卷三
㊸㊹　《巢经巢诗集》卷七

465

㊺　《散原精舍诗》卷二

㊻　《平等阁诗话》

㊼㋂　《读散原诗漫记》

㊽㋅　《陈三立传略》

㊾　《尊瓠室诗话》

㊿　《今诗选自序》

㋑　《丽白楼诗话》上编

㋒　金天翮《答樊山老人论诗书》

㋓　《论近代诗四十首》

㋔　《饮冰室诗话》引集外断句

㋕　元稹《唐检校工部员外郎杜君墓系铭并序》

㋖　《愚溪诗序》

㋗　蒋英豪《从回到古代到走向世界——清代文学变迁的模式》,见《社会科学战线》1992年

㋘　《共产党宣言》1893年意大利文本序言

㋙　黄曾樾《陈石遗先生谈艺录》

㋚　《近代诸家诗评》

㋛　《柳河东集》卷三六《上李中丞献所著文启》

㋜　《近代诗钞》引《石遗室诗话》

㋝　《梧溪集》卷五《寄题颍上贾归治惟敬所寓咏轩》

㋞　《东坡题跋》卷二

㋠　《散原精舍诗》续集卷下

㋡　《散原精舍诗》卷中《留别墅遣怀》之七

㋢　《光明日报》1993年9月11日第五版《陈寅恪的"家国旧情"和"兴亡遗恨"》

㋣　《鱼千里斋随笔》卷上《散原诗》

㋤　《世载堂杂忆》

㉛ 《南邻》

㉜ 《次韵君庸寓慈云寺得韶惠钱不至》

㉝ 《围炉诗话》卷二

㉞ 《散原精舍诗序》

㉟ 《王直方诗话》

㊱ 《岁寒堂诗话》

㊲ 《临汉隐居诗话》

㊳ 韦勒克、沃伦《文学理论》

㊴ 《庄子·齐物论》郭象注

㊵ 《世说新语·政事》

㊶ 冯咏《江西诗派论》

第十九章　汉魏诗派

以王闿运为代表的汉魏派,异称很多,或称"汉魏六朝派"、"文选派"、"湖湘派"、"湖南诗派"。现从习惯,称为"汉魏派"。

从表面看,这一派成员之间,似乎在开展仿古的竞赛,其实不然。此派的出现,和明代前后七子的出现,有两点非常相似。一是都反对宋诗:明七子以盛唐反对两宋,汉魏派更进一步,以汉魏六朝下及初唐来反对当时稍前的宋诗运动。二是两派诗人都有经世的志与才:茅盾在《夜读偶记》中特别推重明七子的政治态度;汉魏派的代表王闿运、邓辅纶和高心夔,都不仅是坐而言,而且是起而行的政治人物。这不是历史的巧合,而是有其逻辑的必然性。当然,历史不会重复出现完全相同的面貌,由于具体的政治条件不同,加上个人审美情趣的更为精妙,后者比前者就更具有理论上与创作上更高的自觉性。

一　汉魏派产生的原因

汉魏派的出现,主要是为了反对当时的宋诗运动。徐世昌说:"自曾文正公提倡文学,海内靡然从风,……诗派法西江,……壬秋后起,别树一帜,……诗拟六代,兼涉初唐。湘、蜀之士多宗之,壁垒几为一变。"[①]程潜以此派中人眼光说:"有清诗人,与世陵夷,末代益靡。惟吾乡湘绮翁,横流不溺,力图复古。"[②]此所谓"末代益靡",即指宋诗运动及其嗣响同光体。汪国垣也根据王闿运的诗论指出:其论诗指趣,"皆显然与同光派诗家异趋"③。钱仲联也说王闿运"宗法八代,下及盛唐,与晚清同光体分道扬镳"④。

其实郭嵩焘早已指出:"今天下之诗,盖莫盛于湘潭,尤杰出者曰王壬秋、蔡与循。其言诗取潘(岳)、陆(机)、谢(灵运)、鲍(照)为准,则历诋韩、苏以降,以蕲复古。"⑤问题是王闿运不止诋毁韩愈以下的中晚唐诗人,以及苏轼为代表的两宋诗人,而且对由盛唐阑入中唐的杜甫屡示不满。如谓《呈吴郎》诗为"叫化腔,亦创格,不害为切至,然卑之甚"。又说:"(少陵)五言推《北征》,学蔡女,足称雄杰,他盖平平,无异时贤。"⑥王氏出于拟古心理,硬派《北征》是学蔡文姬的《悲愤诗》,推为雄杰,而抹杀杜甫其他五古杰作。又说:"凡谓文章老成者,格局或老,才思定减。杜子美则不然,子美本无才思故也。"⑦这很自然,杜甫正是和韩愈一道下启宋调的,作为江西诗派"一祖"的杜甫,自然要遭到汉魏派的指责。

有一点值得我们深思的,是王闿运之所以反对曾国藩的"诗派法西江",还有更为复杂的原因。曾在政治哲学上是以纯儒自命的,一贯倡言"王道";而王则是主张"霸术"的,希望成为帝王师。王的得意门生杨度于光绪二十九年(1903)作《湖南少年歌》,其中说:"更有湘潭王先生,少年击剑学纵横。游说诸侯成割据,东南带甲为连衡。曾、胡愕顾咸相谢,先生笑起披衣下。北入燕京肃顺家,自请轮船探欧亚。事变谋空返湘渚,专注《春秋》说民主。廖(平)康(有为)诸氏更推波,学界张皇树旗鼓。呜呼吾师志不平,强收豪杰作才人。"所以他在诗学上主张汉魏六朝以至初唐,就是因为汉家阳儒阴法,本以霸道行之;而魏武好刑名,六朝也是敝屣儒家学说的;初唐从李世民到武则天也都是强调法治的。这是他和明七子在政治哲学上的本质区别。他特别反对宋诗,就和宋代理学流行有极大关系。在他的思想上,晚清陷于空前的外患内忧之中,极像两宋的积贫积弱,除了在政治上军事上力图自强,他还企图在文学上追踪汉魏,以求振大汉之天声,因而鄙弃感情内敛而无雄飞壮志的宋诗。与他并不同派的章太炎,诗崇汉魏,也鄙宋诗为"比于马医歌括"[8],而称"并世所见,王闿运能尽雅"[9],其中实在含有一种规律性的共识在内。

二 王闿运生平简介

王闿运(1832—1916),字壬秋,或作纫秋,又字壬父(甫),号湘绮,湖南湘潭人。咸丰三年(1853)举人,九年会试入都,"就尚书肃顺聘。肃顺奉之若师保,军事多谘而后行"[10]。章太炎所作"王壬秋之《游仙诗》"第一首第三句云:"东华幕客曾谋逆",注云:"王为肃顺上客,与谋逆事。谈及清末失败,曰:'肃顺若在,必不使戚贵横行,自有立国之道,清亡于杀肃顺'云。"太平军起,王氏"参曾国藩幕,胡林翼、彭玉麟皆加敬礼"[11]。据说他曾劝曾国藩:"与其支持此腐朽之清朝,不如代清朝而统一天下。"曾不听。又曾劝胡林翼"据湘鄂独立,徐平发、捻,逐清建夏"。被胡拒绝了。又劝曾国藩:"南洋诸埠,土皆我闽,而英、荷据之,且假道窥我。今士犹知兵,敌方初强,曷略南洋,代蔽闽、粤?"曾也不从。[12] "闿运自负奇才,所知多不合,乃退息,无复用世之志,唯出所学以教后进"[13]。先后主讲成都尊经书院、长沙校经书院、衡州船山书院、江西高等学堂。卒年八十五。有《湘绮楼诗文集》。

三 王闿运的诗论

无论中国还是外国,古代文学都有摹拟现象。中国散文的摹拟起于扬雄,而诗歌的摹拟则起于陆机。外国如十八世纪的法国,"古典时代的谈吐与诗句所引起的钦佩,使人不再观察活的人物,而只研究描写那些人物的悲剧。用作模型的不是人而是作家了"⑭。这就等同于摹拟。

陆机,加上陶潜、江淹等,尽管拟古者历久不绝,但都是偶一为之;形成流派的,只有明代的前后七子和晚清的汉魏派。经过公安、竟陵,特别是钱谦益等的诟詈,清代诗人,不论属于哪一流派,或不入任何流派的,都无不知摹拟之非,何以以王闿运为代表的汉魏派又来制造假古董?

要解开这个谜,必须认真研究一下他的诗论:

首先,他认为"摹拟"的出现,是诗歌艺术合规律性的发展。他说:"诗法既穷,无可生新,物极必返,始兴明派,专事摹拟。"⑮这里要注意的是"诗法",他所理解的明派摹拟,只是诗法,亦即形式方面的摹拟,与内容无关。也就是说,完全可以从格调上去摹拟古人,同样能够表现自己的思想感情。所以他主张"不失古格而出新意"。他认为:"乐必依声,诗必法古,自然之理也。"他的理论是:"欲己有作,必先有蓄。名篇佳制,手披口吟,非沉浸于中,必不能炳著于外。……古人之诗,尽善尽美矣,典型不远,又何加焉?"⑯他这里谈的都是诗法摹拟问题,所以拿"乐必依声"为喻,"依声"即照谱唱,至于唱的内容,自不拘限。

其次,他认为明七子的失误,在于只学盛唐,而没有上拟汉魏。他一面指出:"自明后论诗,率戒模仿";一面却引同派诗人邓绎(号辛眉)的意见:"七子格调雅正,由急于得名,未极思耳。自学唐而进之,至于魏晋,风骨既树,文彩弥彰,及后大成,遂令当世不敢以拟古为病。"⑰这自然也代表了他的看法。章太炎曾指出:"湘绮虽不明言依附七子,其路径实与七子相同,其所为诗,宛然七子作也。"

第三,他知道:"文不取裁于古则亡(无)法,文而毕摹乎古则亡(无)意。"⑱因而他主张拟议变化。文是这样,诗也不例外。具体例子,如:"严受庵幼有颖慧,……十七岁至京师,相遇论文。予云:'君诗未入格。'因论古法。又问予所不及者,言:'五言必期似汉人,今且不能似子建。欲学子建,且先似士衡。'君幡然遂归。逾年访予长沙,出示新作,沈博绝丽,有士衡之意。予惊喜倾倒,私独畏之。"又如:"陈怀庭诗,初兼唐宋,年四十,始相见长沙。既见予诗,体格忽异。予问其故,曰:'吾妻以为君诗胜我,不能为城北徐公也。'已而风骨遒秀、五言在阮(籍)、陆(机)间。自是论文,针芥无间。"⑲所谓"格"、"法"、"体格",都指艺术形式。但他并不主张亦步亦趋地从形式上去摹拟前人,所以他说:"文有时代而无家数;诗则有家数,易模拟,其难亦在于变化。"怎样变化呢?他说:"于全篇模拟中,能自运一两句,久之可一两联,又久之可一两行,则自成家数矣。"⑳这种由"模拟"而"自运"终于"成家数"的方法,并非王闿运首创,清初李光地教人学诗,即用此法,不过学的是唐诗而已。而王闿运还有超越这一层次的理解,就是由"模拟"到"自运"以至"成家数"的过程,并非写字临帖那样描头画角就可以达到目的,而是要首先分清古诗和今诗的区别。他所说的"古之诗",是指《诗》、《骚》等先秦诗歌;而所说的"今之诗",是指汉以后的诗歌。这两种诗歌的区别何在?他说:"古之诗以正得失,今之诗以养性情。虽仍诗名,其用异矣。"又说:"古以教谏为本,专为人作；今以托兴为本，乃为己作。史迁论诗，以为贤人君子不得志之所为，即汉后诗矣。"以下他就畅论今之诗。既然今之诗以托兴为本，亦即以养性情为目的，那么，"主性情必有格律，不容驰骋放肆，雕饰更无论矣。情动于中而形于言，无所感则无诗；有所感而不能微妙则不成诗"。怎样才能把自己的"所感"用"微妙"的形式表现出来呢？他说："生今之世，习今之俗，自非学道有得，超然尘埃，焉能发而中，感而神哉？就其近似观之，观吾人所以入微，吾心之所契合，优游涵泳，积久有会，则诗乃可言也。"[21]什么叫"学道有得，超然尘埃"？他在另一处说明了这个问题："诗者，持也，持其所得而谨其易失，其功无可懈者，虽七十从心，仍如十五志学，故为治心之要。自齐梁以来，鲜能知此，其为诗不过欲得名耳。杜子美诗圣，乃其宗旨在以死惊人，岂诗义哉？"[22]原来他的所谓"得道"，就是摆脱"好名"之心。这样一来，要从诗法上摹拟古人，就得先像古人那样以诗"养性情"。这就和明七子仅仅从形式上摹拟古人完全不同了。难怪他说："李何复古已优孟"[23]，甚至破口大骂："看明七子诗，殊不成语，大似驴鸣犬吠。胆大如此，比清人尤可笑也。"[24]也就难怪他一方面说："今人诗莫工于予"，因为"予则尽法古人之美，一一而仿之，熔铸而出之"，一方面又说："予诗尤不可观，以不观古人之诗，但观予诗，徒得其杂凑模拟，中愈无主也。"[25]

第四，明白以上的道理，也就明白他为什么要摹拟汉魏六朝之诗了。原来他认为汉魏诗法最好。所谓汉魏诗法，就是"以词掩意，托物寄兴"。汪国垣说王闿运的诗论与同光派异趋，即指其"诗贵以词掩意，使吾志曲隐而自达，非可快意骋词，供人喜怒也"[26]。这是"养性情"与不"好名"的另一说法。王氏不但主张摹拟汉魏诗法，还欣赏南朝诗法。他说："宋齐游宴，藻绘山川；齐梁巧思，寓言闺闼：皆言情之作。情不可放，言不可肆。

473

婉而多思，寓情于文，虽理不充，犹可讽诵。近代儒生，深讳绮靡，故风雅之道息焉。"㉗这是说南朝的山水诗和宫体诗，也是"养性情"的，它们的"婉而多思"的诗法，和汉魏诗的"使吾志曲隐而自达"的诗法一样，都值得后人摹拟。所谓"近代儒生"，就是指宋诗运动和同光体的诗人，他们和两宋诗人一样，是不把爱情写到诗作中的。而不知道南朝的抒情诗只是寓言，正如《关雎》是"乐得淑女以配君子，不淫其色，哀窈窕"；而《鹿鸣》是"燕群臣嘉宾，……然后忠臣嘉宾得尽其心矣"。

以上四点，是王闿运诗论的主要内容。其所以有此诗论，始则由于欲追踪汉魏，以振大汉之天声，故薄宋诗；继则由于身为肃（顺）党，为避网罗，需要托古以讽今。

后人不察其详，纷纷加以訾议，有代表性的如柳亚子说："古色斑斓真意少，吾先无取是王翁。"㉘（这是摹拟朱彝尊题王又旦《过岭诗集》的"吾先无取黄涪翁"。）胡适则直斥为"假古董"，说："王闿运为一代诗人，生当这个时代（指太平天国时代），他的《湘绮楼诗集》卷一至卷六，正当太平天国大乱的时代（1849—1864）；我们从头读到尾，只看见无数拟鲍明远、拟傅休奕、拟王元长、拟曹子建……一类的假古董；偶尔发现一两首'岁月犹多难，干戈罢远游'一类不痛不痒的诗，但竟寻不出一些真正可以纪念这个惨痛时代的诗。这是什么缘故呢？我想这都是因为这些诗人大都只会做模仿诗的，他们住的世界还是鲍明远、曹子建的世界，并不是洪秀全、杨秀清的世界；况且鲍明远、曹子建的诗体，若不经一番大解放，决不能用来描写洪秀全、杨秀清时代的惨劫。"㉙林庚白既在《今诗选自序》说："王闿运则高言汉魏六朝，不知时世去古日以远，举文物典章以迄士大夫齐民日常之生活，皆前乎此者所未有，于此而仅求似于古人，则观其诗无以知其时与世，章句虽工，末矣。"又在《丽白楼诗话》

上编说:"后人喜为汉魏六朝之诗,有辞无意,触目皆是。此以古人之情感与意境为情感、意境。……王闿运五言律学杜陵,古体诗学魏晋六朝,亦坐此病。"

胡适的"他们住的世界还是鲍明远、曹子建的世界",也就是林庚白的"此以古人之情感与意境为情感、意境",结论自然就是柳亚子的"古色斓斑真意少"。他们都不曾注意王闿运的摹拟只是诗法,而不是情感与意境。尤其是胡适,从他的话可以看出,他并没有认真地逐首读完全部王诗,也没有真正研究过汉魏六朝诗,因而他不曾真正了解王诗的造诣。

相对来说,同光派诗人陈衍和夏敬观倒还讲得平实。陈衍一方面指出:"湘绮五言古沉酣于汉魏六朝者至深,杂之古人集中直莫能辨";一方面又说:"然其所作于时事有关系者甚多。"[30]夏敬观亟称王氏"沉潜汉魏,……造诣卓绝,神理绵邈,非若明七子、清乾嘉诸人所为也"[31]。另外,李澄宇指出:"盛言湘绮仿古中无我在,读此(指所录王氏拟古诗)应自哂其妄。"[32]今人钱仲联也说:"然湘绮拟古,内容亦关涉时事。"[33]可以看出,这四人不仅通读了王氏的诗集,而且由于他们诗学与诗功并深,所以能正确评价王诗。

四 王闿运的诗作

这部分论述两个问题:(一)王的拟古诗能反映时代,有"我"在;(二)王诗摹拟的艺术特色。

现在先谈第一个问题,试看《生理篇拟曹子建体》:

生理各如寄,况我适异邦?宵寐且容席,朝坐亦对窗。风雨相荡迫,端居日匆匆。想望章赣波,浩浩自成江。精魂不可逾,怨彼往路穷。

往路何苦递,故乡郁霾氛。蛮越构祸端,矜戟乱边屯。永衡绝通轨,连岩上参云。征驹尚玄黄,揽辔悼悲辛。

悲辛复奚辞,我友在远方。远方何所恨,丧乱焉有常?婴世惧歧途,独愿恣徜徉。穷鱼失故渊,离兽走连冈。鸱鹗鸣庭树,腐鼠惊雏凰。举瞩无旧物,却曲悲楚狂。

楚狂犹能歌,鸣凤久已歇。商飙起中夏,庭树坠黄叶。殊音匪我亲,言发自眩愲。行行至穷巷,经日见鹑结。败垣塞曦阳,隙漏滴残阙。所遇增感哀,还归坐悲慑。

还归当语谁?新知近相从。惓惓握手欢,颇欲诉微衷。世俗匪深情,酬好变诚忠。居者复几人?行者犹转蓬。况此噎阴时,咫尺怨不逢。怅怅畴昔怀,仿佛呈音容。良会不可期,泻水徒西东。

西东会有时,人生信轻离。出门别亲旧,车马如云驰。白日照黄土,班马鸣回飔。高丘一登望,策辔临堂垂。平生自努力,慷慨有馀思。谋身尚难工,宁暇及人为?感兹悟身世,已矣勿复疑。

无疑犹有忧,栖栖更何求?百年如转丸,独为智者愁。巧拙互穰穰,天命更相仇。彭殇本妄喻,何者谓蚨蝣。澄心念静理,岂不慕蛮周?投笔起彷皇,知我庶勿尤。

此诗作于咸丰三年癸丑(1853),王氏时年二十二岁。写的是自己前两年(咸丰元年辛亥)由江西乐平两次返回湖南长沙的经历与感受。《湘绮楼说诗》(以下简称《说诗》)卷三:"壬子,李伯元邀余至乐平馆。……其年八月,长沙被(太平军)围,余间行绕城入觐(吾母)。"王氏在其长诗《独行谣》中说:"余时自乐平(自注:济源李伯元知乐平,余居县斋三月),千里一肩舆。平行至城根,不见官贼徒。夜投鱼船宿,烹菘肥似膏。明晨告府主,帖下架鹿卢(自注:城下无店舍,宿湘水洲旁渔舟。以书告长沙知府锺音鸿,无回信,亦不遣诘所往。明日,城上呼余入者,毛丈运如也)。"包围长沙的太平军撤退后,李伯元"复遣书问讯,祖妣仍命府君(指王闿运)往乐平"(《湘绮府君年谱》卷一咸丰二年壬子)。《说诗》卷三云:"癸丑(咸丰三年)夏,寇围南昌,先孺人使至乐平召余归。十日而鄱阳陷,李伯元及沈槐卿同战死,余在道未知也。"

了解本事后,再看《生理篇》、第一章写自己在乐平县署居住。"宵寐且容席,朝坐亦对窗",即《说诗》卷三所谓"壬子,李伯元邀余至乐平,馆其账房旁室,前后二堂"。第二章写自己第一次返湖南。"故乡郁霾氛",即指长沙被围。"蛮越构祸端,矜戟乱边屯",即《独行谣》所谓"荆澧连大浸,桂象亦无禾(自注:道光二十九年,湖广水旱民饥)……楚危若振择,越亡如烂鱼。洪(秀全)杨(秀清)有名号,倡和连浔梧"。所谓"永衡绝通轨",指永州和衡州的路都不通了。第三章怀念其挚友邓辅纶。第四章写自己第二次由乐平返湘。时为癸丑夏,故本章云:"商飙起中夏,庭树坠黄叶。""殊音"云云,写在江西境内一路见闻,与其另一诗《临川西湖》所说:"村虚寂萧条,败屋稍成栅。饥禽争落梧,瘦犬卧寒石。污泥压死稻,穷妇拾残粒。捋掘终日间,难谋一杯食",正可合看。第五章写自己归故乡湘潭后,旧交多散走他乡。第六章写自己出门准备从军。第七章想像知己好友一定赞成自己的投笔从戎。

至丁所谓"拟曹子建体",是指摹仿曹植《赠白马王彪七章》的形式,亦即诗法。曹诗是逐章蝉联的辘轳体。虽分七章,实为一篇,所以用这种首尾相衔的句式,使全篇一气连贯,表现一种回环往复的音乐美。王氏《生理篇》亦分七章,完全采用曹诗的形式。这不仅仅是形式上的摹仿,而完全是内容上的需要。大凡采用这种诗体,才便于叙事、抒情、写景和议论。这一形式,曹诗也非首创,而是摹仿诗经《大雅》的《文王》和《既醉》(见陆侃如、冯沅君《中国诗史》第三一〇页)。曹植此诗流传后,南朝刘宋谢灵运两效其体,且有变化(一为《酬从弟惠连》,一为《登临海峤,初发强中作,与从弟惠连,见羊、何共和之》)。胡适等人既不从内容上分析,也不考虑这种形式与内容的关系,只是一见到"拟××体",就说"竟寻不出一些真正可以纪念这个惨痛时代"的内容,或"观其诗无以知其时与世",真厚诬王氏了!

现在再谈第二个问题:王诗摹拟的艺术特色。

学术界认为王闿运的诗以拟古为其特色,主要是指他的五古在诗法上摹拟八代(汉、魏、晋、宋、齐、梁、陈、隋)。其所以如此,我看,和八代诗人喜欢拟古分不开。王氏五古主要学潘岳、陆机、鲍照、谢灵运。除潘岳外,陆机不但是第一个拟古的,而且数量很多;鲍照存诗约二百首,而其拟古乐府有五十六首,又有拟古诗十八首;谢灵运也有《拟魏太子邺中集诗》八首。这自然会给王氏以深刻影响。

王氏是怎样写作五古呢?无论标明拟古的,还是未标明拟古的,他的用字遣词都是《文选》式的,基本上是非八代及其前的字、词、句法不用。现以下列山水诗三首为例,进行摹拟手法的剖析。

> 轻舟纵巨壑,独载神风高。孤行无四邻,窅然丧尘劳。晴日光皎皎,庐山不可招。扬帆挂浮云,拥楫玩波涛。昔人观九江,千里望神皋。浩荡开荆扬,潆渟听来潮。圣游岂能从,阳岛尚嶕峣。波灵翳桂旗,仙客闷金膏。委怀空明际,傲然歌且谣。
>
> 《从大孤入彭蠡,望庐山作》
>
> 神山凤所经,未至已超夷。况兹澄波棹,翼彼祥风吹。真灵无定形,九面异圆亏。晴云穴内蒸,积石露嵌奇。江潮

汨无声,浩荡复逶迤。呼风凌紫烟,漱玉吸琼脂。赏心不期游,谁识道层累?若有人世情,暂来被尘羁。
《青石洞望巫山作》

崇高极富贵,岩壑见朝廷。盘道屯千乘,列柏栖万灵。伊来圣皇游,非余德敢升。良月蠲吉日,攀天谒明庭。时雨应灵风,开烟出丘陵。仙华润春丹,交树盖秋青。肃肃洗神志,坦坦跻玄扃。既知中天峻,不待超八纮。翼如两嶂趋,纬彼四岳亭。将睹三光正,端居心载宁。
《泰山诗,孟冬朔日登山作》

这类八代及其前的字、词的运用,使王氏的五古显示出一种浑朴高古的色调,表现为"古色斓斑"。

除字、词这一特色外,他的五古在摹拟古人时,首先强调"学古变化"。

《泰山诗,孟冬朔日登山作》,是他极为得意之作。他曾说:"其'秋青'二句亦仍学谢,观此可悟学古变化法。"㉞"仙华润春丹,交树盖秋青"两句,是写他在登泰山的路途中所见花朵与树叶,这时是旧历十月初一,山径仍可见到鲜润的红花,碧绿的树叶。他说这两句学谢,是指学谢灵运的《相逢行》:"阳华与春渥,阴柯长秋槁",《登石门最高顶》:"心契九秋干,目玩三春荑。"两处都以"春"、"秋"对举,而字面和句式并不相同。

其次一个特色,是严格辨清题义。对登泰山诗他有一个说明:"余廿年与龙大、邓二登祝融,相角为诗。弥之每出益奇,余心懑焉。其警句今了不记,但记'土石为天色',可谓一字千金矣!又卅年独游东岱,心未尝不忮弥之才笔,竭思凝神,忽得'升'韵,喜曰:'吾压倒白香亭矣!'即升仙门踞石,写寄夸之。盖此乃登丘诗,非游岳,更非游山也。从容包举,又焉用石破天惊为哉?"㉟

此诗分三部分。前六句为第一部分,写自己登山时所感;中间八句为第二部分,写自己登山时所见;最后六句为第三部分,写自己登上山顶时的感想,与第一部分相呼应。全诗确是写"登岳","非游岳,更非游山"。全诗具有一种结构完整、词句庄重的美,而不是有句无篇。但是这一艺术特色,竟连他的畏友邓辅纶(字弥之)也不能理解。他晚年还慨叹:"邓弥之,余所师也,自知才力不逮,恒以为歉。及登泰山,得一篇,喜曰:'压倒弥之矣!'即石上写稿寄之,以为必蒙奖赏,其回信乃漠然若未见也。嗟夫!知音之难如此。"㊱

这就牵涉到他的诗论核心:"以词掩意,托物寄兴","伊来圣皇游,非余德敢升",孤立起来看,是谈不上"惊心动魄,一字千金"的,但结合第一部分整个六句来看,再联系到他的政治哲学,就知道他的"词"下面所隐藏的"意",是想像"圣皇"——汉武帝当年登封泰山的伟大场面,从而慨叹当时的孱王——光绪帝,受制母后,毫无作为;而自己以一介匹夫,却来登山,自然不能不兴"明王不作"之叹了。然而登到绝顶,真有"小天下"之概,他的"帝王师"的抱负,使他在内心庄严宣告:"将睹三光正,端居心载宁。"日为君象,月为后德,五星则象征辅弼诸臣。三光各正其位,自然天下太平。而"三光"和泰山最高峰——日观峰有何关系呢?他违反了自己作五古不用唐以后事的原则,用了唐人丁春泽《日观赋》:"方今一德无为,三光有象。"——这样"托物寄兴",实在晦昧,难怪邓辅纶漠然置之,而王氏自己也说"诗隐而难知"了。

第三个摹拟特色,是认为诗可以入考据,也可以入议论,但这种考据和议论,仍然必须"以词掩意"。

在谈论《从大孤入彭蠡望庐山作》一诗时,他说:"俗人论诗,以为不可入经义训诂,此语发自梁简文、刘彦和。又云不可入议论,则明七子惩韩、苏、黄、陆之敝而有此说。是歧经史文词而裂之也。或不遵其言,又腐冗叫嚣而不成章。余幼时守格律甚严,矩步绳趋,尺寸不敢失。及后贯彻,乃能屈刀为镜,点铁成金。如此篇'皋'、'潮'二韵,是考据也。自秦以来,说九江者多误,断以《史记》庐山观九江,而《禹贡》大明。'江汉朝宗'之语,毛诗多谬说,而郑康成因之。宋儒好驳古人,独奉此为不刊之解,欲以戒强侯,惩荆蛮,迂诞甚矣!舜、禹至圣,岂欲荆人奉朝贡而预忧其不宗耶?且不颁为科条,而为隐语于报销册(指《禹贡》)中,尤为可笑。故因以潮溧解之。江汉盛涨,吴越水乡,滔滔千里,海潮逆上,至于浔阳。言'孔殷'、'朝宗'者,告成功而防涌溃也。'阳鸟攸居',亦不足记,圣帝圣相,何取于鸿雁之知时?此又儒生浅陋之见,故又释为阳岛。岛者,水中之山;阳者,水北之称,言江汉安流,而江北山陵不复怀襄也。廿字中考证辩驳,从容有馀,若不自注,谁知其迹?熔经铸史,此之谓也。"㊲

对这一大段话,需要作些解释。《史记·河渠书》:"太史公曰:余南登庐山,观禹疏九江,⋯⋯""九江"的"九",本为虚数,意指长江流域许多支流都汇合于洞庭湖(据宋人蔡沈及近人曾运乾、辛树帜诸家说)。而《禹贡》在荆州部分曾说:"江汉朝宗于海,九江孔殷。"王闿运认为,根据司马迁的话,《禹贡》"朝宗"、"孔殷"这两句就非常清楚了。可是毛传在《诗·小雅·沔水》"沔彼流水,朝宗于海"两句下解释说:"水犹有所朝宗。"郑玄笺云:"水流而入海,小就大也,喻诸侯朝天子亦犹是也。"蔡沈注《禹贡》"江汉朝宗于海"句,仍然说:"江汉合流于荆,⋯⋯虽未至海,而其势已奔趋于海,犹诸侯之朝宗于王也。"岂但汉、宋旧说如此,就是现代疑古派史学家顾颉刚解释这一句也说:"从前诸侯见天子,春见称朝,夏见称宗。这里是把海比作天子,江汉比作诸侯,说江汉二水合流以后归于大海。"[38]至于朱熹《诗集传》在《沔水》篇解"朝宗于海",也仍用汉儒旧说。

只有王闿运却一扫旧说,用"昔人观九江,千里望神皋。浩荡开荆扬,潨淙听来潮"这二十个字,把《禹贡》和《诗·沔水》这几句话解释得合情合理。对《禹贡》的"阳鸟攸居"也作了新解,同样平实合理。特别用五古形式来作考证,发议论,又做到了"以词掩意",像他所说:"若不自注,谁知其迹!"

仅凭这一拟古特色,也可见胡适等人讥嘲王诗是"无我",是"假古董",真是皮相之谈!

最后,其五古的拟古特色是强调"藻采"。对《青石洞望巫山作》,他也有一段话:"此与庐山诗(即《从大孤入彭蠡望庐山作》)皆学谢赤石帆海(原题为《游赤石进帆海》),光阴往来,神光离合,五言上乘也。谢诗以'溟涨无端倪,虚舟有超越'为警策,为其诗是状海,非为海赋诗也。一丘一壑,则有画工写景之法。五岳溟渎,非神力举之,不足以称。'虚舟'一句,所谓纳须弥于芥子。而所以有力者,乃在'海月'二句以景运情,即所谓点景也。诗涉情韵,议论空妙超远,究有神而无色,必得藻采发之,乃有鲜新之光。故专学陶、阮诗,必至枯澹。此诗'脂'韵与上篇'膏'韵皆点景之句,而通首尽成烟云矣。"[39]

"溟涨无端倪,虚舟有超越"为什么是一篇之警策呢?因为谢灵运此诗主旨在"削迹捐势,不为功名"(《庄子·山木》),以达到"终然谢夭伐"的目的。"溟涨无端倪"正是比喻宦海(亦苦海)无边,而摆脱了功名羁绊的"虚舟"(谢灵运本人),则可以"超越"它。"超越"的表层意思是"扬帆采石华,挂席拾海月",深层意思则是"终然谢夭伐"。所以王氏说,"虚舟"一句之所以有力,全在于"海月"二句之点景。没有这二句点景,则"虚舟有超越"显得空洞,而"终然谢夭伐",空有议论,有神无色。

"诗缘情而绮靡"（陆机《文赋》），"藻采"就是"绮靡"。这正是六朝诗的特色，尤其是潘、陆、谢、鲍五言诗的特色。

《青石洞望巫山作》一诗，应结合《巫山天岫峰诗，并序》以及王氏一篇散文《巫山神女庙碑》（见《湘绮楼文集》卷六）来读，才能透彻了解。王氏以巫山为楚国之望（古代天子及诸侯对境内山川的祭祀），天帝之女瑶姬，实主此山。朝云之事，乃讥楚之后王弃宗庙，去故都，远夒、巫而乐郢、陈，将不保其妻子。神女为高唐客，朝暮云散，则喻失齐援而见困于秦。以为阳台云雨，乃小儒俗吏不通天人，罔识神女主山之由，致生谬解。因而此诗之警策，乃在"真灵无定形，九面异圆亏"二句。因为此诗非咏巫山，重点在"望"，而这两句正写活了"望"。全诗写得"神光离合，乍阴乍阳"（《洛神赋》），真是五言上乘。但有神无色也不行，所以用"呼风凌紫烟，漱玉吸琼脂"作点景之句，这就把遥望中所想像的神女那种凌烟吸脂的神情声态都描绘出来了。

《从大孤入彭蠡望庐山作》并非咏庐山，重点也在"望"。故其警策之句为"晴日光皎皎，庐山不可招"二句，因为这写出了"望"。而点景之句为"波灵戏桂旗，仙客叹金膏"二句，因为是从鄱阳湖上望，所以上句用曹植《洛神赋》语，想像有水上仙人像"洛灵"那样"左倚采旄，右荫桂旗"，在神浒"以遨以嬉"。下句用谢灵运《入彭蠡湖口诗》："金膏灭明光。""仙客"即指谢灵运（小名客儿，人称谢客）。"金膏"是仙药。谢灵运叹"金膏灭明光"，正指庐山仙药难求。这两句具体写出了"庐山不可招"。

这两首望庐山诗和谢灵运的《游赤石进帆海》对照，无论是结构层次还是语言形式，完全渺不相关。而王氏自称两诗皆学大谢此诗，可见其学古完全不是字摹句拟，而是像上面所分析的学其警策与点景，这种学习方法就对今人也极有启发性啊！

五 结 论

王闿运诗的价值,以谭嗣同看得最透彻。他的《论艺绝句六篇》之三:"薑斋微意瓣薑(同县欧阳师)探,王(壬秋)邓(武冈邓弥之辅纶)翩翩靳共骖。更有长沙病齐己(湘潭诗僧寄禅),一时诗思落湖南。"自注:"论诗于国朝,尤为美不胜收,然皆诗人之诗,更无向上一著者。惟王子(指王夫之,薑斋乃其号)之诗,能自达所学。近人欧阳(指欧阳中鹄,号瓣薑)、王(指王闿运)、邓(指邓辅纶)庶可抗颜,即寄禅亦当代之秀也。"指出王闿运的诗和王夫之的一样,不是诗人之诗,也不是肌理派的学人之诗,而是"能自达所学"——反映其"帝王之学"的诗。

王闿运的"帝王之学",既不是孔、孟王道学说的重演,也不是商、韩的"法"、"术"、"势"君权政治的复述,而是在上述儒、法治术的基础上,以经今文学的形式,打上近代政治的思想的烙印,从而构成的一种仍属封建范畴的学说。这一学派的人并不赞成西方民主政治,所以在戊戌维新运动中,他们置身事外。

正像本章开头已引述的杨度《湖南少年歌》所说的,王氏是"强收豪杰作才人"的。这样的人作诗,决不会一味摹仿古人而毫不反映自己的思想和感情。王氏是这样,邓辅纶、高心夔也是这样,王氏在四川、湖南、江西各地所培育的门人,绝大多数也是这样。

注 释

① 《晚晴簃诗汇》卷一五五
② 《养复园诗集自序》
③㉖㉗ 《近代诗人述评》

④㉝ 《论近代诗四十首》

⑤ 《谭荔仙四照堂诗集序》

⑥ 俱见《论唐诗诸家源流答陈完夫问》

⑦ 《湘绮楼说诗》卷六

⑧ 金东雷《章太炎先生〈诗辨论旨〉》

⑨ 《太炎文录初编·文录卷二·与人论文书》

⑩⑪⑬ 《清史稿》卷四八二本传

⑫ 《近代二十家评传》

⑭ 丹纳《艺术哲学》第一章《艺术品的本质》

⑮㉑㉕ 《湘绮楼说诗》卷七

⑯ 《诗法一首示黄生》

⑰⑲ 《湘绮楼说诗》卷二

⑱ 汪国垣《王闿运传》

⑳ 《湘绮楼说诗》卷四

㉒㉞㉟㉗㉙ 《湘绮楼说诗》卷三

㉓ 《湘绮楼诗集》卷十三《忆昔行……》

㉔ 《湘绮楼说诗》卷八

㉘ 《论诗六绝句》

㉙ 《五十年来中国之文学》

㉚ 《近代诗钞》引《石遗室诗话》

㉛ 《褱碧斋集序》

㉜ 《未晚楼诗话》

㊱ 《湘绮老人论诗册子》，未刊稿，见《求索》1984年第四期

㊳ 《中国古代地理名著选读》第二〇页

第二十章　中晚唐诗派

晚清诗坛上,除了诗界革命派之外,表现复古倾向的有三派,即汉魏派、同光体与中晚唐派。中晚唐派的著名诗人是樊增祥和易顺鼎。

一　产生的原因

樊、易的政治思想深受张之洞的影响,而诗论体系和诗歌艺术则各有所变化。另外,他们和汉魏派的王闿运、同光体的陈三立、陈衍、沈曾植等都有交往,但诗论却截然不同。樊曾说:"五言诗格轻三谢。"自注:"余诗不效《选》体。"① 这是明显表示和汉魏派的分歧。又曾形象地说:"断崖水啮枫根出,野店人稀酒幔闲。只有荒寒乏生趣,不中描画此溪山。"② 这和陈衍诗论显然异趣;他还说:"笔尖删冷字。"自注:"余诗不喜僻涩。"③ 就更是对同光体的不满。至于对诗界革命派,则是公开反对,势不两立。易顺鼎在政治思想上比樊增祥稍为开明一点,他早年和诗界革命派的巨擘黄遵宪有交谊,和同光体的陈三立更是好友,但在艺术手法上,和樊一样,也是以学习中晚唐诗为主。

樊、易及其追随者,诗歌创作有一个特点,就是"从实处入"④。所谓"实处",就是"隶事必古"⑤,也就是陈衍说的樊"工于隶事","见人用眼前习见故实,则曰:'此乳臭小儿耳!'"⑥ 而易顺鼎虽不像樊那样用僻典,却反过来以用常见之典而工巧浑成自豪,夸称"自有诗家以来,要自余始独开此派矣"!其实和樊一样都是"工于隶事"而已。

中晚唐诗的特色是秾丽而流转,樊、易等人的诗也正表现出这种特色。

下面我着重论析樊的诗论和诗作,从而观察中晚唐诗派的历史价值和地位。

二　樊增祥的生平和诗论

樊增祥(1846—1931),字嘉父,号云门,别号樊山,湖北恩施人。二十二岁(1867,同治六年)举于乡。张之洞视学至宜昌,很赏识他,他从此师事张氏。二十六岁时,在北京见李慈铭,李极称其才,他又师事李。三十二岁(1877,光绪三年)中进士,改庶吉士,出补陕西渭南知县,光绪二十七年(1901),以凤颍六泗道迁陕西按察使。三十四年调江宁布政使。辛亥革命后,以遗老身份在北平作寓公。民国二十年卒,年八十六。有《樊山集》二十四卷,续集二十五卷,辑本《樊山集外》八卷。

樊增祥没有系统的诗歌理论,而是散见于其诗文中,综合起来,有如下九点:

(一) 本之性情,达之政事

他曾自我解嘲地说:"秋实春华迥不同,夷言扫尽汉唐风。龙头总属欧洲去,且置诗人五等中。"自注:"向来考据家薄词章,道学家薄考据,经济家(指经邦济世的政治家)又薄道学。自西学盛而中国之经济又无用,递推之而诗人居五等矣。"[7]

但也从正面提出了自己的论点:"自来讲朴学志开济者,每以诗人为无用,是殆不然。其有枕藉《玉台》,浸淫崑体,连篇金粉,累牍宫闱:此少年绮障也,其人率轻儇而寡实。亦有雕饰禽虫,镌镵月露,一篇十日,二句三年:此专门绝诣也,其人率溺于雅词而懵于世务。若夫本之性情,达之政事,其始也,学而后从政,终则举其甘苦之故而言喻之,咏歌之,将使后之人启发性灵,考镜得失,其人其诗,得非济世之通材,词林之要义乎?昔欧、苏二公为有宋诗人冠冕,其在官也,皆娴习案牍,精综吏事,诗亦沈练浩瀚,非迂儒小生所能。然则诗人非尽无用,特视其所学何如耳!"⑧

这是夫子自道,他是以欧阳修、苏轼自命的。初看起来,似乎很有理论上的个性,实际上仍然是儒家诗教说的另一种说法。

其实,从樊氏三万多首诗来看,"本之性情,达之政事"者,其比重远不如"自娱"的大。樊的好友陶在铭为《樊山续集》作序说:"君之于诗,义取自娱。"质言之,就是玩文字游戏。特别是辛亥革命后,他更是专门用诗来作文字游戏(前期如口吃诗、回文诗、三十多次的叠韵诗,后期如大量的捧角诗),成为诗歌的堕落。

(二) 识力

他在"才"与"识"二者中,更重视"识"。曾说:"才多识寡未能超。"⑨然而他所自诩的"识",只是"明于世务",也就是坚决依附后党维护封建统治而已。把康、梁斥为"二逆",把他们的托古变制斥为"邪说",谈得上什么"识"?

(三) 清新

他自称"诗到古人不到处"⑩,也就是竭力求新。他说:"余论诗专求清新,以为古作者虽多,于诗道固未尽也。"⑪因而说:"今当万事求新日,故纸陈言要扫空。"实则其所谓"清新",不过是做了前人没有做的好对偶,所谓"工于隶事,巧于裁对"[12]。虽然他也说:"羚羊诗境何处寻?在辨芳新与痴浊。"[13]其实是说"隶事"、"裁对"要做到"羚羊挂角,无迹可求",亦即用事不使人觉(这是他受袁枚的影响),而且所用的事(典故)一定要隐僻,这才是"芳新";如果用的是常见典故,对偶又不精切,那便是"痴浊"了。所以,他标举的"羚羊诗境",和王士禛的神韵说是两回事。

(四)天然

"诗到天然始是佳"[14],"树头剪彩不为花"[15],"天衣巧制须无缝"[16]。这所谓"天然",纯粹是指在"裁对"时要"巧"到"无缝",有如"天然"。

(五)偶俪

他在诗艺上提出了一个最重要的论点:"文章自古珍偶俪"[17],认为"玉盒精求必可逢",并自注说:"唐人谓作诗如掘得玉合子,有底必有盖,精求之可得。"[18]后来他又一次提到唐人这个说法:"玉为底盖两无瑕。"[19]这可看出他对"工于裁对"的审美追求。

中晚唐派诗人具有同样的审美追求,如易顺鼎也说:"诗以对为工,乃作诗之正宗。凡开国盛时之诗,无不讲对属者,如唐之初、盛,宋之西昆,明之高(启)、刘(基)皆然。自作诗者不讲对属而诗衰,诗衰而其世亦衰矣。"[20]从这里可以参透一点消息,即此派诗人和汉魏派诗人一样,生于末世,却憧憬着封建王朝的盛世元音。然而诗的盛衰仅仅落脚于对属之工拙,也未免太重视形式美的作用了。

489

(六) 色彩

樊氏注重诗作词藻的色彩:"诗中有秘色,如画有浅绛。……气蒸紫白云,联截青红虹。……鲜明云锦舒,……"[21]所谓"秘色",指瓷器上的青色釉彩。他要求自己的诗能像铺开的云锦那样鲜明,这表现出他在诗艺上的审美追求。这种形式美也是为其诗歌内容——欢愉之情服务的。

(七) 音响

"五音谐协始成文"[22],"七分读可补三分"[23],"脆如腰鼓声声彻"[24],"诗中有玉声,如水有石淙。……长风渡沧海,短兵接隘巷。……清越霜钟撞"[25]。这种欢快的音响同样是为其欢愉之情服务的。

(八) 博学

他要"工于隶事",并且炫耀自己腹笥之富,必然要选用僻典。所以他强调:"须读万卷破"[26],"万卷破来方下笔"[27],"要读奇书过五车"[28]。他追求的"新",完全依靠博学,所谓"新意须从故实求"[29]。但他继承了袁枚的论点,也说用典应如"水里著盐知有味"[30],就是说,积书要能用,否则"收书入腹中,如钱投于鲢(音向,如今扑满)。积书不能用,如舟胶于港"[31]。

(九) 反对僻涩

他有句云:"笔尖删冷字。"自注:"余诗不喜僻涩。"此所谓"僻涩",不是说用典(他是最喜用僻典的),而是指题材,指对生活和感情的反映,所谓"平生文字幽忧少"[32],不为幽忧妨雅抱"[33]。所以他反对"岛瘦":"瘦似长江难作佛"[34]。这显然受了张之洞的影响。张氏有《哀六朝》诗,认为"政无大小皆有雅,凡物不雅皆为妖",骂当时学六朝诗、文、书法的人是"白昼埋头趋鬼窟,书体诡险文纤佻",认为"今日六合幸清晏,败气胡令怪民招"?号召"中声九寸黄钟贵,康庄六达经途摇",这样就可以"宝箓绵绵亿万纪,吾道白日悬青霄"。又有《学术》诗,自注:"二十年来,都下经学讲《公羊》,文章讲龚定庵,经济讲王安石,皆余出都以后风气也,遂有今日,伤哉!"可见他所骂的是从龚、魏到康、梁的维新派。樊增祥竭力附和张氏,从诗论上也提出了反僻涩。

三 樊增祥的诗作特色

(一) 内容

(1) 反对维新

樊氏首先从理论上反对维新派。如严复因受甲午中日战争的刺激,光绪二十一年(1895)三月,在天津《直报》上发表了一篇政论文《辟韩》,宣传资产阶级民权学说,对封建君主专制制度进行了最尖锐最严厉的攻击。一年以后,梁启超在上海发行的《时务报》全文加以转载。两个月后,湖北孝感的屠仁守在张之洞的指使下,写了一篇《孝感屠梅君侍御辨(辟韩)书》,也发表在《时务报》上,痛骂严复:"今辟韩者溺于异学,纯任胸臆,义理则以是为非,文字则以辞害意,乖戾矛盾之端,不胜枚举。"几乎使严复罹不测之祸。而樊竟对屠此举大唱赞歌:"惟有吾乡真御史,霜毫能辟《辟韩》书。"[35]同年在另一诗中又说:"懒听纤儿说辟韩。"[36]骂严复为"纤儿",是用《晋书·陆纳传》:纳望阙而叹曰:"好家居,纤儿欲撞坏之耶?"直到光绪二十九年(1903),离戊戌政变已五年了,他还在和张之洞《学术》诗中说:"依托《公羊》乱道真,遗书恨不火咸秦。儒林党祸无穷已,博陆莱公信可人。”[37]把张之洞恭维成霍光和寇准。

其次是正面对维新变法肆行攻击。戊戌年(1898,光绪二十四年)正月十五日作诗有云:“芟除《语》、《孟》况荀、扬,新法通行举国狂。”[38]正月二十三日又有诗云:“会开强学真陈、许,议铸先零即孔、桑。西法大成三百卷,一时纸贵遍城乡。”自注:“闻坊肆有此书,余未之见,亦不知其卷数,言三百者,举大数也。”[39]嘲笑康、梁创立强学会号召向西方学习,是陈相、陈辛兄弟背其师陈良之教而学于许行,是由夏而变于夷。又嘲笑学习西方铸币理财,是汉武帝时的孔仅和桑弘羊的聚敛。二月初又有诗云:“眉妩画从京兆始,服妖拾得大秦馀(近日衣装紧狭,多袭洋派)。家家装束随时世,正坐都人读怪书。”[40]又云:“税司邮政日纷更,万里中原草木腥。汉帜争看龙倒挂,仓书欲变蟹横行。尚方有剑当诛卯,比户无钱想拔丁。经济科沿鸿博例,鹤徵后录几奇英!”[41]已经提出要诛少正卯——康、梁了。这年七月,新法正在推行中,他又有诗云:“今废丞庶官,邢、刘谁品自?”自注:“时废詹事府。”[42]维新变法刚刚被西太后所废除,他就写了题为《读八月十三日邸钞恭纪》七律二首。其一云:“邪说支离煽五羊,横行辇下剧披猖。四夷待以穷奇御,两观争看正卯亡。妖乱罪浮张守一,逋逃名捕瞰生光。尔曹身与名俱灭,万古尼山圣学昌。”其二云:“吞舟网漏欲何言,碌碌诸君枉丧元。吠影徒为嗥日犬,代僵不少据沙鼋。疏狂那及金人瑞,学术犹惭吕晚村。如雪蜉蝣成底事,林清故辙可同论!”[43]对维新志士是这样丑诋!反过来,对顽固派头子西太后却拚命歌功颂德,如这年十二月间作诗有云:“炼石娲皇御紫虚,一时新政改荆舒。”[44]把西太后的尽废新法,称颂为宋代宣仁太后在神宗崩后尽改王安石新法。兼带称赞王闿运:“请看沧海横流日,惟有湘潭彻底清。”自注:“康、梁构逆,先生门下无一附和者。”因为王氏虽也讲《公羊》学,却不像康、梁依托《公羊》议论政事。

这是很自然的,他在政治上紧跟张之洞、荣禄之辈,自然依附后党,反对维新事业。这就难怪他把西太后歌颂为"尧舜勋华出女中"[45]了。

由于反对维新,他甚至反对一切新事物。早在光绪九年(1883)他就有诗云:"手炷炉香礼岳祠,更搴松柏认南枝。如今略换人间世,为遣横枝莫向西。"[46]岳坟松柏传说向南不向北,樊却说如今时代变了,不是向北不向北的问题,而是不要向西(即不要向西方学习)。

当然,他也承认新事物中有好的:"电竿新立便邮讯。"[47]又如:"欲买机轮师造化,郇厨多制唧令冰。"自注:"西馔冰唧令极甘美,暑中以机器为之。"[48]

但是,西法开矿,他便反对:"黄白争夸采炼工,廿人蚁聚热河东。……山川寸寸皆穿凿,无补司农国计穷。"[49]对吸雪茄也讽刺:"贵人生未出京华,暖阁烘炉味雪茄。"[50]这还是变法前的。变法失败后的第三年(1900),他以嘲弄口吻说:"……自从西学变华风,人间万事皆粗庸。毛肤猎取计良得,沐猴戴冠如虎雄。铜仙流泪仓圣哭,竞学夷言服夷服,……同文算法等儿嬉,《申报》文章真大辱!……"[51]到光绪三十一年(1905)夏有诗云:"经史外增无限学,欧罗所作是何诗?"[52]这是对欧洲译诗的鄙薄。但大势所趋,后党中出了洋务派,倡行新政,他也见风转舵,如光绪三十年在回答西太后的询问时,他便提议设立课吏馆,"舍经而攻史,用夏亦用夷。必通中西驿,而兼文武资"[53]。

(2)反映时事

樊本用世之士,所以三万多首诗中,反映时事的篇章很多。大部分直记其事,也有托之咏史的。如《三月十三日纪事》七律二首[54],第一首写光绪十年三月十三日,"懿旨以因循贻误罢军机大臣恭亲王奕䜣家居养疾,大学士宝鋆原品休致,协办大学士李鸿藻、景廉俱降二级,工部尚书翁同龢褫职仍留任"[55]。第二首骂阎敬铭,比之为卢杞。《感事二首》[56]作于光绪十一年秋,写上一年张佩纶会办福建海疆事,与法国舰队海战失败,褫职遣戍。《感事》[57]仍骂阎敬铭。《有感》、《感事》[58]写甲午中日战争。《闻安侍御谪戍军台》[59]写"御史安维峻以论李鸿章,坐妄言褫职,戍军台"[60]。安是很有勇气的,在奏疏中不但弹劾李鸿章,而且指责西太后既已归政而又遇事牵制。[61]樊诗言:"四夷酋长争传稿,太学诸生欲举幡",赞美安疏影响之大。又说:"出关预办灰钉去,更拟舆尸谏至尊",歌颂安氏斗志的昂扬。《重有感》[62]作于光绪二十一年,写甲午战争中国失败事,痛斥吴大澂。《书愤》、《陆沉》、《马关》[63]作于同年三月间,都是痛斥李鸿章与日本订立马关条约的。《又追和岐山冬夜》[64]痛朝鲜之为日本所侵夺。《书台北事》[65]写马关条约割台湾于日本时,唐景崧、刘永福等坚持抗日事,但对台湾民主国完全采取讽嘲口吻,什么"岂谓解元唐伯虎,不如残寇郑芝龙。蜉蝣天地波涛里,蝼蚁君臣梦寐中。十日台湾作天子,凝旒南面太匆匆"!完全站在后党立场。《再阅邸钞》[66]七律四首写此年五月罢吴大澂湖南巡抚事。《入此月来,积阴不开,既雨复雪,漫成长句》[67]写光绪二十一年冬剿甘肃撒回叛事。此诗较能反映民生疾苦:"朝廷发卒又三万,前年已过临汾县。浊河骇浪高于山,战士裂肤马生骿。岳莲大路丛荆棘,泥深五尺没马脊。大府征车二千乘(西征六十营,营三十乘,而饷运在外),秦民无衣守空甑。一马民间费十牛,一车万钱不掉头(里民每供一车,行坐各价,约需钱十五六千)。驱车载兵血泪流,归来不饱饭一瓯。"《爽秋同年寄示无名氏和余〈马关〉之作,再赋四首》[68],仍然是骂李鸿章订立马关条约丧权辱国的。也写到他在日本受刺,恨其不死。而且骂其子李经方，比其父子为严嵩与严世蕃。《书台南事》[69]歌颂刘永福及其子女率领台南人民坚持抗日的英勇行为。《记客谈四首》[70]还是骂李鸿章卖国，经营海军，不堪一击。《过函关为薛君解嘲》[71]作于光绪二十三年秋，"君看马关今日事，鸡鸣狗盗亦无人"，仍在骂李鸿章。《伯熙游小五台归，以纪游诗见示，感赋长句奉赠》[72]作于此年十月，"君不见岛兵夜走山东驿，名将成擒边事急（德军入胶州，电告其主云：擒其名将某某）。……还君诗卷三叹息，电音昨报胶州失"。名将成擒是误传，当时胶州守将章高元要求抵抗，清廷命令："敌情虽迫，朝廷决不动兵"，要守军"不可轻启兵端"，见《清德宗皇帝实录》卷四一一，第十五页，并无名将成擒事。《五叠前韵赠廉生祭酒》[73]之二："之罘日出海波扬，跋浪鲸鱼上下狂。割地真成食叶象，称兵亦用借根方（德以微衅称兵，盖借端也）。"这一观察完全符合历史实际。

戊戌变法的第三年，光绪二十六年八月中旬，八国联军入京，西太后挟光绪帝西逃。反映此一历史事件的《感事》，骂义和拳为黄巾，说后党利用团民"扶清灭洋"是"收召黄巾归宿卫，只今群盗羽林多"[74]。《庚子五月都门纪事》七律八首[75]骂拳民围攻使馆，骂端王载漪为"州吁"。第六首则为西太后开脱罪责，称为"三代圣后媲娲皇"，把他的挟帝西逃说成"欲绵唐祚思灵武，为报秦仇弃督亢"。《大同》[76]的"连村赤帻闻风起，万瓦红灯照夜明"，写红灯照。《重有感》[77]写义和团。记述这段历史的，还有《五月二十五日夜，董军攻德、法、意、美四使馆，克之》[78]、《是夕，端邸率师攻西什库，不克》[79]。战事失败后，有《驾幸晋阳恭纪》，竟用回文体记"两宫西幸"事，可谓毫无心肝！《晋阳五首》[80]写"西幸"的颠顿。《再叠晋阳韵酬研荪见和》[81]除了反映庚子事变的痛定思痛，还在末章提出了自己吟咏时事的写作原则:"言期无罪多卮寓,诗忌伤时托建除。"光绪二十七年作《正月初六日纪事,十叠前韵》㉘,记"赐(庄王)载勋自尽","毓贤处斩","英年、赵舒翘并赐自尽","启秀、徐承煜处斩"等事。《喜雨》㉝写从庚子冬到辛丑春的大旱:"穷冬少雪春无雨,下隰高原尽焦土。二麦抽心旋旋枯,豆苗疏疏菜根苦。去年秋灾接春暵,中泽哀鸿无死所。……兵车络绎潼关道,更捉残黎肆捶楚。耕牛宰尽肝人肉,斗米将来换儿女"。这样的诗在樊诗中是少见的,也是可珍的。光绪二十九年有《(腊月)二十四日,日本攻旅顺,毁俄舰三》,㉞写日俄两军在我国辽东作战,使中国老百姓"野哭千家过小年"。《癸卯除夕》㉟之四:"芝罘鸭绿互烽烟,壁上观人可自怜?昨读两宫中立诏,九州犹是太平年!"总算对"中立"作了一次尖锐的讽刺。《午帅电示:(甲辰年)正月二十四日,日本攻旅顺,克之。电寄一首》,㊱有"雄狮覆压孤豚上,弱肉推移两虎间"句,写出了中国在日俄战争中的悲惨处境。《中立》㊲云:"眈眈两虎薄庭除,画我辽阳作阵图。……三十五条中立例,春王正月出皇都。"总算又对朝廷作了一次深刻的讽刺,表现了中国人的义愤。有关日俄战争的最后一首,是《旅顺坚守经年,甲辰十一月二十七日,俄将司都塞尔降于日本》㊳。

樊氏和其师李慈铭一样,很想写出一代诗史。平心而论,其中有些诗还是反映了历史的真实。问题是他的政治见解比较保守。对中国当时的现状,他是这样理解的:"盲晦塞两仪,羹螗沸八垠。岂曰乏异才,士气须提振。百年失教养,小大多庸臣。谈瀛取富贵,读书志饱温。千官尽容悦,万事趋因循。赞普坐相笑,子阳妄自尊。外不信于友,下不信于民。贪欺只两字,祖父授子孙。列国日强盛,中华弱且贫。螳螂识底事,伸臂当车轮。去年夏五月,举国狂且奔。雷霆震屋瓦,斧踬加国宾。十国砺鲸牙,六飞集于鹑。将相死都市,亲王伍配军。国债四十年,海量无算缗。尽读十七史,无过兹事新。"⑧⑨清廷的统治集团原本自命为天朝上国,要臣服万邦,八国联军的铁拳把他们的头打痛了,也打清醒了,却转而崇洋媚外,樊氏此诗正反映了这种心态。

在另一诗里,他也说了基本相同的意见:"今何以乏才,古何以饶士?四裔何盛强,中华何颓靡?大抵百年来,都无意于此。本自无是非,而复任嗔喜。才者老蓬藿,不才曳青紫。不才则忌才,取士必如己。……志士日摧伤,才人有饿死。豪杰不世出,何由得兴起?南北走胡越,宁非鹪獭使?"他希望"能令贤达奋,能令庸庸耻"。⑨⑩光绪三十一年,他在一首诗里呼吁:"诸公莫复争钩党,新旧都同爱国心。"⑨①

他甚至于自我表态:"最喜旧人憎学究,每存新理废名词。西儒未见吾狂耳,相见当胜不见时。"⑨②俨然和卢梭、孟德斯鸠可以莫逆于心,相视而笑似的。

其实他对资产阶级民主政治是坚决反对的,因而他的所谓"新理",仍然不过是张之洞的"中学为体,西学为用"而已。这样的人才再多,也不能使中国跻身于世界强国之林。

(3) 善写民俗

《潜江杂诗十六首》⑨③写湖北竟陵县境内潜江一带的民情土风,颇有特色。如其三:"十亩田塘岁有租,闲时留客饭秋菰。湖田薑蔗年来薄,更课山僮种紫苏。"自注:"潜人以盐渍紫苏佐馔,味极清美。"其十:"雨盖轻于出水荷,垂檐面面剪青罗。琵琶饭瓿君休笑,入市无如伞户多。"自注:"潜人多造伞者,俗呼伞为雨盖。"其十三:"薄薄城南二顷田,青鹢白鹭镜中天。一年一度桃花水,苦累儿家买钓船。"自注:"潜江岁有水患,比户多置舟栅备潦。"

(4) 写景新巧

"打枣黄竿袅袅轻,草头蝴蝶晒霜晴。秋光只合村中看,不许行滕载入城。"⑭前两句截取两个特写镜头,已经剪接成一片秋光;而更能翻新的是后两句:通过痴想(其实是巧思),写出了自己对这一村中秋景的爱恋。另外一首《八月六日过灞桥口占》:"柳色黄于陌上尘,秋来长是翠眉颦。一弯月更黄于柳,愁杀桥南系马人!"⑮谭嗣同十分赞赏此诗,称为"所见新乐府,斯为第一",因为它"意思幽深节奏谐"。⑯但谭并不知为樊所作,因而对此诗内涵不可能确切了解。此诗实系自伤沉沦下僚。作此诗前数月,曾作《春兴八首》,其四云:"玉堂曾记赋春寒,凤阁鸾林接羽翰。人谓子瞻宜学士,众知唐介称言官。文章朝贵悬金购,封事深宫动色看。堕翼青冥今几载,袍靴沦落古长安。"⑰现在已是八月,刚刚卸了咸宁县的差事进省城西安去,傍晚时过灞桥,看见柳叶枯黄,自然想起自己长年奔走逢迎往来长官,不和这柳树困于陌上风尘一样吗?自己人到中年,仍旧沉沦,忧心如捣,不就像这柳树"秋来长是翠眉颦"吗?至于新月一弯被陌上飞扬的黄尘所笼罩,竟致月色比柳色更憔悴(这黄于柳的月色象征着前途黯淡),这还不使自己这风尘下吏"愁杀"吗?

(5) 儇薄

樊称"由来贤达士,爱水甚于山"⑱。他当然是智者,"智者爱水"嘛。但这种人也容易流于轻薄。他曾以诗记袁昶戒其作绮语:"琴心筝语属华年,潘鬓成丝尚放颠。铁面禅人一援手,马胎解脱李龙眠(法秀诃山谷绮语,又诫李龙眠曰:他生恐堕马腹中)。"而陈衍则为之解脱,认为他的艳体诗,"使后人见之,疑为若何翩翩年少,岂知其清癯一叟,旁无姬侍,且素不作狎斜游者耶"⑲?实则艳体诗如果写真情,完全可以,问题是不可流于儇薄。试看其《花间女史得四刻〈樊山集〉,吟讽达旦。书来索诗,因寄》:"乞与新书锦带长,彩鸾声韵叶归昌。行行秋水眸中

498

过,字字莲花舌上香。棠睡今宵虚玉蕈,牙琴真赏出红房。鬓蝉未卸唇脂在,免促明朝晓镜妆。"[100]颔联想像那位女史的看诗与吟诵,全从声色上刻画,是六朝宫体诗的写法;尾联则更觉纤巧。总之,给人一种儇薄的印象。至于他晚年以遗老身份大作其捧角诗,更是等诸自郐了。

以上五点是樊诗的思想内容。

研读了他的全部诗作,我的印象是:他生活在封建社会的没落时代,却总是以一种幻觉去想像社会现实,企图淡化以至净化血与火,而代之以太平盛世的欢乐:"去年秋雨冬无雪,林泽颇资红粟散。纤儿幸灾作危语,使我不乐对元叹。正当努力事春作,底用殷勤述夏谚?……贺雪拟作开府表,曰臣诚欢复诚忭。"[101]这时是甲午年(光绪二十年),正是中国内外危机加深的时期,也是改良思潮与日俱长的时期,中日战争爆发终于订立马关条约也就在这一年。樊却厌听"危语",仍然粉饰太平,"诚欢"、"诚忭",世上可悲之事,孰有逾于此者?

现实终究是现实,个人主观意志哪能转移客观形势,因而他并不可能真正欢乐:"磨蝎临宫事事非,自哀不暇欲哀谁?无多耆旧松千尺,何限公卿黍一炊。虚牝文章心力误,繁霜身世死生悲。春明师友皆风义,逢著唐衢总泪垂。"[102]尽管只写自己和小圈子里的师友,而这种哀音反映的衰世不也跃然纸上吗?

(二) 形式

(1) 对偶工致

樊诗从总体说,其艺术形式是精工典丽的。他写得最多的是七律,特别着力的是七律中的对偶句。我们不妨这样说,正因为他要表现自己工于隶事、巧于裁对的本领,所以才特别喜欢写作七律。他的对偶究竟工致到什么程度呢?下面略举数例:

《上妻大父彭崧毓(于蕃)师》[103]有"四品解龟滕白父,千崖采药夏黄公"。彭崧毓,字于蕃,江夏人。道光进士,官至云南迤东道。有《求是斋文存》。道台官阶四品,故以滕白父之四品解官相比。夏黄公为四皓之一,隐于商山,故以比彭之高蹈。而"白父"对"黄公",人名得此,真如天造地设。

《奉怀望江中丞豫州》[104]有"故旧今无毛武陟,功名前有靳文襄"。中丞时抚河南,治理黄河水患,甚著劳绩,故以靳文襄比之。靳名辅,辽阳人。康熙间屡官河道总督。时黄河四溃,辅因势利导,专主筑堤束水,河患以平。卒谥文襄。毛武陟指毛昶熙,武陟(县名,属河南怀庆府)人,道光进士,由检讨擢御史,咸丰时督办河南团练,光绪初官至兵部尚书。樊作此诗时毛已前卒,谥文达,故曰"故旧今无"。樊此联不仅隶事精确,且以"文襄"对"武陟"亦极工。

《挽朱曼君孝廉》[105]有"清诗近比曹仁虎,骈语前惟骆义乌"。朱曼君,名铭盘,泰兴人。光绪八年举人,曾从军朝鲜。工骈文,沈博绝丽。诗天骨开张,风格隽上。有《桂之华轩诗集》。曹仁虎,字来殷,嘉定人。乾隆二十八年进士,官至侍讲学士。博学多通,诗尤妙绝,传至日本。骆义乌指骆宾王,浙江义乌人,为唐初四杰之一。樊此联事既切合,以"仁虎"对"义乌",尤巧不可阶。

《得彦清同年惠书及诗,述旧抒情,终以公侯干城相勖,次答二首》之一[106]有"索居心厌白题舞,相和歌成黄淡思"。白题,本匈奴部族名,唐人称胡人之笠帽亦曰白题,故杜甫《秦州杂诗》之三有"胡舞白题斜"句。樊此句似指欧美传入之交际舞。"黄淡思",南朝梁时横吹曲辞,是一首民间情歌。樊此联以"白题舞"对"黄淡思",极工整。

《慰李蓥屋解任还省》[107]有"画探张丑清河舫,诗效梅庚吴市吟"。张丑,明之昆山人,有《清河书画舫》等著作。梅庚,清之宣城人,康熙举人,官泰顺知县,以老归。工诗,有《天逸阁集》。樊此联以梅之官止知县比李之解汔屋县令,且以干支之"丑"对"庚",人名得此,可谓极工。

《午桥斋中夜话,戏用伯熙语作诗奉赠》[108]有"国老将穿臣素履,家珍犹数子丹碑(秦中曹真碑,君辇至廊庑)"。上句用危素事,素见明太祖,履声橐橐。太祖问是谁,他答:"老臣危素。"太祖徐曰:"我道是文天祥!"盛昱(字伯熙)大约和端方(字午桥)开玩笑,说革命党人成功后,端方一定会像危素那样入仕新朝。下句笑端方爱玩古董。子丹,曹真之字。"臣"对"子","素(白)"对"丹",极工。

《移居》[109]有"纸窗竹屋心乎爱,软绣温香意也消"。"心乎爱"用《诗·小雅·隰桑》的"心乎爱矣";"意也消"用《庄子·田子方》"使人之意也消"。用成语作对,字字工切,最为难得。

还有一种对仗,只取字面相称,如《王水部生日,同爱伯师赋》[110]的"官到水曹同柳永,醉非酒力为茶娇"。"水曹",官名,而以对"酒力"。"柳永",人名,而以对"茶娇"。又如《暑窗读剑南诗,因效其体》[111]的"散髻招凉便夏晚,坐编引睡爱虞初"。虞初,本西汉人名,张衡《西京赋》谓"小说九百,本自虞初",后因以为小说代称。樊此联以"虞初"对"夏晚",只取字面相对,且"夏"又变为朝代名,以对帝舜之"虞"。

汪国垣曾评樊诗"涂泽为工,伤于纤巧"。樊的对偶句确有这种情形。当然,这种追求对句工致之风起于宋人,如王安石就以"武丘"对"文鹢","杀青"对"生白","苦吟"对"甘饮","飞琼"对"弄玉"。[112]但樊专从此等处下工夫,就未免小家子气了。

(2)句法怪异

《再咏柳絮》[113]的"似蝶翩其来者数,如龙捉不住时多",打破七律的上四下三常格,而变为二、四、一。又如《三叠前韵遣兴》[114]的"人无画里无人画(某遗老作画,不画人。问之,则曰:'世岂复有人耶?'今其画罕见),我有诗中有我诗",则为上二下五句式。至于《次韵答蓝洲即事五首》之五[115]的"国有人乎天莫问,民同胞也我尤怜",用有助词的四字成语作对,在七律句法中也少见。这都是樊在句法上刻意求新的表现。

(3) 用新名词

他本来说"每存新理废名词",即能接受西方各种新学说,却反对搬弄新名词。然而他中年以后,却常以嘲弄口吻在诗中使用新名词:

"茶神夜泣清明雨,牛乳咖啡满世间。"(《啜茶》)[116]

"提倡中华哲学家。"(《寄怀午桥抚部长沙》)[117]

"科学独高群玉府(时方整顿高等学堂),矿山催办五金材(商部催造矿表)。维新时代无穷事,……"(《邢翰臣茂才见余诗,……》之三)[118]

"笋皆争长平权起,絮不群飞压力深。"(《一春多雨,戏为俳体,……》)[119]

"世界竞争天择少,虚空圆转地球多。团栾不问瓜分否,游荡如无实业何?乞汝热心并热力,……"(《续咏柳絮,八首》之五)[120]

"雪积但须观表面,云开谁解点中心?不标特色文明减,欲究原因理想深。"(同上题之六)[121]

"天到九层成极点,地无一定想方针。……南北东西结团体,……"(同上题之八)[122]

"试取茸裘较分数,羔羊程度浅于貂。"(《寒夜俳谐体》)[123]

"国际尽多中立地,个人都入自由天。"(《倒叠前韵》)[124]

"古塚谁开追悼会,新苗已办速成科。"(《出城》)[125]

"雪能丰麦原因在,风为催花动力多。驰道拟通西伯利,行都此亦莫斯科。"(《俳体……》)[126]

"跳舞会宜夔一足,测量学要羽重瞳。西京花鸟皆标本,南亩人牛并苦工。春物满前任描画,名词输写入诗中。"(《春日效俳谐体四首》之一)[127]

"群莺演说花间事,……杨柳以风为运动,桃花何地不文明?课诗那复论钟点,……"(同上题之二)[128]

"风吹徒存名誉竹,鹤心常有感情松。……鼠穴无车看内容。"(同题之三)[129]

"……思想何曾间晦明。夜有风潮群鸟哄,春含电气百花生。弹棋不乐中心点,斗茗常多后备兵。"(同上题之四)[130]

"铅黄自昔留污点,钗弁于今要竞争。……标木室中花样巧,体操场上柳枝轻。……地球渐逐秋波转,……治外法权操女手,自由婚嫁顺人情。……"(《赋得女学堂十四韵》)[131]

"学堂分数已全差。"(《儿辈踏青归,……》)[132]

"二麦信知公益大,百花何至感情伤?"(《喜雨》)[133]

晚清各派诗人大多会运用新名词入诗,连陈三立都不例外,诗界革命派就更喜捃撦新名词以自表异。然而他们都是态度严肃的。即使如此,梁启超已经批评:"若以堆积满纸新名词为革命,是又满洲政府变法维新之类也。"[134]樊根本谈不到革命,只是目之为俳谐体(即俗称打油诗),对新名词加以轻侮而已。

(4) 喜用僻典

在清人中,厉鹗以喜用宋、元小书中的僻典著称。樊亦同此,且以自矜,"见人用习见故实入诗,辄曰:'没出息!'"[135]

他用僻典,一般自注出处。还有故意将错就错的,如《五十白述》之十一:"春风帐里郄嘉宾,……重劳蚕室伴田君。"自注:"郄作仄音,田居作田君,俱见唐人诗。"[136]这和朱彝尊押"陆务

503

观"一样,都是自炫博学。

他以能用僻典自喜,如《上翁尚书八首》之六:"名德已高师尚父,闲情犹寄画书诗。"自注:"或投真西山启,以'齿爵德'对'师尚父',馆客笑之。公曰:'师尚父,谓可师可尚可父也。'"[137]而在《寄伯熙劝其著书》之一中:"师尚父应思渭北,王君公已避墙东。"[138]他又照常用作人名了。

其实即使再博览,也不可能无书不读;即使博极群书,也不可能完全记住。他曾有一首诗,题为《庚寅岁居京师,摘汪钝翁句为爽秋书楹帖云:'丹穴乳泉皆异境,黄甘陆吉是幽人',然不解下句之义。以问爱师、子培,亦未憭也。顷阅〈避暑录话〉,乃知宋人所为〈绿吉黄甘传〉,指柑橘言,盖仿〈毛颖〉而作。时爱师已下世,怆然久之,作诗寄爽秋、子培》[139],其诗有云:"杜陵无字无来历,近世尧峰襞积深。别传佳于毛氏颖,庀材碎比谢家金。古书静坐常思误(陆字本作绿,余谓当从陆姓为是),僻典酬劳孰劝斟(赵瓯北晚年每就洪北江质一事,则劳酒一壶)?……"李慈铭、沈曾植都是最称淹贯的,对一个僻典也"未憭",这不是对喜用僻典者的最大讽刺么?

有的典故,他不自注出处,读者很易以为白描。如《丙子八月下旬,始至莲池》:"倦旅违京邑,名园览物华。竹中一分屋,池上数枝花。欹枕听流水,钩帘看晚霞。我怀足萧散,底用忆山家?"[140]第三句是用《癸辛杂志》续集的一则:"薛野鹤曰:'人家住屋,须是三分水,二分竹,一分屋才好。'此说甚奇。"按照对句惯例,"池上数枝花"一定也有来历,自愧谫陋,未详出处,甚盼读者指教。

总之,正如李详所指出的:樊"隶事喜使赵宋以后,取其纤仄嵬琐"[141],这实在不是大家的行径,就是从"陌生化"的角度说,也不应隐晦到使人不懂的地步。

504

四　中晚唐派的影响

"樊、易之派,盛于北方","少年后进有才华者学樊、易"。⑭²
可见影响颇大。

但樊、易入民国后,生活更为腐化,诗作也日益堕落。如易
"潦倒都市时,爱女伶刘喜奎,每日必过其家,入门则狂呼曰:
'我的亲娘,我又来了!'甚至赠句云:'我愿将身化为纸,喜奎更
衣能染指;我愿将身化为布,裁作喜奎护裆裤。'"⑭³诗堕落到这
种地步,难怪李详说:"余诗体与樊、易不近,亦羞为之。"⑭⁴闻一
多在《宫体诗的自赎》中说:南朝宫体诗的作者"是在一种伪装
下的无耻中求满足",那么,易这类诗(如果也可以叫"诗"的
话),就是在撕掉伪装的赤裸裸的无耻中求满足了!在这种影
响下,向他们学习的"少年后进",除了一批批变成遗少,还有什
么呢?

注　释

① 《樊山续集》卷十六《斋居遣兴》(以下简称卷数)
② 《樊山集》卷七《舟行杂诗》之九
③ 卷二四《雪中八首,和何方伯》之八
④ 李详《药裹慵谈》卷八《陈散原评樊、易两君》
⑤ 李详《学制斋文钞》卷一《疑雨集注序》
⑥⑫ 《近代诗钞·石遗室诗话》
⑦㉖ 卷二《赋诗》
⑧ 《樊山集》卷二四文乙《汧上录跋》
⑨㉛ 卷二二《答受轩论诗》
⑩ 卷二四《冬日池上》

⑪ 卷十《春兴示刘孝廉》

⑬ 卷十六《戏题近人诗集,示同门诸子》

⑭⑮⑲㉘㉚ 卷二一《与翰臣论诗,用差字韵》

⑯⑰⑱ 卷十八《儿辈初学属对……》

⑳ 引自钱基博《现代中国文学史》第 174 至 175 页

㉑㉕㉛ 卷二四《论诗二首,限讲、绛二韵,戏柬同座诸公》之二

㉒㉗ 卷十九《叠前韵论诗,呈涛园、子封、晦若、亦元》

㉓ 卷十二《与石甫、筼卿论诗,六叠前韵》

㉔㉝ 卷十三《检视去年旧作,用早朝韵题后》

㉙ 卷十八《再示儿辈》

㉜ 卷十六《检视庚子出都后所作诗词,漫题一首》

㉟ 卷三《漫与三解》之三

㊱ 卷四《四叠前韵写怀呈伯熙》之一

㊲ 卷十九

㊳ 卷四《十五日,午桥昆季……》之二

㊴ 卷四《再为俳体诗呈伯熙,三十叠韵》之二

㊵ 卷五《车中杂忆都门近事,记之以诗》之二

㊶ 同上题之五

㊷ 卷六《植果》

㊸ 卷六

㊹ 卷七《五叠韵呈午公》

㊺ 卷九《己亥二月初八日召对仪鸾殿……》之一

㊻ 卷七《湖上杂诗》之四

㊼ 卷十八《河东旅次书见》

㊽ 卷二十《午窗即事,限灯字韵》

㊾ 卷五《车中杂忆都门近事,记之以诗》之四

㊿ 卷五《雪中效曹唐体》之十二

㉛ 卷十《硕尃属题画册,戏书其后》

㉜ 卷二四《九叠韵书感》

㊳⑨⓪ 卷二十《三月初二日,送需次诸君入课吏馆……》

㊴ 《樊山集》卷八

㊵⑥⓪ 《清史稿·德宗本纪一》

㊶㊼ 《樊山集》卷十

㊽㉒㊓ 卷二五

㊾ 《樊山集》卷二五

㊱ 《清史稿》卷四四五本传

㉔㉕㉖㉗㉘ 卷二六

㉙ 卷二七

⑦⓪ 卷二八

㊀ 卷三

㊁㊂ 卷四

㊄㊅㊆㊇㊈ 卷十一

㊉㊊㊋ 卷十二

㊌㊍ 卷十三

㊎㊏㊐㊑ 卷二十

㊒ 卷二一

㊓ 卷十六《栗园来游关中,流连逾月,以八百字为赠》

㊔ 卷二四《乙巳除夕写怀》之七

㊕ 卷二四《广示吏诗意》

㊖ 《樊山集》卷一

㊗ 《樊山集》卷九《即事》

㊘㊙ 《樊山集》卷十

㊚ 《谭嗣同全集》卷四《论艺绝句六篇》之四

㊛ 卷一《东溪诗》之一

㉟　《石遗室诗话》卷一

⑩　卷二三

⑩　《樊山集》卷十九《元旦微雪,次西屏韵》

⑩　《樊山集》卷十五《感怀呈爱师、潄丈》

⑩　《樊山集》卷一

⑩⑩　《樊山集》卷十

⑩　《樊山集》卷二六

⑩　《樊山集》卷二八

⑩　卷四

⑩　卷七

⑩　《樊山集》卷十五

⑪　《樊山集》卷十九

⑫　《苕溪渔隐丛话》前集卷三五引《雪浪斋日记》

⑬　卷二一

⑭⑮　卷二四

⑯　卷二

⑰⑱⑲⑳㉑㉒　卷二一

㉓㉔㉕㉖㉗㉘㉙㉚㉛㉜㉝　卷二四

㉞　《樊山集》卷十九

㉟　周达《冒叔子诗稿跋》

⑯　《樊山集》卷二七

⑰　《樊山集》卷十九

⑱　卷五

⑲　《樊山集》卷二五

⑭⓪　《樊山集》卷二七

⑭①⑭②⑭④　《药裹慵谈》卷六《近代诗人四家》

⑭③　邵镜人《同光风云录》下篇第十六《易顺鼎》

第二十一章 诗界革命派

诗界革命派是特定历史时期的产物。中法战争、甲午战争一连串失败之后,由地主阶级中转化出来的资产阶级知识分子,为了救亡图存,他们直接继承龚自珍的政治改革思想,并且采取实际行动;同时,在文学观念上,也继承了龚氏的新变思想。

一 诗界革命的历史意义

"诗界革命"一词,据梁启超说,是丙申、丁酉间,即光绪二十二到二十三年,(1896—1897),由夏曾佑提出,谭嗣同积极附议,从而产生的。①两人并在创作实践上大做其"新学之诗"。梁启超对他们的"喜抒撑新名词以自表异"颇为不满,以为"必非诗之佳者"。②他主张诗的革命应该是"能以旧风格含新意境","苟能尔尔,则虽间杂一二新名词,亦不为病"。③

现在一般学人仍然根据梁氏的话,以为夏、谭的"新诗"试验是失败了。其实"纲伦惨以喀私德,法会盛于巴力门"这样的诗,正是"以旧风格含新意境"。因为中国近代诗歌和古典诗歌的本质差异,就是古典诗歌的作者,从屈原起,杰出诗人如李白、杜甫、王安石、陆游,直到袁枚等,目光一直是向上的,他们都把治平希望放在圣王身上;至于人民,尽管他们也认识到这是载舟覆舟之水,然而他们只具有"民为邦本,本固邦宁"的民本思想,根本谈不到民主思想。直到十九世纪末,中华民族的仁人志士,才开始突破几千年来目光向上的局限,把目光转向普通的人和人的价值。由于西方思想的影响,才有了"民主"、"自由"、"平等"的观念。这也不是"诗界革命"派所独有,宋诗派的一些人,如江湜《偶书二首》之一:"呜呼一家权,岂可一人收?但求主威伸,亦思孤立否?"范当世《书贾人语》:"明朝便叱玉皇退,何能一帝专诸天!"都反映了朦胧的民主意识。但"诗界革命"派却表现得格外突出,如谭嗣同这两句诗,上句揭示了阶级压迫,下句则提出议会民主。这样的诗句十分深刻地标举出反对专制争取民主的历史课题,为中国古典诗歌长河中向所未有,其意义是巨大的。凡主张民主的一定反对皇权,所以黄遵宪晚年诗云:"人言廿世纪,无复容帝制。举世趋大同,度势有必至。"谭嗣同在《仁学》中说:"二千年来君臣一伦,尤为黑暗否塞,无复人理。"又说:"二千年来之政,皆秦政也,皆大盗也!"固然这种思想来源于明末清初的黄宗羲和唐甄,然而明显地染上了西方民主色彩,因为黄、唐只是指斥暴君,而黄、谭则从君主制度本身指出其不合理。这种彻底反对皇权的思想,在黄、谭以前是不可能出现的。也就因此,他们提倡的"诗界革命",强调创作"新学之诗","新派诗",新就新在这民主意识上。

明白了这一点,就可以知道,他们所反对的,是"旧学"(即中国传统文化中的考据、义理、词章)的内容。从诗歌流派来说,凡是反映封建思想意识的,都在反对之列,而不仅仅是某一诗派(当然,对前此诸派的艺术性则是有所借鉴的)。

现在有些学人认为,"诗界革命"派是为了反对宋诗派而出现的,其实不然。至于李渔叔说:"公度颇肆力为诗,一反同、光以来陈(三立)、郑(孝胥)诸人刻深清峭之旨,欲别辟一境,尽糅方言俗谚以入篇章。"④这只是从风格上去分析,不足以说明"诗界革命"派是专为反对同光体而产生的。

相反,也有学人认为"诗界革命"派并不反对同光体,同光体诗人也不反对"诗界革命"派,它们并非对立的诗派。其论据是同光体诗人陈三立,光绪二十一年(1895)曾称赞黄遵宪诗:"驰域外之观,写心上之语,才思横轶,风格浑转,出其馀技,乃近大家,此之谓天下健者。"又说:"奇篇巨制,类在此册,较前数卷自益有进。中国有异人,姑于诗事求之。"⑤黄遵宪以示同光体另一诗人范当世,据范说:"公度先生授是诗,而即示陈伯严诸所为评,曰:'蔑以加矣,子欲颂,难矣!'"可见黄氏和同光体诗人们融洽无间,且深以其称誉为荣。范氏最后说:"君于是道盖最深,余亦终无以颂之。独吴挚甫、陈伯严皆尝谬称吾诗,以为海内无两,及是而知其信不然也。"⑥同光体的诗论家陈衍更极称"人境庐诗惊才绝艳"。陈宝琛,同光体中闽派的巨擘,其《沧趣楼诗集》卷四《息力杂诗》之一也说:"天才雅丽黄公度,人境庐诗境一新。遗集可留图赞稿,南溟草木待传人。"根据上述种种,这位学人得出结论说:"惟不读同光体诗人之诗者,乃敢于强为对立门户。"⑦

应该承认,同光体诗人与"诗界革命"派诗人在政治立场上并非绝对相反,陈三立、陈衍等人本来也赞成维新变法。他们和梁启超、黄遵宪都有私交。另外,在诗歌艺术趣味上也颇多相同之点,譬如黄遵宪诗就受了曾国藩很大的影响⑧,而康有为、梁启超后来也和同光体诗人往来密切,梁还特向同光体诗人赵熙、陈衍等学习诗艺。但是同光体大多数人越来越对中国的政治前途悲观失望,日益走向"荒寒之路"去;而"诗界革命"派一直洋溢着战斗的精神,像谭嗣同,像黄遵宪,都认识到民主制度的历史必然性,因而他们的诗,谭则偏重理想,形成积极浪漫主义的诗风;黄则偏丁现实,写出许多诗史性的巨篇。从这一角度说,完全否认这两派的分歧与差异,也是非历史主义的。

为什么历来都论定黄遵宪在诗界革命方面较夏曾佑、谭嗣同更为成熟,取得了更大的成绩呢?关键就在夏、谭企图割断与中国古典诗歌的一切联系,表现为传统虚无主义(实际上办不到,如谭"莽苍苍斋三十以后之新学之诗",仍然是古典诗歌的形式和意境);黄则采取了正确对待遗产的态度,做到了"以旧风格含新意境"。

一般人认为梁启超是"诗界革命"派的理论家、宣传家,其实他只是根据黄遵宪的创作经验来鼓吹诗界革命,自己并没有独立的系统的诗论。因此,我们评析诗界革命的理论与实践,应该以黄遵宪为主。

二　黄遵宪的诗论与诗作

黄遵宪(1848—1905),字公度,广东嘉应州(今梅县)人。光绪二年(1876)举人,入赀为知县,又入赀为道员。三年,随何如璋出使日本,任参赞。在此期间,曾读卢梭、孟德斯鸠所著书,思想一变,知太平世必在民主。八年,调任美国旧金山总领事。十一年,乞假归。十六年,随薛福成出使英国,任参赞。调任新加坡总领事。二十年,两江总督张之洞奏调回国,办理五省积存教案。工作胜利完成后,张之洞却恶其自负才识,目无长官,置之闲散。二十二年,在上海加入强学会,以谋改良政治。入京,受命出使英国,改德国。德正谋占胶州,惧黄氏为梗,力阻其行。改任湖南长宝盐法道,署湖南按察使,与湖南巡抚陈宝箴协力举行新政。二十四年戊戌,奉命出使日本,道经上海,政变突起,罢归。从此闭门著书,不预世事。三十一年二月卒于家。诗有《人境庐诗草》十二卷。

黄遵宪早年即欲"别创诗界"[⑨],反对仿古。二十一、二岁时作《杂感》诗,即主张"我手写我口,古岂能拘牵?"可见其志。光绪十七年,四十四岁时,在伦敦作的《人境庐诗草序》,则是他成熟期的诗论。这篇序文很值得我们重视。

序文首先指出:"士生古人之后,古人之诗号专门名家者,无虑数十百家,欲弃去古人之糟粕,而不为古人所束缚,诚戛戛乎其难。"据潘飞声说:光绪二十六年秋,黄氏由广州归家乡,途经香港,曾与潘谈诗,"谓后人学艺事事皆驾古人上,惟文学不然,以胸中笔下均有古人在,步步追摹,不能自成一家面目,是以宋不如唐,唐不如六朝,六朝不如汉魏也"。⑩这两段话用意都在指出,几千年来,诗界尽笼罩在仿古风气之下,因而一代不如一代。言外之意是,要超越前人,只有走出仿古的死胡同,另辟一条新路。所以序文下面接着说:"仆尝以为诗之外有事,诗之中有人。今世异于古,今之人亦何必与古人同?"本来,"诗之外有事"是陆游说过的"汝果欲学诗,工夫在诗外"⑪;"诗之中有人",则自吴乔、赵执信以至何绍基、龚自珍皆有此说。而黄遵宪据此二说,作出反对仿古的新结论,顺理成章,持之有故,正好堵住复古论者之口。下面具体提出他的创作论:

首先是"复古人比兴之体"。这是对《风》、《骚》传统的继承,他正以此与传统虚无主义划清界限。"比"、"兴"实在是中国古典诗歌创作论的优良传统,值得后人继承。这种手法表现了民族性,因为中国诗偏于抒情,咏物则要求有寄托,言志则要求善含蓄,比、兴手法正是为了实现这两种美学要求而产生的。黄遵宪所以强调"复"其"体",正因为当时诗界革命派很多人的诗伤于径直,缺少诗味。

其次是"以单行之神,运排偶之体"。这是专就格律诗而言,也是"以文为诗(格律诗)"的另一说法,桐城诗派的姚鼐早已提出,而黄氏如此标举,用意亦在汇合唐、宋诗之长,自成一家,做到"唐肌宋骨"。所谓"排偶之体",指诗的形式,如格律诗的对偶工整,词藻华丽,音律和谐:这正是唐诗的形式美。这种形式美历经千年,后人用之,未免庸滥,因而宋人以单行之神运之。所谓"单行",即非对偶的散句。"单行之神"则指《史记》一类散文句式与结构运用于格律诗中,使化板重为清峭。

第三是"取《离骚》、乐府之神而不袭其貌",这主要是就五古七古的长篇叙事诗和长篇抒情诗说的。什么是《离骚》和汉魏乐府之"神"呢?就是浪漫主义精神和现实主义精神。黄氏诗集中最脍炙人口、被称为史诗的,如《流求歌》、《逐客篇》、《冯将军歌》、《番客篇》、《悲平壤》、《东沟行》、《哀旅顺》、《哭威海》、《降将军歌》、《台湾行》、《度辽将军歌》、《聂将军歌》等叙事诗都富于现实主义精神,是对汉魏乐府诗的继承。而《八月十五夜太平洋舟中望月作歌》、《登巴黎铁塔》、《以莲菊桃杂供一瓶作歌》、《锡兰岛卧佛》一类则偏重于浪漫主义精神,是对《离骚》的继承。这两类诗在学习遗产方面都是遗貌取神的。

第四是"用古文家伸缩离合之法以入诗"。这不是指作格律诗,而是指作五、七古,而且专指谋篇布局之法。黄氏五、七古继承了韩愈、苏轼和曾国藩的手法。韩、苏、曾以古文家而兼诗人,有意"以文为诗",不仅句式力求拗折,通篇结构也要求或铺叙(伸),或简括(缩),或意在言外(离),或正面突出(合)。黄氏运用他们的方法,务使全诗波澜起伏,重点突出,引人入胜。

以上四点,都是创作论中的表现手法,黄氏总称之为"诗境",也是有道理的。境有两种,一为实境,即人们生活的现实环境。一为虚境,即诗境。诗境源于实境,但又高于实境。因为实境美丑杂陈,诗境则通过诗人审美眼光的提炼,去芜存菁,创造出一个美的虚境,作者可以自娱,读者也可以娱心。黄氏认为创造诗境的方法就是上述四点,古体与近体的作法都包括进去了。

序文接着再谈"取材"、"述事"、"炼格"三点,它们也属于创作论范畴,但和上述四种表现手法不同。

"取材"是诗歌语言问题。用什么词语来表现客观生活和主观感情呢? 和传统虚无主义者相反,他认为表现新意境,还得旧风格。而表现旧风格,就得化用经、子、史以及群经注疏的事功物名之切于今者,化腐臭为神奇,使旧词语表现新意境。这和他早年所提"我手写我口"主张显然相悖,但这正是思想成熟期的见解。新词语如"自由"、"民主"、"地球"不是绝对不可用,但必须使它们和传统词语配合和谐。

现、当代有一些论著认为梁启超主张"以旧风格含新意境"为诗界革命的原则,是忽视了诗歌语言形式的革新工作,因而妨碍了该派取得更大的成绩。其实这种指责是违背历史逻辑的。古典诗歌(包括古体和近体)属于文言语言系统,你要写作古典诗歌,当然必须采用文言词语,而中国士人的传统文化心态,是主张诗歌语言典雅的,这就必然要向群经诸子以及史籍去选择合用的词汇。至于外来词语,只要能表现新意境,自然也应该吸收。这就和中古以来士人吸收佛经的词语与典故一样,完全可以同化它们。这一点,不但诗界革命派的人这样做了,同光体的陈三立等也这样做了。中国古典诗歌的语言,经过几千年的锤炼,已经形成一种无法取代的特色。卞之琳说得很对:"对中国古典诗歌稍有认识的人总以为诗的语言必须极其精炼,少用连接词,意象丰满而紧密,色泽层叠而浓淡入微,重暗示而忌说明,言有尽而意无穷。凡此种种,正是传统诗的一种特色,也形成了传统诗艺的一种必备的要素。"[12]梁启超以黄遵宪诗为诗界革命的样版,正因为它能主要用旧词语表现新思想、新事物。

从癸卯(光绪二十九年,1903)年梁启超写《饮冰室诗话》提倡"以旧风格含新意境",到1917年(民国六年)四月廿三日柳亚子致函杨铨,仍然说:"弟谓文学革命,所革当在理想,不在形式。形式宜旧,理想宜新,两言尽之矣。"他认为:"诗文本同源异流,……白话文便于说理论事,……若白话诗,则断断不能诵。"这末一句带有颇大的直觉性,并没有从理论上作出说明。一直到1992年,中间隔了七十四年,当代一位学人才从理论上对这问题作了充分的阐释。他认为,诗歌的语言是"以含蓄、寓义、多义、暗示、抒情为其语言特征的","诗歌语言一旦因过于明确而失去其含蓄,因界定性过强而失去暗示性,因抽象化而失去具体可感性,则意境和诗美便会受到极大影响而有所减色。然而,白话作诗的难处也正在这里"。他引俞平伯的话说:"白话诗的难处正在他的自由上面",因为"他是赤裸裸的",使诗成为"专说白话而缺少诗美"。所以这位学人认为,"中国现行的白话,不是做诗的绝对适宜的工具",它"缺乏美术的培养","往往容易有干枯浅露的毛病"。他的结论是:"趋向于精确化、理性化的白话,在诗的内蕴上的确逊于古典诗词的语言方式。在一定意义上可以说,白话便于精确地传达思想,分析和论证问题,但许多文言能表达的诗境,白话却是无法表达的,用白话写诗,很难保证新诗能像古典诗词那样蕴藉深厚。"⑬

之所以大段引用上述文字,目的在于指出,古典诗歌语言形式是和文言语言系统相适应的,所以,只能"以旧风格(包括文言词语)含新意境"。

"述事"是指在反映新事物时,旧的词语不足以表达,便采用当代的(包括官书、会典、方言、俗谚)。因为只有这样,才更有时代性,读起来更亲切,更生动。

"炼格"是指铸造自己诗作的风格。他主张取精用宏,转益多师,博采众长,自成面目。不但平淡学王维、孟浩然,奇崛学韩愈、孟郊，豪放学李白、苏轼，沉郁学杜甫、黄庭坚，而且力求融会贯通，总之，"不失乎为我之诗"。

以上是黄遵宪的诗论。这套诗论，既是对他平生创作实践的经验总结，也是对他新的创作实践的指导。他的全部诗作完全可以印证他的诗论。他的诗作的历史功绩就在于证明了，用他的创作方法，完全可以表现新事物、新思想，取得"诗界革命"的丰硕成果。

黄诗最有价值的有两部分，其一是反帝反侵略，其二是反映新事物、新思想。而这两部分都是为维新变法运动进行宣传鼓动的。

我们在论述这两部分时，着重从流派的艺术特色去研究它们。

（一）反帝反侵略

这部分的体裁，主要是五、七古，也有少量五律。

他自负其"五古诗凌跨千古"，俞明震也说他"五古具汉魏人神髓，生出汪洋诙诡之情，是能于杜、韩外别创一绝大局面者"。温仲和说他："五古渊源从汉魏乐府而来，其言情似杜，其状景似韩。"丘逢甲也说："已大而化，其五古乎！"[14]论者一致肯定黄氏五古独具风格，别成面目。

试以五古《逐客篇》为例。全诗一百四十句，主要用入声十药韵，夹用了几个三觉韵，音节短促尖锐，如闻哭诉，如闻痛斥。开篇四句，先呼叫"民何辜"，指出在美华工受尽迫害，全由清政府腐败无能，以致"国运剥"，"国极弱"，不能保护华侨。再用四句痛斥美帝"鬼蜮实难测，魑魅乃不若"，竟以非人手段虐待华工。然后追述华工开辟美国西部，筚路蓝缕，历尽艰辛，开金矿，修铁路，使西部繁荣起来。而繁荣之后，美国却实行排华政策。

以下就分两段描写:有的诬蔑华工是"外来丐","腰缠得万贯,便骑归去鹤"。甚至诬蔑华工"野蛮性嗜杀"。有的谩骂华工省吃俭用是"居同狗国秽,食等豕牢薄"。明明是美国资本家通过廉价剥削华工的劳动,以达到降低美国工人工资的目的,一部分没觉悟的美国工人反而责怪华工不该"贱值佣",以致"腠削"了美国工人。在一派排华气氛中,美国政府派人来华,名为协商,实则立约限制华工赴美。这本来是违反国际公法的,清政府却"糊涂"透顶,"公然闭眼诺",以致铸成大错,"从此悬厉禁",多方排挤、迫害华人,"但(只要)是黄面人,无罪亦捞掠"。作者愤怒地指出:当年华盛顿曾公开宣布:"黄白红黑种,一律等土著",而今"不百年,食言曾不怍!"作者又回头指责清政府:"有国不养民,譬为丛驱爵(雀)",使堂堂中国,"第供异族谑",真是"倒倾四海水,此耻难洗濯"!

这么一首七百字的长诗,一韵到底,却没押一个窄韵,没用一个僻字,这就避免了韩愈过于好奇的缺点;同时,又从精神实质学习了韩愈雄辩式的气势,汉大赋式的铺张。这反映在对华工开垦西部的描写,美国排华的种种"谣诼",美国排华的种种表现。另外,从头到尾,充满对华工的深切同情。开头对华工骈手胝足开垦西部,极尽赞美之情;中间描写备受迫害的华工是"去者鹊绕树(用曹操'无枝可依'意),居者燕巢幕(比喻处境极危)";篇末慨叹华工"四裔投不受,流散更安著?天地忽蹢躅,人鬼共咀嚼"。"他邦互效尤,天地容飘泊"。这体现出杜甫的人道主义、爱国主义精神,而这种民族屈辱感又有鲜明的时代性,为杜甫所未有,是半封建半殖民地中国的产物。

全诗有叙事,也有议论和抒情。"以议论为诗",这显然是宋诗的影响,但黄诗把议论和叙事、抒情融为一体,十分自然,读者不仅不觉得是外加的,倒是认为这"议论"代替读者发泄了内心的积闷和愤怒。

此诗虽长,又是域外题材,可是除了"野蛮"、"黄白红黑种"、"五大洲"、"黑奴"、"华盛顿"五处,没有用一个新名词。涉及美国的词语和典故,都从中国古籍选用,如以《战国策》的"入秦"代替"赴美",以《三国志》的"诸毛纷绕涿"写华工居住在美国人中间,以《国语》的"王斟酎"代指美国总统研究问题,以《汉书》的"入关繻"代指入国护照,用《史记》的司马相如通邛筰(我国古代西南地区两个少数民族的国家)代指美国西部地区,以《明史》的"红毛番"指代美洲土著印第安人。这正是以旧风格反映新事物。全诗其他词语、典故,大量采自经、史、子,例繁不具举。官书有"万国互通商",俗语有"前脚踵后脚","地皮脚一踏"。难得的是都运用得很和谐。

这类诗最能激发读者发愤图强,维新变法的思想。

(二) 表现新思想、新事物

这部分的诗也是各体皆有。《今别离》等诗历来评析很多,此不赘述,只谈他两首七绝。

《海行杂感》之七:"星星世界遍诸天,不计三千与大千。倘亦乘槎中有客,回头望我地球圆。"这是表现新思想的。它不但写出了地圆说的科学知识,更可喜的是诗人的幻想竟成为科学的预见,现代人造地球卫星完全实现了"回头望我地球圆"的想像。

同题之十:"是耶非耶其梦耶?风乘我我乘风耶?藤床簸魂睡新觉,此身飘飘天之涯。"这是表现新事物,写海船上睡藤床的感受。而在诗的风格上值得注意的是,它显然受了龚自珍七绝的影响:(1)开头两句押同一韵脚;(2)次句上三下四(又显出韩愈的影响);(3)全诗名为七绝,实则无一句合平仄。

总之,从流派的艺术特色说,黄遵宪诗可称集中国古典诗歌各种风格的大成,正如他在"炼格"部分所说的。

中国的古典诗歌是不会消亡的,当代作者及后代继起者日多。但谈到旧诗革新问题,恐怕只能达到黄遵宪诗这一步为止。至于白话诗那是另一回事,正如朱晓进君所说,那是白话语言系统和白话诗之间如何相互谐适的问题。

注　释

①②③　《饮冰室诗话》

④　《鱼千里斋随笔》

⑤⑥　俱见《人境庐诗草笺注》之《原稿本卷五至卷八跋》

⑦⑧　钱仲联《梦苕庵诗话》

⑨　《新民丛报》黄遵宪《壬寅论学笺》

⑩　《在山泉诗话》

⑪　《剑南诗稿》卷七八《示子遹》

⑫　《今日新诗面临的艺术问题》,见《诗探索》1981年第三期

⑬　朱晓进《从语言的角度谈新诗的评价问题》,见《文学评论》1992年第三期

⑭　俱见《人境庐诗草笺注》之《原稿本卷五至卷八跋》

后　　记

　　这部《清诗流派史》，从1979年起，断断续续，直到今年（1994）才完全脱稿，前后经历了十五年。当然，在这段漫长的时间里，我还从事了较重的教学工作，撰写了另外四部书，写了二十一篇论文，但最费心力和时间的却是这部书。尤其是文津寄来协议书后，从六月起，我把原稿加以整理，重新钞了一遍，历时三个月零八天。今年是全球最热年，南昌又是"火炉"，我又已到七十高龄，每天坚坐书斋，挥汗如雨，真担心身体会垮了。然而事情终于胜利完成，身体也很正常，这倒真是值得高兴的。

　　之所以写成流派史，完全是从规律性来考虑。大陆学术界前几年掀起过方法论讨论高潮，我受这影响，也时常思索如何撰写这部分体断代文学史。为了这，我翻遍了能找到的中外古今各种文学史著作，最后确定了现在这种写法。当然，这主要是从清诗发展的具体情况出发，其他时代的未必都可以这样写。

　　我写这书时，所有评论，坚守两点：(1)前人说得对的，我把它深化。因为他们的评论，往往是感悟式的，只指出其然，我则力求说明其所以然。(2)前人说错了的，我通过充分说理，加以纠正。(3)前人没说到的，我提出自己的看法。我这样做了，由于学识所限，可能事与愿违，极盼得到读者和专家的指正。

　　这部书能在台湾出版，完全得力于郭丹君的介绍。他是我指导的第一批研究生中的一位，现在早已青胜于蓝，在古典文学的研究方面作出了令人瞩目的成绩。没有他的联系，我无法认识文津的邱镇京教授。而没有邱教授的鼎力支持,此书也难以问世。所以,我对他们两位的感激之忱是难以言宣的。

  最后,我要感谢我的老伴甘朝华。为了撰写这部书,我天天坐图书馆,一切家务全部由她承担,十数年如一日。没有她的大力支持,我是无法全力以赴地从事本书的撰写的。

1994年9月9日自记于南北室

甲戌岁盛夏校对《清诗流派史》书稿，以八日时力覆校一过。抚今思昔，喜而赋诗，得三十三韵

世儒勇箸书，四部所见罕。我亦妄涉猎，临文愧腹俭。悠悠七十年，独与清人善。早慕羽琮霸，晚好灵芬倩。中间嗜散原，咨嗟赏古艳。百家各出奇，诗盈三万卷。后出迈前修，吾每持兹论。取精而用宏，绍述复多变。纷此流派呈，是即诗道见。欲测长河源，试标倚天剑。发书证吾说，寒暑忘递嬗。忆昔每岁除，书城犹弄翰。万家庆团栾，独坐一笑粲①。卡片漫盈箱，有得逾美膳。心劳十四载，书成瘁笔砚。龙蛇纷起陆，势利方交扇。斗筲自称诗，所恃在巧宦。彼哉散斗金，驵侩竽亦滥。伏案虽功深，明月每投暗，昏昏争魅光，茫茫羞禹甸。真成负蝘虫，浩浩独长叹。幸有同门人，能为凌云荐。贻诸宝岛中，舍筏遂登岸。竟先海外传，制此繁体版。去夏坐火炉②，理董频挥汗。日夕蝇头钞，字浮卅二万。今夏校样来，堆几喜烂熳。丹黄自校雠，东南得美箭。譬如褓中儿，为颒桃花面。不知问世后，几人容清玩？得无温公书，无人读能遍？自我肺腑出，未尝只字窜。并世得子云，应与话悃款。

① 每当春节除夕，余犹坐图书馆，与管理员一人遥遥相对。
② 南昌市有"火炉"之称。

新版后记

《清诗流派史》自1995年在台北文津出版社出版后,因为印数少,书价高(折合人民币约一百元),购买不易,所以大陆学术界知者寥寥。间有知者,则展转探求,如山东、四川、浙江均有高校教师函告我,拟用作元明清文学研究生的参考书,托我代购。然因出版社在台北,购求不易。此书出版后,颇有同道者称许,以为如能再版,乃有益于清诗研究。基于上述情况,我就和昔年指导过的研究生郭丹、刘松来(他们现均为教授、博导)商量,决定在大陆重新出简体字版。经过郭丹介绍,人民文学出版社古典部周绚隆主任审读此书后,欣然同意。

现特加此后记,敬候专家和读者明教。

刘世南记于江西师大
2003年8月26日